비바레리뇽 고원

선함의 뿌리를 찾아서

매기 팩슨
김하현 옮김

THE PLATEAU

선함의 뿌리를 찾아서

매기 팩슨
김하현 옮김

THE PLATEAU

찰스와 고故 다니엘,

두 눈부신 천사에게

어떤 별에, 행성에, 내가 사는 이 지구에,

위로가 필요한 어린 왕자가 있었다!

—앙투안 드 생텍쥐페리, 『어린 왕자』

『비바레리뇽 고원』을 향한 찬사

‘선해지기 힘들 때 선해지고자’ 하는 힘겨운 싸움에 걸맞게 투박하다가 우아하고, 어둡다가 희망을 주는 서정적인 책. —「애틀랜틱」

이 찬란한 인류학적 역사는 난민을 보호한 한 공동체의 전통을 소개하며 선함은 타고나는가를 성찰한다. —「오프라 매거진 O」

팩슨은 고원이 ‘그 안의 사랑의 행위가 모여 신성해진’ 장소라고 결론 내린다. 고원은 오늘날 난민을 위해 무엇을 할 수 있는지 보여주는 사례가 될 수 있다. 제2차 세계대전의 가장 큰 비극 중 하나는 고원 같은 곳이 더 많지 않았다는 것이다. 팩슨의 책이 보여주듯, 그 비극은 오늘날까지 계속되고 있다. —「월스트리트저널」

개인의 회고록과 역사적 탐구, 철학적 고찰의 아름다운 조합. —「워싱턴 포스트」

힘 있고 매력적으로 쓰인 책. 이 책의 힘은 복잡하고 불가사의한 인간 감정에 열린 마음과 과학적 정밀함의 신선한 조합에서 나온다. 취약함과 신념, 사랑, 아름다움으로 향하는 문을 열어젖히며 이것들이 우리를 늘 빛으로 인도할 것임을 상기시킨다. —「유대교 도서위원회」

팩슨의 아름다운 글이 이야기들을 어찌나 절묘하게 엮어 나가는지, 가끔 책 읽기를 멈추고 호흡하거나 심지어 눈물을 흘려야만 독서를 이어 나갈 수 있었다. —「북페이지」(별점 후기)

자신의 소명을 발견하고 문학적 우아함을 통해 강력한 도전에 선뜻 응한 작가가 쓴, 이 시대를 위한 책. —「북리스트」(별점 후기)

병적인 악에 관해 수많은 책이 쓰인 후에야 마침내 이타심이 동화 속 이야기가 아님을 증명하는 아름다운 책이 나왔다. 이상주의와 희생의 놀라운 전통을 설명하면서, 인간이 가진 선함의 복잡성과 흉포함을 포착한다. — 라리사 맥파커Larissa MacFarquhar(『물에 빠진 이방인들Strangers Drowning』의 저자)

서정적이고 복잡하며 여러 장르가 섞여 있다. 역사, 회고록, 평화에 관한 심오한 자기 성찰, (행동이 아닌) 관찰의 도덕적 한계에 대한 고찰이, 역사에 기록되지 않은 피해자들의 삶을 그린 꿈 같은 장면들로 엮여 있다. 아름다우며 종종 가슴이 미어지는 묘사는 이 책으로 되살아난 지역과 개인만큼이나 인상적이다. —「퍼블리셔스 위클리」(별점 후기)

다층적이고 상세하다. 팩슨은 폭력의 시대에 사람들이 살아가는 방식과 그들이 쓰는 언어, 그들이 내리는 선택에 섬세하게 주의를 기울인다. '어떻게 선해질 수 있는가'라는 거대한 개념과 씨름한 우아하고 철저한 연구. —「커커스 리뷰」(별점 후기)

매기 팩슨이 인간의 선함을 탐구하며 발견한 이야기는 책에서 좀처럼 경험하지 못한 방식으로 내게 영향을 미쳤다. 『비바레리농 고원』은 매우 아름답고, 강렬하며, 용감하다. 이해가 반드시 필요한 이 시대뿐만 아니라 모든 시대를 위한 걸작이다. — 데이비드 핀클David Finkel(『훌륭한 군인들The Good Soldiers』과 『여러분의 노고에 감사드립니다Thank You for Your Service』의 저자)

매기 팩슨은 친절함의 뿌리를 탐구하며 진실을 파헤치는 경이로운 여정으로 독자를 데려간다. 그는 이 작은 곳이 어떻게 그렇게 용맹하게 이방인을 지지할 수 있었는지 묻는다. 책 속에서 만나게 될 비바레리농 고원의 주민들은 이 불안한 시대의 훌륭한 해독제다. — 알렉스 코트로위츠Alex Kotlowitz(『이곳엔 아이들이 없다There Are No Children Here』의 저자)

점점 암울해지는 세상에서 과거와 현재, 전쟁과 평화 사이를 오가며 둘 사이의 유사성과 선함으로 향하는 길을 탐색한 팩슨의 놀라운 책은 우리를 인간답게 만드는 모든 것을 가슴 아프면서도 명민하게 탐구한다. 팩슨이 독자들에게 제시하는 생존의 비결은 바로 희망이다. — 세라 와일드먼Sarah Wildman(『페이퍼 러브: 할아버지가 두고 떠난 소녀를 찾아서Paper Love: Searching for the Girl My Grandfather Left Behind』의 저자)

다니엘 트로크메(1912~1944).
1939년 8월의 사진.

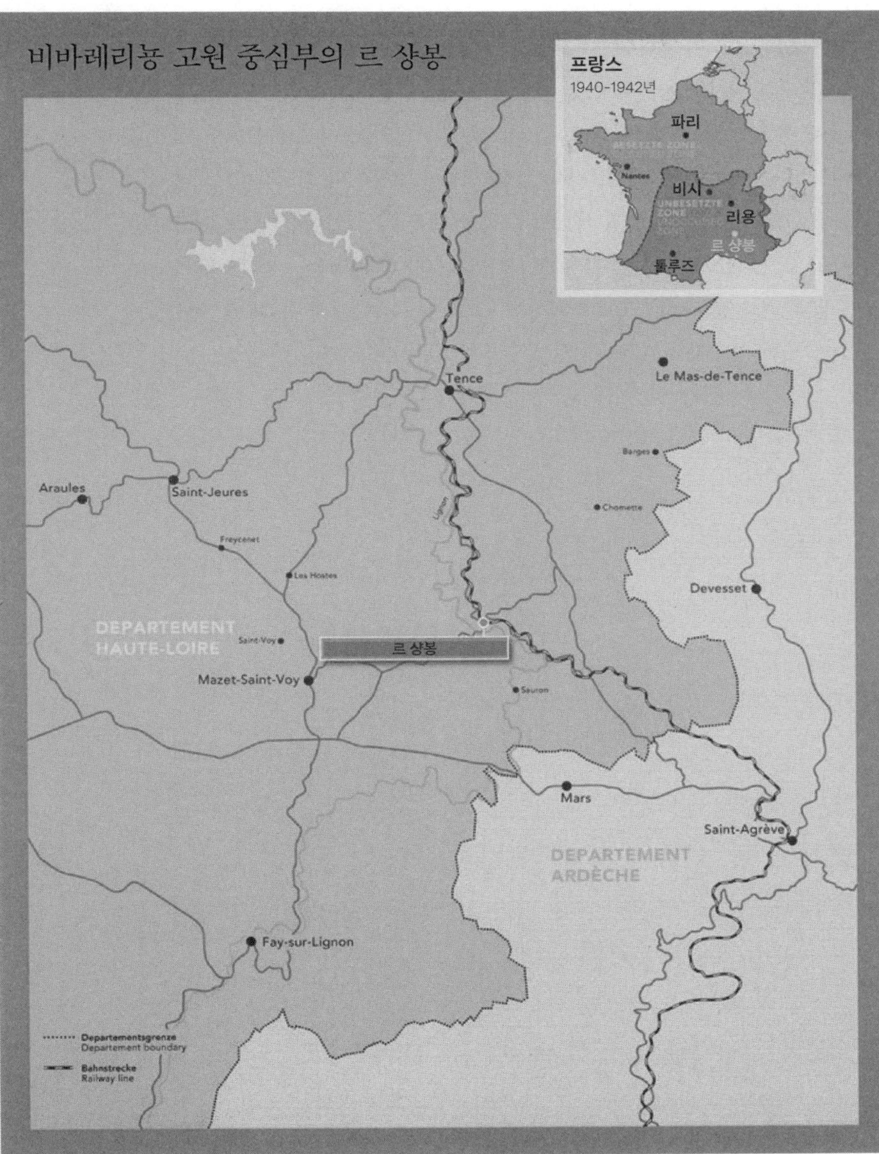
비바레리뇽 고원 중심부의 르 샹봉
프랑스
1940-1942년
파리
Nantes
비시
리옹
르 샹봉
툴루즈
Tence
Le Mas-de-Tence
Barges
Chomette
Araules
Saint-Jeures
Freycenet
Les Hostes
Lignon
Devesset
DEPARTEMENT
HAUTE-LOIRE
Saint-Voy
르 샹봉
Mazet-Saint-Voy
Sauron
Mars
Saint-Agrève
DEPARTEMENT
ARDÈCHE
Fay-sur-Lignon
Departementsgrenze
Departement boundary
Bahnstrecke
Railway line

저자 일러두기

이름에는 많은 의미가 담겨 있지만, 사생활 보호와 안전상의 이유로 공인 혹은 알려진 역사가를 제외한 동시대 인물들의 이름(그리고 알아볼 수 있는 특징)을 전부 바꾸었다. 대신 이들에게 내가 사랑하는 이름을 붙여주고 특징, 색, 소리를 새로 부여했다. 다만 철자에서 이 이름들의 원어를 어느 정도 보존하고자 했다. 예를 들면 복잡한 소리 체계를 지닌 언어인 체첸어에서 'kh'라고 표기되는 자음에 몇 가지 형태가 있는데, 하누카Hanukkah의 발음과 비슷한 히브리어 'chai'(또는 스코틀랜드게일어 ' loch'에서의 'ch')를 떠올린다면 충분히 비슷하다. 'dzh'는 영어의 ' j'와 거의 비슷하다.

차례

일러두기

◇ 본문의 각주는 모두 옮긴이의 것이다.

◇ 인명 등 외래어는 외래어 표기법을 따랐으나, 일부는 관례와 원어 발음을 존중해 그에 따랐다.

◇ 이 책이 낯선 소리, 발음 자체에 특별한 의미를 두고 있다는 판단에 따라 아래와 같이 서체를 구분하였다.
원문에서 의미를 강조하는 데 사용한 이탤릭체는 굵은 글씨체로 옮겼고, 외국어 표현과 의성어를 표기하는 데 사용한 이탤릭체는 고딕체로 구분해 강조하였다.

1장 대답 없는

나 다니엘이 마음속이 괴롭고,
머리의 환상들이 나를 번민하게 한지라.
—다니엘서 7:15

갑자기 당신이 사회과학자가 되어 평화를 연구하려고 한다고 해보자. 다시 말해 당신은 무엇이 평화로운 사회를 만드는지 이해하고 싶다. 수년간 당신은 전 세계 여러 지역에서 연구를 진행하면서 폭력과 전쟁의 증거에 둘러싸였다. 사람들에게서 구타와 체포, 살인, 강간에 관해 들었고, 강제 추방, 검은 복면을 쓰고 음식이나 목숨을 요구하는 자들에 관해 들었다. 가정폭력과 마을 폭력, 국가 폭력에 관해 들었다. 눈물을 뚝뚝 흘리는 할머니들에게서, 감옥에서 새긴 문신이 팔에 가득한 젊은 남자들에게서 이런 이야기를 들었다.

말을 타고 소년들을 징집하는 남자들이 있었고, 한밤중에 찾아와 사람들을 납치하는 검고 긴 자동차들이 있었다. 성폭력을 당하고 정신이 나가서 들판을 하염없이 헤매는 소녀들과, 두들겨 맞아 결국 배 속의 아이를 잃은 임신부들, 기근이 닥쳐 산더미처럼 쌓인 시체들이 있었다. 순무 하나를 훔쳤다는 이유로 체포되어 쫓겨난 사람, 유대교나 기독교나 이슬람교나 바하이교를 믿는다는 이유로 구타당한 사람들이 있었다.

당신 주위를 휘몰아치는 개념들의 세계에서, 이러한 난장판을 어림잡아 이해하는 방법이 마련되었다고 해보자. 특정 종류의 국가가 존재하고, 특정 종류의 사회적 다양성이 존재하며, 특정 종류의 종교가 존재한다. 그리고 이런 충격적인 이야기들이 아주 오랜 시간 쌓이다가, 결국 어느 시점에 당신이 툭 부러져버렸다고 해보자. 당신은 더 이상 전쟁을 연구하고 싶지 않다.

알고 보니 평화를 연구하기란 생각보다 더 어렵다.

적어도 나에게는 그랬다. 인류학자인 나는 집단에서 기억이 작동하는 방식에 관한 기본적인 질문들을 던지며 오랜 시간 농촌(주로 러시아의 작은 마을 두어 곳)에 살았다. 나는 평화 연구를 시작할 몇 가지 방법을 생각해냈다. 폭력적인 이야기가 넘치는 와중에도, 일상 속 사람들은 다른 것들에 몰두하는 듯했다. 부엌이나 밭에서 일했고, 물을 길어왔고, 날씨에 따라 그날의 할 일을 정했고, 손님을 식사에 초대했고, 가축의 똥을 치웠다. 이따금 발끈하기도 했지만, 보통은 매일같이 얼굴을 맞대고 문제를 제대로 해결했다. 서로 사랑했고 성대한 만찬을 열었으며 소중한 사람을 잃을 때면 비통해하고 슬퍼했다. 살면서 무엇을 목격했든, 최악의 날들에 자기 손으로 무슨 짓을 했든, 이들은 자기를 기본적으로 예의 있는 사람이라 생각했고, 세상도 자신을 기본적으로 예의 있게 대하길 기대했다.

물론 이런 상호적 예의를 발견할 방법이 있어야 했다. 물론 그 힘과 한계를 연구할 방법이, 특히 광포한 시기에 적용할 수 있는 방법이 있었다. 상황이 안 좋을 때 선하게 행동한 공동체가 있나? 나는 기억을 연구하면서 사람들이 고집스럽게 저항한 사례를 조사했다. 이유는 몰라도 폭력에 저항하고 고집스레 예의를 잃지 않는 공동체가 존재할 수 있을까? 정확히 무엇을 발견할지는 몰랐지만 그것을 연구하고 싶었다. 나는 그것을 간략하게 평화라 이름 붙였다.

그러나 평화는 발견하기 어려웠다. 나는 현대 인류학과 사회학, 정치학을 파고들었다. 데이터베이스와 참고 문헌을 살폈고, 나와 함께 최전선에서 격동의 유라시아를 연구한 동료들, 평화 연구 프로그램이나 평화 연구소에서 일하는 동료들과 대화를 나누었다. 내가 알아낸 것은 다음과 같았다. 현대의 사회과학 연구는 평화보다 폭력에 관한 내용이 훨씬 많다. 평화를 다뤘다고 하는 현대의 실증 연구는 사실상 대부분 갈등에 관한 것이다. 갈등을 해결하고 그 흔적을 깨끗하게 정리하는 법이나, 갈등에 처한 사람들을 돕는 프로그램 같은 것들. 전반적으로 이 문헌들은 수백만 명의 고통과 비탄을 가리키는 한에서만 평화를 다룬다.

중요한 작업이지만 내가 찾는 것은 아니었다. 내가 원한 사회과학은 평화로운 사회의 한가운데에 내려앉아 바로 그곳에서 인간의 상호작용을 연구하며 그 팽팽한 역학 속에서 평화가 작동하는 방식을 끄집어내는 것이었다. 내가 원한 실증 연구는 사회체를 아주 가까이서 바라보며 장기적인 관점에서 그 사회의 건강과 안정성을 질문하는 것, 어떻게 힘든 시기에 평범한 예의가 이따금 대단한 친절로 변할 수 있는가를 질문하는 것이었다. 여기저기서 이런 훌륭한 연구를 찾아냈지만 그 수는 놀라울 만큼 적었다.

나는 묻기 시작했다. 평화는 왜 그렇게 연구하기 어려울까? 아니면 반대로, 폭력은 왜 그렇게 연구하기 쉬울까?

작가와 학자가 보기에, 폭력에는 배경과 구분되어 두드러지는 '실재성thingness'이 있을지도 모른다. 폭력은 (발포와 폭발, 총알, 사망자와 같은 지표로) 측정할 수 있다고 여겨진다. 폭력은 합계를 내서 데이터세트에 집어넣을 수 있다. 실제로 정치학자들은 폭력 행위를 꽤 자신 있게 모델에 끼워 넣으며, 이 모델을 이용해 세상을 설명한다. 폭력은 실재한다. 총이 발사되고, 사람이 목숨을 잃고, 마을이 급습당하고, 국경이 무너진다. 자료가 형태를 갖출 만큼 '*n*'이 충분하다. 예를 들면 우리는 청년이 유독 많을 때나 국가의 힘이 약할 때, 산맥이 있을 때, 경제에 석유 비중이 지나치게 높을 때 폭력이 더 많이 발생하는지 판단할 수 있다. 폭력은 실재하고, 정말 끔찍하며, 셀 수 있다. 그리고 그 계산을 통해 어떤 결과가 발생할지 윤곽이 드러난다.

그러면 평화는 그 수를 셀 수 있을까? 평화는 어디에 존재하는가? 언제 발생하는가? 평화에는 이런 분석 가능한 '실재성'이 없다. 평화는 일어나지 않은 사건이자 공집합처럼 보인다. 평화나 평화로운 사회(성서 속 에덴, 레닌의 '빛나는 미래' 등)의 특성에 관한 묘사는 따분하고 지루하거나 뻔하고 저속해 보인다. 어린 시절 나는 치과 대기실에서 『어린이를 위한 그림 성경』을 넘겨보곤 했다. 이런 에덴동산 그림에서 종교적 평화는 기쁨에 겨운 표정으로 천국을 응시하는 하얀 피부의 사람들로 묘사된다. 다리를 접고 나무 아래에 앉은 양 한 마리도 있을 것이다. 평화는 단조롭고 새하얗다. 어두운 진실은 완전히 빠져 있다.

카를 마르크스Karl Marx를 비롯한 19세기 이상주의자들의 정치적 평화 역시 이해하기 쉽지 않다. 어쨌거나 마르크스가 말하는 평화의 모습은 결국 필요할 때 사냥과 낚시를 하고 모두가 자기 몫을 가질 수 있도록 우유를 나누는 것이다. 전쟁을 모조리 다 치르고 피를 남김없이 흘리고 난 뒤, 시간의 끝에 다다른 평화의 땅에서 역사는 끝난다. 자본주의라는 주제에서 마르크스는 날카롭고 꼼꼼했으며 열변을 토했다. 그러나 실제 공산주의를 상상할 때는 그도 사실상 다리를 접고 나무 아래 앉은 양들에게로 되돌아갔다.

이러한 비전 속에서 평화는 오로지 이해할 수 없고 확고하며 변함없는 것으로 존재한다. 이런 사상의 흐름에는 기나긴 철학의 역사가 있지만, 핵심은 (데카르트와 그의 숭엄한 방식에 따르면) 다음과 같다. 어떤 것(물질계)은 과학과 과학 법칙을 적용할 수 있지만, 어떤 것(시, 신학, 감정의 문제)은 그렇지 않다. 우리의 단순한 생각 속에서 평화(아무것도 발생하지 않는 장소)는 결코 작은 단위로 나눌 수 없다. 그리고 나눌 수 없는 것은 연구될 수 없다. 오로지 느낄 수 있을 뿐. 정말 부끄러운 일이다. 평화의 실제 내용보다 더 중요한 것이 있을까? 폭력을 코앞에서 직면한 사람들의 눈을 바라볼 때, 어떤 노력을 기울여야 평화를 되찾을 수 있을지, 또는 평화가 어떤 기발한(또는 진부한) 관습에 달려 있는지 알아내는 것보다 유용한 것이 있을까?

당연히 시도할 가치가 있지 않나?

먼저 평화를 이렇게 생각해보면 어떨까? 시간이 흘러도 변치 않는 것이 아니라 역동적인 것으로, 시작이나 끝에 존재하는 것이 아니라 서서히 펼쳐지는 것으로, 높은 하늘이 아니라 우리가 살아가는 땅과 상호작용 속에 있는 것으로, 완벽한 것이 아니라 결함 있고 거칠거칠한 것으로 말이다. 사회과학은 이런 것들을 다룰 수 있다. 역학을 다룰 수 있고, 장기 지속longue durée*의 관점으로 접근할 수 있으며, 현실에 존재하는 불완전한 행동을 기꺼이 연구할 수 있다. 이런 연구에는 천사나 극락이 필요치 않다. 실제 사람들의 얼굴, 그들이 서로 맺거나 맺지 않는 관계, 말하거나 하지 않는 이야기, 낯선 사람을 가족처럼 대하기로 결정하거나 그러지 않는 방식을 들여다보기만 하면 된다.

평화가 이러한 것이라면, 즉 실재하는 평범한 사회 내에서 정의될 수 있다면, 평화로운 공동체를 어떻게 알아차릴 수 있을까?

물론 폭력의 부재가 좋은 시작일 테지만, 이런 마이너스 식 정의에 따르면 건강은 생명의 불꽃을 보존하는 눈부신 시스템의 총합이 아니라 그저 질병의 부재일 뿐이다. 그래도 이런 정의는 유용하다. 사회 연결망에 관한 최근의 일부 연구에 따르면 공동체 사이에 접촉이 깊고 넓게 이루어지면 폭력이 발생할 가능성이 적다고 한다. 또 소녀들을 교육하는 사회도 폭력의 가능성이 적은 것으로 보인다. 전 세계의 전쟁 지역에서 어째서인지 전쟁의 참화를 피하는 데 성공해 사실상 '고립된 평화의 땅'이 된 구체적

---

* 지리나 기후 같은 요인이 장기간에 걸쳐 역사에 영향을 미치는 과정.

공동체를 파악하는 것(그 수를 세고 묘사하는 것)도 가능하다. 우리는 자료의 도움을 받아 전 세계 중 폭력이 점점 줄고 있는, 어쩌면 언젠가 아예 사라질지도 모를 장소들을 정확히 짚어낼 수 있다. 아주 훌륭한 시작이다.

그러나 나는 더 가까이서 들여다보고 싶다. 사방에서 전쟁이 맹위를 떨치는 때, 눈앞에서 바라본 평화는 어떤 모습일까? 우리는 그 모습을 찾아낼 수 있어야 한다. 공동체가 작디작은 문제를 해결하는 방식, 불평등과 분배를 처리하는 방식, 다양성을 정의하고 다루는 방식, 어지러운 시기에 취약자를 보호하는 습관을 들이는 방식, 어떤 행동은 감히 상상도 할 수 없는 것이 되는 방식 안에서 말이다.

평화를 가까이서 연구하고 싶다면 평화로운 얼굴을 찾아야 한다. 그리고 계획을 짜야 한다. 그리고, 아마도 실재하는 것, 그러나 그중에서도 알맞은 것의 수를 세기 시작해야 한다.

무엇보다, 사례를 찾아야 한다.

◇

바바라 고모는 작은 가족 기념품이나 손수 만든 공예품을 보내주신다. 몇 년 전 고모는 오래된 나무와 양철통 냄새가 나는 책을 한 권 보내주셨다. 필립 할리Philip Hallie가 쓴 그 책, 『무고한 피가 흐르지 않도록*Lest Innocent Blood Be Shed*』은 특별해 보였지만 (그리고 어째서인지 우리 가족도 이 이야기와 관련이 있다고 고모가 말씀

하셨지만) 곧바로 읽지는 않았다.

그러던 어느 날, 수차례의 여행과 모험을 하고 눈앞에서 마주한 폭력의 의미를 장시간 숙고한 뒤에 그 책을 읽었다.

이 놀라운 이야기는 프랑스 중남부에 있는 자그마한 고원, 비바레리뇽Vivarais-Lignon에서 펼쳐졌다. 1939년에서 1945년까지 비바레리뇽 주민들은 제2차 세계대전의 나치 점령이라는 불운을 맞닥뜨린 낯선 사람들을, 수백 명에서 수천 명까지 수용했다. 이들을 집에 받아들인 주민들은 농부, 상인, 성직자, 교사, 정치인이었다. 주변 상황이 끔찍한데도 이들은 모르는 사람을 먹이고, 들키지 않게 숨기고, 교육하고, 마침내 배에 태워 안전한 스위스로 보냈다. 이들은 늘 목숨을 잃을 위험에 처해 있었다. 실제로 일부 마을 주민은 독일 점령군과 이들에게 부역한 프랑스 경찰에게 처벌받았다. 일부는 목숨을 잃었다.

이런 일을 집단적으로 벌일 수 있는 사람이 얼마나 될까? 목숨을 잃을지도 모를 여정을 각오할 수 있는 사람, 밀려드는 핏빛 바닷물에 순응하라는 일상의 압력에 저항할 수 있는 사람 말이다. 극심한 시련을 통과한 이 사람들은 '이성적 선택'이라는 정규분포 곡선 가장 끝에 자리했다. 홀로코스트 당시 이들이 기울인 노력이 어찌나 희귀했는지, 이스라엘의 홀로코스트 기념관인 야드 바셈Yad Vashem은 열방 의인의 동산Garden of the Righteous Among the Nations에 비바레리뇽을 포함한 단 두 공동체를 기념했다.

홀로코스트 때 이들이 보인 노력은 성공적인 요행이었을까, 아니면 이들의 사회적 관행이 깊숙이 드러난 것이었을까? 판단하기 어렵지만 이 점은 분명하다. 프랑스에서 첫 종교전쟁이 발발한 때부터 각종 혁명과 식민지 전쟁을 거쳐 유럽 전반에서 파시즘과 민족주의가 들불처럼 퍼져나갈 때까지 약 수백 년간, 비바레리뇽 공동체는 이런저런 폭력의 시기에 취약계층을 적극 보호했다. 그러므로 이 고원에 사는 사람들은 우리가 모르는 것을 알지도 모른다. 어쩌면 그들에게서 무언가를 배울 수 있을 것이다.

그래서 정규분포 곡선의 가장 끝에 자리한 장소, 평범한 예의가 평범하지 **않은** 예의로 탈바꿈한 듯 보이는 장소의 사례를 찾아낸 나는 원석처럼 그 사례를 치켜들고 들여다보기 시작했다. 그곳의 구조는 꼭 크리스털 결정의 미스터리 같았다.

◇

어느 날, 친구들 차를 얻어 타고 워싱턴 D.C.의 미국 홀로코스트 기념관에 가기로 했다. 그곳이라면 나를 끌어당기고 있던 이야기에 더욱 깊이 빠져들 수 있었다.

기념관 내부는 과거를 놀라울 만큼 생생하게 되살려낸다. 방문객은 녹이 슨 듯한 짙은 회색 벽의 엘리베이터에 올라탄다. 엘리베이터 문이 열리면 어둠 속에서 이야기가 시작된다. 카메라를 똑바로 응시하는 뼈만 남은 사람들과(누더기를 걸친 대머리 남자가 양철 그릇을 들고 있다) 부헨발트Buchenwald와 다하우Dachau의 기찻길에 쌓인 시체 사진이 눈앞에 나타난다. 어둠 속을 계속 걸으면 서서히 나치즘이 부흥한다. 스와스티카 완장을 찬 남자들, 바로 앞에서 금방이라도 공격해올 것 같은 입마개 찬 군견 사진들. 독일어를 몰라도 도덕적 종말을 향해 내달리는 국가의 선율임을 알아차릴 수 있는 노래. 복도 끝에는 작은 하얀색 막대 인간(아리아인), 검은색 막대 인간(유대인), 회색 막대 인간(그 사이)을 이용해 뉘른베르크 법*을 설명하는 1930년대의 포스터가 붙어 있다. 그리고 당시의 머리카락 표본과 눈동자 색 검사기, 이마와 코, 두개골 크기를 재는 금속 도구들이 나타난다. 겉으로 드러나지 않는 유대인의 존재를 밝혀내는 용도다. 바이마르에서 가장 찬란히 빛난 인종 과학이, 초기 인류학의 독 든 과일이 바로 여기에 있다.

이따금 어둠 속에서 손이 난간에 스치는 것을 느끼며 구불구불한 복도를 따라 전시를 관람했다. 멈출 수 없는 거대한 시계가 째깍대듯 전쟁의 시간이 흘러갔다. 째깍. 1938년, 수정의 밤. 유대인들이 국경으로 달려가고 몰래 배에 올라타며 최선을 다해 탈출한다. 째깍. 1939년, 독일군이 (제3제국 아리아인의 레벤스라움Lebensraum**을 확장하고자) 체코와 폴란드의 영토를 집어삼키고, 유대인들은 게토로 이송된다. 째깍. 1940년 봄, 프랑스가 항복한다. 째깍. 1941년, 독일군이 러시아와 우크라이나, 벨라루스를 향해 동쪽으로 진군하고, 아인자츠그루펜Einsatzgruppen이라는 이름의 엘리트 학살 부대가 재빨리 그 뒤를 따른다. 나치 친위대는 마

---

* 1935년에 나치 독일이 제정한 법으로, 유대인과 독일인의 성관계 및 결혼을 금지했다.

** 국가와 민족의 생존과 발전에 필요한 공간을 의미하는 지정학적 개념으로, 나치 독일의 영토 확장을 뒷받침하는 데 이용되었다.

을 사람들에게 총을 겨누고 물었다. "유대인은 어디 있나?" 그 목적은 유대인을 한데 모아 총으로 쏴 죽이는 것이었다. 째깍. 째깍. 바비 야르Babi Yar.

나는 여기서 잠시 멈춰 섰다. 우크라이나의 바비 야르. 1941년 9월 29일과 30일, 3만 3,000명이 넘는 유대인이 키이우 시내에 소집되었고, 구경하는 인파를 지나 숲 외곽에 있는 가파른 골짜기로 향했다. 그 3만 3,000명 이상의 사람들이 그 자리에서 총살되어 골짜기 아래로 굴러떨어졌다. 키이우에서 벌어진 바비 야르 학살은 홀로코스트 역사상 가장 규모가 큰 단일 학살이자, 인간 갈등의 역사 전체에서 가장 끔찍한 대량 살상 중 하나로 꼽힌다.

어두컴컴했던 12월의 어느 날, 혼자 바비 야르를 찾아간 적이 있다. 그 거대한 땅에는 쓰레기가 널려 있었고, 기념비에 얼어붙은 가래가 들러붙어 있었다. 그 모습에서 무시무시한 귀환의 징후가 보였다. 사방에 나무가 자라 있었고, 나뭇가지들이 꼭 잿빛 하늘을 붙잡으려는 해골의 손가락 같았다. 개떼가 가련하게도 혼자인 개 한 마리를 둘러싸고 미친 듯이 짖어댔다. 나무가 늘어선 산책로에 까마귀 떼가 한가득 내려앉아 썩어가는 낙엽을 하나씩 뒤집고 있었다. 마치 날개가 잘려 땅에 발이 묶인 채 무언의 대규모 작업에 종사하고 있는 것처럼.

째깍. 째깍. 째깍.

여기서부터 전시는 더욱 깊고 어두워졌다. 키 작은 어린이는 볼 수 없지만 나는 볼 수 있는 위치에 흐릿한 흑백 영상들이 걸려 있었고, 유대인에게 분출된 폭력의 장면들이 흘러나왔다.

살을 에는 듯한 추위 속에서 옷이 갈기갈기 찢긴 채 구경꾼에게 조롱당하는 여성들. 부드럽고 창백한 살결이 드러난 이 여성들이 눈물 흘리며 무너져 내릴 때, 따뜻한 모직 양복을 걸치고 웃음을 터뜨리는 남자들. 조롱하는 방관자와 웃어대는 방관자가 있었고, 앙상한 유대인의 시체가 영원히 기력을 잃고 서로 엉겨 있는 앞에서 입을 가리거나 눈을 감은 사람들이 있었다.

이 음울한 영상 앞에 서 있는데 어둠 속에서 끔찍한 생각이 밀려들었다. 누구나 삶의 어느 시점에, 자기 코앞에 총을 겨눈 사람에게 이런 질문을 받을 수 있다. “유대인은 어디 있나?”

그러나 질문을 받은 사람이 내내 굶주리고 있었다면? 풀과 톱밥을 먹는 신세라면? 이웃이 순무를 훔쳤다는 이유로 추방당하는 것을 목격한 사람이라면? 자신이 어떤 사람이 될지 어떻게 알 수 있을까?

선한 사람이 되고 싶다고 마음속으로 생각했다. 그러나 군대가 전진하고 총이 겨눠질 때 우리가 어떤 사람일지를, 나를 포함한 모두가 어떻게 알 수 있을까?

어쩌면 우리는 역사 내내 일종의 트럼펫 소리가 들려왔다고 생각하고 싶은지도 모른다. 천사들의 편에 서야 할 때를 알려주는 트럼펫 소리 말이다. 하지만 그런 소리가 존재하지 않는다면? 그 순간이, 예를 들면 이웃이 찾아와 들어가도 괜찮냐고 묻는데 내가 집에 없는 척하는 순간처럼 너무 사소해서, 알지도 못하는 사이에 지나가버린다면? 그래서 끔찍한 시기에 내게 과오가 남는다면? 나는 선할 수 있을까? 어쨌건 선한 사람이 될 수 있을까?

그러나 홀로코스트 기념관은 우리를 끊임없이 앞으로 끌어당긴다. 관람객은 질문과 함께 계속 걷는다. 선택지는 없다.

1942년, 최종 해결책final solution.* 째깍, 게토와 노동 수용소, 절멸 수용소, "노동이 너희를 자유롭게 하리라ARBEIT MACHT FREI"라고 쓰인 철제 간판. 째깍, 생체실험과 가스실 표본.

그 너머 캄캄한 공간에는 파괴된 유대인 마을에서 나온 가족사진이 천장까지 가득 걸린 복도, 신발로 가득한 방, 마이다네크Majdanek 절멸 수용소에서 가져온 철제 테이블이 있다. 시체를 소각장으로 보내기 전에 먼저 시신의 금니를 뒤졌던 테이블이다. 안쪽으로 들어가자 상황이 더욱 심각해진다. 본질적인 야만성에 더욱 가까워진다. 깊이 들어갈수록 점점 극악으로 치닫는다.

신발과 소각로를 지나, 수감 번호를 새긴 팔 이미지를 지나, 벽에 걸린 사진이 하늘까지 닿을 것만 같은 방을 지나… 마침내 기념관의 마지막 층에 다다른다. 홀로코스트 당시 나치에 저항하고 유대인을 구한 이들을 위한 공간이다. 이곳에는 여러 가지가 있다. 오스카어 신들러Oskar Schindler의 사진과 그의 유명한 리스트 이야기, 1943년 10월에 유대인 수천 명을 태워 안전한 스웨덴으로 옮긴 덴마크 어선 이야기, 숲속에 살았던 유대인 투사들의 이야기, 화이트 로즈White Rose를 비롯한 반反나치 청년 단체 이야기.

가장 끝에 있는 벽에 흐릿한 사진들이 걸려 있다. 소나무 숲 가장자리에 있는 집 사진, 무리 지은 청년들이 눈 속에서 놀고, 우유 통을 나르고, 커다란 석조건물의 창가에 다리를 내놓고 앉

* 유대인 말살 계획을 뜻하는 독일의 암호.

은 사진. 이 전시의 뼈대를 이루는 것은 어린이들의 개인 사진이다. 검은 눈동자를 가진 어린이, 금발 어린이, 웃고 있는 어린이, 이마를 찌푸린 어린이. 눈앞의 얼굴 하나하나가 하나의 세상을 담은 한 알의 겨자씨다.

이 전시는 비바레리뇽 고원에 있는 마을들의 이야기를 담고 있었다. 이 마을 공동체는 나치의 손에 거의 목숨을 잃을 뻔한 수백 수천 명(그중 대다수가 어린이였다)을 구해냈다.

그리고 그곳에서 내가 아는 이름이 보였다. 트로크메Trocmé.

머릿속에 이미지 하나가 떠올랐다. 나의 증조할아버지인 헨리 스위니 박사의 이미지였다. 할아버지는 나이가 들어서 허리가 굽었고 백발이며, 나비넥타이를 매고 소파에 근엄하게 앉아 햇빛을 쐬고 있다. 할아버지 옆에 두 번째 아내 수지가 앉아 있다. 체구가 작은 증조할머니는 상냥하게 웃고 있으며, 단정한 검은 단발머리를 했다. 언젠가 유대인인 우리 엄마에게 제2차 세계대전 당시 자기 가족이 프랑스 레지스탕스에 참여했다고 말한 적이 있었던 수지 증조할머니. 수지Suzie 트로크메.

한번은 수지 증조할머니가 내게 편지를 보내왔다. 그러나 나는 답장하지 않았다.

나는 뉴욕 로체스터에서 자랐다. 우리 집은 솔즈베리가에 줄줄이 늘어선 작은 목조주택 중 하나였다. 아이들은 여름 내내 자전거를 타고 동네를 내달렸다. 1960년대에 병충해로 베어낸 느릅나무 자리에 새로 심은 연약한 어린나무들을 따라, 잡초가 무성한 뒷마당을 지나, 나이 많은 남자애들이 지붕에서 마리화나를 피우던 캘러브리스 베이커리까지 달리기도 했다. 다섯 시가 되면 입에 담배를 문 엄마들이 아이들에게 저녁 먹으라고 소리치기 시작했고, 얼마 안 가 아이들은 고분고분 명령을 따랐다.

어떤 면에서 우리 가족은 솔즈베리가로 이주한 이민자였다. 우리 아버지 다나는 가문의 전통에 따라 예술을 전공한 예술가로, 턱수염을 길렀고 이마가 넓었으며 중서부 출신답게 꼿꼿하고 정확한 언어를 구사했다. 아버지는 대학에서 페인트를 뿌린 목조각품을 만든 뒤 그것을 부숴서 조각들의 사진을 찍었다. 찰칵. 매일 저녁이면 9번 베이/웹스터 버스가 로체스터 시내에 있는 제록스 사무실에서 긴 하루를 보낸 아버지를 동네에 내려주었고(아버지는 여동생이 태어나자 급하게 컴퓨터 프로그래밍을 배웠다), 가벼운 양복과 굵은 줄무늬 넥타이 차림의 아빠는 천천히 집으로 걸어갔다. 어머니 플로는 뉴욕 출신의 멋지고 재미있는 사람으로, 체구가 작고 피부가 까무잡잡했으며 유대인이었다. 엄마는 싸우는 법을 알았다. 춤추는 법, 야구공 던지는 법, 포옹과 함께 무리에 끼어드는 법을 알았다.

제너시 크림 에일 맥주를 따고, 주말을 즐기고, 비음 섞인 발음으로 말하는 솔즈베리가에서 우리 가족은 대체로 무척 성실하고 지식인에 가까웠다는 점에서 이민자였다. 게다가 우리처럼 생긴 사람이 아무도 없었고("하하하하, 쟤는 매부리코래요", 내가 자전거를 타고 쌩 지나가면 어린애들이 이렇게 소리쳤다), 흰 피부와 검은 피부와 갈색 피부를 가진 사람들이 복잡하고도 엄격하게 나뉘어 살았던 도심 지역에서 내 남동생의 피부는 세 가지 색깔이 아름답게 뒤섞여 있었다. 어쩌면 종교 때문일 수도 있었다. 다른 아이들이 일요일에 고해성사를 할 때 우리는 교외에 있는 히브리어 학교에 갔고, 나는 그곳에서 에스더 왕비처럼 입고 '셰켓 비바카샤(조용히 좀 해)'라고 말하는 법을 배웠다. 그런 다음 우리는 도심을 가로질러 바하이교 수업에 가서 검은색과 흰색, 갈색 피부를 가진 사람들과 함께 노래를 불렀다. "우리는 한 바다에서 나온 (-한 바다에서 나온-) 물방울이에요 (-물방울이에요-), 우리는 한 바다에서 나온 (-한 바다에서 나온-) 진주예요 (-진주예요-)⋯."

그러나 모두와 마찬가지로 우리도 우리가 알던 그 작은 세계를 힘껏 내달렸고, 밤에 피자를 먹었고, 시브리즈 놀이공원에 갔고, 살면서 그리 많지는 않았지만 어느 정도 호사를 누렸다. 또 우리도 1960년대 인종 폭동의 기나긴 여파 속에서 불안해했다. 당시 분노가 주기적으로 폭발하며 더욱 견고해졌기에, 다양한 피부색을 가진 모든 아이가 방과 후의 긴 귀갓길에 "저 애가 내 머리에 돌을 던지지 않을까?" 하고 궁금해할 수밖에 없었다.

우리는 다 함께 눈을 부릅뜨고 탁한 온타리오호에서 헤엄을 쳤고, 기회가 오면 호숫가로 헤엄치던 수천 마리의 오염된 은빛 물고기 중 한 마리를 붙잡아 서로에게 던지며 소리를 질렀다.

우리는 다 함께 알파벳 살인사건을 두려워했다. 범인이 어린 소녀들의 뒤를 밟아 납치한 뒤 강간하고 살인한 사건이었다. 피해자 중 한 명이었던 미셸 마엔자는 우리 집에서 겨우 몇 블록 떨어진 곳에 살았고 우리 언니와 같은 수업을 들었다. 그때부터 제너시강의 양쪽에서 차를 타고 시내를 달릴 때면, 거대한 녹슨 광고판에 붙은 마엔자의 어렴풋한 작은 얼굴과 순수한 작은 눈, 양 갈래로 묶은 머리카락이 낯선 사람과 이야기를 나누면 어떤 벌을 받게 되는지 알려주었다.

우리는 다 함께 긴 겨울의 힘 빠지는 잿빛 하늘 아래를 터덜터덜 걸었고, 길모퉁이에 있는 문화회관에서 축축한 나무와 땀의 달콤한 냄새에 어지러워하며 스케이트링크를 비틀비틀 돌았다. 그 긴 겨울의 늦은 밤에 홀로 길을 걸을 때면 가로등 불빛이 솜 같은 드넓은 하늘을 밝혔다. 그때는 꼭 솔즈베리가를 걷는 두 발 바로 밑에서 지구의 회전이 느껴지는 것만 같았다. 밤은 너무 고요했고, 어둠 속은 너무 따뜻하고 인상적이고 환했다.

긴 머리가 지저분하고 매부리코가 마녀 같았던 나는 이따금 다른 집 마당에 몰래 들어가 솔즈베리가에 얼마 안 남은 커다란 나무 중 하나에 기어올랐고, 한동안 그곳에 앉아 불타는 듯 새빨간 단풍잎 꼭지를 구부리며 생각에 잠겼다. 그리고 저 너머의 세계를 상상했다.

열다섯 살 여름, 로체스터의 더 깔끔하고 멋진 구역에 사는 한 친구가 자기 가족과 함께 오스트리아 여행을 가자고 했다. 나는 홀로 비행기에 타서 프랑크푸르트에서 친구 가족을 만난 다음 유럽에서 일주일을 보내고, 이탈리아에 접한 티롤의 한 마을로 기차를 타고 가서 카린이라는 소녀의 가족과 그곳에서 한 달을 머물 예정이었다.

부모님이 나를 보내준 건 놀라운 일이었다. 우리 가족은 주로 필수품에만 돈을 썼고, 그게 아니라면 대학 등록금 통장에 넣었다. 가족 여행을 갈 때는 다섯 명이 오렌지색 플리머스 볼라레에 끼여 타고 야외 수영장이 있는 모텔에 묵었다. "마르코! 폴로!"* 부모님은 외화로 톡톡히 그 대가를 치렀다. 그러나 그럴 가치가 있었다. 그 오스트리아 마을에서 나는 외국어 음악에 몸을 적시는 법을 처음 배웠고, 조지 거슈윈의 「랩소디 인 블루Rhapsody in Blue」를 처음 감상했고, 누군가가 기차 창문 밖을 가리키며 "저기가 히틀러가 태어난 곳이야"라고 말하는 것을 처음 들었다.

수지(수잔 트로크메) 증조할머니가 편지를 쓴 것도 내가 오스트리아에 있을 때였다. 당시 나는 수지 증조할머니가 누군지 잘 몰랐다. 도로시 친할머니 쪽의 모계 가족이라는 건 알았다. 도로시 친할머니는 원래 산카를로 오페라단의 발레리나여서, 대공황 때 덜컹거리는 기차를 타고 미국 전역을 돌아다녔다. 그러나 1954년에 남편이 비행기 사고로 세상을 떠났고, 발레리나였던 할머니는 중학교 미술 교사가 되어 나의 아버지와 바버라 고모, 엘리자베스 고모를 우아한 가난 속에 홀로 키웠다. 수지 증조할머니는 말하자면 도로시 친할머니의 새어머니였고, 우리 엄마는 수지 증조할머니의 따스함과 다정함을 한껏 칭찬했다.

수지 증조할머니는 얇은 파란색 종이에 편지를 써서 프랑스 지중해 연안에 있는 몽펠리에의 자택으로 나를 초대했다. 작은 지도를 그려서 내가 머물던 산골 마을을 기준으로 몽펠리에가

---

* 수영장에서 하는 술래잡기 놀이. 눈을 가린 술래가 "마르코!"라고 외치면 다른 아이들이 "폴로!"라고 외쳐야 한다.

어디 있는지 알려주기까지 했다. 물론 가고 싶었다. 나는 열다섯 살이 할 수 있는 최대한으로 늘 프랑스를 꿈꿨고, 그 꿈속에서 얇은 옷을 걸치고 빈센트 반 고흐가 정신 줄을 놓았던 아를의 들판과 똑같은 곳을 걸었다. 그러나 나는 볼품없는 10대일 뿐이었다. 프랑스에 있는 수지 증조할머니를 찾아가도 되냐고 어머니에게 물어볼 생각조차 하지 못했다. 그때는 해외 전화를 하기도 쉽지 않았다. 어떻게 이동하지? 돈은 어떻게 마련하지? 숨이 막혔다. 편지에는 답장하지 않았다. 증조할머니를 만나러 갈 수는 없을 것이다.

지금, 홀로코스트 기념관의 마지막 층 전시에서 수지 증조할머니의 이름을 또다시 마주친다.

이 전시는 목사였던 앙드레André 트로크메와 그의 아내 마그다Magda가 비바레리뇽 고원의 유대인 구조 활동에서 중요한 역할을 했다고 알린다. 사진 속, 키가 크고 안경을 쓴 앙드레 옆에 관자놀이께로 짙은 머리칼을 땋아 올린 인상적인 여성이 서 있고, 아이들 네 명이 두 사람을 둘러싸고 있다. 프랑스 생캉탱Saint-Quentin에서 태어난 앙드레는 카리스마가 넘쳤고 비폭력 철학을 지지했다. 1920년대에 뉴욕의 유니언 신학교에서 헨리 소로Henry Thoreau와 마하트마 간디Mahatma Gandi를 읽었고, 1930년대 후반에는 고원에 있는 르 샹봉쉬르리뇽Le Chambon-sur-Lignon이라는 머나먼 마을에 배치되었다. 이야기에 따르면 마그다는 도움이 필요한 사람을 절대로 문전 박대하지 않았다고 한다. 두 사람 다 프랑스 레지스탕스의 일원이었으나, 이들의 행동은 (똑같이 위험할지언정) 비폭력 저항이었다. 두 사람은 강제수용소에서 유대인을 꺼내 데려와 거처와 일거리, 학교를 제공했고 이들이 스위스로 넘어갈 수 있게 도왔다.

시선이 자유롭게 흘러가게 두며 수많은 아이의 얼굴을 바라보았다. 전쟁 전에는 분명 자기만의 세상을 내달렸을 아이들. 거리에서 자전거를 타고, 자기 나무에서 불타는 듯 새빨간 나뭇잎을 발견하고, 일어나서 공부하고 잠드는 시간의 리듬과 달빛이 쏟아지는 밤에 눈 위를 뽀드득뽀드득 걷는 리듬을 알고, 다른 남자애나 여자애와 사랑에 빠지고, 아니면 동네에 사는 다른 애를 미워했을 아이들. 분명 이 아이들에게는 무서운 밤에 안길 품이 있었을 것이다. 이 아이들에게도 가족이 있었을 것이다.

그 얼굴들을 하나씩 들여다보았다. 캄캄한 공간에서, 이 아이들의 유일성이 무엇을 의미할지 생각해보았다. 전시 설명에는 이렇게 쓰여 있었다. "아무도 누가 유대인이고 누가 유대인이 아닌지 묻지 않았다. 아무도 출신을 묻지 않았다. 아무도 아버지가 누구인지, 돈을 낼 수 있는지 묻지 않았다…."

이 앙드레 트로크메라는 인물과 수지 증조할머니는 무슨 관계였을까? 전혀 알 수 없었다.

그때 전시에서 또 다른 트로크메를 발견했다. 그 사람은 앙드레의 사촌으로, 숱 많은 어두운색 머리를 깔끔하게 빗어 넘겼고 안경을 썼으며, 두툼한 입술과 짙은 색 눈동자, 툭 튀어나온 귀를 가진 키가 멀쑥한 청년이었다.

훗날 나는 이 트로크메가 수지 증조할머니의 남동생임을 알게 되었다. 그는 1942년 늦여름에 비바레리뇽 고원에 도착했다. 째깍. 이곳에서 피난 온 어린이들을 위해 르 샹봉쉬르리뇽의 언덕진 마을 외곽에 있는 보호소 한 곳을, 그러다 두 곳을 관리했다. 1943년 여름에 급습으로 체포되어 프랑스와 독일, 폴란드에 있는 강제수용소에서 수개월을 보냈다. 그리고 1944년 봄, 마이다네크 수용소에서 사망했다. 째깍.

어둠 속에서 내게 불 하나가 켜졌다. 그의 이름은 다니엘Daniel 트로크메였다.

◇◇◇

그래서 내 앞에 새로운 여정이 펼쳐졌다. 비바레리뇽이라는 곳으로 떠나는 여정, 있는 그대로의 현실과 가능할지도 모를 현실을 조화하는 여정.

어느 날 나는 사회과학자가 되어 있었다. 그러다 툭 부러져 버렸다. 더 이상 전쟁을 연구하고 싶지 않았다. 어떻게 그럴 수 있을지 고민하기 시작했고, 나를 도와줄지도 모를 이야기들을 들여다보기 시작했다.

"그 이야기는 우리 가족과 연결되어 있어." 내가 그 보석을 집어 들자 바버라 고모의 목소리가 들려왔다. 고모의 노래하는 듯한 목소리가 수년간 내 머릿속에 남아 있었다. 책 안에서는 아직도 오래된 나무와 양철통 냄새가 났다. 에밀 뒤르켐Émile Durkheim을,

사회적인 것le social을 나도 안다. 사회과학에는 내 가족이 필요치 않다. 솔즈베리가 출신인 나도 필요치 않다. 거대한 n의 이야기와 정규분포 곡선의 끝에 자리한 뛰어난 사례에 관해서라면, 사회과학은 나를 원하지조차 않는다.

거기에는 내가 할 수 있는 일이 하나도 없어 보였다.

고모가 보내준 책의 문장 사이 어딘가에, 그리고 다른 곳에, 또 다른 곳에, 한 인물이… 우리 가족과 연결된 인물이 서 있었다. 그리고 오래전에 세상을 떠난 그 인물이 내 여정에 자꾸 나타나 방향을 조종하기 시작했다.

내 방 벽에는 찻물이 얼룩진 종이에 인쇄한 다니엘의 사진이 테이프로 붙어 있다. 그는 45도 각도를 바라보고 있다. 젊다. 안경을 끼고 넥타이를 맸으며, 짙은 머리칼을 단정히 빗어 넘겼다. 그의 사진 옆에는 내가 직접 연필로 쓴 문장이 적혀 있다. **1943년 6월 29일 체포. 물랭 교도소. 콩피에뉴. 1943년. 부헨발트. 도라. (심장 문제.) 1944년. 마이다네크.**

그의 얼굴을 바라본다. 그의 시선이 알 수 없는 먼 곳을 향한다. 표정을 읽을 수 없다.

올바르게 적용한 좋은 과학이라는 것이 있다. 세상이 어떻게 돌아가는가 하는 질문이 있다. 그러나 계획이 사라지고 이론이 허물어질 때, 우리가 상상한 것보다 더 거대한 목적이 어떻게 우리 자신을 사로잡을 수 있는가 하는 질문도 있다.

나는 사회과학자다. 이제 더 이상 전쟁을 연구하고 싶지 않다. 그러나 알고 보니, 나 혼자서는 그럴 수 없다.

2장 경외일

복되신 주 하느님, 우주의 왕이시여,
당신께서 나무의 열매를 창조하셨나이다.
—사과와 꿀에 바치는 로슈 하샤나* 기도

우리가 삶이라는 책을 펼치면 이야기가 시작된다. 처음 보이는 것이 무엇일까?

"잘 자, 아가." 유모가 자기가 아는 몇 없는 영어 단어로 아이에게 속삭인다. "푹 자렴…."

다니엘은 구불거리는 연갈색 머리카락과 근사하게 안으로 말린 커다란 귀를 가진 소년이었다. 동그란 입은 보드라웠고, 시선은 먼 곳에 붙들려 있었다. 사람들의 말에 따르면 다니엘은 늘 미소 짓는 아이였고, 잘 웃는 아이였으며, 앙팡 델리시유enfant délicieux, 그러니까 귀여운 아이였다. 다니엘은 틀림없이 자기 유모를 사랑했다. 부드러운 목소리로 다니엘을 아가라고 부르던 이

* 유대력의 1월 1일인 유대교 명절.

유모는 노르망디의 베르뇌유쉬르아브르Verneuil-sur-Avre 외곽에 있는 다니엘 가족의 집에서 함께 살았다. 유모가 감기에 걸린 어느 날, 다니엘은 유모가 울고 있는 줄 착각했다. "젤Zelle," 다니엘이 유모를 부르며 달려갔다. "울지 말아요! 다니가 여기 있잖아요!"

다니엘의 부모인 앙리Henri 트로크메와 이브Eve 트로크메(결혼 전 성은 리스트Rist)는 둘 다 유서 깊은 세력가 출신이었다. 선조의 계보가 참나무처럼 탄탄했고, 그 역사가 위대한 프랑스 가문의 연대기에 남아 있었다. 트로크메 가문은 17세기부터 프랑스 피카르디Picardy 북동쪽에 위치한 마을에 자리를 잡았는데, 이 지역은 (트로크메가를 포함해) 많은 지역 귀족이 개신교라는 위험한 신흥 종교로 개종한 곳이었다. 이후 수 세기에 걸쳐 종교전쟁이 벌어졌고 프랑스혁명으로 반종교적 분위기가 형성되었으며, 트로크메가와 이웃들은 부아타 카유Boîte à Cailloux, 즉 돌 상자라는 이름으로 알려진 백악질 채석장에서 들킬까 두려워하며 밤에 몰래 예배를 올렸다. 프랑스에서 개신교가 확산되고 숨어 있던 개신교도들이 더 넓은 세상으로 진출하면서 트로크메 가문도 더욱 번성했다. 곧 다니엘의 가문에는 지주와 목사를 비롯해 유명 조각가, 메드생 알리에니스트médecin aliéniste(19세기의 초기 심리학자)가 등장했고, 심지어 레지옹도뇌르훈장을 받은 인물도 있었다.

다니엘의 아버지는 에콜 드 로슈École des Roches라는 엘리트 기숙학교의 설립자이자 교장 중 한 명이었다. 학교는 녹음이 우거지고 평화로웠으며 고상한 아름다움이 있었다. 부지 한가운데에는 널따란 잔디밭과 키 큰 나무들, 가늘고 긴 강이 있었고, 수백 에이커의 들판과 숲이 학교를 둘러쌌다. 가는 곳마다 이슬 맺힌 부유함의 표지가 있었다. 마구간, 야외 수영장, 테니스코트, 근사한 기숙사. 집처럼 안락한 환경에서 직원과 학생이 함께 거주하는 기숙사에는 커다란 난로와 함께 로비에 피아노가 놓여 있었다. 이 학교는 명백히 부유층 자제를 위한 공간이었지만, 한편으로는 능동 학습이라는 현대의 진취적 교육 원칙에 입각하기도 했다. 이 원칙에 따라 학생들은 고전 과목 외에도 현실적인 문제 해결 방식을 배웠다. 과학 수업에서는 실험을 했고, 교실 밖의 들판과 강, 마구간에서 이런저런 것들을 키워보면서 생명이 성장하는 방식을, 바깥에서 이런저런 것들을 날려보면서 사물이 날아가는 방식을 배웠다. 당시로서는 엄청난 혁신이었다. 이 학교는 나라에서 가장 운 좋은 아이들을 모아 응석받이가 아닌 문제 해결 능력을 갖춘 세대를 키워내고자 했고, '비앵 아르메 푸르 라 비bien armé pour la vie'라는 학교의 좌우명처럼 이 아이들은 삶에 단단히 대비한 사람으로 성장할 것이었다.

그러나 로슈에는 계급과 전통이 지배하는 더 넓은 엘리트 세계와의 끈을 강화하는 요소들도 많았다. 교장이 파이프를 피우고 있으면 아이들은 그 주위에 둘러앉아 고개를 뒤로 꺾고 넋이 나간 채 교장을 올려다보았다. 종교 교육과 예배(가톨릭과 개신교의 예배실이 다 있었다)도 중요했다. 나이 많은 학생들은 넥타이를 매고 당시 유행하던 뾰족 깃이 달린 재킷을 걸쳤으며, 어린 학생들은 무릎 위가 불룩하게 부푼 반바지를 입었다. 새 학기가 되면 부모들은 반짝이는 커다란 차로 자녀를 학교에 데려다주었고, 몇 년 뒤 라이트형제가 비행기를 발명하자 몇 킬로미터 떨어진 활주로에 아이들을 내려주었다. 로슈의 학생들은 언젠가 땅과 하늘에서 프랑스를 이끌 것이었다.

앙리와 이브에게는 마리안느Marianne, 샤를Charles, 엘리자베트Elisabeth, 미셸Michel, 프랑수아François, 수잔(수지), 다니엘, 준비에브Geneviève, 로베르Robert, 이렇게 총 아홉 명의 자식이 있었다. 다니엘이 태어나자 시장이 출생 신고서를 보냈다. 1912년 4월 말이었고, 타이타닉호가 근처의 항구도시 셰르부르에서 통제 불가능한 바다를 향해 출발하기 몇 주 전이었다. 외부의 시선을 개의치 않는 제국의 시대가 끝나고, 세계대전의 시대가 밝아오고 있었다. 국가와 인종, 민족적 순수성이라는 근대성의 우상이 전속력으로 부상하던 시기였다. 다니엘은 그렇게 벼랑 끝에 다다른 세계에 태어났다. 그 4월, 멀리서 짙은 구름이 드리우고 있었다.

로슈에서 어린 다니엘(빵빵이 안경을 썼고, 귀가 커다랗고 머리카락이 곱슬곱슬하며, 사진 속 미소는 형제들이 남긴 기록에서보다 더 구슬퍼 보인다)은 세상의 기준으로 비범하지는 않았어도 사랑받는 학생이었다. 어느 정도 호기심이 있었고, 수학과 물리학에도 재능이 좀 있었지만(이 두 과목은 반에서 1등이었다) 이 점을 빼면 다니엘은 평범했다. 교사들이 남긴 기록을 보면 "눈에 띄게 선하"지만 "수다스럽고bavard… 부주의함"이나, "음정에 맞게 노래하지 못함", "좋은 학생으로, 어린이다운 면도 있지만(칭찬이다) 벌써 너무 진지하고 심각하다" 같은 말이 쓰여 있다.

어린이답게 순진하고, 수다스러우면서 심각하고, 큰 목소리로 노래하지만 음정을 못 맞추던 다니엘은 심각한 심낭염으로 고생하기도 했는데, 심장 근처에 액체가 모여 호흡할 때 끔찍한 고통을 일으키는 병이다. 훗날 첫째 형 샤를은 나이가 비슷했던 수지와 다니엘이 "서로를 매우 애틋해했다"라고 썼지만, 다니엘은 들뜬 저녁에 열리곤 했던 활발한 토론에 형들과 함께 뛰어들기도 했다. 형들과 수지는 공부를 잘했다. 샤를은 나중에 저명한 의사가 되었고 미셸은 은행가가, 프랑수아는 공장장이 되었다. 수지 역시 결핵 환자를 전문으로 치료하는 의사가 되었다. 그에 비하면 다니엘의 야망은 비교적 불확실했다. 언젠가 다니엘은 수지에게 "주 뵈 레요네Je veux rayonner"라고 고백했다. 나도 빛나고 싶어.

가족사진 속에서 앙리는 안경을 쓰고 콧수염을 기른 모습으로 꼿꼿이 서 있다. 그 옆의 이브는 슬프고 다정한 눈을 하고 생머리를 하나로 모아 동그랗게 묶었다. 남자 형제들은 모직 양복을 입고 자신만만하게 짝다리로 섰고, 여자 형제들은 세련된 단발에 머리띠를 하고 손을 모은 자세로 앉아 있다. 벽은 벨벳 같다. 등유를 넣은 샹들리에가 화려한 에드워드 시대풍 방을 환하게 밝힌다. 다니엘은 가장자리에 서서 카메라를 똑바로 바라보고 있다. 눈빛에 온기가 있다. 그리고 거리감도 있다.

이렇게 삶이라는 책이 펼쳐진다. 상냥하고 진지한 한 아이가 아장아장 세상에 걸어나간다. 그리고 자라면서 삶에 단단히 대비한다. 적어도 겉으로는 그렇게 보인다. 아이는 빛나고 싶다.

다니엘이 거의 청소년기에 접어든 무렵, 트로크메 가족은 다 함께 결정을 내린 듯했다. 다니엘은 아버지의 뒤를 이어 교육자가 될 것이고, 언젠가 에콜 드 로슈의 교장직을 물려받을 것이다. 가족들이 다니엘에게서 무엇을 발견했기에 이런 결정을 내린 걸까? 다니엘은 교과과정을 충실히 마쳤다. 로슈를 졸업한 뒤에는 파리의 명망 높은 학교 루이르그랑Louis-Le-Grand과 앙리카트르Henri-IV에 진학해 물리학과 수학을 공부했다. 볼테르Voltaire와 마르키 드 사드Marquis de Sade, 빅토르 위고Victor Hugo, 몰리에르Molière, 에밀 뒤르켐, 에드가르 드가Edgar Degas가 이 학교의 졸업생이었고, 시몬 베유Simone Veil와 장폴 사르트르Jean-Paul Sartre, 조르주 퐁피두Georges Pompidou가 다니엘의 동급생이었다. '지각의 우위성' 이론으로 강렬한 인상을 남긴 모리스 메를로퐁티Maurice Merleau-Ponty와 네그리튀드 운동을 이끈 시인 에메 세제르Aimé Césaire가 유서 깊은 학교 복도에서 다니엘의 옆을 지나갔을지도 모른다. 에콜 드 로슈의 응접실에서부터 모든 것이 이 젊은 프랑스 소년의 미래를 뒷받침했다. 벨벳과 샹들리에 불빛. 좋은 이름. 물가에 심은 튼튼한 나무. 아버지와 어머니, 형제자매들. 모두가 다니엘이 좋은 삶을 살기를 바랐고, 다니엘의 얼굴에서 자신의 모습을 보았다. 그러던 그때 무슨 일인가가 벌어졌다. 빅트롤라 축음기가 튕겼고, 음악이 바뀌었다. 귀여운 아이였던 다니엘은 탐색을 시작했다.

미래를 누가 알겠는가? 삶이라는 책을 열었을 때, 그 끝에 어떤 이름이 등장할지 누가 알겠는가? 아무도 모른다. 물론 상황은 옳아 보이다가도 결국 틀린 것으로 판명 날 수 있다.

확실히 다니엘은 태어날 때부터 좋고 옳은 삶을 살아갈 준비를 마쳤다. 그러나 어린 시절이 끝나가면서 다니엘이 자기 자신, 그리고 참나무처럼 탄탄한 자기 삶의 조건과 맞붙어 싸우기 시작했음이 편지와 가족들의 회상에서 분명하게 드러난다. 어떻게 할까? 어떤 사람이 될까? 결정을 내려야 했다.

벌써 청년이 된 다니엘의 모습이 머릿속에 떠오른다. 다니엘은 드넓게 펼쳐진 에콜 드 로슈의 축축한 들판에서 벨벳 안식처 너머의 세계로 향하는 기찻길을 따라 걷고 있다. 나무들이 사라지고 은녹색 벌판이 나타나자 이슬비 속에서 홀로 말없이 분통을 터뜨리는 모습이 보인다. 사색에 잠긴 그의 모습을 떠올린다. 아버지의 강압적인 목소리, 어머니의 부드러운 설득, 거의 절대로 멈추지 않는 배경음악. 다니엘은 홀로 한 걸음, 또 한 걸음을 내디디며 어떤 미래가 펼쳐질지 궁금해한다. 어쩌면 새소리가 들릴지도 모른다. 새 한 마리가 한 번, 또 한 번 지저귄다. 다니엘은 무언가가 잘못되었음을, 자신이 어떤 상태인지를 알지만 그 이유는 모른다. 눈앞에 기차역이 있다. 비가 내린다. 그는 떠날 것이다. 그러나 어디로 향할지는 모른다.

다니엘의 스물한 번째 생일(1933년 4월 28일)에 「도이치 알게마이네 차이퉁Deutsche Allgemeine Zeitung」은 독일 나치당을 비판하는 마지막 기사를 내보냈다. 이제 히틀러가 공식적으로 한껏 득세하고 있었다. 하지만 그것은 무슨 의미였을까? 수많은 시간이 흐른 지금은 1933년이 어디로 흘러갈지가 명백해 보인다. 그러나 그 일은 당시 스물한 살 청년에게, 이미 준비된 계획이 있는 청년에게 어떤 의미였을까? 그 청년에게 호기심과 어느 정도의 재능과 어느 정도의 수단이 있다면, 그 청년이 여전히 스스로를 잘 알지 못한다면, 그 일은 무슨 의미였을까?

그해 다니엘은 파리의 활기 넘치는 라탱Latin 지구에 살며 소르본 대학교Sorbonne Université에서 교사 자격증을 준비하고 있었다. 샤를의 말에 따르면 다니엘에게는 "다양한 인종의" 친구들이 있었고, 그들은 함께 세상사를 논했다. 정치는 하루가 갈수록 복잡하고 기이하고 격정적으로 변했다. 1933년에서 1934년으로 이어지는 겨울, 다니엘은 파리에서 대규모 폭동을 목격했다. 극우 집단이 좌파 의회에 맞서 들고 일어난 것이다. 다니엘은 끊임없이 이어지는 군중의 아우성을 들으며 평화로웠던 대로가 대혼란에 빠지는 모습을 지켜보았다. 그리고 집으로 보내는 편지에 가로수 뿌리를 덮은 쇠 격자가 뜯겨서 도로 전체에 나뒹구는 광경을, 지나가는 트럭이 그 쇠 격자를 밟고 지나갈 때 나는 "불길한 소음"을 묘사했다.

다니엘은 파리의 격렬한 정치 환경과 에콜 드 로슈의 졸업생으로서 참석한 강연 이야기도 전했다. 이 강연에서 위대한 이슬람 개혁주의자였던 앙리 상송Henri Sanson 신부는 "영원한 불명예"를 논했고, 저널리스트이자 이따금 반유대주의적 태도를 보였던 위컴 스티드Wickham Steed는 "영국이 중립으로 남을 수 있는가?"를 물었다. 다니엘은 부모님에게 유대인이나 중동인인 듯한 이름을 가진 새 친구들 이야기를 했고, 이제 자신에게 가장 중요한 것은 우정임을 부모님이 이해해야 한다고 (퍽 단호하게) 말했다. 그리고 매일같이 친구들과 나누는 뜨거운 대화 이야기도 전했다.

그러던 1934년, 다니엘이 처음으로 직업을 구했다. 직장은 베이루트에 있는 아메리칸 대학교Beirut American University였다.

1930년대에 베이루트는 아직 국제적 도시였고, 당시는 오스만제국이 아니라 프랑스의 위임 통치를 받고 있었으며, 이슬람교인과 기독교인, 유대인, 바하이교인 이민자들이 훌륭하게 뒤섞여 살아가고 있었다. 원할 때마다 시리아의 가까운 산맥으로 여행을 떠나거나 친한 친구인 샤픽Chafik의 가족을 만나러 카이로로 향할 수 있었던 다니엘은 자신이 알맞은 분야를 선택한 것인지 적극적으로 고민했다. 그리고 집에 보내는 편지에서 자신이 과학 대신 근대사를 공부해야 했다고 말했다. 또한 시인 라빈드라나트 타고르Rabindranath Tagore(겨우 몇 년 전 단식하던 간디를 죽음에서 구해낸 바로 그 타고르)가 베이루트에 강연하러 온다는 소식을 신이 나서 전하기도 했다. 베이루트는 무척 작은 도시였지만 언어와 종교, 예술, 발상의 교류라는 측면에서는 매우 거대한 도시였다. 다니엘 앞에 문이, 그 모든 것으로 향하는 문이 활짝 열려 있는 것 같았다.

다니엘의 부모님은 아들의 변화를 목격하고 애를 태웠다. 부모님은 다음과 같은 내용의 편지를 보냈다. 제대로 교사 자격증을 따려면 계속 공부해야 한다. 넌 벌써 스물세 살이다. 도대체 지금 뭘 하고 있는 거니? 다니엘은 현재 자신이 "논쟁과 꿈에 힘입어" 청춘의 위기 같은 것을 겪는 중일지도 모르겠다고 답장했다. 부모님은 아들이 정치에 사로잡히고, 무의미하지는 않더라도 목적은 없어 보이는 먼 여행을 다닌다는 사실에 노심초사했다. 이미 다니엘은 안락한 국가와 계급, 직업의 바깥으로 나돌고 있었다. 이것만은 분명했다.

그러나 나는 다니엘의 부모님이 가장 염려한 지점은 아들의 종교였다고 생각한다. 더욱 구체적으로 말하면, 부모님은 아들이 기독교 및 신과 맺은 관계를 염려했다. 이제 햇살 아래, 오렌지꽃의 땅에 있었던 다니엘은 부모님께 이렇게 편지를 썼다.

> 가장 헐거운 틀조차도 제게는 너무 비좁습니다. 제가 생각하고 소망하는 바를 전적으로 자유롭게 말하고 실천하고 싶습니다. 부르주아의 전형적인 커리어에서 그러기란 거의 불가능해 보입니다. … 확실히 저는 아직 다 발전하지 못했습니다. 그런데도, 올해 레바논으로 긴 여행을 떠난 덕분에 완전히 새로운 시각으로 우리 유럽 사회를, 우리 프랑스 사회를 평가할 수 있었습니다. … 이제 저는 〔그 사회에〕 약간의 혐오를 느낍니다. … 때로는 동양의 눈으로 그 사회를 바라보는데, 이해가 잘 안 됩니다. 시리아의 프랑스 행정부를 바라봅니다. 제가 그 얘기를 들려드리면 아마 믿지 못하실 겁니다. 그들이 얼마나 괴물 같은지를. … 제가 극좌파라고 생각하지는 마세요. 그러나 저는 서구 문명에서 점점 멀어지고 있습니다. 그러니까, 제게 서구 문명은 유일한 문명이 아니라 여러 문명 중 하나이고, 저는 그 문명을 공간적으로나 시간적으로 다른 문명과의 관계 속에서 바라봅니다. … 그것〔기독교〕에 아름다움과 진실뿐만 아니라 거짓과 추함도 들어 있음을 압니다. 그러므로 요점은, 계속 여행하면서 새로운 것들을 보고 더욱 자유로워지고 싶다는 것입니다.

삶이라는 책을 펼쳤을 때 무엇이 등장할지 누가 알겠는가?

하지만 다니엘이 그곳에서 어떻게 꿈꾸지 않을 수 있었을까? 눈부신 바다가 펼쳐진 새로운 도시에서, 팔레스타인에서 바다를 따라 조금만 올라가면 되는 성서 속의 가나안 땅에서, 험준한 땅에서 자라난 삼나무의 풍경과 오렌지 꽃의 향기 속에서, 고대의 질문이 아직 남아 있는 그곳에서, 어떻게 그러지 않을 수 있었을까? 그 시절에 찍은 사진 속에서 다니엘은 배를 타고 있다. 바다에서 카메라 쪽으로 몸을 돌린 다니엘의 두 뺨이 달아올라 있고, 햇살이 안경에 눈부시게 반사되어 시야를 가리고 있다. 어떻게 이곳에서 그가 반박하고 꿈꾸지 않을 수 있었겠는가?

베이루트에 머물던 다니엘은 다시 유럽으로 돌아와 파리에서 교사 자격증을 받았다. 그러던 1937년, 그는 로마에 있는 학교 샤토브리앙Chateaubriand에 일자리를 얻었다. 영원의 도시 로마는 웅성대고 있었다. 무솔리니의 세력이 커지면서 모두가 왼쪽 아니면 오른쪽으로 급히 달려갔다. 로마에서 다니엘은 여자를 만났고 (편지에서 이름을 언급한 적은 없다), 가족이 여자를 못마땅해한 것이 분명해 보인다. 다니엘은 부모님에게 걱정하지 말라고, 그 여자는 "밀봉되어 안을 절대 들여다볼 수 없는 작고 예쁜 상자" 같다고 말했다. 그러나 다니엘은 그녀 생각을 멈추지 못했다. 두 사람은 헤어졌다가 재회했고, 다시 헤어졌다. 다니엘은 가능할 때마다 그 여자를 만나러 먼 거리를 달려갔다. 그리고 부모님의 우려와 조언, 책망이 그녀와의 미래에 대한 논의를 방해한 것은 아닌지 고민했다. "나는 기준이 높고 통찰력이 있는 걸까, 아니면 그저 건방지고 허세를 부리는 걸까?"

다니엘은 알지 못했다. 모든 게 이상하게 느껴졌다. 세상이

주는 압박이 점점 커졌고, 어디서나 모두가 해답을 찾고 있었다. 공동체에 속한다는 것은 무슨 의미일까? 종교에 속한다는 것은? 기존의 질서에 속한다는 것은?

다니엘은 집에 편지를 보냈다. "돈은 사람을 인색하게 만듭니다." 좋은 표현이었다. 유럽은 비틀거리고 있었고, 좌파와 우파, 시를 쓰며 단식 투쟁으로 사망할 뻔한 간디의 목숨을 구할 법한 사람들로 가득했다. 유럽은 허공에 쳐든 주먹과 행진으로 가득했고, 깃발에 커다랗게 그린 검은 스와스티카와 전에 없던 형태의 불길한 소음이 점점 더 가득해졌다.

1937년, 다니엘은 포츠담에 가서 국가사회주의 강연을 들었다. 그는 미래에 자신이 부르주아가 될지 극단주의자가 될지 궁금해했다. 좌파가, 우파가, 국가가 그를 끌어당겼다. 종교가, 평화주의가, 세속주의가, 역사가, 시가 그를 불렀다. 심지어 남자들에게 속을 보여주지 않는 작고 예쁜 상자들도 그를 불렀다. 다니엘은 집에 이렇게 말했다. "저는 이 시기를 아주 맹렬히 살아가고 있습니다. 사회적으로나 감성적으로나 지적으로나, 모든 관점에서 조금씩 말입니다. 맹렬하게 사는 것이 행복의 원천이라면 저는 아주 행복합니다. 그러나 이와 반대로 차분하고 단순한 삶에 행복이 있다면, 저는 가장 불행한 사람입니다."

물론 얼마 안 가 모든 것이 변했다. 프랑스에도 전쟁이 닥쳤다. 심낭염 때문에 다니엘은 병역을 면제받았다. 로마에서 계속 학생들을 가르치던 1940년 5월, 집이 있는 베르뇌유쉬르아브르에도 독일군이 밀려들었다. 다니엘은 냉정한 정신으로 사랑하는 부모님이 반드시 레지스탕스에 합류해야 한다는 편지를 보냈다.

독일군은 즉시 에콜 드 로슈를 탈취해 평화로운 학교 교정을 강제수용소의 허브인 프론트스탈라그Frontstalag 200A로 만들었다. 학교 옆 들판에 막사를 세웠고 주위에 철조망을 둘렀으며 위에서 감시하는 망루를 세웠다.

다니엘은 마지막 발버둥을 치듯 맹렬히 유럽에서 빠져나가려 했다. 기차를 타고 남쪽에 있는 툴루즈에 가서 형 프랑수아의 차를 빌려 타고 마르세유까지 달렸다. 그곳에서 북아프리카로 향하는 배를 탈 생각이었다. 그러나 마지막 배는 다니엘을 두고 떠났다. 마지막 기회를 붙잡아 점점 목을 조르는 유럽 대륙에서 벗어나고자 했던 수천수만 명을 두고 떠났다.

부모님은 아직 베르뇌유에 있었고, 다니엘은 전시에 에콜 드 로슈가 두 번째 교정을 마련한 마슬락Maslacq으로 향했다. 다시 학교에서 일하려는 마음으로 돌아갔지만 그는 불행했고, 다른 직원들과 마찰을 빚었으며, 결국 직원 중 일부는 비시Vichy 정권 소속이 되었다. 다니엘은 이렇게 썼다. "숨이 막힌다. 내가 또 한 해를 이곳에서 보낼 수 있을지 전혀 모르겠다." 그는 절박하게 다른 것을 찾기 시작했다. 여전히 스페인 내전의 여파로 요동치던 도시, 바르셀로나에 일자리가 있었다. 다시 파리로 돌아가 박사학위를 딸 수도 있었다. 자신의 꿈과 모든 논쟁을 영원히 뒤에 남겨두고 일평생 로슈에서 일했으면 하는 부모님의 바람 역시 아직 완전히 떨쳐내지는 못했다.

그러던 1942년 여름, 다니엘은 편지 한 통을 받았다. 사촌인 앙드레 트로크메 목사가 프랑스 산간벽지에 있는 한 마을로 와서 원대한 구조 활동을 도와달라고 요청한 것이다. 앙드레는 도움이 시급했다. 그동안 그는 귀르스Gurs와 리브잘트Rivesaltes에서 프랑스인이 운영하는 강제수용소들을 오가며 그곳의 아이들이 안전하게 비바레리뇽 고원에 도착할 수 있도록 신원을 파악하고 서류를 작성하는 일을 돕고 있었다. 앙드레는 봉급을 줄 여유가 없었지만 르 샹봉쉬르리뇽의 외곽에서 어린이들이 생활하는 보호소를 관리해줄 사람이 필요했다. 그곳에 사는 아이들은 출신이 다양했고, 절박하게 도움이 필요했다. 실용적인 업무였지만 한편으로는 학문적인 측면도 있을 터였다.

앙드레의 구조 활동은 이미 사람들의 이목을 끌고 있었다. 틀림없이 위험한 일이었다. 다니엘의 부모는 이 소식에 그리 열광하지 않았다. 두 사람은 다니엘에게 프랑수아를 보내 가지 말라고 설득했다.

다니엘이 어린 시절에 다닌 에콜 드 로슈에는 예배당이 있었다. 나무와 회반죽으로 짓고 벽을 흰색으로 칠한 검소한 예배당이었다. 어린 다니엘은 그곳에서 제단에 쓰인 글들을 읽으며 홀로 생각에 잠겨 얼마나 많은 시간을 보냈을까? "페르 크리스트 루아Faire Christ Roi", 그리스도를 왕으로 삼으라. 어쩌면 다니엘은 나와 비슷해서, 텅 빈 흰색 벽에 그려진 그림들을 바라보며 초조하게 생각을 이어갔을지도 모른다. 첫 번째 탕자의 비유, "나의 이 아들은 죽었다가 살아났고, 내가 잃었다가 되찾았다", 두 번째 포도나무의 비유, "내게 붙어 있으면서 열매를 맺지 못하는 가지는 아버지께서 다 찍어 버리시고", 그리고 세 번째 잃어버린 드라크마의 비유, "나와 함께 기뻐하자, 잃어버린 드라크마를 찾아내었노라." 탕자와 포도나무, 드라크마. 다니엘은 셋 중 무엇을 꿈꾸었을까? 방탕함? 상실? 결실이 없다는 것의 의미?

다니엘은 자기 삶의 책을 펼쳐놓고 생각을 거듭했다. 물론 산간벽지에 있는 앙드레 생각도 했다. 그곳은 파리도 베이루트도 바르셀로나도 아니었고, 예쁜 상자 같은 여인들도 없었다. 어쩌면 다니엘은 돈이 어떻게 사람을 인색하게 만드는지를 생각했을지도 모른다. 좌파와 우파와 유럽 전역에서 치켜든 주먹들을 생각했을지도 모른다. 어머니에게서 온 마지막 편지를 또 한번 읽었을지도 모른다. 안전하게 보관하려고 그 편지를 주머니 속에 넣었을지도 모른다.

다니엘은 마음을 정했다.

그는 펜을 들고 부모님께 편지를 썼다. 1942년 9월 11일이었다. 바깥세상에서는 그날 콘보이 31Convoy 31이라는 이름의 열차가 1,000여 명을 태우고 파리 북부에 있는 드랑시 수용소를 떠나 아우슈비츠비르케나우Auschwitz-Birkenau 수용소로 향했다. 또한 바깥세상에서는 약 1년 전에 유대인 3만 3,400명이 키이우 거리에 소집되어 도시 외곽에 있는 험준한 협곡으로 이동해 총살당한 뒤 캄캄한 구덩이로 굴러떨어졌다.

그리고 바깥세상에서 그날은 로슈 하샤나와 10일간의 경외일이 시작되기 하루 전이었다. 이날 울려 퍼지는 나팔 소리에는 이런 뜻이 있다. "잠든 자여, 선잠에 빠진 자여, 깨어나라! 너의 행동을 점검하고 회개하며 너의 창조자를 기억하라!"

다니엘이 보낸 편지의 복사본이 내 손에 들려 있다. 내용은 다음과 같다.

오늘 아침, 주사위가 던져졌습니다. … 무엇보다 르 샹봉은 제게 교육을 의미합니다. … 그러니 세상을 재건하는 일을 돕는 셈이지요. … 다른 한편으로 르 샹봉은 소명에, 어떤 면에서는 거의 종교적인, 아니 완벽히 종교적인 어떤 친밀한 부름에 긍정적으로 응하는 것을 의미합니다. 그곳에서 저는 오롯이 저 자신이 될 것이고, 제가 이 일을 감당할 수 있는지는 미래가 말해줄 것입니다. 어차피 그것은 오로지 미래만이 말해줄 수 있습니다. 이건 세상의 눈으로 판단하는 성공의 문제가 아니니까요. 세상의 지혜를 따른다면 박사학위를 따거나, 아니면 적어도 바르셀로나에 가거나, 장소가 어디든 일반 교직에 몸담아야 했을 겁니다. 르 샹봉은 모험을 의미합니다. … 제가 모험을 선택한 이유는 그것이 모험이라서가 아니라, 자신을 부끄러워하지 않기 위함입니다.

나 또한 세상을 재건하는 데 이바지하고 싶다. 나 또한 스스로를 부끄러워하지 않고 싶다.

그래서, 나도 간다.

3장 대탈출

네 날개의 깃털로
정말 그렇게 멀리 날아갈 수 있는가?
—월트 휘트먼Walt Whitman, 「인도로 가는 길Passage to India」

3월이다. 기차에 오르는 지금, 바깥은 축축하고 춥다. 창가 자리에 앉아 플랫폼의 회색 조명을 내다본다. 나의 새 남편 찰스(찰스를 남편이라고 부르는 게 여전히 조금 웃기지만 그래도 너무 좋다)가 또 한번 손을 흔들며 인사를 하고, 기차의 문이 모두 닫힌다. 마침내 등에서 처음으로 묵직한 힘이 느껴지고 기차가 역을 출발한다.

파리에서 비바레리뇽 고원으로 향하는 여정은 수 시간에 걸쳐 세 구간을 지난다. 먼저 리옹행 SNCF 기차를 탄 뒤 생테티엔Saint-Étienne으로 향하는 통근열차 TER로 갈아탄다. 그다음에는 생테티엔에서 몽포콩Montfaucon을 지나 생타그레브Saint-Agrève까지 가는 37번 버스를 타고 르 샹봉쉬르리뇽의 중심가에 내린다. 앞으로 대략 600킬로미터를 이동하게 될 것이다. 도시에서 시골로, 저지대에서 고지대로, 중심에서 주변부로, 불협화음에서 (아마도?) 협화음으로.

기차의 흔들림이 처음으로 잠잠해지자 나는 두 눈을 감는다.

지금까지는 러시아가 내 커리어의 전부였고 15년 넘게 내 연구의 유일한 초점이었다. 몬트리올 대학교Université de Montréal에서 인류학 박사과정을 밟던 나는 러시아에 가서 권력의 핵심에서 동떨어진 공동체가 어떻게 자신의 과거와 씨름하는지, 특히 국가가 사람들의 사고방식을 조종하려고 열심히, 노골적으로, 때로는 폭력적으로 애쓰는 시기에 어떻게 그럴 수 있는지 알아내고자 했다. 소련은 이미 붕괴한 상태였고, 뒤이은 혼란 속에서 나의 질문은 꽤 훌륭한 것이었다. 연구를 위해 약 1년 반 동안 러시아의 작은 마을에(시큼한 우유와 건초 냄새가 나는 작은 오두막에) 살며 각종 생활 방식을 배웠다. 수돗물 없이 낫과 갈퀴의 도움만으로 먹을 것을 재배하는 방법, 돈이 거의 오가지 않는 임시변통의 경제, 어려운 시기에 사회의 결속력을 유지하는 방법, 스탈린Stalin이나 보리스 옐친Boris Yeltsin, 집단농장의 운영자 같은 여러 권력자를 향한, 또는 가정집이나 헛간이나 숲의 보이지 않는 생명체들을 향한 태도 같은 것들. 솔즈베리가에서 자란 나는 중년 부부와 함께, 그들이 키우는 소와 양과 닭과 함께 한집에서 사는 법을 배웠다. 그들이 온화할 때는 온화해지고 그들이 차가울 때는 차가워지는 법을 배웠다.

그 마을의 '사회적 기억'에 관해 박사논문을 쓰면서 시골 사람들은 본인에게 정말 중요한 문제에 관해서는 국가의 의지에 매우 인상적일 만큼 잘 저항했다는 (또는 무시했다는) 결론을 내렸다. 그 논문은 한 권의 책이 되었고, 캅카스산맥 북부에 있는 러시아의 무슬림 지역 중 한 곳인 카바르디노발카리야Kabardino-Balkariya

에서 새로운 현장 연구 프로젝트를 시작했다.

카바르디노발카리야는 이상하고도 아름다운 장소였다. 시시각각 변하는 하늘 아래서 저 멀리 거대한 산맥이 보였다 안 보였다 했다. 그러나 잔인한 전쟁이, 특히 근처에 있는 체첸 공화국에서 20년간 계속되고 있었고, 카바르디노발카리야도 그 어느 때보다 위험하고 슬픈 곳이 되어 있었다. 종교 집단이나 민족 집단, 마피아가 거리에서 경찰과 싸움을 벌였다. 친구들에게도 문제가 생기기 시작했고, 내게도 위험이 점점 가까워지고 있었다.

떠나야 했다.

그래서 나는 지금 여기에 있다. 비바레리농 고원으로 향하는 기차 안에. 내게는 더 이상 러시아도, 수년간 쌓아온 지식의 보고도 없다. 그러나 왜인지 상실감보다는 자유로움을 느낀다.

새로운 질문이 처음 모습을 드러낼 때는 극도로 신중해야 한다고 배워온 학계 동료들의 눈에는 이 새로운 여정이 바보 같아 보일지 몰라도, 나는 빈손으로 가는 게 아니다. 그렇다면 내게 있는 것이 무엇이냐고?

첫째로, 내게는 가까이서 직접 연구하면서 얻은 신념이 있다. 그 신념은 바로, 힘이 없어 보이는 사람들도 폭력적인 국가의 의지에 저항할 방법을 찾아낼 수 있다는 것이다. 가장 취약한 이들 사이에도 집단의 힘이라는 것이 존재한다.

그리고 내게는 연구원으로서 고등 홀로코스트 연구센터Center for Advanced Holocaust Studies에서 보낸 3개월이 있다. 그곳의 아카이브 담당자와 사서, 연구자들은 나를 무모한 모험가가 아닌 동료 여행자처럼 대해주었다. 그 3개월 동안 홀로코스트 역사 속에 뛰어들어 기본적인 윤곽을 파악했다. 가해자(대량 학살을 위한 건축물을 만들거나 명령을 내리거나 방아쇠를 당기거나 가스실의 밸브를 연 사람들)와 부역자(국가나 집단, 개인으로서 자신의 이익을 위해 가해자와 거래를 한 사람들), 방관자(가만히 서서 지켜보며 아무것도 하지 않은 사람들)의 책임을 이야기하는 법을 배웠다. 홀로코스트 당시에 있었던 폭력적이거나 비폭력적인 구체적 저항 방식을 배웠다. 그리고 정치과학자들이 연구한, 저항을 부추기는 구조적 요인들을 배웠다. 그중 한 예가 내 시선을 끌었다. 바로 고지대 주민들이었다.

비바레리뇽 고원과, 전시에 이 지역이 (고지대로서) 어떻게 저항했는지에 관해, 보다 일반적으로는 영웅적 이타주의의 사회심리학에 관해 구할 수 있는 정보를 전부 찾아 읽었다. 그리고 비바레리뇽 고원을 거쳐 간 유대인 생존자들의 인터뷰를 몇 주 동안 보았다. 매일같이 헤드폰을 쓰고 자리에 앉아 눈을 깜박이며 눈물을 참았고 결국 눈물을 흘렸다. 그 불과 빛의 이미지들을 내 머릿속에 집어넣고자 읽고 또 읽었고 보고 또 보았으며 박물관을 걷고 또 걸었다.

그러니 지금 내게는 그것들이 있다.

또 뭐가 있을까? 프랑스어가 있다. 나는 프랑스어를 할 줄 안다. 몬트리올에서 배운, 모음의 발음이 다른 퀘벡 프랑스어다. 실제로 수년간 오로지 프랑스어만 쓰면서 살았다. 프랑스어로 공부하고 꿈꾸고 싸웠다. 프랑스어를 쓰며 대학원생과 결혼했다가 이혼했다. 프랑스어는 (그 이후에 배운 러시아어와 마찬가지로) 익히기가 무척 고됐다. 새로운 언어를 배울 때는, 특히 편협한 우리

서구 세계에서는, 오랜 시간을 멍청하게 보낸 뒤에야 다시 조금씩 똑똑해질 수 있다. 사람들은 우리를 어린애 취급한다. 실제로 어떤 면에서 새로운 언어를 배우는 사람은 어린애나 마찬가지다. 만약 당신이 그 무엇보다 본인을 똑똑한 사람으로 여기며 살아왔다면… 언어를 배우는 과정에서 많은 것을 포기하고 잃게 된다. 어떤 사람들은 절대 그 사실을 받아들이지 못한다. 나의 경우, 수 년간 멍청하게 살아온 보람이 있었다. 내 프랑스어는 내 러시아어과 마찬가지로 사람들을 편안하게 해준다. 나는 두 언어의 아름다운 소리를 사랑한다. 그러니 지금 열차에 타고 있는 내게는 비음 섞인 프랑스 방언이 있다. 그 언어 속에서 한 인간이 될 수 있는 능력도 있다.

그리고 내게는 (두 눈을 뜨고 가방 맨 밑에 깔린 공책을 확인한다) 전화번호가 세 개 있다. 하나는 내가 묵을 호텔 전화번호이고, 하나는 그동안 내가 연구를 게걸스럽게 찾아 읽은 비바레리뇽의 역사가 볼롱Bollon 씨의 전화번호이며, 나머지 하나는 여행 일정 짜는 것을 도와준 관광 안내소의 사랑스러운 직원 뮈리엘Muriel의 전화번호다. 지난 몇 주간 뮈리엘은 느낌표를 자유롭게 사용하며 내게 메시지를 보냈다. 당신을 맞이할 수 있어서 무척이나 기쁩니다!! 추울 테니 따뜻한 코트를 가져오세요!

그래서 내게는 따뜻한 코트가 있다.

그러나 무엇보다, 내게는 이런 감각이 있다. 그건 바로, 내 삶에서 익숙한 길을 벗어난 우려스러운 일탈처럼 보이는 것이 사실은 내게 가장 중요한 무언가를 배우게 될지 모를 새로운 순간이라는 감각이다. 이러한 순간이 어디로 나를 데려가든, 지금으로선 상쾌하고 푸릇푸릇하고 환한 느낌이다. 아니면 밤하늘을 쏜 살같이 내달리는 눈송이나, 끊임없이 쏟아지는 별똥별 같은 느낌일지도 모르겠다.

눈 두 개, 귀 두 개, 전화번호 세 개, 코트 하나, 능숙한 언어 실력. 하늘을 내달리는 약간의 지식과 약간의 질문.

절대 보잘것없지 않다. 그리고 어쨌거나, 가장 중요한 것은 준비된 마음이다.

. . .

기차가 그라피티로 얼룩덜룩한 파리의 허름한 교외로 나아가고, 우중충하고 소란스러운 변두리 지역을 지난다.

내가 찾고 있는 이야기가 처음 시작되었을 때, 이 기차의 창밖 풍경은 어땠을까?

공허한 초기 민족주의를 두고 다투었던 제1차 세계대전이 모든 것을 파괴한 뒤에도 전쟁 없는 시대로 향하는 명확한 길이나 유럽 대륙의 집단적 상처에 붕대를 감는 명확한 방법은 나타나지 않았다. 가족들이 산산이 흩어졌고 경제가 무너졌으며 새로운 형태의 오싹한 정치적 광기가 등장했다. 베르사유조약Treaty of Versailles이 체결된 이후 수십 년간 더 좋은 것, 더 밝은 것을 찾아 자기 조국을 버리고 떠나는 사람이 점점 더 많아졌다.

1930년대 프랑스에서는 내가 지금 이용 중인 이 철로가 수많은 외부인과 수많은 이방인을 프랑스로 실어 나르고 있었다. 스페인 내전에서 도망쳐 나온 사람이 수천수만 명이었다. 공산주의를 이룩하거나 부수거나 거기에서 도망치려는 정치 활동가들도 있었다. 가난하고 직업이 없으며 이해할 수 없는 언어와 음식과 예배 형식을 가진 경제 난민이 도시 구석구석을 채웠다. 게다가 러시아와 오스만제국, 북아프리카, 해체된 오스트리아헝가리제국에서 앞서 프랑스에 들어온 아직은 낯선 이민자들이 겹겹이 층을 이루고 있었다. 자원이 부족했다. 식량 구하기가 갈수록 어려워지고 있었다. 사람들은 안팎으로 점점 굶주려갔다.

이 철로를 따라 프랑스로 들어오며 내가 탄 기차의 창문처럼 덜커덩거리는 창문으로 바깥 풍경을 바라보던 절박한 사람 중에는 유대인도 매우 많았다. 물론 1930년대의 유대인 난민은 대부분 히틀러가 부상하면서 프랑스로 들어온 사람들이었다. 그러나 독일 전역에 퍼진 단순하고도 끔찍한 혐오 역시 유대인이 고향을 떠나게 만든 이유였다. 새 부리 같은 커다란 코와 누런 피부를 가진 유대인이 전 세계를 품고 있는 지나치게 과장된 캐리커처, 이웃과 교사들이 박살 낸 유대교 회당, 경찰의 폭행. 유대인들은 독일과 오스트리아에서도 들어왔지만, 집단학살이라는 고통스러운 역사가 있고 정치적 불안정이 점점 커지던 동유럽의 유대인 거주지Pale of Settlement에서도 오랜 시간에 걸쳐 조금씩 유대인이 흘러들었다. 1930년대 말이 되자 프랑스에 거주하는 유대인의 수가 약 35만 명이었고, 그중 절반 이상이 외국 태생이었다.

누추하고 가난한 사람들과, 좌파 의회와, 우파의 폭동과, 거리에 남은 폭력의 잔해 위를 지나가는 트럭과, 그 "불길한 소음"과 함께 위태롭게 굴러가고 있던 파리는 자국에서 탈출한 이 유대인들에게 긴장감이 감도는 새 고향이 되어주었다. 유대인은 수가 어마어마하게 많았고, 그들을 이질적이고 추한 타자로 분류하고 싶은 충동에도 불구하고 사실 매우 다양하게 구성된 집단이었다. 몽파르나스나 마레 지구, 좌안의 구불구불한 거리에서는 여러 다른 종류의 유대인이 걸어가는 모습을 목격할 수 있었다. 화려한 빈 출신 유대인은 프랑스어를 할 수 있었고 밤 외출을 할 때 빛나는 정장 모자와 흰색 장갑을 걸쳤다. 10년에서 20년 전 대학살에서 탈출한 동유럽 출신 유대인은 오데사에서 온 사업가거나 바르샤바에서 온 장인일지 몰랐다. 이들 중 빛나는 정장 모자를 쓰는 상류 계급 출신은 러시아어나 헝가리어를 할 수 있었고, 유대인 거주지 바깥의 세상에 별로 노출된 적 없는 사람은 오로지 이디시어만 할 수 있었다. 이런 사람들은 긴 검은 코트를 입고 수염을 기른 이상한 차림으로 파리의 거리를 걸어 다녔다. 파리에 새로 도착한 유대인 중 특히 종교적이고 정치적인 사람들은 그보다 앞서 도착한 유대인을 당황스럽게 만들었다.

계급과 언어와 배경이 서로 다른 이 유대인들은 권위자를 대하는 방식도 매우 달랐다. 프랑스에서 태어난 유대인과 독일에서 온 상류층 유대인은 보통 법에 의지했고 필요할 때 권위자에게 정보를 물었다. 반면 국가가 자신을 보호해주지 않는 시기를 살아온 중유럽과 동유럽 출신 유대인은 관료와 경찰관을 멀리해야 목숨을 지킬 수 있다는 본능이 있었다. 이러한 본능이 장차 이들의 생존에 매우 실질적인 영향을 미쳤을 것이다.

1938년과 1939년에 독일이 오스트리아와 체코, 폴란드로 영역을 확장하기 시작하자 상황이 다시 한번 변했다. 침략이 빈번해지면서 다음에는 독일이 어디로 쳐들어갈지 아무도 알지 못했다. 1940년 봄이 되자 히틀러가 샹젤리제 거리를 거닐고 있었고, 얼마 안 가 독일군은 프랑스 북부 전체를 점령했다. 이 점령 상황에서 프랑스는 저항하거나 협조했다. 유대인들은 비시 정부가 있는 남쪽으로 쇄도했는데(명목상으로는 아직 프랑스의 통제하에 있었다) 이때의 일은 레그조드l'exode, 즉 1940년의 대탈출이라는 이름으로 알려졌다. 유대인은 자동차와 자전거와 유개차에 가진 것을 전부 싣고 수백 마일에 이르는 도로로 밀려 나왔다. 유대인 수천 명이 체포되어 프랑스가 관리하는 귀르스와 리브잘트, 콩피에뉴 강제수용소 및 드랑시Drancy 임시 수용소로 보내졌다. 전에는 압박과 불안, 강탈이 만연한 분위기였던 것이, 이제 목숨의 위협으로 변해 있었다. 1942년 여름, (이미 옷에 노란 별을 달고 살던) 유대인 1만 3,000명이 몽마르트르를 비롯한 일부 지역에서 체포된 뒤 자전거 경주 경기장에 빼곡히 채워졌다. 며칠 뒤 그 유대인들은 드랑시 수용소로 이동했고, 그곳에서 다시 아우슈비츠로 이동했다. 그해 11월, 독일이 프랑스 남부를 침략했고, 유대인은 안전을 보장받기가 불가능해졌다. 프랑스에서 태어난 유대인이나 프랑스로 이민 온 유대인 모두 머지않아 폭풍에 휘말릴 것이었다.

폭풍. 이것이 절망의 모습이었다. 낯선 사람들의 무리. 공통의 언어 없이, 좋은 사회의 의미에 대한 합의 없이 무너져버린 바벨탑. 머리 위로 비행기가 날아가고 길에서 부모를 잃어버리는 가운데 사람들을 가득 태우고 알 수 없는 곳으로 달려가는 기차, 가진 것을 전부 쑤셔 넣은 유개차, 이것이 절망의 모습이었다.

파리에서 탄 기차가 점점 속도를 높이고, 다시 창밖을 바라보자 풍경이 빠르게 지나가고 있다.

1930년대 무렵, 빌나와 크라쿠프 출신인 내 어머니의 조상들은 전부 미국에 살고 있었다. 어머니가 몇 차례 경험한 반유대주의는 예수 그리스도를 죽였다며 브루클린의 놀이터에서 욕먹는 것과 같은 평범한 종류였다. 나중에 러시아에서 나는 러시아어를 했던 빌나 출신 유대인 조상이 있다는 사실만으로 오래전에 잃어버린 동포처럼 환영받는 일은 결코 없음을 알게 되었다. 소련 시기에 '유대인이라는 것'은 여권에 찍히는 요소, 대학 입학을 막을 수 있는 요소, 일자리를 구하지 못하게 하거나 (최악의 시기에는) 추방당하게 하는 요소였다.

영화 「신들러 리스트Schindler's List」가 개봉했을 때 나는 러시아에 있었고, 친구와 함께 극장에서 그 영화를 봤다. 우리는 어둠 속에서 겨울 코트와 모자로 몸을 싸매고 삐걱거리는 나무 의자에 앉았고, 그 끔찍한 이야기가 펼쳐지는 화면은 흑백으로 깜박거리다 단 한 장면에서만 새빨간 색이 등장했다. 극장 밖의 눈 내리는 넵스키 대로에서 네오나치가 시위를 벌이고 있었다. 영화가 끝난 뒤 나는 아무도 이 영화에 충격받지 않았음을 알게 되었다. "너희 유대인은 전쟁에서 600만 명밖에 안 죽었어? 러시아인은 2,500만 명이 죽었어."

나중에 우크라이나에서 연구를 진행하면서 사람들이 들려주는 전쟁 이야기가 내 예상과는 다르다는 것을 깨달았다. 이들에게는 후회나 수치심이 없었고, 일부 우크라이나인은 유대인에게 썩은 내가 난다고 생각하기도 했다. 그들의 머릿속에서 유대인은 공산주의자와 똑같았다. 공산주의자는 스탈린과 똑같았다. 스탈린은 히틀러와 똑같았다. 아니, 더 나빴다. 그래서 우크라이나에는 유대인이 타당한 벌을 받았다는 감각이 있었고, 어쩌면 지금도 있을 수 있다. 어느 정도는.

나는 정식 유대인 교육을 별로 받지 않았다. 우리 가족은 내가 여섯 살 무렵부터 유대교 회당에 안 나가기 시작했는데, 어머니가 원칙 문제를 두고 새로 온 랍비와 싸웠기 때문이었다. (이 랍비에 따르면 태어난 지 11개월이 되었을 때 우리 가족이 된 나의 동생은 유대인이 될 수 없었다.) 그때부터 우리는 주로 바하이교인인 아버지에게 종교 교육을 받았다. 그러나 유대인으로 살던 어린 시절에 선명히 남은 순간들이 있었다.

나는 히브리어 학교에 다니는 아이들과 함께 나무가 우거진 교외를 따라 걸어가고 있었다. 아이 중 한 명이 도보에서 돌을 들고 허리를 구부리더니 땅 위를 기어가는 작고 검은 점들을 마구 짓이기기 시작했다. 그 모습을 보고 선생님이 아이의 행동을 제지했다. "거기! 너! 왜 개미를 죽이는 거니? 개미를 아프게 하지 마! 개미는 너에게 아무 짓도 안 했어!" 그 순간 개미는 내게 생명체가 되었다. 살아 있는, 소중한, 보호받아 마땅한 존재. 그렇게 세상이 깨어났다.

그리고 오순절이 있었다. 그때 나는 어렸고, 훌륭했던 첫 번째 랍비에 이끌려 중력에 매이지 않고 토라 위로 올라갔다. 입안의 사탕에서 꿀맛이 났다. 그리고 좋은 기억으로 남아 있는 할아버지의 경전 읽는 소리, 할아버지가 나를 안아줄 때 할아버지의 피부에서 나던 연기 냄새. 나의 불손한 태도를 바로잡던 어머니의 목소리. "신은 네가 그런 식으로 말하는 거 듣기 싫어하셔."

다시 창문 밖을 바라본다. 커다란 트럭들이 기차와의 경주에서 뒤처진다. 우리는 서로의, 자기 자신의 악마 같은 캐리커처를 얼마나 많이 만들까? 새까만 밤에 얼마나 많은 것이 숨어 있을까? 주먹을 얼마나 많이 치켜들고, 국가와 친족과 동족을 얼마나 많이 응원할까? 그동안 학계는 부드러운 충전재처럼 어려운 문제의 소음에서 나를 보호해주었다. 궁금해하지 않을 수 없다. 신은 무엇이 듣고 싶을까?

리옹페라슈Lyon-Perrache 기차역에서 2층 통근열차로 갈아탄다. 위층에 자리를 잡고 앉으니 앞에 앉은 두 젊은 남자가 시끄럽게 농담하고, 영어를 써가며 논쟁하고 반박하다가("새같이 생겼어! 새는 아냐! … 새같이 생겼어! 새는 아냐!"), 발작적으로 웃음을 터뜨린다. 곧 바깥 풍경에 작은 농장들이 나타난다. 거위가 집 뜰을 돌아다닌다. 한 남자가 멀리 개울둑에서 나뭇가지로 불을 피운다. 농장들의 간격이 점점 벌어지고, 그 사이는 전부 칙칙하고 황폐한 회색이다. 그러다 멀리서 산맥이 나타난다.

기차가 생테티엔이라는 산업도시에 도착하고, 나는 자리에 앉아 르 샹봉쉬르리뇽행 버스를 기다리려고 한 카페에 들어간다. 내 주문을 받는 젊은 남자는 반짝이는 눈에 눈썹이 짙고, 프랑스어에 외국어 억양이 약간 섞였으며, 편안하고 자신만만해 보인다. 메뉴에 할랄 케밥이 있다. 릴리지외즈religieuse라는, 크림을 채운 통통한 페이스트리도 있다. 파리 전역에 온전하고 다양한 무슬림 공동체가 넘친다는 표지, 이제 이 도시가 (아주 오래전부터 그래왔듯) 전 세계 사람들의 국제적 안식처가 되었다는 표지가 널려 있었다. 사람들은 함께 지하철에 끼여 탔고, 음악 같은 외국어로 고함을 쳤으며, 그랑 부부grand boubou*의 색색 무늬와 다채로운 향신료 냄새, 갈색 손이 다른 갈색 손을 힘 있게 붙잡는 악수, 머리에 아름답게 두른 스카프, 별미를 파는 가게, 외국 음악이 거리를 채웠다.

마침내 버스가 내 여정의 마지막 구간에 다다른다. "르 샹봉 쉬르리뇽행 버스표 한 장"을 요청하고, 돈을 내면서 목 안이 살짝 조여오는 것을 느낀다. 운전사 옆에 달린 양철통에 내 거스름돈이 듣기 좋게 쨍그랑 떨어진다. 창가 자리에 앉으니 버스가 칙칙한 도시를 굽이굽이 빠져나가기 시작하고, 곧 저 앞에 언덕이, 그다음에는 숲과 산맥이 나타난다. 버스가 삐걱거리며 더 높이 올라가자 창밖 풍경의 팔레트도 진녹색 소나무와 험준한 바위, 땅에 쌓인 흰색 눈으로 바뀌기 시작한다. 버스가 위아래로 흔들리며 점점 더 높이 올라간다. 여기저기 들판과 소, 말들이 있다.

◇

내가 향하는 비바레리뇽 고원은 900미터 상공에 있는 고지대다. 너무 높아서 찾아가기가 힘들다. 수 세기 동안 이 지역 사람들은 가난한 채로 고립되었고, 방언은 딱 하나였으며, 날씨도 혹독했다. 몇백 년 전 개신교도들이 이곳에 자리를 잡았고, 오늘

---

* 온몸을 가리는 자루 형태의 아프리카 전통 의상.

날까지 이 지역은 프랑스 대부분 지역보다 더 종교적일 뿐만 아니라 개신교 비율이 상당히 높다. 세속적인 외부인들은 이들의 종교 형식을 예스럽게 여기거나 다소 불편해할 수도 있다. 개중에서도 가장 종교적인 사람들(레 퓨르 에 듀르les purs et durs, 순수하고 엄격한 사람들)은 긴 치마를 입고 뚱한 얼굴을 하고 낯선 사람과 이야기를 나누지 않는 것으로 유명하다. 사나운 겨울바람이 너무 흔해서, 라 뷔를La Burle이나 르 미스트랄Le Mistral 같은 이름을 얻었다. 고원은 정치적으로도 이방인이다. 수 세기 동안 이곳은 프랑스 우파의 바다에 떠 있는 정치적 자유주의의 섬이었고, 그건 지금도 마찬가지다. 이곳은 지리적으로 나중에 갖다 붙인 듯한 별난 장소다.

당신이 1930년대 말에 비바레리뇽 고원에 살았다면 약 2만 5,000명의 주민 중 한 명이었을 것이다. 아마 기독교인이었을 테지만, 난민이었다면 유대인이나 비종교인이었을 수도 있다. 기독교인이라면 개신교보다는 가톨릭을 믿었을 확률이 약간 더 높지만, 개신교인도 고원 인구의 38퍼센트(르 샹봉쉬르리뇽 마을과 그 이웃 마을인 르 마제생보이Le Mazet-Saint-Voy에서는 90퍼센트 이상)로 꽤 큰 비율을 차지했다. 당신은 춥고 가혹한 곳에서 성장했을 것이다. 대도시의 편리함과 익명성에서 멀리 떨어진 시골에서 외지인이 듣기에는 촌스러운 방언으로 말하며 살았을 것이다. 당신과 당신의 부모님과 조부모님은 수십 년간 경기 하락을 경험했을 것이다. 자연이 우리를 저버렸을 때 얼마나 배고플 수 있는지를 이미 알았을 것이다.

그보다도, 당신은 고통이 무엇인지 이해했을 것이다. 수 세기 동안 비바레리뇽 고원의 개신교도들은(전부는 아니지만 대부분 개혁교회에 다녔다) 간헐적으로 잔인하게 박해받았다. 같은 기간에 고원 사람들은 취약한 외지인을 폭력으로부터 보호하는 일종의 습관을 키우며 그들을 숨겨주고, 먹여주고, 프랑스 바깥으로 실어 날랐다. 16세기의 프랑스 종교전쟁 때는 개신교도를 보호했고, 프랑스혁명과 뒤이은 공포정치하에서는 가톨릭 신부들을 보호했다. 19세기에는 자연학습의 초기 버전처럼 산업도시에 사는 가난한 아이들을 데려왔고, 그다음에는 알제리의 아이들을, 스페인 내전 중에는 스페인의 어머니와 아이들을, 유럽 전역의 정치적 부랑자들을 데려왔다. 제2차 세계대전 때는 유대인뿐만 아니라 나치 점령지에서 도망쳐 나온 수많은 다른 난민들을 보호해주었다. 고통받는 데 익숙했던 이들은 고통받는 사람들을 지켜주었다. 원을 그리며 추는 일종의 은밀한 도덕적 춤이었다고 할 수도 있으리라.

히틀러가 프랑스를 침략하고 한 달이 지났을 때이자 프랑스 남부에 비시 정부가 들어서고 하루가 지났을 때인 1940년 6월 23일, 앙드레 트로크메 목사가 르 샹봉쉬르리뇽에 있는 개신교 교회에서 대담한 설교를 했다. "기독교인의 의무는 영혼을 무기 삼아 자기 양심에 가해지는 폭력에 저항하는 것입니다. … 우리의 적들이 복음의 명령에 반하는 행동을 강요할 때마다 우리는 저항할 것입니다. 두려움 없이, 또한 자만이나 증오 없이 저항할 것입니다." 그로부터 겨우 3주가 지난 7월 17일, 비시 정부가 자국의 첫 번째 반유대주의 법안에 서명했다. 저항하거나 순응하기로 결정할 때가 다가오고 있었다.

1940년 여름에 당신이 고원에 있었다면, 생각해야 할 것이 몇 가지 있었다. 당신은 고통이 무엇인지 알았다. 고된 삶이 어떤 것인지 알았다. 당신의 조상들은 도움이 필요한 사람을 보호하는 방법을 알았다. 모든 것을 고려했을 때, 당신은 자신이 치명적인 위험에 처하는 길을 선택할 것인가? 모르는 사람들, 한 번도 만나 본 적 없는 사람들, 당신과 아무 관련이 없는, 외국어를 쓰는, 종교가 다른, 돈이 한 푼도 없는 사람들을 보호하려고?

1940년 후반, 르 샹봉에 난민 어린이를 위한 첫 번째 보호소인 탕트 솔리Tante Soly가 문을 열었다. 그곳에 사는 아이들은 대부분 유대인이었다. 라 게스피La Guespy와 라르브릭L'Arbric, 라 메종 드 로슈La Maison des Roches, 레 그리용Les Grillons 등 이후 수 개월간 몇 군데가 추가로 문을 열었다. 난민의 수가 많아졌고, 그들의 배경이 점점 다양해졌다. 시장 샤를 기용Charles Guillon은 독일에 부역하는 정권에 항의하는 의미로 시장직을 그만두고 난민을 돕는 대규모 활동을 시작했다. 1941년 8월, 고원은 노골적으로 저항하기 시작했다. 어느 독실한 여성은 한 고위급 인사가 르 샹봉을 방문했을 때 교회의 종을 울리며 필리프 페탱Philippe Pétain 원수의 군대에 경의를 표하는 것을 거부했다. 트로크메를 비롯한 이 지역의 목사들은 프랑스 강제수용소에서 즉시 아이들을 꺼내기 시작했다. 그중에서도 트로크메의 조치는 개혁교회 고위층을 격앙시켰다. 1942년 여름, 경찰 당국이 어린이 보호소 중 한 곳에서 유대인 아이들을 체포하려 했지만 실패에 그쳤다. 그로부터 한 달 뒤 BBC에서 르 샹봉이 어린이들을 보살피고 있다는 내용의 기사를 내보냈다. 비시 정권하에서 구조는 아직 비밀이 아니었다.

이런 상황에서 (고원에 살던 대다수가 그랬듯) 당신이 완벽한 타인을 보호하려고 치명적인 위험을 선택했다면, 행동에 나설 수 있는 여러 방법이 있었다. 르 샹봉쉬르리뇽과 르 마제생보이, 탕스Tence, 생타그레브 같은 도시 사람들은(총 2만 5,000명 중 약 5,000명) 새로 들어온 사람들을 맞이하고 집을 마련해주고 머물 공간을 내줄 수 있었다. 얼마 없는 자기 음식이나 옷, 사보sabot라는 이름의 전통 나막신을 나눠줄 수도 있었고, 지역 학교에서 (자신이 아는 내용이라면 무엇이든) 아이들을 가르치겠다고 자원할 수도 있었다. 다양한 나이대의 난민 어린이들이 줄줄이 밀려들면서 철학과 신학에서 고등수학과 농업기술에 이르는 다양한 과목이 필요했기에 자원할 수업이 매우 많았다. 난민 거주지 중 한 곳에서 요리하거나, 서류를 위조할 수도 있었다. 젊고 대담한 사람들은 파쇠르passeur(안내자)가 되어 산맥 너머의 비교적 안전한 스위스로 비밀리에 난민을 데려갈 수도 있었다.

도시 사람들에게는 기반 시설이 있었다. 기차역과 전신국, 심지어는 전화기를 사용해 수많은 난민 구조 단체와 연락할 수 있었고, 특히 피난민을 위한 개신교위원회Protestant Comité Inter-Mouvements Auprès des Évacués, CIMADE와 유대인 어린이 자선협회Jewish Œuvre de Secours aux Enfants, OSE, 미국 친우회American Friends Service Committee, 스위스 연합 어린이 자선협회Cartel Suisse Secours aux Enfants와 협력했다. 또한 이들은 프랑스 이스라엘 스카우트Éclaireurs Israélites de France와 리옹에 기반을 둔 르 콩바Le Combat 네트워크 등 크고 작은 레지스탕스 조직과 접촉했다. 시골에서와 마찬가지로 도시에서도 적극적인 대형 교회들이 힘든 구조 작업을 맡았는데, 목사와 신부들은 감화의 원천이었을 뿐만 아니라 성경 공부 모임을 통해 중요한 정보를 퍼뜨렸고, 이 모임들은 소련 이전 시기의 공산당원 비밀조직처럼 은밀하게 활동했다.

고원보다 훨씬 넓은 지역에 연결망이 있었던 이런 도시 사람들만 난민을 구조한 것은 아니었다. 목사의 벼락같은 설교 때문이든 자발적인 마음의 부름 때문이든, 1930년대에 고원 주민 2만 5,000명의 대부분을 차지하던 시골 사람들(농부와 양치기와 우유 짜는 여자들)은 매일매일 적극적으로 구조 활동에 참여했다. 남몰래, 때로는 아주 오랫동안 난민 가족을 집에 받아준 이들도 시골 사람들이었다. 홀로코스트 기념관에서 (생존자가 직접 말하는) 이들의 다양하고 멋진 이야기를 들을 수 있었다. 보통 낯선 사람을 돕는 위험을 정면으로 감수한 사람은 여성 농부들이었는데, 이들의 남편이 징집되어 다른 곳에서 싸우고 있었기 때문이다. 이들은 한밤중에 손님을 맞이하러 현관으로 나갔고, 경찰에게 대들며 그들의 면전에서 거짓말했다. 농부와 양치기와 우유 짜는 사람들은 성경 공부 모임을 통해 무엇이 필요한지 정보를 얻었고, 그 모임에 참여하고자 종종 한참을 걸어서 들판과 숲을 넘곤 했다. 정보는 느리게 이동했지만 어쨌든 전달되었다.

고원은 너무 작고, 너무 멀다. 프랑스는 너무 크다. 그런데도 사람들은 그곳을 찾아갔다. 이동 중에 들었든 잠시 체류하는 중에 들었든, 친구에게 들었든 지원 단체를 통해 들었든, 사람들은 어떻게든 이곳이 사람들을 받아준다는 정보를 들었다. 이 소식을 알게 된 사람들은 고원을 대탈출의 도착지로 삼았다. 그리고 프랑스의 대규모 철도를 이용하거나, 자동차와 자전거를 타거나, 두 발로 걸어서 이동했다. 명목상으로는 안전했던 남쪽행 도로는 꽉 막혔고 무질서했다. 그 도로 위에서 아이들은 폭격을 받고 처음으로 사람 사체를 보았고, 사람들은 길가에 있는 숲의 나무둥치 뒤에 숨었다. 어디에나 경찰이 있었다.

1940년과 1941년, 처음으로 유대인 아이들이 고원에, 주로 스위스 적십자의 보호를 받으며 정기적으로 도착하기 시작했다. 앙드레 트로크메와 에두아르 타이스Édouard Theis 등의 지역 목사들과 프리델 보니라이타Friedel Bohny-Reiter, 오귀스트August 보니라이타 등의 스위스 적십자 구호원, 마들렌 드레퓌스Madeleine Dreyfus 같은 OSE의 영웅들은 스페인 국경 근처에 있는 귀르스와 리브잘트에서 아이들의 신원을 파악한 뒤 고원으로 안전하게 데려오는 데 중요한 역할을 했다. 신원이 파악된 아이들은 대부분 수용소에 자기 부모를 두고 떠나야 했고, 이 새로운 탈출의 장을 홀로 맞이해야 했다.

홀로코스트 기념관에서 본 인터뷰 때문에 전시에 고원으로 이동한 사람들과 친밀해진 듯한 착각이 들었다. 그들은 소녀와 소년이었다. 프랑스 이름과 이디시어 이름, 폴란드 이름과 독일 이름을 가졌다. r을 목구멍 안에서 굴리는 억양으로 영어를 말하거나 프랑스어를 썼다. 사람들의 인터뷰 영상을 보며(이제 그들은 나이 들어 머리가 희끗희끗하고 주름이 생겼다) 어린 시절 그들의 얼굴을 상상했다. 그 얼굴은 아마 작고 부드럽고 열망으로 가득했을 것이다. 두려움도 가득했을 것이다.

빈에서 온 10대 소녀인 엘리자베트Elizabeth가 있었다. 엘리자베트는 파리에서 남쪽으로 탈출하다 부모 및 형제와 헤어졌고, 자기 자전거를 타고 도로를 가득 메운 자동차와 유개차 사이를 이리저리 빠져나가며 홀로 수백 킬로미터를 달렸다. 끊임없이 군인과 낯선 사람들을 만났고, 그들이 엘리자베트를 약탈하거나 강간하거나 경찰에 고발할 수도 있었다. 그러나 엘리자베트는 어떻게든 툴루즈에 있는 엄마를 찾아냈고, 그러던 어느 날 전에 빈에서 자신을 가르쳐준 선생님에게 편지 한 통을 받았다. 얼른 고원으로 가라는 내용이었다. 그래서 엘리자베트는 그렇게 했다.

독일 클라인랑하임Kleinlangheim에서 온 강인하고 잘생긴 소년 야코프Jacob도 있었다. 야코프는 수정의 밤에 한 경찰관이 주먹으로 어머니를 때리자 어머니의 입에서 치아가 날아가는 모습을 목격했다. 야코프는 스페인 국경 근처에 있는 귀르스 강제수용소의 이가 들끓고 진흙탕 범벅인 막사에 살다가, 그곳을 찾아온 스위스 적십자 회원에게 고원에 있는 어린이 보호소에 가라는 제안을 들었다. 그래서 야코프는 그렇게 했다.

그리고 에티엔Étienne이 있었다. 에티엔은 베유Weil라는 유대인 성을 가졌지만 자기 가족이 프랑스 출신임을 무척 자랑스러워했다. "우리 가족은 1,000년 동안이나 프랑스에 살았어요!" 잘생긴 에티엔은 전쟁 초기에 어머니와 함께 생테티엔에 숨어 지내고 있었다. 두 사람은 끊임없는 긴박한 위험 속에 살았고, 두 사람의 이름은 지역 당국이 용의주도하게 만든 목록에 올라 있었다. 에티엔의 어머니는 새로 만든 가짜 신분을 어린 아들에게 가르치려고 필사적으로 노력하며 밤마다 자기 전에 아들을 안고 주문을 외웠다. "넌 베유가 아니야, 넌 유대인이 아니야, 넌 베유가 아니야, 넌 유대인이 아니야." 마치 기억을 지우는 자장가 같았다.

그리고 폴리나Paulina가 있었다. 내 어머니 플로처럼 페이거러Feigelah(작은 새)라는 이디시어 별명이 있었다. 리브잘트 강제수용소와 프랑스 남부에서 폴리나의 어머니는 딸을 위해 체리와 우유 한 잔을 훔쳐다 주곤 했다. 폴리나는 어머니가 아우슈비츠의 가스실에서 목숨을 잃은 무렵 여동생과 함께 고원에 도착했다.

이들 모두가 언덕을 올랐다. 당분간은 안전할지도 모를, 완전히 새로운 장소를 향해.

. . .

이제 우리는 도시를, 소음을 벗어났다. 사람들이 한 명씩 버스에서 내리고, 나를 포함해 한 줌의 승객만 남았다. 버스가 안간힘을 쓰며 오르막길을 오르고, 기온은 점점 더 떨어진다. 이내 소나무 숲이 나타나고, 말과 건초 냄새가 난다. 돌로 지은 커다란 집들이 여기저기 모습을 드러낸다. 소와 당나귀, 닭이 땅에 머리를 처박고 먹을 것을 찾고 있다. 갈수록 녹음이 짙어지고, 이끼가 두터워진다. 공기가 맑아지고, 눈이 더 하얗고 세차게 흩날린다.

그리고 지금은 해가 진다. 내 생각은 어둠 속에서 더 명료해진다.

◇

나는 왜 이곳에 있는 걸까?

생각에 모양이 있다면(나는 늘 그렇다), 나를 이곳으로 데려온 생각은 분명 원 모양일 것이다. 이 원은 사회집단의 원이다. 지금 머릿속에 원 하나를 그린다. 솔직히 말하면, 나는 온종일 머릿속에 원을 그린다. 아마 사회인류학자로서 훈련받았기 때문이겠지만, 성장 과정에서 수학을 너무 많이 배운 것 같기도 하다. 이 원들의 어떤 측면이 내 마음을 안정시킨다. 원은 소용돌이를 뚫고 지나간다.

그래서, 지금 내게는 원이 있다. 테두리가 검은색이다. 동그랗고 깔끔하고 명료하다.

이제 내 원 안에 사람들을 집어넣을 수 있다. 그래서 나는 그렇게 한다. 안녕하세요, 여러분. 다들 누구신가요?

내가 지금 버스를 타고 고원으로 올라가는 이유는, 프랑스 사회학의 위대한 아버지 에밀 뒤르켐에게 개인(나나 한 국가의 왕이나 나치나 카리스마적 인물 같은 한 명의 사람)뿐만 아니라 집단도 행동을 취한다는 사실을 배웠기 때문이라고 말할 수 있다. 지금 내 머릿속의 원과 같은 집단도 행동을 취한다. 집단이 행동한다는(행동의 단위가 될 수 있다는) 의미는 매우 단순하다. 펜 하나를 집어 드는 것이 개인이라면, 관을 드는 것은 집단이다. 빵 한 덩이를 만드는 것이 개인이라면, 와인 한 통을 만드는 것은 집단이다. 그러나 이 생각을 더 밀어붙이면 철학적 면면이 보이기 시작하고, 곧 상황은 더욱 복잡해진다. 한 개인이 상대성이론을 생각해내지만(아인슈타인!) 집단도 상대성이론을 생각해낸다(시간이 흐르면서 아이디어가 개념적으로 더욱 무르익으므로). 개인은 사적이고 절박한 바람을 담아 기도를 올리지만, 집단은 깊고 사회적인 바람을 담아 기도를 올린다. 개인은 사랑하는 사람이 죽으면 슬퍼하고, 집단은 전쟁이 끝난 뒤 트라우마를 겪는다. 개인이 어린 시절 동네에서 자기가 기어오른 나무를 기억하고 어떻게 자전거를 탔는지 기억한다면, 집단은 스탈린 치하에서의 삶이 어땠는지, 외지인 앞에서 어떻게 행동해야 하는지, 또 손님을 어떻게 친절하게 맞이해야 하는지를 기억한다.

그렇다.

내 머릿속의 원 안에 비바레리뇽 고원의 마을 사람들을 집어넣는다. 아직은 그 사람들을 잘 모르므로 그들의 모습을 상상한다. 나는 벌써 그들을 좋아하고 있다. '여러분, 봉주르!' 어떤 이들은 텃밭에서 땅을 파고 있고, 어떤 이들은 쟁기를 들고 씨름하고 있으며, 어떤 이들은 작은 가게에서 일하고 있다. 이제 새로운 차원을 하나 추가할 것이다. 지금이 어려운 시기이며, 주변 어디나 치명적인 위험이 도사리고 있다고 치자. 내 원 바깥에 커다랗고 통통하고 빨간 화살들을 그린다. 이 화살들이 바깥에서 원의 테두리에 압박을 가한다. 그런 환경에서 이 집단이 어떻게 하리라 예상하는가? 아마 여러분은 원의 검은 경계가 더 두껍고 견고해져서 안으로 들어가기가 더 어려워지리라 예상할 것이다. 이 집단이 오로지 자기들만 생각하고, 취약한 외지인이 들어오지 못하게 막으리라 예상할 것이다.

왜 그렇게 생각할까? 사회과학의 세계에는 합리적 선택이라는 것에 대한 거의 종교적인 믿음이 있기 때문이다. 합리적 선택이란 우리가 대체로 본인에게 최선의 결과를 내는 방식으로 행동할 확률이 높음을 의미한다. 즉 자기 몸은 자기가 알아서 챙겨야 한다는, 도움이 필요한 사람 앞에서 '아니요', '죄송합니다'라고 말하며 문을 닫으리라는 뜻이다. 실제로 어려운 시기에는 대다수가 그렇게 행동하는 듯 보인다. 확실히 홀로코스트 때는 대다수가 그렇게 행동했다.

그러나 이걸 보시라! 나의 원 안에 사는 사람들은 다르게 행동한다. 이 힘든 시기에, 사람들은 원의 경계를 연다. 이제 선은 점선이 되어 안팎이 연결된다. 집단으로서 이들은 험상궂어 보이는 나그네들을 안으로 들인다. 집단으로서 이들은 자기 음식과 필수품을 낯선 사람들에게 내어준다. 집단으로서 이들은 강력한 국가의 요구에 저항한다. 집단으로서 이들은 상황이 틀어졌을 때 공동책임을 지면서 자신과 자기 가족에게 위험과 죽음을 초래한다. 집단으로서 이들은 불가피하게 뒤따르는 슬픔을 받아들인다. 이들은 단체로 함께 얽혀서 위험을 공유하며 이 모든 것을 해낸다. 게다가 영웅적인 순간에 단 한 번만 그렇게 하는 것이 아니라, 날이면 날마다 그러한 행동을 계속한다. 즉 이들은 수 세기 동안 그래왔듯 홀로코스트 때도 그렇게 한다. 낯선 사람을 받아들인다.

얼마나 멋진 원인가. 얼마나 드문 원인가. 여기에 저항이 있다. 여기에 전복적인 비합리적 선택이 있다.

버스가 신음을 내며 점점 더 높이 올라간다. 나는 왜 이곳에 있을까? 내가 이곳에 있는 이유는, 내 머릿속의 원이 거의 유례없는 것이기 때문이다. 이 원이 대단히 아름다운 비논리적 사례이기 때문이다.

그리고 어쩌면, 내가 그 원의 윤곽을, 그 안팎과 규칙과 습관과 자원의 흐름과 힘을 파악할 수 있다면, 언젠가 내 삶의 책 속에 펼쳐질 이야기가 바뀔지도 모르기 때문이다.

운전자가 길을 어찌나 잘 아는지, 눈과 돌과 무성한 나무들 사이의 급커브를 전혀 두려워하지 않는다. 마을이 시야에 들어온다. 뒤니에르Dunières, 몽포콩앙벌레Montfaucon-en-Velay, 탕스(돌다리를 달려 리뇽강을 넘은 곳), 레 바랑동Les Barandons. 홀로코스트 기념관에서 본 적 있는 이름들이라 이제 익숙한 느낌이 든다. 맹렬한 속도로 또 한 번 커브를 돈 뒤 우리는 콜레주 세베놀Collège Cévenol이라는 이름의 정류장에 도착하고(지난 몇 달간 읽은 내용 덕분에 알아볼 수 있다), 지저분하고 아름다운 10대 두 명이 버스에서 풀려난다.

거리에 눈이 잔뜩 쌓여 있고, 버스는 마지막으로 좌회전을 해서 생타그레브 도로를 타고 르 샹봉쉬르리뇽 중심가로 향한다. 버스 문이 열리고, 나는 허둥지둥 가방들을 챙긴다. 버스에서 내려 거리에 발을 내딛자 차갑고 축축한 바람이 얼굴을 강타한다. 이곳 평화의 땅에 처음 도착한 순간, 나는 마중 나온 이 하나 없이 혼자다.

코트를 더 단단히 여미고 앞으로 며칠간 묵을 호텔인 오텔 뒤 벌레Hôtel du Velay를 찾아 나선다. 벨을 두어 번 누르고 나서야 한 소년이 나와서 자기 아버지를 부른다. 잠시 뒤 나는 네모나고 작은 내 잿빛 방 안에 있다.

창문 밖으로 르 샹봉쉬르리뇽 마을의 가장 큰 사거리를 내다본다. 길 건너에 은행이 하나 있고, 빛바랜 글자로 상트랄 오텔CENTRAL HOTEL이라고 쓰여 있다. 다른 모퉁이에는 관광 안내소와 술집 라 만다린이 있다. 마을에 있는 커다란 석조건물의 셔터가 전부 굳게 닫혀서 빛이 들거나 나지 않는다는 사실을 알아차린다. 모든 가게가 문을 닫은 것 같고, 길에는 거의 아무도 없다. 배가 고프다는 걸 깨닫지만, 어디서 음식을 구할 수 있을지 모르겠다.

바람이 분다. 눈이 대각선으로 떨어진다. 이곳에서 나는 이방인이다. 내게 있는 것은 머릿속에 있는 나의 이야기와 사진뿐이다. 숨을 들이마신다. 가장 중요한 것은 준비된 마음이다.

작은 잿빛 호텔 방에서 나의 셔터도 이제 굳게 내려졌다. 춥다. 코트를 담요처럼 덮는다. 고마워요, 뮈리엘. 춥다고 경고해줘서. 느낌표 하나하나 다 고마워요. 두 눈을 감는다. 목가적인 아름다움과 붐비는 도로의 이미지가 머릿속에 휘몰아친다. 1940년대 초, 아이들이 한 명씩 도착하고 있다. 늦겨울의 눈이 보인다. 기차가 보인다….

그곳에 그 아이가 있다. 과거에서 온 소년. 열두 살 난 소년.

아이의 이름은 페터Peter다. 페터는 쭉 뻗은 짙은 색 머리를 한쪽으로 빗어 넘겼다. 겨울이고, 페터는 홀로 기차 안에 있다. 어머니가 기운, 아버지가 페터에게 준 작은 가방을 메고서. 페터는 어리지만 이미 여러 도시를 보았다. 베를린, 빈, 브뤼셀. 덩케르크 화재와 파리 공습도 보았다. 페터는 어머니가 목에 '돼지 같은 년'이라는 글자를 달고 빈을 걸어 다니던 것을 기억한다. 석탄 수송 열차에 몰래 탑승한 아버지 얼굴에 온통 검댕이 묻었던 것, 사람들이 길 위에 있던 페터 바로 옆에서 죽어가던 것, 귀르스 강제수용소에서 어머니가 수녀의 뺨을 때리며 "우리는 먹으려고 사는 게 아니에요, 살려고 먹는 거죠!"라고 말하던 것, 아버지가 손으로 기운 작은 가방을 페터에게 준 뒤 자전거를 타고 점점 멀어져가던 것, 수녀들이 9일간 기도했지만 그래도 부모님이 아우슈비츠행 열차에 올라타는 것을 막지는 못했던 것도 기억한다.

페터는 자신이 신앙을 잃은 순간도 기억한다.

기차에 탄 페터가 눈 내리는 밤 작은 가방을 붙들고 산을 오르는 모습이 보인다. 가방 안에는 프랑스 돈 약간과 아버지의 금 회중시계, 은으로 된 작은 편자, 어머니가 늘 끼고 있던 커다란 반지, 행운을 비는 의미의 소형 점화 플러그가 들어 있다.

기차가 덜컹거리며 고원 외곽에 있는 생타그레브 종점으로 향하는 동안 페터는 혼자다. 지금은 한밤중이며, 역에 도착하자 사방에 눈이 쌓여 있다. 페터가 기차에서 내리자 머리칼 색이 어둡고 귀가 커다랗고 안경을 썼고 키가 멀쑥한 남자가 고요한 기차역에 서 있다. 남자가 페터에게 인사하며 자기 이름은 다니엘이라고 말한다. 두 사람은 앞으로 페터가 집이라고 부르게 될 석조 주택을 향해 숲을 통과하는 긴 도보 여행을 시작한다. 이 건물의 이름은 '귀뚜라미들'이라는 뜻의 레 그리용이다.

지금, 나는 그날 밤 무겁게 내린 눈으로 아파하던 나무들을 상상한다. 구름 뒤에서 환한 달빛이 빛나던 하늘. 그 숲길을 걷던, 한 명은 크고 한 명은 작은 두 고독한 인물. 눈 내리는 고요한 밤, 당김음처럼 들리는 두 사람의 발소리. 터벅터벅, 다시 터벅터벅….

이제 자자.

4장 로프 맨 앞에서

네가 좋아하는 것을 말하고 네가 좋아하는 것을 해.
난 네가 내게 해준 것들을 잊지 않을 거야.
이 아래에서는 숨을 쉴 수가 없어. 여긴 너무 깊어….
—로제 프리종로슈Roger Frison-Roche, 『로프 맨 앞에서*Premier de cordée*』

1942년의 늦가을이었고, 다니엘은 저녁마다 아이들에게 책을 읽어주었다.

마침내 상황이 어느 정도 안정되고 있었다. 레 그리용은 전쟁이 시작된 뒤 고원에 우후죽순 생겨난 여러 어린이 보호소 중 한 곳으로, 문을 연 지 겨우 몇 달이 지났다. 지난 5월, 프랑스에 거주하는 유대인은 옷에 다윗의 별을 달아야 한다는 명령이 내려지기 며칠 전에, 앙드레 트로크메는 미국 친우회에 편지를 써서 "어린 난민과 전쟁 피해자들이, 특히 소년과 소녀들이 프랑스에서 새로운 삶의 조건에 재적응할 수 있도록" 보호소를 지을 기금을 지원해달라고 부탁했다. "이 아이들은 강제수용소에 감금되어 학업을 지속하지 못하고 있습니다. 삶과 인류에 관해 생각하고 신뢰를 쌓아야 할 청소년기에 말입니다." 미국 친우회에 보낸 제안서에서 트로크메 목사는 레 그리용(귀뚜라미들)이라는 이름으로 불릴 보호소를 책임지고 관리할 후보자들을 추천했으나, 여름에 기금이 들어온 무렵에도 여전히 관리자는 정해지지 않았다.

그래서 앙드레는 젊은 사촌에게 편지를 보냈다. 다니엘은 합리적인 선택지였다. 교사로서 어린이 생활시설에서 근무한 경험이 이미 수년이었고, 본인 또한 그런 시설에서 성장했으니까. 게다가 다니엘은 참나무처럼 탄탄한 계보를 가진 트로크메 가문의 일원이었다. 이 점 또한 의미하는 바가 있었을 것이다.

그래서 다니엘은 앙드레의 제안을 다른 가능성과 비교해보았다. 박사학위, 바르셀로나에서의 일자리, 부모님이 반대하는 작고 예쁜 상자 같은 여자, 프랑스에서 아예 떠나는 것. 다니엘은 자기 운명과 씨름했다. 그리고 마침내 주사위가 던져졌다는 결론을 내렸다. 다니엘은 프랑스 남부에 있는 란므장Lannemezan과 툴루즈에 잠시 들렀다가 고원으로 향할 것이다. 그는 모험을 선택할 것이다. 세상을 재건할 수 있다는 작은 희망을 선택할 것이다.

그러나 먼저, 레 그리용의 공사부터 마쳐야 했다.

몇 달 전, 르 샹봉쉬르리뇽 중심가에서 3킬로미터 떨어진 레 바랑동의 작은 마을에 레 그리용의 교정이 마련되었다. 전에는 팡시옹 드 파미유pension de famille, 즉 가족들이 저렴한 가격에 방을 빌려 주변의 자연을 즐길 수 있는 일종의 민박집으로 사용되던 곳이었다. 이 괴이하고 끔찍한 시기에 난민 어린이들이 신념의 발달이라는 혼란스러운 과업을 이룰 수 있도록 다니엘이 물리적·감정적 공간을 마련할 곳이, 바로 이 숲의 가장자리에 있는 기다란 석조 주택이었다.

다니엘은 집에 편지를 썼다.

〔10월〕 1일 목요일에 이곳에 도착해서 바로 레 그리용으로 향했습니다. 르 샹봉 마을과는 약간 떨어져 있더군요. 뭉크 씨와 아내 분이 저를 도와 필요한 물건을 마련해주고 계시지만, 여전히 할 일이 많습니다. … 제 생각에는 〔아이들이〕 스무 명 넘게 올 것 같아요. 공간이 절대 충분하지 않을 것 같아 걱정됩니다. 하지만 일 자체는 아주 조짐이 좋습니다. 운영은 아직 시작하지 않았지만, 집이 그렇게 나빠 보이지 않습니다. 체코 어린이 세 명이 이미 도착했습니다. 두 명은 남자아이이고 한 명은 여자아이인데, 부모들이 여기로 데려왔습니다….

어린이 보호소를 운영하는 데에는 처리해야 할 일이 무척 많았고, 고원에 사는 주민 다수가 이미 운영을 돕고 있었다. 사람들은 기차역에서 아이들을 데려왔고, 매일 아이들에게 필요한 것들을 채워주었고, 전갈이나 위조문서를 전달했다. 또한 교회 연단에서 사람들을 격려했고(앙드레 트로크메 외에도 목사 십여 명이 더 있었다), 학교 교실이나 마을 광장에서도 사람들을 격려했으며, 밤에 자다가 소리를 지르며 깨어나거나 바지에 오줌을 쌀 정도로 두려움과 슬픔에 사로잡힌 아이들의 정신 건강을 책임지고 돌봤다.

레 그리용의 책임자로서 다니엘은 이 모든 것 외에도 해야 할 일이 더 있었다. '일 포 투 페르.Il faut tout faire.' 다니엘은 집으로 보내는 편지에 이렇게 썼다. 전부 해내야 합니다. 아이들을 강제

수용소에서 빼내려면 상황을 파악하고 특별 가석방 신청서를 작성해야 했다. 아이들의 시급한 신체적 필요도 돌봐야 했다. 다니엘은 편지에 썼다. "머리부터 발끝까지 아이들을 입혀야 합니다. 치수를 재고, 발에 맞는 나막신을 구해야 합니다. 사실상 구두 수선공이 되는 거지요." 다니엘은 가능할 때마다 아이들의 부모(목숨을 잃지 않았거나 행방불명되지 않은 부모)와 연락을 취해야 했다. 아이들 다수가 몇 달, 심지어는 몇 년간 도망 다녔고, 대개 몸 상태가 몹시 나빴다. 다니엘은 아이들에 관해 이렇게 썼다. "크고 작은 방식으로 아이들의 건강을 돌봐야 합니다(폐 건강부터 아주 작은 상처까지요)." 또 다니엘은 구호단체와 관료들을 만나느라 먼 거리를 이동해야 했다. 보온용 물주머니를 어디서 대량으로 구할 수 있을지, 수프가 담긴 커다란 통을 어떻게 눈 속에서 손수레로 가파른 산자락까지 옮길 수 있을지처럼, 전에는 한 번도 생각해본 적 없는 문제들을 처리해야 했다.

레 그리용은 에콜 드 로슈가 아니었다. 다니엘은 커다란 돌로 벽을 쌓은 집 내부조차 기온이 종종 영하 5도에서 10도까지 떨어진다고 썼다. 먹을 것은 늘 빠듯했다. 아이들은 매일 12킬로미터씩 걸어야 했는데, 먼저 수업을 들으러 르 샹봉쉬르리뇽까지 걸어 내려갔다가 다시 밥을 먹으러 식당이 있는 건물로 이동한 뒤 저녁이 되면 산 위에 있는 집으로 돌아와야 했다. 이곳의 밤은 커다란 난로에서 타오르는 장작 냄새와, 온종일 눈에 젖어 있다가 이제야 마르는 아이들의 외투와 양말과 목도리의 축축한 모직 냄새가 났다. 이 아이들은 에콜 드 로슈의 아이들처럼 미래의 지도자나 정치인, 기업가가 아니었다. 그때 이 아이들은 세상에서 버려진 사람들이었다.

아이들을 위해 다니엘은 몇 번이고 산을 달려 내려갔다가 다시 오르는 법을 배웠고, 추위 속에서 다니엘의 안경은 뿌옇게 김이 서렸다. 아이들을 위해 다니엘은 서류와 방과 공간과 아주 작은 상처들처럼 크고 작은 문제를 해결하기 시작했다. 개중에는 꽤 쉬운 것들도 있었는데, 예를 들면 다니엘이 어린 시절 경험했던 것처럼 아이들에게 책을 읽어주는 것이 그랬다. 수업이 끝나고 식사를 마친 아이들은 저녁마다 장작이 타닥타닥 타오르는 난롯가에 모여 앉았다. 다니엘은 책을 펼치고 각종 모험담을 한 장 한 장 읽어 나가며 아이들을 다른 장소와 다른 사람들에게로, 사랑과 용기와 고통과 영감의 세계로 데려갔다.

레 그리용에는 고를 책이 거의 없었지만(다니엘은 크리스마스가 지나면 책이 더 도착하길 바랐다) 로제 프리종로슈가 쓴『로프 맨 앞에서』라는 모험소설이 한 권 있었다. 주인공 피에르는 알프스 몽블랑 지역의 유명한 산악 가이드의 아들로, 자신도 가이드가 되고 싶어 한다. 피에르의 가족은 이 결정에 결사반대하는데, 피에르의 아버지가 최근 레 드루Les Drus라는 첨봉에서 번개에 맞아 목숨을 잃었기 때문이다. 이 소설은 여러 차례의 등반과 그 결과로 목숨과 팔다리를 잃는 상황을 아찔할 만큼 자세히 그려낸다. 피에르는 아무것도 통제할 수 없는 청천벽력 같은 사고로 아버지를 잃었다는 괴로움을 안은 채, 본인도 높은 곳에서 추락한 뒤 현기증에 시달린다.

젊고 용감한 피에르와 갈라지는 빙하, 대담한 점프, 깎아지르는 높이에서의 일촉즉발의 사고 이야기를 들으려고 한자리에 모여 앉은 아이들의 나이는 여섯 살에서 열여섯 살까지 다양했다. 쿠르트Kurt와 후안Juan, 사라Sarah, 시몬Simone, 스타니슬라스Stanislas, 안티마Antyma라는 이름의 아이들은 스페인과 독일, 체코슬로바키아, 폴란드, 오스트리아 출신이었다. 유대인인 아이들도, 그렇지 않은 아이들도 있었다. 자려고 침대에 누운 아이들의 머릿속에는 하나같이 어두운 기억이 떠올랐고, 모두의 마음에 슬픔이 있었다. 다니엘이 들려주는 피에르의 이야기를 들으려고 매일 저녁 옹기종기 모여 앉았을 때, 아이들은 분명 생생하고 거대한 것을 떠올렸을 것이다. 아득하지만 가닿을 수 있는 높이, 성큼성큼 산을 오르는 기분, 적절한 보폭의 소리, 가장 높은 봉우리에서 바라보는 밤하늘의 별, 무언가가 끌어당기는 듯한 아찔한 현기증, 심지어 눈부실 만큼 하얗게 빛나는 죽음의 모습까지….

다니엘이 9장을 펼쳐서 읽었다. "가이드가 번개에 맞았다. 라펠 라인을 다리 사이에 끼우려고 준비하던 순간이었다. 그는 똑바로 선 상태로 번개에 맞았다. 오른손은 바위를 붙잡고, 왼손은 로프의 감촉을 느끼며 몸에 딱 붙이고, 머리는 살짝 위로 치켜들고 있었다. … 오른손 손가락은 여전히 바위를 단단히 움켜잡고 있었다…."

다니엘이 그 장면에서 책을 덮었을까? 이제 자러 갈 시간이었을까?

확실히 이 이야기는 아이들에게 영향을 미쳤다. 다니엘은 이렇게 편지를 썼다. "요전 날 여자아이 일곱 명이 등반을 하겠다면서 집을 나섰습니다." 행간에서 다니엘의 미소를 읽을 수 있다. "이 지역을 잘 아신다면 이게 얼마나 우스운 일인지 아실 겁니다.

결국 아이들은 바위 하나를 찾아내서 밧줄을 이용해 힘겹게 오르는 데 성공했습니다….”

르 샹봉쉬르리뇽에 있는 지금, 세상에서 버려진 이 여자아이 일곱 명이 계속 생각난다. 어느 날 눈부신 산자락에 우뚝 솟은 숲 외곽에서 깨어나, 기어오를 바위를 찾아 나선 아이들이.

첫날 아침, 나는 검고 늙은 개 한 마리의 관심을 끌려고 애쓰고 있다. 개는 오텔 뒤 벌레의 1층에 있는 카페에서 테이블 아래를 구석구석 어슬렁거리며 음식 냄새를 맡고 있고, 나는 빛이 쏟아져 들어오는 기다란 창문 앞에 홀로 앉아 내 모직 스웨터와 스카프 안으로 파고드는 3월의 차가운 바람을 느끼고 있다. 주변에는 다양한 사람들이 있다. 흰머리를 늘어뜨리고 커피를 마시는 잘생긴 할아버지들, 구석에 있는 머리가 부스스한 남자에게 짓궂은 농담을 던지는 카페 주인, 카메라를 들고 웃음을 터뜨리는 남자들. 사람들이 인사와 키스를 나누고 수다를 떠는 동안 검고 늙은 개는 이 사람 손과 저 사람 손 사이를 느릿느릿 돌아다닌다. 하지만 내게는 다가오지 않는다.

물론 나는 새로운 시작 앞에서 마음이 초조하다.

그러나 곧 코트를 걸치고 산뜻한 아침 햇살 아래로 나간다. 다들 두툼한 부츠와 실용적인 플리스로 중무장을 했다. 지역 주민들은 늘씬하고 강단 있어 보이며, 얼굴이 온화하고 매력적이다. 남자들은 다부지고, 여자들은 대부분 맵시 좋게 쇼트커트를 했다.

마을 중심가는 폭이 좁다. 회색 석조건물들이 인도 바로 앞까지 나와 있다. 펜과 복권과 전화 카드를 살 수 있는 타바tabac(담배 가게)가 있다. 책방이 있고, 약국 두 곳과 빵집 두어 곳, 은행 두어 곳, 초콜릿 가게 하나가 있다. 내가 머무는 호텔 건너편의 광장에는 돌로 만든 분수가 있는데, 겨울에는 분수에 물이 흐르지 않는다. 모퉁이를 돌다가 고원의 역사에서 너무나도 유명한 개신교회를 처음으로 목격한다. 소박한 네모 모양의 이 회색빛 석조건물은 문 위에 스테인드글라스가 달린 동그란 창문이 있고, 그 위에 종이 달려 있다. 건물 전면에 글귀 하나가 새겨져 있다. 에메부 레 죙 레 조트르.aimez-vous les uns les autres. 서로 사랑하라.

1930년대와 40년대에 앙드레 트로크메가 이곳에서 힘 있는 연설로 사람들을 격려했다. "사랑하고, 용서하고, 적에게 선을 행하는 것이 우리의 의무입니다. … 우리의 적이 복음의 명령에 반하여 우리에게 복종을 요구할 때마다 우리는 저항해야만 합니다." 나는 수년에 걸쳐 종교가 복잡한 사회 양식임을 알게 되었다. 그러나 트로크메의 설교를 들은 교인들이 (홀로코스트라는 끔찍한 배경 위에서) 실제로 저항에 나섰다는 사실은 의심의 여지가 없다.

교회 뒤로 커다란 리뇽강이 구불구불 흐른다. 그 뒤로 비탈을 따라 소나무가 자라난 험준한 산이 점점 더 우뚝 솟아오르고, 하늘에서 제비들이 잠시 고도를 낮췄다가 저 너머로 쏜살같이 날아간다. 그 뒤로는 더욱 짙푸른 숲속으로 도로가 기다랗게 이어진다. 사람들 말이, 맑은 날에 높은 곳에 오르면 메쟁Mézenc산의 부드러운 능선과 뾰족한 리지외Lizieux 봉우리까지 보이고, 어쩌면 수백 마일 거리에 있는 몽블랑의 명확한 윤곽까지도 보인다고 한다.

비바레리뇽 고원은 확실히 이 장소를 목격한 사람에게 환희를, 이 장소를 이해하고자 애써온 사람에게는 더더욱 큰 환희를 불러일으킨다. 솔직히 말하자면, 나 또한 할리의 『무고한 피가 흐르지 않도록』을 처음 펼친 뒤로 몇 달간 황홀경에 빠져 있었다. 이 세상에 심연의 깊이를 지닌 바비 야르가 있다면, 반대로 높은 곳을 향한 크나큰 갈망 또한 존재하기 때문이다. 그리고 지금 나는 고개를 약간 뒤로 젖히고 신선한 공기 속을 걸으며 이 거리와 돌들을, 말간 얼굴로 지나가는 사람들을 바라보고 있다.

이것 하나는 분명하다. 이곳은 아름답다. 사실 너무 아름다워서, 지금 즉시 걸음을 멈추고 이 아름다움은 참이고 참은 곧 아름다움이며 그게 다라고 결론 내릴 수도 있을 것 같다.

하, 글쎄. 나는 기호논리학이 어떻게 작동하는지 알고, 그것을 어떻게 분석하는지 안다. 그 방정식(겉보기에는 터무니없지만 여기에는 큰 감정적 힘이 있다)은 이런 식으로 전개된다. (도덕적으로) 아름다운 사람들이 이렇게 멋진 곳에 사는 것은 **적절하다.** 그리고 여기에는 당연한 결론이 따라온다. 자연이 아름다운 이곳은 왜인지 도덕적으로 아름다운 사람들을 배출한다. 그리고 이 결론은 훨씬 익숙한 또 다른 결론을 낳는데, 바로 이곳에서 태어났다는 사실이 그 사람을 선하게 **만든다**는 것이다. 물론 이 논리의 흐름은 진정한 사회과학에서는 말도 안 되는 일이지만, 무지한 사람들의 이 말도 안 되는 논리가 이미 세상의 유력한 관점에 파고들었다. 예를 들어, 사람들이 국수주의자가 되는 (그리고 자기 국가에 관한 책과 노래를 쓰고 주먹을 치켜들며 국가를 외치는) 이유는 어느 정도는 자기 국가에 있는 산이 더 신성하고, 자기 국가의 여성들이 더 매력적이고, 자기들의 피가 더 새빨갛고, 자기들의 수염이 더 남자답고, 자기들의 관습이 더 품위 있다고 생각하기 때문이다. 심지어, 자기들의 두개골이 다른 민족의 두개골보다 더 완벽하다고도 생각한다. '**아!** 이 물에는, 이 공기에는, 이 고도에는, 선함을 낳는 마법 같은 무언가가 있어'라고 말하는 것과 이 생각은 얼마나 다른가? 이 논리는 무엇이 그렇게 다른가?

이것은 가장 깊숙한 곳, 가장 오래된 동화에서 나온 일종의 마술적 사고다. 태양이 눈부시게 빛나고, 산속의 개울이 유리처럼 맑고, 강물과 바위에 붙은 이끼가 너무나도 생생하다. 이럴 땐 바로 이것들이 저 혼자서 세상을 치유한다고 믿기 쉽다. 이곳에서 태어났다는 사실이 내면을 아름답게 만든다고, 그 사람을 선하게 만든다고 믿기 쉽다.

그냥 말하는 편이 낫겠다. 하여간, 그게 지금 내가 하는 생각이다.

◇

그러나 아직, 일 포 투 페르. 해야 할 일이 많고, 사람들 없이는 그 무엇도 끝낼 수 없다. 진짜 사람들. 역사책이나 기념관의 벽 속에 살지 않는 사람들.

우선, 뮈리엘은 지난 몇 달간 내게 보낸 메시지, 힘이 되는 느낌표를 잔뜩 찍어 보낸 그 메시지만큼 사랑스러운 사람이었다. 뮈리엘은 파란 눈이 커다랗고, 쇼트커트다. 처음 만난 자리에서 그는 마치 오래된 친구처럼 나를 껴안은 뒤 자기가 근무하는 관광 사무소에서 뜨겁고 달콤한 완벽한 홍차 한 잔을 가져다준다. 뮈리엘은 이 고원에서, 길 아래편에 있는 작은 농촌 마을에서 자랐다. 역사가는 아니지만, 뮈리엘이 전쟁을 기억하는 이 지역 노인들을 한 명도 빠짐없이 전부 안다는 사실이 점점 분명해진다. 그는 업무의 일환으로 편지와 이름, 주소, 날짜를 꼼꼼하게 관리하며 증언을 모은다. 초등학생과 관광객을 소규모로 이끌고 르샹봉을 돌아다니면서 난민을 보호했던 여러 장소를 안내해준다. 이따금 생존자가 나타나면 뮈리엘은 그들의 이야기를 듣고 허락하에 기록한다.

뮈리엘이 나와 마을을 돌아다니며 전쟁 이야기를 들려준다. 뮈리엘의 목소리로 말하면 모든 이야기가 다 노래 같다. 뮈리엘이 내게 복숭앗빛으로 칠해진 기차역을 보여준다. 난민이 수없이 많이 도착했던 곳이다. 특별한 의미가 있는 마을의 건물들도 보여준다. 오늘날 검고 늙은 개가 돌아다니는 내가 묵는 호텔도 한때는 난민이 가장 먼저 들르는 장소였다고 한다. 뮈리엘이 길 아래에 있는 집 두 채를 가리킨다. 첫 번째 집인 탕트 솔리(솔리 고모)는 전쟁 초기에 난민 어린이들이 생활한 보호소 중 한 곳이다. 바로 옆에 있는 두 번째 집은 1943년부터 쭉 동부전선에서 부상당한 독일군을 위한 시설로 이용되었다. 독일군은 그곳의 침대에 누워 홀로 생각에 잠겼고, 난민 어린이들의 외국식 억양이 창문 틈으로 들려왔다. 뮈리엘이 이 건물의 2층을 가리키며, 전쟁으로 지친 이 독일 병사들은 놀랍게도 난민 어린이나 이들을 보호하는 지역 주민들을 단 한 번도 밀고하지 않았다고 말해준다. 독일군 때문에 고초를 겪은 사람은 아무도 없었다.

그다음으로는 사람들을 보호해온 고원의 긴 역사를 내게 처음 알려준 학자인 볼롱 씨를 만난다. 볼롱 씨는 얼굴이 다부지고 잘생겼으며, 흰머리가 부스스하고 목소리가 부드럽다. 그가 전시에 어린이 보호소 역할을 했던 장소로 나를 안내하며 아이들이 숲으로 숨어든 곳이나 개들이 짖으며 사람들에게 위험을 알렸던 곳을 손가락으로 가리킨다.

피자 가게에서, 시장의 사무실에서, 도서관에서 다른 사람들을 짧게 만난다. 처음 보는 환한 얼굴의 사람들에게 우리 가족과 고원의 연관성을, 우리 할머니의 집과 바버라 고모가 보내준 책을 이따금 몇 마디 이야기한다. 나는 입을 열었다가 멋쩍어하며 점점 말끝을 흐린다. 이런 것들이 뭐가 중요하겠는가? 하나도 중요치 않다.

정신을 바짝 차리고 또 차린다. 해야 할 일이 많다. 나는 황홀해하고 수줍으며, 언제나 그렇듯 약간 겁을 먹었다. 수줍지만 몇 차례 전화 통화를 한다. 내 작은 호텔 방에서 몇 시간씩 창문 밖을, 그 너머를 내다보며 메모를 한다.

일 포 투 페르. 이건 시작이다.

르 샹봉에서 온전한 하루를 보내는 두 번째 날, 나는 직접 레 그리용을 봐야겠다고 생각한다. 오래전에 다니엘과 아이들이 그곳을 걸었듯, 나도 그곳을 걸어야겠다고 생각한다. 내게는 동네 지도(뮈리엘이 주었다)가 있고, 자유로운 몇 시간이 있다. 그래서 코트와 모자, 손모아장갑으로 온몸을 싸매고 손에 지도를 쥔 채 광장을 지나, 우체국을 지나, 다시 기차역을 지나 길을 나선다. 내가 알기로는(지금 나는 눈앞에 길게 뻗은 구불구불한 길을 바라보며, 크고 힘찬 걸음으로 헉헉대며 걷고 있다) 도착할 때까지 쭉 오르막길이다.

전에도 여기 와본 적이 있다. 그러니까 전에도 이런 순간을 경험한 적이 있다. 계속 생각하고 꿈꾸고 상상해온 장소, 나의 경우에는 일기장이나 책의 빈 페이지, 또는 봉투 뒷면에 작은 원을 그렸던 장소에 도착한 순간. 그래서 지금 나는 이전에도 그랬듯, 이 새로운 장소의 지형을 파악하려 애쓰기 시작하고 있다.

사람은 어떻게 선해질까? 이 질문은 마치 밤하늘처럼 커다랗고 포괄적으로 보인다. 그러나 사실은 그렇지 않다. 어쨌거나, 사회과학자들에게는 그렇지 않다. 이런 질문의 경우 (사실 커다란 질문은 전부) 학문 분과 하나하나가 자기만의 의례와 관습이 있는 좁은 연구 분야에 머물고, 그곳에서 '선함'은 저마다 생생한 논리가 있는 자그마한 상자에 담긴다. 정치학은 권력의 행사를 연구하는 학문으로, 이렇게 묻는다. 결정은 누가 언제 하지? 그 결정을 실행할 군대를 가진 사람은 누구지? 경제학은 물론 돈과 재화의 교환을 연구하는 학문이지만, 특정 시간과 장소에서 귀중하게 여겨지는 것들의 교환을 연구하기도 한다. 정치학과 경제학은 가능한 곳에서 최대한 선함을 찾아낸다. 아마도 전쟁의 부재에서, 또는 필수품을 분배하고 공유하는 방식에서.

사회학과 인류학은 사회집단(그 집단의 형성 과정과 경계와 유지 방식)이라는 영역을 공유한다. 그러나 이 두 학문은 무척 다른 면도 있는데, 실제로 그 차이가 내 연구에서도 무척 중요하다. 북미에서 발달한 사회학은 '우리 사회', 즉 우리 도시와 우리 농장, 우리 지역, 우리의 소수민족 거주지에 초점을 맞춰왔으며, 우리에게 사회적으로 유의미한 집단과 관련해 질문을 던지는 경향이 있다. 부와 건강과 소득과 접근권을 가진 사람은 누구인가? 이들에게 인종과 젠더, 종교, 나이, 민족성은 얼마만큼 중요한가? 사회학은 연구를 시작하기도 전에 이미 그 내용을 알고 있다는 커다란 강점이 있다. 사회학의 인식은 말 그대로 자국에서 널리 합의된 상식이다. 이 때문에 사회학에는 유의미한 요소나 변수가 적을 때 적절하게 사용할 수 있는 연구 방법이 있는데, 바로 이러저러하게 분석할 수 있는 훌륭한 대규모 데이터세트를 갖추고 잘 알려진 관습에 관해 설문조사를 하거나 통계를 내거나 고정된 질문을 던지는 것이다. 그러므로 사회학에서 선함에 대해 알고 싶다면, 교회와 자선단체, 명시된 신념처럼 상식에서 도덕성과 관련이 있다고 말하는 요소로 곧장 뛰어들 수 있다. 그다음 사람들이 토요일이나 일요일에 자신이 다니는 종교시설에 얼마나 자주 나타나는지, 투표를 어디에 했는지, 기부를 얼마나 많이 하는지 설문조사를 할 수 있다. 타당한 방식이다.

그러나 기이한 역사가 있는 인류학은 훨씬 멀리 떨어진 사회집단을 들여다본다. 말 그대로 먼 곳에 있는 섬과 정글, 사막, 분지를 살펴보는 것이다. 그 원인은 식민주의에서 찾을 수 있다. 수백 년 전에 선교사와 탐험가가 시장과 영혼을 찾아 처음으로 새로운 풍경에 도착해, 새로운 사람들이 생활을 꾸려가는(먹고, 마시고, 일하고, 숭배하는) 모습을 처음으로 정탐했을 때, 그들은 그 기묘한 광경에 경탄하는 동시에 섬뜩함을 느꼈다. 선교사와 탐험가는 (자신이 가진 빈약한 개념적 도구를 이용해) 그 기묘함의 의미와 씨름했고, 이 신세계에서 자신들이 미치광이를 바라보고 있는 것은 아닌지, 또는 다 자란 어린애나 악령, 인간이 아닌 무언가를 바라보고 있는 것은 아닌지 파악하려 했다.

결국 인류학은 처음부터 무척이나 다양한 전 인류의 합리성을 (궁극적으로는 존엄을) 수용하는 사회과학 분과로서 등장했다. 그리고 인류학은 고유의 인식과 일관성을 가진 세계, 예를 들면 가진 것이 적을수록 위신을 얻는 세계, 핵가족을 이루지 않는 세계, 숭배하는 대상이 나무처럼 생겼거나 인간처럼 생겼거나 아무 형태가 없는 세계, 젠더가 여러 멋진 형태로 등장하는 세계, 사회체에 치유를 맡기는 세계, 또는 선함이 금발 남성과 나무 아래 다리를 접고 앉은 흰색 양이 아닌 여러 수많은 생생한 모습으로 묘사되는 세계의 존재 방식을 묘사할 수 있을 만큼 유연한 방법론을 개발했다.

인류학의 문은 다양한 인식 앞에 활짝 열려 있다. 이때 상식은 우리의 삶을 제대로 인도하는 상냥한 친구가 아니라 모든 것을 망치는 조용한 폭군이 된다. 실제로 상식은 우리가 다른 인식과 다른 논리, 다른 존재 방식을 보지 못하게 방해하기 때문이다. 상식대로라면 교회에 출석하는 것이 선함과 관련이 있을지도 모른다. 그러나 인류학은 그 생각이 진실과는 거리가 한참 멀 수도 있는 곳으로 우리를 데려간다. 이 모든 이유로, 인류학을 처음 시작하는 사람은 아무리 순수하더라도 자기 안의 상식을 전부 제거해야 한다. 상식을 살해하는(새롭고 고유한 인식이 자리할 공간을 마련하는) 그 기나긴 과정은 현장 연구라는 이름으로 불린다.

현장 연구는 조명 스위치가 없는 커다랗고 캄캄한 방 안에 걸어 들어가는 것과 같다. 길을 잃은 우리는 모든 감각을 이용해 이곳의 인식을 파악해야 한다(누가, 어디서, 무엇을 담당하지? 이곳에서 가족이란 무엇이지? 성자란 무엇이지? 어떤 방식으로 감사를 표하거나 선물을 전하지?). 모든 사회과학은 경험에 기반하며, 반드시 그래야만 한다. 질문들을 밀어붙여서 세상을 들이받아야 한다. 그러나 다른 사회과학의 깔끔한 데이터세트와 달리 인류학 현장 연구에서는 매일을, 때로는 매우 과감하게 추측하며 보내야 한다. 우리는 매일 무언가를 오해하고, 규칙을 부수고, 곤란을 겪는다. 그러나 뭐가 어떻게 돌아가는지 배울 수 있는 유일한 방법은 눈앞의 상황과 충돌하는 것뿐이다. 충돌할 때마다 또 하나의 가설이 반증된다. 야호! 우리는 외친다. 또는 그러려고 애쓰거나.

현장 연구는 늘 처음이 어렵다. 늘 지도를 들고 낯선 곳으로 향해야 한다. 그곳에 도착하면 거의 즉시 길을 잃는다. 그 무엇도 예상과 같지 않다. 우리가 보는 광경은 기이하고 눈부시게 생생하고 결코 잊을 수 없다.

1년 넘게 나의 집이 되었던 러시아 마을에서도 이런 첫 시기가 있었다. 상트페테르부르크에서 꼬박 하루 하고 반나절을 이동한 끝에 낡고 녹슨 버스가 나를 종점에 내려주었다. 마을 외곽의 푸릇푸릇한 둔덕 앞에서 머물 만한 곳을 찾았다. 그곳에서 몇 시간을 기다리자 둔덕 위에서 온통 하얀 옷을 입은 농부 몇 명이 나타났다. 이들은 온종일 밭에서 일한 뒤 대충 깎아 만든 갈퀴와 낫을 들고 집으로 돌아가던 길이었다. 이들의 귀갓길은 마치 고요한 발레 공연 같았다.

그 이후 캅카스에서는 전쟁으로 폐허가 된 산악지대 근처에 착륙해서, 공항에서 경찰과 경비원이 길게 뒤얽힌 무리를 지나, 세차게 내리는 비를 맞으며 구불구불한 도로를 달려, 마침내 앞으로 살게 될 마을에 도착했다. 전기가 나가 있었다. 앞으로 내 집이 될 곳에 들어가자 세 소녀(가족의 딸로, 전부 예쁘고 잘 웃었다)가 스타카토처럼 울리는 천둥소리를 들으며 자기 핸드폰의 파란 불빛에 의지해 내 방을 안내해주었다.

이 첫 시기는 예상을 내쫓는다. 귀중한 도식과 방정식 위에 아무렇게나 낙서를 해댄다. 도식을 낯설게 만든다. 모든 것을 가능하게 한다.

당연히 이 시기에는 모든 것이 겉보기와 다르다.

내 지도를 내려다본다. 로터리를 지나 숲의 초입으로 보이는 곳을 향해 올라가야 하는 것 같다. 요전 날 버스에서 봤던 콜레주 세베놀의 표지판을 지난다. 여러 집을 지난다. 그중 몇 채는 아주 오래전에 지은 석조건물처럼 보이고, 몇 채는 꽤 현대식으로 보인다. 그 안에 사는 사람들이 서로 대화를 나누고 식사를 하는 모습을, 텔레비전을 보고 전화로 수다를 떠는 모습을 상상한다.

습관처럼 다시 머릿속에 원 하나를 그린다. 그리고 지금 저 집 안에 있는 사람들을 원 안에 채워 넣는다. 아직 나는 그들을 모르지만, 그들이 플리스를 입으며, 매력적이고 다부지고 온화하다는 것을 안다. 그들이 막 자기 집 문을 여는 모습을 그려본다.

내 질문(선하기 힘든 시기에 어떻게 선할 수 있는가)에 답하려면 내 원 안에 있는 이 사람들을 알아야 한다. 내 앞에서 이들이 애써서 연기하지 않고 자기 자신이 될 수 있어야 한다. 즉, 이들의 신뢰를 얻어야 하고, 진짜 이들의 세상에 입장할 자격을 얻어야 한다. 여기에는 지름길이 없다. 그 러시아 마을의 방 하나짜리 통나무집에 살기란, 그러면서 그들의 아침과 밤을, 그들의 일을, 그들의 좋고 나쁜 건강 상태를, 그들의 심술궂은 순간들을, 그들의 고통과 눈물을 목격할 수 있는 사람이 되기란, 그리고 나의 순간들을 그들과 공유하기란 쉽지 않았다. 그러려면 시간이 필요하다. 시계가 째깍대고, 얼마 없는 연구 자금이 점점 줄어들고 있대도 말이다. 나는 러시아 마을에서 몇 달을 보낸 후에야 정식 인터뷰를 시작했다. 그러기 전에는 며칠간, 심지어 몇 주간 농부들과 함께 밭과 숲으로 나가서 썰매에 통나무를 싣고, 요리를 하고, 소를 돌보고, 씻고 마실 물을 근처 호수에서 길어서 들통으로 날랐다. 사람들은 나를 지켜보았다. 내게 서서히 익숙해졌다.

여기서도 이 세상 안에 들어갈 수 있는 사람이 되기까지 그 긴 과정을 거치게 될 것을 안다.

현장 연구에서는 오래지 않아 그곳 사람들에게 자기만의 상식이 있음을 알게 된다. 이 말의 여러 의미 중 하나는, 사람들이 자신에게 중요한 것에 따라 우리가 장차 무슨 연구를 할지를 판단한다는 것이다. 예를 들면 사람들은 (친절한 마음으로, 또는 자기 편의상) 우리를 자기 지도자에게 데려가겠다고 결정한다. 러시아 사람들은 계속해서 나보고 무슨 민속 재단의 운영자나 지역 집단농장의 책임자, 아니면 경찰서에 있는 여자들을 만나보라고 했다. 캅카스에서는 의회의 의원이나 씨족 대표나 여러 소수민족 중 하나의 대표를 만나야 했다. 사람들은 우리가 자신들의 전문가와 만나기를 바란다. 그래서 우리는 그들의 전문가와 대화를 나눈다. 제2차 세계대전에 참전한 이 지역 군인들의 세피아 빛 사진을 전부 간직한 사람을 만나고, 주술을 걸 수 있는 여성과 만나고, 시장과 대화하고, 재단의 운영자에게 정중한 메시지를 남긴다. 우리는 자신과 만나려는 사람이 아무도 없는 것 같은 때에 만날 사람이 있다는 데 감사함을 느낀다.

그러나 내가 정말 해야 할 일이 이 새로운 장소의 사회적 지형을 이해하는 것이라면, 지도자와 전문가를 만나는 것은 (그들이 아무리 힘 있고 강력하더라도) 결코 평범한 사람들을 알아가는 것만큼 중요하지 않다. 이 사람들은 더 거대한 권력 체계와 한패를 이루는 공식적인 논리로 거대한 이야기를 설명하는 데 익숙하지 않은 사람들이다. 사실 이들은 주로 소용돌이의 바깥에 머무는 사람들이다. 여기 고원에서 나는 이 목적을 이루는 데 어떤 걸림돌이 있으리라는 사실을 이미 자각하고 있다. 제2차 세계대전 당시에 어떤 구조 활동을 벌였는지 내게 처음 설명할 때부터, 이곳 사람들은 본인이나 자기 친족이 기울인 노력을 언급하기를 그리 즐기지 않는다. "우리는 영웅이 아니에요." 사람들은 말한다. "그냥 자연스럽게 행동했을 뿐이에요.” 그게 전부다. 그래서, 지금 내 손에는 방법론적 난제가 있다. 내가 가장 알아야 할 사람들은 말이 없을 가능성이 크다.

그건 괜찮다. 나는 조용한 세상이 더 좋다. 그냥 그렇다.

이제 갈수록 길가에 집이 적어진다. 나무들이 점점 짙푸르고 높아진다. 위를 향해 걷고 또 걷는다. 땀이 나서 두 발이 축축해지기 시작한다. 얼마 후에 내가 맞는 길로 가는지조차 모른다는 사실을 깨닫는다.

저 멀리 보이는 어두운 숲속을 향해 계속 앞으로 나아간다.

고원에서 ‘어떻게 선해질 수 있는가’라는 질문은 거의 즉시 종교의 문제로 마무리되고 만다. 이때 종교는 (적어도 일부에게) 선함의 **원인**으로 여겨진다. 논리는 이렇게 전개된다. 고원은 제2차 세계대전 당시 보기 드문 구조 활동이 벌어진 장소다. 고원은 개신교도가 많은 지역이다. 그러므로, 개신교가 보기 드문 구조 활동의 원인이다. 애석하게도 이런 분석은 카이사르가 로마인이었으므로 모든 인간은 로마인이라는 분석과 다르지 않다. 선함과 종교는 서로 엮여 있을 수도, 그렇지 않을 수도 있다.

종교는 늘 복잡한 문제라, 개별 사회과학의 상자 안에 집어넣고 인과관계를 명확히 밝히기가 어렵다. 사람들이 자기 종교에 매우 강렬하고도 진심 어린 신념과 감정을 품기도 하지만, 사회적으로 볼 때 종교 자체도 전문가가 늘어놓는 권위 있는 텍스트의 집합보다 훨씬 더 복잡하다. 경전만으로는 종교를 이해할 수 없다. 어디서나 그렇듯, 종교는 저 멀리서 이동하는 표적이다. 러시아와 캅카스 북부에서 종교는 내게 놀라움의 연속이었다. 공산당원인 주술사, 정교한 악마론을 설파하는 정교회 신부, 상냥한 소련 시대의 무슬림, 유행을 선도하는 아디게 하브자adyghe khabze* 소녀들. 나는 각각에 나름의 비상식적인 인식이 있음을 알게 되었다.

사람들이 즉시 개신교와 선함을 묶고 싶어 하는 이유는 쉽게 이해할 수 있다. 우리는 게토와 바비 야르와 기동 학살 부대와 아우슈비츠를 생각하다가, 단순한 사랑의 글귀가 적힌 이 아름다운 교회를 찾은 뒤, 용감하고 맹렬한 설교와 수많은 구조 활동의 일화를 떠올린다. 우리는 설문지를 만들고, 개신교도를 찾아내고, 이들을 구조 활동과 연관 짓고, 사람에 따라 그 안에서 하나님의 은총을 발견하기도 한다.

그러나 르 샹봉에 있는 이 작은 교회가 아무리 아름답다 해도, 이것 하나만은 전적으로 장담할 수 있다. 개신교인(또는 개신교인다움)이 이곳에서 벌어진 숭고한 구조 활동의 원인이라는 주장은 전혀 타당하지 않다. 전 세계의 다른 개신교인(예를 들면 당시 독일 인구의 66퍼센트)이 전시에 어떻게 행동했는지를 아주 조금만 제시해도 이 가설은 반증된다. 게다가 개신교인에게 영웅적인 자질이 있다고 주장하면 개신교인만 구조 활동에 참여한 것은 아니라는 사실을 무시하게 된다. 가톨릭교인, 유대인, 무종교인, 종교는 있지만 자기 신앙과 씨름하거나 회의를 느끼는 사람들도 똑같이 구조 활동에 임했다.

---

* 캅카스에 거주하는 아디게인의 세계관이자 도덕률.

결론은 이렇다. 교회가 아름답고 이 지역 주민들의 얼굴이 온화하다고 해서 반드시 개신교가 이곳에서 벌어진 구조 활동의 원인인 것은 아니다. 그러나 그 작은 교회에 쓰여 있던 "서로 사랑하라"라는 문구는 내 안에서 여전히 마음을 비틀고 새로운 사실을 깨닫게 한다. 다니엘 트로크메는 멀리 떨어진 베이루트에서 기독교에 "아름다움과 진실뿐만 아니라 거짓과 추함도 들어 있음을" 알았다. 다양한 종교와 작열하는 태양의 땅에 머물던 다니엘의 이 진심 어린 외침이 도덕적이고 분석적이지 않다고 누가 말할 수 있겠는가?

종교 덕분에 우리는 종교가 없을 때보다 더 나은 사람이 되기도 하고 더 나쁜 사람이 되기도 한다. 내가 보기에 중요한 것은 이것이다. 낯선 사람에게 문을 열어주기 힘든 시기에, 누군가가 실제로 문을 열어주었는가? 그랬다면 그 횟수는 한 번인가, 두 번인가, 열 번인가? 그들이 자기 자녀들에게 문을 열어주는 방법을 너무 잘 가르쳐서, 그 아이들도 습관처럼 문을 열어주게 되었는가?

제도 종교가 중요한 것은 사실이다. 그러나 사람들의 실제 행동이 더 중요하고 더 진실하다. 어쨌거나 예수는 이렇게 말했다. "너희는 그 열매로 그들을 알아야 한다." 이를 방법론적 경고로 삼으면 왜 안 되겠는가?

◇

길을 잃었다. 거의 한 시간가량 산을 올랐지만 레 그리용은 나타날 기미가 없다. 대형 트럭이 무섭게 옆을 쌩쌩 지나가서, 갓길의 눈 쌓인 곳에서 장갑을 벗고 잠시 생각할 만한 곳을 찾는다. 지도에는 교차로에서 우회전해야 한다고 나와 있어서 그렇게 했다. 그러나 걸으면서 본 것이라곤 양옆으로 늘어선 거대한 소나무뿐이다. 다시 우회전이 아니라 좌회전을 해봤지만 내가 사진 속에서 본 기다란 석조 주택 같은 것은 보이지 않는다.

이제 내 지도는 땀으로 축축하고 꾸깃꾸깃하다. 승용차와 트럭 소리 사이로, 눈이 녹아서 도로 위로 똑똑 떨어지는 소리가 들린다. 그리고 내 숨소리도 들린다. 길 잃은 새들이 지저귀는 소리도 들린다.

길도 방향도 너무나 단순한데 여기서 어떻게 길을 잃을 수 있지? 말이 안 된다. 도로에서 숲의 외곽을 훑는다. 그저 나무에 가려져서 눈에 안 보이는 걸까? 아니면 이제 사라지고 없을 수도 있나?

길 하나를 쭉 따라갔다가 다시 다른 길로 가본다. 그러다 눈 덮인 개울을 따라 숲으로 들어갔다가 이런저런 오솔길을 걷는다. 그래도 안 나온다. 잠시 걸음을 멈춘다. 하늘로 우뚝 솟은 소나무에 눈이 잔뜩 쌓였다. 고개를 뒤로 꺾어 하늘을 바라본다. 두 눈을 감고 호흡한다. 다시 숲에서 나가려던 그때, 무슨 투명 망토에서 튀어나온 것처럼, 바로 길 아래에서 여러 구역으로 나뉜 기다란 석조 주택이 보인다. 레 그리용이다.

한 여자가 무언가를 손에 들고 집을 드나들고 있다. 나는 멀리서 최선을 다해 오래전 이곳에 머물던 아이들의 모습을 상상한다. 아이들은 달리기를 하거나, 장난을 치거나, 물 또는 로프를 나른다. 집 안을 상상해본다. 난로와, 작고 추운 방들과, 마침내 한곳에 정착한 다니엘이 새로 도착한 아이들에게 책을 읽어주는 모습. 다니엘의 안경에 난롯불이 깜박이며 비치고, 다니엘의 목소리가 배우처럼 커졌다가 작아졌다가 한다.

이런 다니엘의 목소리 때문에, 이야기를 들으며 넋이 나가서 자기들도 간절히 등반하고 싶어 하는 소녀들을 상상한다.

이런 생각이 든다. 물론 다니엘이 편지로 부모님에게 전한 이미지, 밧줄과 바위와 땅에 붙들린 소녀들의 이미지는 약간 우스꽝스럽다. 우리는 그 소녀들의 신발을 상상하고, 추운 날씨 속에서 아이들이 바위 위를 미끄러지는 소리를 듣는다. 아이들이 판단 실수로 바위에서 떨어지고, (다니엘이 자기 부모님에게 전한 것처럼) 숲속을 배회하는 들개 무리가 너무 무서워서 다시 레 그리용으로 달려 들어오는 모습을 상상한다.

그러나 당시 소녀들이 하고 있던 생각은, 다니엘이 웃음을 터뜨릴 만한 것이었대도, 내게는 이해가 간다. 등산가에게 필요한 것은 로프와 바위뿐이다. 안 그런가? 깨끗한 공기와 맑디맑은 하늘 속에 있기 위해, 갈까마귀가 선회할 수 있는 높이보다 더 높은 곳에 오르기 위해 필요한 것은 밧줄을 찾아 길을 나서는 것뿐이다.

나는 과학을 지지한다. 진짜다. 그러나 나는 그 소녀들을 이해한다. 불가능해 보이는 눈 덮인 산봉우리를 동경하는 것이 어떤 의미인지 나는 안다.

. . .

레 그리용을 찾느라 몇 시간을 걸은 뒤 오텔 뒤 벌레로 돌아온 날 밤, 나는 피곤하다. 게다가 그 상냥한 얼굴들과 점점 깊이를 더하는 이야기와 내가 참여하게 된 이곳 주민들의 아름다운 노력에도 불구하고, 솔직히 벅차다는 느낌이 든다. 일 포 투 페르. 그리고 내가 해야 할 일은 대부분 그저 기다리고, 숨죽이고, 또 기다리는 것이다.

나는 내 빛나는 정신이 나의 가장 큰 자산이라고 생각하며 대학원에 진학했다. 눈부신 이론들(바흐친Bakhtin과 푸코Foucault, 알튀세르Althusser와 비고츠키Vygotsky, 스페르베르Sperber와 알박스Halbwachs!)을 이해해 복잡한 난제에 적용한 다음 **짠!** 하고 이 세상에 대한 영리하고 새로운 설명을 떠올리는 그런 빛나는 정신 말이다. 그러나 지금 보기에는 터무니없는 생각이다. 무엇보다, 내 정신이 더 이상 빛난다고 느껴지지 않기 때문이다.

현장 연구의 가장 힘든 점(그리고 가장 잘해야 하는 점)은 본인에게 중요한 질문의 답을 알아내기 위해 모아야 하는 것들을 제대로 모으는 것이다. 내 삶은 다르게 흘러갈 수도 있었다. 어쩌면 나는 화석을 모았을 수도 있다. 아니면 새똥, 아니면 고래의 언어. 아니면 그 전체로서 너무나도 아름다운 숫자를 모았을 수도 있다. 내가 알기로, 자신이 모으는 것을 사랑하면 도움이 된다. 사람을 사랑하지 않는 인류학자는 이야기를 듣고 기다리고 관찰하기가 어려울 것이다. 사람을 사랑하는 인류학자는 학문이나 본인에게 이로운 수준 이상으로 애정을 갈망할 수도 있지만, 그 사랑 때문에 각별히 더 관심을 기울이고 싶을 수도 있다. 어쩌면 눈앞에서 펼쳐지는 경이로운 인간의 드라마에 약간 황홀해할지도 모른다.

이곳에 존재하는 명백한 장애물(전쟁 이후로 70년이 흘렀고, 그때를 기억하는 사람들은 그 이야기를 안 하려고 한다는 사실) 너머에는 방법론적 한계도 있다. 사람은 선해야 할 시기에 어떻게 선해질 수 있는가가 나의 질문이라면, 무엇으로 선함을 측정할 수 있을까? 그냥 펜과 종이를 들고 앉아서 선함이나 훌륭함을, 아니면 포옹을, 초대를, 선물을 셀 수 있는 게 아니다. 우리는 사람들의 습관을 파악해야 한다. 지도를 읽는 것처럼, 지도에서 숲 속 오솔길과 도로와 개울의 차이를 학습하는 것처럼 그들에 대해 배워야 한다. 두 눈을 감았을 때 그들의 습관이 보일 때까지 그들을 알아야 한다. 폭풍이 왔을 때 물이 어떻게 흐를지 알아내는 것처럼 그들을 알아야 한다. 물의 흐름은 확신할 수 없지만 땅의 지형은 어느 정도 확신할 수 있다. 답을 예상할 수 있다. 연구 중에 나는 가장 훌륭한 질문들을 던질 기회를 얻는다. 기억 연구에서는 거대한 그물을 던진 다음 그 안에서 오랜 시간에 걸쳐 사람들이 꿈꾸고, 사랑하고, 주문을 외고, 저주를 거는 방식을 배웠다. 어떻게 그들이 숲속을 헤매면서 몸을 치유하는 공기를 들이마시는지, 어떻게 그들이 전시에 영혼의 길을 잃었는지를 배웠다. 지금 내가 거대하고 훌륭한 질문들에 감사해하듯이, 나는 그 사실에 감사함을 느낀다. 그러나 엉망진창에 허물없었던 러시아에서는 그저 마을 주민의 집에 찾아가 육중한 나무 문을 두드리기만 하면 되었다. 그러면 한바탕 환영의 말이 이어지고, 신발을 벗느니 마느니 하며 실랑이를 벌이고, 차와 사탕을 함께 먹고, 사람들이 이야기를 한 번, 두 번, 열 번 들려주었다. 아주 오래간

만에 그 마을에 되돌아간다 해도, 러시아의 할머니들은 커다랗고 단단한 팔로 나를 끌어안으며 깔깔 웃고 나를 토닥이고 고양이를 쓰다듬듯 나를 쓰다듬을 것이다.

이곳은 그렇지 않으리라는 것을 알 수 있다. 이곳 사람들은 '부vous'나 무슈, 마담 같은 칭호를 사용한다. 사람들은 내게 충분한 거리를 둔다. 나도 마찬가지다. 레 그리용을 찾아 산을 오를 때에도, 사람들은 나와 같은 쪽 인도를 걷느니 차라리 길을 건넜다. 이곳의 셔터는 닫혀 있다. 그러다 열리고, 또다시 닫힌다.

볼롱 씨가 앙드레 트로크메의 삶에 관한 놀라운 이야기들을 들려주었다. 볼롱 씨는 트로크메가 위대하고 특출난 사람이었으며, 한때는 '비올라 뱅퀴 파르 디외violent vaincu par Dieu', 즉 신에게 정복당한 난폭자라고 불리기도 했다고 말했다. 그러나 트로크메는 인간이었다. 볼롱 씨는 트로크메든 누구든 절대 숭배해서는 안 된다고 경고했다. 내가 개별 인물에 그리 오래 머무를 마음이 없음을 나 자신도 잘 알지만, 볼롱 씨의 조언은 내게 불필요한 것이 아니었다. 한 사람을, 또는 한 집단을 우상화하는 것이 위험하다는 사실을 나 또한 잘 안다. 현장 연구는 어렵다. 제대로 하면 아주 위험한 것이 될 수 있다. 자신의 상식을 부수고 또 다른 상식을 받아들여야 하기 때문이다. 하얀 옷차림의 농부들이 귀가하는 푸릇푸릇한 둔덕에 도착하고 나면, 어느새 다른 사람이 우리 배의 맨살 위에서 손짓을 하며 저주를 풀어주고 있고, 밤에 혼자서 공동묘지를 걸을 때 정말로 무서워할 만한 뭔가가 있을지도 모른다고 생각하기 시작한다. 열두 살 때부터 스스로 페미니스트라고 여겨온 사람이, 문득 사람들이 하는 말처럼 여자로서 아이를 낳지 않으면 정말로 이기적인 것은 아닌지 자문하기 시작한다. 정말 그런가?

무언가가 우리 안에서 부러질 수 있다. 우리는 아이디어나 단어를 제대로 바로잡는 순간, 마침내 다른 주민들의 유려한 몸짓을 완벽하게 익히는 순간을 만나려고 노력하기 때문이다. 어느 날 기차에서 집단농장의 노동자로 오해받을지도 모른다는 조용한 희망을 품으면서 말이다. 이 모든 과정은 너무 외롭다가, 아름답고 올바른 것 같다가, 다시 외로워진다.

새로운 상식의 토대에서 무언가가 부러질 수 있다.

나는 이런 순간들을 최선을 다해 수집한다. 듣고 관찰하고 기다린다. 물론 고상한 방정식과 아이 같은 황홀경이 만나기란 쉽지 않다. 우리가 찾는 모든 것(집, 난로, 가족, 사랑)이 아직 눈에 보이지 않을 때, 언덕을 한 발 한 발 오르기란 쉽지 않다.

레 그리용에는 다른 아이들보다 나이가 많은 소녀가 한 명 있었다. 파니Fanny라는 이름의 그 소녀는 1925년에 폴란드 우치에서 태어났다. 1930년대 초에, 파니는 다른 아이들이 모르는 것을 많이 알고 있었다. 거리의 폭도들이 “헵! 헵! 유다!Hep! Hep! Jude!”라 외치는 소리가 들리면 부엌문 위에 있는 공간으로 기어오르는 법을 배웠다. 경찰이 찾아와 **지금 당장** 도망치지 않으면 자기 손으로 너를 죽이겠다고 위협할 때 아버지의 얼굴이 어떻게 변하는지 배웠다. 나중에 프랑스에서는 옷에 노란 별을 다는 법을 배웠고, 가축 도살장에 숨는 법을, 나중에는 나무둥치 사이에 숨는 법을 배웠다. 경찰이 마침내 가족을 전부 체포했을 때는 키우던 개조차 움직이지도, 숨을 쉬지도 않을 수 있다는 사실을 배웠다.

어린 시절 파니는 자신의 삶을 이렇게 위험한 길로 몰아간 종교에 관해 아는 바가 별로 없었다. 파니는 부모님이 속죄일에 금식했던 것을 기억했다. 안뜰에 펼친 초막 안에 쥐 한 마리가 들어왔던 것, 여자들이 전부 의자 위에 올라가 소리를 질렀던 것을 기억했다. 성만찬이 끝날 때 유리잔에 포도주를 한 번 더 따르는 것이 늘 무서웠던 것을 기억했다. 때가 되면 메시아가 찾아와 그 포도주를 마실 거라는 말을 들었기 때문이다. 매년 사람들이 앞문을 열고 들어와 "주님을 알지 못하는 저 이방인에게 주의 진노하심을 쏟아주십시오. 주의 이름을 부르지 않는 저 나라들 위에 주의 진노하심을 쏟아주십시오"라고 암송할 때 파니는 포도주가 든 유리잔을 쳐다보곤 했다. 종말이 도래하는 증거로서 정말로 포도주가 줄어들기를 기다리면서.

그러니 파니가 결국 수녀원에 몸을 숨겼을 때(부모님과 오빠는 전부 체포되어 감옥과 수용소로 멀리 보내졌다), 천사와 대성당이 나오는 악몽을 꾸기 시작한 것은 그리 놀라운 일이 아닐지도 모른다. 겁에 질린 파니는 주교를 찾아가 자신이 잘못된 종교를 믿는 건 아닌지, 이 꿈이 그 증거는 아닌지 물었다. 그때 주교가 한 대답은 평생토록 파니의 마음에 남았다. "이건 영혼을 하느님께 인도하는 길이 아닙니다."

그렇게 파니는 레 그리용으로 보내졌다. 파니는 아이들 중 가장 나이가 많았다. 파니가 갈 수 있는 다른 유일한 장소는 라 메종 드 로슈였는데, 이곳은 '다 큰 남자애들'이 너무 많았다. 파니는 철조망을 두른 비좁은 세상에 유대인 16만 명이 갇혀 살게 된 고향 우치에서 너무 멀리 떨어져 있었다. 하지만 적어도 파니는 당분간 안전했다. 낮에는 세베놀 스쿨(프랑스 교육제도에서는 중학교〔콜레주collège〕와 고등학교〔리세lycée〕를 합친 곳)에 갔다. 저녁이면 점호를 하고 다니엘의 이야기(『하이디』, 『바다의 일꾼들*Toilers of the Sea*』, 『스위스의 로빈슨 가족*The Swiss Family Robinson*』, 『바다늑대*The Sea-Wolf*』, 『레 미제라블』, 『로프 맨 앞에서』)를 듣기 위해 레 그리용으로 돌아왔다.

궁금해진다. 1942년 12월의 그 아침, 파니는 어린 소녀들과 함께 밧줄을 들고(왜인지 내 상상 속에서 그 밧줄은 마치 자기 의지와 방향감각이 있는 것처럼 꼿꼿이 서서 소녀들 옆을 따라 걸어가며 오를 산을 찾고 있다) 밖으로 나갔을까? 아니면 내가 그랬듯 도로와 멋진 경치와 골짜기에서 멀리 떨어진 숲속으로 들어가, 잠시나마 옛집과 새집을 잊었을까?

아니면 그 추웠던 날 집 안에(난로 근처에, 편지에 보온용 물주머니와 수프 통과 나막신 이야기를 쓰는 다니엘 근처에) 머물며 또다시 무시무시한 천사들을 떠올렸을까?

5장 작은 귀뚜라미들

정직한 사람의 난롯가 옆에서
집 안의 배경음악이 되어주는 정말 멋진 목소리구나!
—찰스 디킨스Charles Dickens, 『난롯가의 귀뚜라미*The Cricket On The Hearth*』

레 그리용에 크리스마스가 다가오고 있었고, 다니엘은 집에서 멀리 떠나와 있었다. 태어나고 서른두 번째 해의 일곱 번째 달을 맞이한 다니엘에게 집이란 무엇이었을까? 바깥세상은 전쟁에 휘말려 있었고 프랑스는 점령당했으며 다니엘은 결단을 내리고 고원으로 올라왔다. 그 모든 탐색과 방황 끝에 다니엘에게 집은 무엇이었을까?

집은 하나의 장소였을까?

다니엘이 빛을 발하는 잿빛 하늘 아래서 성장했던, 노쇠한 부모님(에콜 드 로슈가 프론트스탈라그 200A로 변하는 모습을 지켜본 부모님)이 현재 몸을 숨기고 한때 훌륭한 기숙학교였던 에콜 드 로슈의 작은 주말 버전 학교를 운영하고 있는 프랑스 북부의 베르뇌유쉬르아브르가 여전히 그의 집이었을까? 아니면 다니엘이 숨이 막힌다고, 돈은 사람을 인색하게 만든다고 불평했던, 학교 교장과 다투고, 머릿속에서 끄집어내지 못한 "작고 예쁜 상자"를 만나러 주기적으로 마르세유로 달려갔던 마슬락이 그의 집이었을까?

집. 도로시의 빨간 구두를 신고 두 걸음만 걸으면, 자비로 가득한, 절대 다른 곳과 같을 수 없는 그 장소로 영원히 되돌아간다. 집. 아늑함과 상식이 있는 곳, 우리가 길에 난 금을, 나무의 옹이를, 벽의 물 자국을 속속들이 아는 곳, 화목함과 갈등을, 전체 사회 지형을 헤치고 나아가는 법을 직감으로 아는 곳, 일가친척으로 둘러싸인 곳, 고국의 언어와 상징과 이야기가 울려 퍼지는 곳. 전쟁 중인 세계에서 집은 숨을 내쉴 수 있는 곳, 폭풍을 피할 대피소여야 한다. 그러나 바깥을 향한 열망으로 가득했던 젊은 남자에게 집은 어디였을까?

다니엘의 형제자매는 전부 독일군에 포위된 상황에서 자기 삶을 꾸려나가는 방법을 찾느라 고군분투하고 있었다. 1942년 11월 8일, 피레네산맥에 있는 프랑스의 남부 도시 란므장에서 프랑수아가 운영하던 마그네슘 공장에 독일인 파견단이 찾아왔다. 프랑수아에게는 아름다운 미국인 아내와 어린 자녀들, 안락한 집, 유대인과 스페인 내전의 피난민을 포함한 친한 친구들이 있었다. 그리고 이제는 감독하고 보호해야 할 공장 직원들에 더해, 마음을 불안하게 하는 독일인들까지 문간에 들어와 있었다.

다니엘의 첫째 형 샤를은 난민이 가득하고 경찰 활동이 갈수록 강화되던 도시인 근처 생테티엔에서 의사로 일하고 있었다. 누나 엘리자베트는 남편 로베르와 함께 바다 반대편에 가 있었다. 누나 수지(이때는 미국인 남편을 만나기 10년 전이었다)는 베르뇌유쉬르아브르에서 동쪽으로 두 시간 거리에 있는 결핵 요양소의 의사였다. 한때는 장엄했던(거대한 정원이 있고, 정문 양옆에 대리석으로 만든 사자 조각상이 있고, 연회장으로 이어지는 커다란 계단이 있는) 프랑콩빌 대저택에서 수지는 매일같이 죽어가는 환자들의 폐에 산소를 주입했다.

서글서글하고 소년 같았던 다니엘은 트로크메 가족의 가장 큰 골칫덩이였다. 2년 전 프랑수아는 편지에 다니엘의 영혼에 있는 것은 "그저 열정과 논쟁, 관대함뿐"이라고 썼는데, 트로크메 가문에서는 언짢아하는 조합이었다. 실제로 다니엘의 부모님은 걱정하며 안달복달했는데(근거가 없지는 않았다), 그 정치적·감정적 열정이 다니엘을 위험한 길로 빠트릴 것 같았기 때문이다. 그러나 이제 가족들은 전부 자기 영혼에 찾아온 어두운 밤에 맞서야 했다. 가족의 친구들과 다른 프랑스 엘리트들은 결정 앞에 망설이고 있었고, 심지어 어떤 이들은 비시 정권과 동맹을 맺기도 했다. 트로크메 가족의 세상은 더 이상 건전하고 안정적이고 바위처럼 단단하게 느껴지지 않았다. 이들의 삶은 불확실하고 가시돋치고 낯설었다. 이들은 포도나무의 비유에서처럼 결국 열매를 맺을 수 있을까?

그러므로 다니엘의 집은 아마 본인이 성장한 흔들리는 프랑스 세계에서 한참 멀어졌을 것이다. 어쩌면 다니엘의 집은 눈부신 햇살과 반짝이는 바다가 있는 베이루트였을 수도 있고, 시리아의 높은 산맥이었을 수도 있고, 파라오를 어떻게 안치했는지 두 눈으로 직접 본 이집트 사막이었을 수도 있다. 어쩌면 그에게 집은 난해한 외국어의 음악이 공기 중에 흐르던, 젊은 시절 방랑했던 모든 장소의 총합이었을지도 모른다. 문명은 사실 단 하나가 아니라 여러 개라는 사실을 배운 장소, 종교는(심지어 자신의 종교인 기독교도) 아름다운 동시에 추잡할 수 있다는 사실을 배운 장소.

아무튼 1942년 겨울에 다니엘의 집은 춥고 바람이 거세고 소나무와 험준한 비탈로 둘러싸인 기다란 석조 주택이었다. 그의 집은 유럽 전역에서 찾아온 스무 명의 아이들로 둘러싸인 난롯가였다.

어떤 면에서 이제 집은 쓸쓸한 곳이었다. 다니엘은 부모님에게 보내는 편지에 "브레망 비앵 쇨vraiment bien seul", 즉 몹시도 외롭다고 썼다. 그러나 다니엘을 둘러싼 아이들이 오래된 이야기 속에서 귀뚤귀뚤 울던 귀뚜라미처럼 고독을 잊게 했다. 아이들은 다시 학교에 다녔고(뛰어난 학생들은 세베놀로 갔다) 저녁이면 한자리에 모여 숙제를 했다. 수다를 떨고 토론을 벌였으며 가끔은 믿을 수 없는 리더와 함께 노래를 부르기도 했다. 다니엘은 편지에서 악명 높은 자신의 음감을 언급하며 이렇게 말했다. "바로 제가 음악을 지휘하고 아이들에게 노래를 가르친다고요! 그 장면을 한번 상상해보세요!"

한번 상상해보라.

레 그리용에 겨울이 다가오고 있었다. 추운 계절은 생활 규칙이 엄격했고, 그 규칙을 어기거나 잊으면 곧잘 대참사가 일어났다. 물이 동파될 수 있으므로 수도를 비롯한 모든 배관의 물을 반드시 잠가야 했다. 절대로 비바람에 맨살을 드러내서는 안 됐다. 불 또한 가볍게 여길 수 없었다. 날씨가 가혹했던 12월 중순의 어느 날 밤, 아이들이 젖은 옷을 말리느라 타다 남은 장작불 너무 가까이에 옷을 널어놓았다. 그리고 거센 불길이 "새로 산 망토 두 벌, 상태 좋은 망토 한 벌, 코트 한 벌, 바지 하나, 베레모 두 개, 스카프 두 장, 의자 두 개"를 집어삼키는 바람에 모두가 새벽 한 시에 잠에서 깨어났다. 다니엘은 부모님께 이렇게 썼다. "이로써 아이들은 추위에 떨게 될 겁니다." 그리고 덧붙였다. "이 물품들을 다시 구하기 위해 무엇을 해야 하는지 아신다면(산을 넘어 리옹과 생테티엔, 르 퓌앙벌레Le Puy-en-Velay로 가야 한다) 아마 눈물이 나실 겁니다." 다니엘은 방에 개인 난로가 있었지만 몇 달 동안 단 두 번밖에 불을 때지 않았다. 마른 장작은 너무 귀하고 소중했다. 한 사람 안락하려고 그 비용을 치를 수는 없었다. 망토와 손모아장갑, 스카프, 불. 다니엘의 어머니가 보내준다고 했던, 그러나 다니엘은 본인이 아니라 아이들에게 필요하다고 했던 스웨터.

그에게 집은 무엇이었을까?

어쩌면 집은 꼭 장소가 아닐지도 몰랐다.

집은 추위 속의 온기였다.

그 외에 무엇이 있었을까?

처음 이 일을 맡았을 때 다니엘은 자신이 레 그리용의 "도덕적·지적·영적 생활"을 책임지게 되리라 생각했다. 필요한 물품을 조달하는 일은 어린 자녀가 있는 뭉크 부부가 맡았다. 그러나 춥고 어려운 시기에는 이 일조차 뭉크 부부에게 큰 부담이었다. 젊은 아내는 밤이 되면 아기와 함께 난로가 있는 자기 방으로 돌아갔다. 깔끔한 에콜 드 로슈에서 자란 다니엘은 점점 이 상황을 참을 수 없었다. 빨래가 쌓여갔다. 아이들은 옷을 제대로 갖춰 입지 못했다. 식사 메뉴(어쨌거나 다니엘은 프랑스인이었다)는 "터무니없이 단조로"웠다. 한편 다니엘의 업무 역시 점점 쌓여만 갔다. 다니엘은 부모님께 보내는 편지에 이렇게 썼다.

> 해결해야 할 행정 문제들이 있습니다. … 사회보험, 세금, 아동수당을 정리해야 합니다. 기금을 받으려면 보고서도 써야 하고, 사진도 찍어야 하고, 신분증명서도 마련해야 하고, 수학을 봐줘야 할 아이들도 있습니다(두 시간 동안 수학을 대신 가르쳤더니 다시 도형 기하학을 가르쳐달라고 하더군요). 이뿐만 아니라 아이들의 부모들과도 최선을 다해 연락을 유지하려고 애쓰고 있습니다.

다니엘은 늦게까지 깨어 있었고, 몇 날 밤을 거의 잠들지 못했다. 행정기관 및 구호단체와 만나느라 끝없이 도시로 나가야 했다. 다니엘은 온갖 사소한 업무에 짓눌려 자기 일(그때까지는 박사학위 연구를 염두하고 있었을 것이다)을 할 시간이 없다고 초조하게 말했다. 오래지 않아 그는 젊은 부부가 본인들의 삶을 돌보도록 하는 것이 자신에게 최선임을 깨달았다. 그래서 앙드레 트로크메의 도움을 받아 다니엘이 관리 업무를 인계받고 새로 집안일과 요리를 맡아줄 사람을 찾기로 했다. 다니엘이 레 그리용에서 돌보던 한 아이(오데트Odette라는 이름의 소녀)에게 이 일에 딱 맞는 훌륭한 어머니가 있었고, 다니엘은 그 어머니의 도움을 받는다는 생각에 눈에 띄게 들떴다. 그리고 이탈리아에서 온 개신교 난민인 오데트의 어머니 헤르미네 오르시Hermine Orsi가 "근면하고 쾌활하며" 자신에게 "큰 기쁨을 준다"고 편지에 썼다.

이렇게 집은 아늑함을 찾았다. 그리고 아늑함은 행복의 원천이었다.

그 외에 집은 또 무엇이었을까?

곧 연말이 찾아왔다. 학교는 방학을 맞이했다. 아이들 몇 명이 가족에게로 되돌아갔다. 그러나 대다수는 레 그리용에 남았다. 다니엘의 부모님에게서, 그리고 이런저런 후원자에게서 선물 상자가 왔다. 에메 기베르Aimé Guibert라는 이름의 한 지역 주민은 아이들에게 멋진 가죽 손모아장갑을 선물했다. (대부분 퀘이커 교도인) "미국 친우회"와 비시 정권의 구호단체였던 스쿠르 나쇼날Secours National이 완전히 "아이들 버릇을 망쳐놓았다." 게임과 독서와 노래 같은 오락 활동처럼, 연말과 이런 작은 선물들이 다니엘과 아이들에게 일종의 위안이 되어주었다. 파티와 모임과 왕래가 풍성했고, 다니엘은 자기 어린 시절의 연말을 떠올렸다.

> 아주 좋은 크리스마스를 보냈습니다. 책과 덧신, 망토, 침낭, 썰매, 작은 플루트 등등 선물도 많이 받았고요. 아이들도 진심으로 행복해했습니다. (단체 게임과 카드 게임 하는 것을 잊고 말았습니다. 노란 난쟁이 게임도요!) 그것만 빼면 거의 모든 면에서 [에콜 드 로슈에 있는] 레 사블롱Les Sablons에서 보낸 크리스마스와 매우 비슷했습니다. 노래와 독서, 만찬, 선물이 더 많았지만요….

세베놀 스쿨은 1월 18일까지 방학이어서, 새로운 아이들이 계속해서 도착하고 있던 레 그리용에는 놀 시간이 많았다. 다니엘은 자기 업무의 리듬에, 새 아이들을 받아들이는 리듬에 익숙해지고 있었다. 아마 바로 이 아이들이 예상치 못한 가장 큰 선물이었을 것이다. 다니엘은 이미 11월에도 자신이 아이들과 사랑에 빠지고 있음을 느꼈다. "제가 아이들을 잊었다고 생각하시나요?" 다니엘은 부모님에게 이렇게 썼다. "저는 아이들을 무척 사랑합니다. 아무런 구분 없이 전부 다요. 그러나 한편으로는 아이들 한 명 한 명과 더욱 친해질 수 있기를 고대하고 있습니다. 더 기다릴 필요는 없겠지요."

한자리에 모인 이 귀뚜라미들을 상상할 수 있을 것이다. 밝게 빛나는 이 작은 존재들의 짙은 색과 금색 머리카락을, 동그란 얼굴과 계란형 얼굴을, 환한 웃음과 먼 곳을 보는 듯 수심에 잠긴 얼굴을. 한데 모인 아이들은 부산하고 와글거렸다. 그러나 서른 두 살의 다니엘에게 이 작은 귀뚜라미들은 눈앞에서 점점 유일무이한 인물로 살아나고 있었다.

페터도 살아나고 있었다. 표정이 상냥하고 한쪽으로 앞머리 가르마를 탄 페터. 베를린에서 태어났고, 새해가 막 지났을 때 다니엘이 기차역으로 마중을 나간, 다니엘과 함께 달빛이 비치는 숲속을 몇 킬로미터나 걷는 동안 아버지가 준 행운의 점화 플러그를 지니고 있었던 페터. 르 샹봉에 오기 전에 페터는 마르세유에 있는 아동보호시설에서 살았는데, 여러 해 뒤에 페터는 그곳이 꼭 감옥 같았다고 말했다. 그곳에서 페터는 거리에서 마주친 나치 친위대에게 초콜릿을 달라고 했다가 큰 곤경에 처한 적이 있었다. 마치 자신이 다른 아이들과 똑같은 양 대담하게 굴었던 것이다. 마르세유에서 만난 친구가 레 그리용으로 떠났을 때 페터는 아버지에게(어디로 우편을 보내야 하는지 몰랐기에 자기 일기장에 썼다) 자신도 레 그리용에 가게 되면 "왕이 먹는 진수성찬"을 먹게 될 것이라고 썼고, 이 말은 "버터와 감자 등"을 의미하는 것이라고 덧붙였다. 이제 페터는 고원에 자리를 잡고 새로 사귄 친구들과 함께 놀았다. 친구 아메데Amedée는 눈동자가 연회색이고 짙은 색 앞머리를 이마 한쪽으로 넘긴, 부모가 없는 파리 출신의 허약한 소년이었고, 오스트리아 출신인 쿠르트와는 독일어로 대화할 수 있었다. 어쩌면 페터는 곱슬거리는 검은 머리칼을 가진 마르세유 출신의 시몬이나 체코에서 온 소녀 타티아나Tatiana와 사랑에 빠졌을지도 모른다. 검은 머리칼을 정수리에서 리본으로 동여맨 스페인 출신의 소녀 로사리오Rosario와는 사랑에 빠진 것이 분명했다. 훗날 페터는 말했다. 아뇨, 그중 누구와도 손을 잡지 않았습니다. 키스도 하지 않았어요. 페터는 환하게 웃는 법을 알았지만 오랜 세월이 지난 뒤 자신은 혼자인 쪽이 더 편하다고 말했다. 페터는 일기장에 붙인 부모님의 사진 옆에 하트를 그렸다.

페터가 다니엘 앞에서 한 명의 인간이 되어가고 있었다.

레 그리용에서 나이가 많은 소녀 중 한 명이었던 스트라스부르 출신 수잔Suzanne도 사람이 되어가고 있었다. 전쟁통에 수년간 걱정하며 쫓겨 다닌 수잔은 가끔 학교 공부에, 그중에서도 특히 수학에 도움이 필요했다. 다니엘은 수잔 옆에 앉아 명확하고 단순한 설명으로 수잔의 공부를 도와주었다. 곧 수잔은 수학에 능숙해졌다. 수잔 또한 다니엘이 공립학교에 다니는 학생들을 위해 커다란 수프 통을 실은 짐마차를 마을 중심까지 몇 킬로미터나 끌고 갔던 것을 기억했다. 어린아이들이 잠든 밤에 다니엘이 신발을 수선했던 것을 기억했다. 그리고 옷차림이 아이들에게 중요한 문제임을 깨달은 뒤로는 늘 아이들이 좋은 옷을 차려입을 수 있도록 했던 것을 기억했다.

몇몇 남자아이들도 다니엘 앞에서 사람이 되어가고 있었다. 이 아이들은 전혀 사소하지 않은 문제들을 일으켰다. 다니엘은 그중 한 명이 "똑똑하고 이기심이 없"지만 행동에 문제가 많다고 말했다. "아무리 나무라고 벌을 줘도… 가장 견딜 수 없는 아이입니다. 감사할 줄 모르는 나이대의 과장된 표본이죠." 다니엘은 잠시 리옹에 들려 아이의 아버지와 대화를 나눠보려 했지만(아이 어머니는 이미 떠나고 없었고, 아이 아버지의 삶에는 연달아 새로운 여자가 들어왔다) 아버지는 아들의 문제보다 자기 사교 생활에 더 관심이 많은 듯했다. "태어나자마자 뿌리 뽑힌 이 아이들은 앞으로 어떻게 될까요?" 다니엘은 안타까워했다.

다니엘 앞에서 점점 살아난 또 한 명의 소녀가 있었다. 다니엘이 부모님에게 보낸 편지에 이름을 언급하지 않아서 이 아이가 정확히 누구인지는 알 수 없지만, 나는 짐작이 간다. 내 생각에 이 아이의 이름은 레진Régine이다. 페터가 보관한 사진 속에서 레진은 부스스한 짙은 색 머리칼을 뒤로 모아 집게 핀으로 고정했고 은은하게 웃고 있으며, 눈빛이 슬프고 깊다. 레 그리용에 남은 문서를 보면 레진의 이름 옆에 "말 그대로 좋은 학생"이라 쓰여 있다.

다니엘은 이렇게 썼다. "여자아이 중 한 명은…"

> 얼굴이 전혀 예쁘지는 않고, 자기 보호자 역할을 하던 사촌을 잃어버렸습니다. 어머니와 아버지를 잃은 지 1년도 채 안 됐고요. 저녁 보고 때 제가 다정하고 아름답고 친구들에게 너그럽게 굴어줘서 고맙다고 말하자 아이는 큰 위로를 받았습니다. 모두가 기꺼이 박수를 보냈습니다.

그게 누구든, 이 소녀도 다니엘 앞에서 한 인물이 되어가고 있었다. 이 새로운 집에서 아이의 평범함은 사랑스러움으로 변했고, 고독은 돌연 소속감으로 변했다.

어떤 아이들은 똑똑한 학생이었다. 어떤 아이들은 상냥했지만 배우는 속도가 느렸다. 어떤 아이들은 리더의 자질이 있었다. 그러나 이곳은 모든 아이가 자기 자신을 잘 표현하고 타인에게 관대하도록 가르쳤다.

"그리고…" 다니엘은 편지에 이렇게 썼다.

> 그리고, 이곳은 즐겁습니다. 아이들이 참으로 저를 행복하게 만들어줍니다. 한번은 활발하게 토론을 벌였는데요, 노쇠한 어머니와 사는 젊은 여자에 관한 토론이었습니다. 그 여자에게 사랑하는 남자가 있는데, 그 남자가 자신과 함께 통캥Tonkin으로 떠나자고 한다면 그 남자의 청혼을 받아들여야 할까요? 아이 중 여덟 명은 반대하고 아홉 명은 찬성했습니다.

이 작은 아이들은 다 함께 온갖 종류의 일을 벌였다. 다니엘은 부모님에게 현재 진행 중인 또 다른 토론을 언급했는데, 바로 레 그리용의 모토가 무엇이어야 하느냐는 것이었다. 아이들은 오로지 자기들의 힘만으로 에콜 드 로슈의 모토와 같은 '아지르 푸르 투스!Agir pour tous!', 즉 '모두를 위해 행동하라'를 레 그리용의 모토로 정했다. 유일한 반대 의견은 이 모토가 '라무르 뒤 프로셰l'amour du prochaine', 즉 이웃을 사랑하라는 뜻을 담지 못한다는 것이었다. 이 토론은 다니엘을 무척이나 기쁘게 했다. 다니엘은 편지에 레 그리용의 적절한 문장紋章을 만드는 것이 아이들의 다음 과제라고 적었다.

아, 작은 귀뚜라미들! 낮에는 책을 들고 마을로 내려가 등교를 한다. 그리고 손끝과 발끝이 얼 때까지 눈 속에서 논다. 몸이 난간처럼 가늘고, 어떤 아이들은 아주 튼튼하고 어떤 아이들은 매우 약하다. 저녁이 되면 난로 주위에 모여 숙제를 하고, 짙은 머리칼과 커다란 귀를 가진 껑충한 남자가 게임을 진행하고 노래를 가르치고 숙제를 도와주고 하루의 리듬을 정한다. 남자는 아이들을 보호하고 규칙을 만든다. 오를 산을 찾아 밧줄을 들고 나가는 아이들에게, 이 남자는 어떤 사람일까?

이것이 내가 아는 1942년 늦가을 이곳의 모습이다. 곧 전쟁의 양상이 다시 한번 변하고, 상황은 새롭게 악화한다. 다니엘의 집은 이 새로운 시작이었다. 이것이 다니엘이 재건하는 세상의 첫 번째 주춧돌이었다. 난롯가에서 아이들이(그리고 다니엘 본인이) 기초를 배우는 동안, 야망과 허영은 저 멀리 떠내려갔다.

"이렇게 순한 아이들은 본 적이 없습니다." 다니엘은 부모님께 보내는 편지에 이렇게 썼다. 그러나 그보다도, 마침내 집이 된 이곳에서, 아마 다니엘의 시각 역시 변했을 것이다.

상황이 얼마나 끔찍해졌든 간에, 주먹을 계속 되받아치는 것으로는 이 세상을 바로잡을 수 없다고 확신하게 된다면, 그러나 세상을 바로잡고 싶다면 어떻게 할 것인가?

지금이 1930년대이고, 당신이 고립된 고원에 사는 주민 공동체의 영적 생활을 책임지는 목사라면 어떻게 할 것인가? 젊은이들이 가능성(좋은 교육과 돈이 되는 직업)을 찾아 다른 곳으로 떠나면서 이 공동체가 해가 갈수록 점점 가난해지고 있다면? 비바레리뇽 고원처럼 외딴곳에 있는데도, 처음에는 이따금 찾아오던 난민들이 이제는 연이어 이 세계에 도착하기 시작하며 이 지역의 유체역학을 바꾸고 있다면 어떡할 것인가?

그리고 여기에 더해, 당신이 지금까지 간디와 소로의 책을 상당히 많이 읽어왔다면?

먼저 당신은 아이들에게 무엇을 가르칠지부터 고민했을지도 모른다.

세베놀 스쿨은 앙드레 트로크메 목사와 에두아르 타이스 목사가 1938년에 설립했다. 처음 구상한 대로 학교는 비교적 가난하고 고립된 고원 공동체에 일반 교육을 제공하는 한편(양질의 교육으로 시골의 인구 감소를 완화), 젊은이들에게 비폭력 저항의 철학을 가르치는 곳이 될 예정이었다. 비폭력 저항의 핵심 아이디어는 다음과 같았다. 세상을 바로잡으려면 모든 사람의 근본적인 인간성에 의지해야 하고, 그 인간성을 보아야 하고, 사람들이 최악의 짐승처럼 행동할 때에도 그 인간성이 모습을 드러낼 수 있게 해야 한다.

예를 들어, 사람들이 나치가 될 때도 말이다.

1942년, 우리 모두의 내면에 있는 근본적인 인간성이 총합을 이루면 역사가 호를 이루며 정의로 이어지리라는 이 생각은 아직 형성 중인 급진적인 발상이었다. 어쨌거나 간디가 인도에서 영국의 평화로운 철수를 요구하며 인도 독립운동Quit India Movement을 벌이기 시작한 것이 겨우 그해 8월이었다. 추종자들이 피를 흘리며 학살당하고 목격자들이 철저한 불신으로 일관했음에도 간디는 결국 영국의 철수를 끌어냈다. 20년 뒤, 마틴 루서 킹 주니어Martin Luther King Jr. 역시 호스와 밧줄과 경찰견으로 공격받았음에도 결국 승리를 거뒀다. 비폭력 저항이 순진하고 비현실적인 생각이라고 말할 수도 있고, 이 철학을 추구하는 개인을 전부 보호해주지 못한다고 말할 수도 있다. 선과 악이 대립하는 존재의 이원론적 특성을 두고 한밤중에 다툴 수도 있고, 악에 저항하는 것이 어떤 의미인지(정말로 중요한 문제이자 쉽지 않은 문제이므로) 언쟁을 벌일 수도 있다. 그러나 트로크메의 유명한 말처럼 비폭력 저항이라는 정신의 무기가 아무 영향력이 없다고는 결코 말할 수 없다. 비폭력 저항이 겁쟁이들을 위한 것이라고도 말할 수 없다. 쿠 클럭스 클랜Ku Klux Klan, KKK이 있는 미국에서는, 영국이 통치하던 인도에서는, 나치 시대 독일에서는 결코 그렇게 말할 수 없다.

트로크메와 타이스는 이 최악의 시기에도 비폭력에 동참하겠다고 결심했다. 두 사람이 설립한 세베놀 스쿨도 그러한 해법을 실천할 것이었다. 세베놀은 생명을 귀하게 여기라고 가르침으로써 레지스탕스에 참여해, 아이들이 평화적인 문제 해결법을 찾고 국제주의를 두려워하지 않고 따뜻하게 맞이할 수 있도록 도울 것이었다. 고통받는 사람들을 수용하고, 이들을 평화라는 대의에 끌어들이고, 적조차 신이 만든 피조물임을 가르칠 것이었다.

세베놀 스쿨은 전시에 수백 명의 어린이를 보호하고 가르쳤다. 그 위험한 시기에도 매달 입학생이 늘었고, 학생과 교사진이 새롭게 다양화되었다. 프랑스와 이탈리아, 잉글랜드, 스코틀랜드, 네덜란드 등지에서 교사들이 찾아왔고, 그중에는 유대인 난민도 많았다. 유럽 전역에서 온 학생들(역시 난민이 많았다)은 이곳에서 언어와 고전, 수학, 자연과학, 철학, 읽기와 쓰기를 배울 수 있었고, 평화 또한 공부할 수 있었다.

세베놀은 엘리트 학교였다. 전시에도 가장 우수한 성적을 내는 학생들만 이 학교에 다닐 수 있었다. 당시에는 학교 시설을 임시변통으로 마련할 수밖에 없어서, 가정집이나 르 샹봉쉬르리뇽에 있는 마땅한 장소(호텔, 건설 중인 집, 높은 산에 있는 행정실)에서 수업을 했다. 이처럼 교실이 분산된 덕분에 독일군이 불시에 습격하기가 더욱 어려워졌다.

세베놀 스쿨에 다니는 학생 중에는 레 그리용에 사는 아이들도 여럿 있었다. 점화 플러그와 애교 있는 미소를 지녔던 페터, 부드러운 검은 머리칼을 땋아 정수리에 묶은 로사리오, 부스스한 머리를 뒤로 묶어 집게 핀으로 꽂은 다정한 레진, 수학을 어려워했던 수잔, 천사와 대성당이 나오는 꿈을 꿨던 파니. 이 아이들은 밤에 다른 친구들과 난롯가에 모여 앉았던, 학교 공부에 도움을 받아야 했던, 관리자의 노력(일 포 투 페르)에 따라 추워하거나 따뜻해하고, 배고파하거나 배불러하던 귀뚜라미들이었다.

전시의 이 아이들에게 평범한 학교생활이 얼마나 큰 의미였을지 그 누가 상상할 수 있을까? 많은 유대인 어린이가 당당히 학교에 다닐 수 있는 권리를 오래전에 박탈당했다. 철조망으로 둘러싸인 주거지에서 멀리 떨어져, 정신의 자유를 위한 공간에 머물 수 있다는 것은 어떤 의미였을까? 세르주Serge라는 이름의 파리 출신 소년(세르주는 마침내 고원에서 안전한 생활을 할 수 있었고, 놀랍게도 소 두 마리와 꿀벌, 신선한 버터가 있고 무척이나 친절했던 주브Jouve 부인과 함께 살았다)은 세베놀 스쿨을 다녔던 때를 이렇게 회상했다.

> 안개처럼 뿌옇던 머릿속이 맑아지는 듯한 기분이 들었다. 모든 것이 가벼워지고 있었다. 수학. 화학. 문학. 게걸스레 빨아들였다. … 17세기! 나는 열네 살에 세상을, 지적인 삶을 발견했다. 모든 면에서 너무나도 행복했다. … 내게 르 샹봉은 행복을 준 곳, 지적이고 종교적인 측면에서 나를 다시 태어나게 해준 곳이었다. 기이하게도, 내가 유대교를 믿게 된 것도 그곳이었다.

전쟁이 끝난 뒤에도 세베놀 스쿨은 계속 번성하며 수십 년간 평화와 국제주의에 주력하는 혁신적인 교육의 장이라는 명성을 떨쳤다. 철학자 폴 리쾨르Paul Ricoeur와 수학자 알렉산더 그로텐디크Alexander Grothendieck 등 여러 유명인이 전시와 전후에 세베놀 스쿨에서 교육을 받았다. 1950년대에 미국인 졸업생들이 퀘이커교도 사이에서 기금을 모아 현재 학교가 위치한 아름다운 숲속에 상설 건물을 지었다. 그리고 놀랍게도 외국인 학생들이 또 다시 흘러들기 시작했다. 그중에는 헝가리와 칠레, 라오스, 마다가스카르, 티베트처럼 새로이 문제가 발생한 국가에서 도망쳐 나온 가족들의 자녀도 있었다.

시간이 흐르고 학생을 유치하려는 경쟁이 계속되면서 세베놀 스쿨은 학교의 사명에 개방성을 포함하고 다른 지역에서 학업에 어려움을 겪는 학생들을 받아들이기 시작했다. 숲과 깨끗한 공기가 있고 도시의 골칫거리에서 멀리 떨어진 목가적인 환경은 말 그대로나 비유적으로나 신선한 공기가 필요했던 아이들을 수용한 이 지역의 역사와 이어지는 듯 보였다. 현재 이 학교는 중동과 동유럽, 미국, 여러 아프리카 국가 출신 학생들이 재학 중이다. 이 아이들의 사회경제적 배경은 무척 다양하다. 일부는 특권층이고, 일부는 장학금을 받는다. 커다란 스카프를 매고 짧은 아프로 머리나 길게 늘어뜨린 머리를 하고 통바지를 끌고 다니는 학생들을 마을에서 몇 번 본 적이 있다. 이런 아이들의 모습이 실용적인 플리스와 쇼트커트의 땅에서 기분 좋은 불일치를 이룬다.

주먹을 계속 되받아치는 것으로는 절대로 세상을 바로잡을 수 없다고 생각한다면, 큰 전쟁이 발발하기 전에 학교를 세워 아이들에게 문제를 바로잡는 다른 방법을 가르치면 된다. 그리고 문을 연 학교에 숨 쉴 수 있는 깨끗하고 신선한 공기를 불어넣고, 매 수업, 매년, 수십 년에 걸쳐 전 세계의 청년들로 자양분을 공급하면 된다.

세베놀 스쿨은 작은 기적이다. 그리고 지금, 상드린Sandrine이라는 이름의 선생님이 내게 세베놀 스쿨의 학생들과 하루를 보내지 않겠느냐고 제안한다. 나는 이런 기회를 아주 오랫동안 기다려왔다.

◇

상드린은 세베놀 스쿨에서 정치경제학을 가르친다. 몸이 운동선수처럼 우아하고 늘씬한 상드린은 연갈색 머리카락을 뾰족하게 세웠고 얼굴이 온화하고 상냥하며, 파란 눈에서 일종의 명료함이 느껴진다. 상드린에게서 즉시 러시아인들이 말하는 '스보이아svoia'가 느껴진다. 스보이아는 내가 영어로 번역해내는 데 한 번도 성공한 적 없는 문법상의 피루엣*인데, 최선을 다해보자면 스보이아는 '자기만의 것'을 의미한다. 상드린은 자기 이름을 말할 때 상대방의 눈을 똑바로 바라본다. 온화한 표정 뒤에 강철처럼 단단한 무언가가 있다.

상드린의 어머니도 세베놀 스쿨의 학생이었다. 상드린은 몇 대째 고원에 살아온 농부의 집안에서 태어나 르 마제생보이에서 자랐다. 상드린의 가족은 지금도 리지외의 삼각형 모양 봉우리 기슭에 넓은 땅을 소유하고 있다(지금은 형제자매가 나눠 가졌다). 상드린은 여기 고원에서 여름을 보내며 장 삼촌의 농장에서 라즈베리를 땄고, 고된 노동과 소비의 관계와 더불어 이곳에서 자라

---

* 발레에서 한 발로 빠르게 도는 회전 동작의 이름.

는 나무와 버섯과 동물의 종류를 배웠다. 그리고 자연 세계가 주는 이루 말할 수 없는 선물을 간절히 원하게 되었다.

나와 만나고 몇 분 지나지 않아 상드린은 같이 세베놀 스쿨에 가자고 제안했다. 그리고 다시 몇 분 뒤 자신과 함께 아이들에게 수업을 해줄 수 있는지 물었다. 상드린이 말했다. 이 주제는 어때요? '인류학이란 무엇인가?'

그래서 이 화창하고 추운 겨울날 나는 새로 쌓인 눈을 뚫고 산을 오르고 있다. 이미 학교에는 몇 번 가본 적이 있다. 학교에서 교사 몇 명을 만나고, 졸업생 모임에 참석하고, 역대 교장들과 대화를 나눴다. 그러나 오늘은 새하얀 눈으로 한층 더 고요해진 학교 뒤편의 숲이 전과는 다르게 느껴진다. 진짜 처음으로 고원의 과거를, 살아 있는 과거를 목격할 수 있을 듯한 느낌이다. 고원에 적응하는 과정에서 (뮈리엘의 도움을 받아) 전쟁을 직접 겪은 사람들과 이곳 주민답지 않게 자신의 경험을 기꺼이 이야기하려는 사람들을 소수 만날 수 있었다. 이들은 매력적이고 친절했으며, 자신이 젊었을 때의 세상을 생생하게 묘사해주었다. 한방에 모여 자거나 교회 서까래에 몸을 숨긴 난민들, 새 "여동생"이 된 아기들, 레지스탕스의 남녀 구성원들이 숲속에서 함께 보낸 시간, 마을 한가운데 있는 석조 분수에서 빨래하며 부르던 노래들, 아버지가 선물로 준 목각 말 장난감, "오늘 짧은 시를 한 편 썼어"가 마지막 말이 되어버린 친구의 갑작스러운 죽음. 사람들은 그동안 이런 많은 이야기를 책으로 출간하고, 어린 학생들에게 들려주고, 카메라 앞에서 낭독했다. 이 이야기들은 시간이 흐를수록 점점 닳고 흐릿해질지라도 우리 모두에게 도움이 된다.

그러나 세베놀 스쿨은 어수선했던 과거에 대한 사색도 아니고, 아카이브도 아니고, 한때 선하고 진실했던 것의 빛바랜 부적도 아니다. 세베놀 스쿨은 지금도 외국인을 받아들이고, 비폭력을 가르치고, 영향력 있는 사상을 젊은이들에게 전달하고 있다. 이렇게 세베놀 스쿨은 여전히 전성기를 구가하며 사회의 기억을 담은 탁월한 단체로 남아 있다. 이 학교는 살아 있다. 그리고 내 안의 인류학자는 살아 움직이는 단체가 매일 매년 존재함으로써 개인보다 기억을 더욱 잘 보존하기도 한다는 사실을 안다. 개인은 과거를 잊을 수 있다. 개인은 과거를 잊는다. 개인은 언젠가 자신의 기억을 전부 지니고 이 세상을 떠날 것이다.

◇

그래서 나는 지금 환하고 추운 교실 안에 있다. 오래 걸어서 아직 옷이 젖은 상태다. 상드린이 아이들을 조용히 시킨 다음 내게 인류학자가 하는 일을 조금 설명해달라고 부탁한다.

"자, 그래요." 내가 분홍색과 크림색, 갈색이 다채롭게 섞인 아이들의 어여쁜 얼굴을 바라보며 말한다. 어떤 아이들은 교실 맨 앞에서 활기차게 꼼지락대고, 어떤 아이들은 교실 뒤에 구부정하게 앉아 있다. 대부분 스카프를 우아하게 둘렀다. 남학생 세 명이 10대 소년답게 귀엽고 얼빠진 표정을 하고 따뜻한 라디에이터 옆에 모여 있다.

"가장 중요한 질문은요," 내가 말한다. "인류학에서 맨 처음에 하는 질문은 이겁니다. '키 페 쿠아 아베크 키?Qui fait quoi avec qui?'" 누가 누구와 무엇을 하는가?

잠시 정적이 흐른다. 밖에 새로 쌓인 눈 때문에 교실 안이 환하다.

으하하하! 히히히!

아, 맞다. 이 아이들은 10대지! 나도 웃음을 터뜨린다.

누가 누구와 무엇을 하는가? 나는 교실 앞에 있는 화이트보드에 원을 몇 개 그린다.

좋아요! 이제 이걸로 뭘 할까요?

우리는 문화가 무엇을 의미하고 무엇을 의미하지 않는지를, 한 사람이 동시에 많은 것이 될 수 있다는 것과, 그중 단 하나로 그 사람을 정의할 수 없다는 것을 이야기했다. 우리는 특정 국가 출신일 수 있지만, 그 사실 하나로 정의되지는 않는다. 우리는 특정 언어로 말하지만, 역시 그 사실 하나로 정의되지는 않는다. 종교도 마찬가지다. 직업도 마찬가지다. 계급이나 인종, 젠더를 비롯한 모든 것이 마찬가지다.

나는 화이트보드에 원을 하나 더 그리고 아이들이 나를 통해 실험을 하게 한다. 아이들에게 내 정보를 조금 알려준다. 내가 그동안 어디에서 살고 일했는지, 내 부모님과 형제자매는 누구인지 같은 임의적인 내용이다. 그렇다면 나는 무엇일까?

아이들이 온갖 것들을 외친다. 러시아인이요! 유대인이요! 미국인이요! 기독교인이요! 나는 그것들을 보드에 적는다.

그리고 속으로 씩 웃으며 고등학교에서는 원자가 태양계처럼 생겼다고, 원자핵은 태양이고, 전자는 궤도를 따라 도는 행성이라고 배운다는 사실을 떠올린다. 큰 산을 이루기 위한 이 겨자씨 한 알은 얼마나 근사한지! **짜잔,** 여기 방정식이 있습니다! 그러다 대학에 가면 이런 모형이 일종의 편리한 거짓말임을 알게 된다. 전자는 사실 공전하지 않고, 원도 없고, 에너지는 사실 선형으로 흐르지 않는다(그러나 일반적인 데카르트식 세계 속의 일반적인 법칙에서는 그런 것처럼 보인다). 현실에 존재하는 것은 그저 확률의 장에서 발생하는 터무니없고 아름다운 깜박임, 전체로서 패턴을 나타내며 움직이는 에너지의 폭발뿐이다. 이 움직임은 우리 힘으로 절대 멈출 수 없으며, 그저 우리가 바라보는 것만으로도 돌이킬 수 없이 변해버린다.

하, 이러면 안 돼. 나는 이 정체성 열차에서 아이들을 이끌고 있으면서 그 아래의 선로를 없애버리고 있다.

저 어여쁜 얼굴들 앞에서 이렇게 말할 순 없지만, 그래도 사실이다. 사람이란 무엇일까? 나는 더 이상 분석에서도 '정체성'이라는 단어를 사용하지 않는다. 이 단어는 확률의 장에서 발생하는 깜박임, 그 아름다운 총합을 단선적으로 나타날 뿐이다.

화이트보드에 그린 원과 그 옆에 쓴 단어들을 돌아본다. 러시아인! 유대인! 미국인! 기독교인! 나는 무엇일까…?

그리고 생각한다. 모르겠네. 국가. 미국? 북동부 도시에 거주. 추운 캐나다에 있다가, 러시아에서 긴 시간을 보냄. 민족. 내 생각에 민족적으로 나는, 편할 때는 손짓을 하면서 활기차게 말하다가 나중에 내가 그랬다는 사실에 약간 쑥스러워하는 종류의 사람이다.

또 뭐가 있을까? 나는 인류학자다. 수년간 낯선 곳을 찾아간, 처음에는 거의 아무것도 이해하지 못하지만 다른 사람들에게 배움을 얻는, 장소감과 내 집 같은 곳을 갈망하는 전문적인 이방인. 마치 노새처럼 나는 오랫동안 고독과 집 없음을 향해 힘겹게 나아갔다. 눈에 파묻힌 통나무집의 한구석이나 지직거리는 중동 대중가요가 배경음악으로 흐르는 집에 살았고, 최근까지(남편 찰스를 만나기 전까지)만 해도 차 한 대에 쑤셔 넣을 수 있는 만큼만 물건을 소유했다.

그러므로, 나는 이방인이다. 뿌리가 없는 세계인이다. 습관처럼 집을 갈망하는 사람이다.

또 뭐가 있을까?

종교. 종교는… 까다롭다. 하. 학부생일 때 저명한 종교 인류학자인 탈랄 아사드Talal Asad의 강연을 들으러 간 적이 있다. 청중이 가득 들어찬 세미나실의 가장 끝줄에 앉아 있던 나의 가슴은 다음과 같은 질문을 떠올리며 세차게 뛰었다. '종교적이지 않은 사람은 종교 연구에서 무엇을 얻거나 잃을 것인가?' 강연이 끝난 뒤 아사드 박사에게 다가갔다. 내가 여러 혼란스러운 생각을 가다듬고 있는데 박사가 내 생각을 끊고 손가락으로 내 얼굴을 가리켰다. "잠깐만요!" 박사가 말했다. "입술에 뭐가 묻었는데! 왜죠?" 오늘까지도 소리치던 박사의 목소리가 귓가에 생생하다. "**피**를 흘리고 있잖아요!" 코피라도 흘리지 않고서는, 학계에서 종교에 관한 나의 사적인 질문을 드러내기 어려웠던 것 같다.

나는 유대인인 어머니, 바하이교도인 아버지, 기독교인인 할머니, 불교도인 고모, 무슬림인 룸메이트, 윌리엄 펜William Penn과 함께 배를 타고 신세계로 넘어온 퀘이커교도 조상(팩슨 가

문)의 이야기와 함께 성장했다. 종교 없이 깊이 있고 아름다운 삶을 살아가는 친한 친구들이 수없이 많고, 그런 친구들과 잘 지내는 방법도 수없이 많다. 나는 바하이교도인데, 바하이교는 인류의 본질적인 단일성과 모든 종교의 본질적인 단일성을 설파하는 종교이며, 물론 여기서 말하는 종교에는 내가 태어날 때 가진 종교인 유대교도 포함된다. 그러나 '바하이'는 이 아이들이 알 만한 용어가 아니며, 지금도 그때처럼 쉽게 코피가 날 거라고는 생각지 않지만 이런 상황에서 쉽게 이야기할 만한 내용도 아니다.

이런 내 생각들을 털어버린다. 아이들은 너무 순수해. 저 아이들을 봐. '종교', '민족', '계급' 같은 단어들은 너무 거대해. 어떻게 해야 작은 것에 다다를 수 있지?

"그래요…. 조금 더 생각해봅시다…. 전 동시에 여러 다양한 것이 될 수 있는 것 같아요. 그럼 여러분은 어때요? 여러분도 저마다 다른 지역에서 왔고 여러 다양한 언어를 구사하잖아요…. 여러분은 어떤가요?"

"다들 기다려봐!" 이 교실의 왕처럼 보이는 한 소년이 돌연 활기를 띠며 말한다. "전 기니 출신이에요. 그리고 제 피는 지금까지 다른 피와 전혀 섞이지 않았어요! 주 느 시 파 쿠페!Je ne suis pas coupé!"

"어쨌든 학생은 지금 프랑스에 있잖아요," 내가 웃으며 말한다. "이곳에 온 것만으로 이미 약간은 섞인 것 같은데요? 그럼 지금 학생은 무엇이죠?"

하하하, 아이들이 합세한다.

생각을 좀 더 밀고 나가보자고, 내가 말한다. 여러분이 스스로를, 또는 다른 사람을 어느 한 가지로 여기면 실제로 큰 문제가 발생할 수 있어요. 그렇다면 인류학이란 무엇일까요? 인류학은 여러분이 눈을 뜨고 사람들이 실제로 어떤 행동을 하는지 볼 수 있게 해줍니다. 국적이나 인종이나 민족이나 종교처럼 우리가 존재한다고 믿는 것이 아니라 사람들의 행동을 통해 실제로 어떤 집단이 존재하는지 볼 수 있게 해줘요. 실제로 어떤 집단이 존재하는지를 알게 되면, 그다음에는 자원과 권력이 어떻게 흐르는지, 사랑과 미움과 소속감이 어떻게 흐르는지 생각해봅니다. 이런 인류학의 도구들은 우리가 선입견을 떨쳐내게 해줍니다. 새롭게 시작할 수 있게 해주죠.

그러면, 누가 누구와 무엇을 할까요?

이것이 바로 모든 사회과학이 던지는 질문의 토대라고 할 수 있어요. 집단은 행동할 수 있고, 사고할 수 있고, 느낄 수 있고, 저항할 수 있습니다…. 그리고 이 질문 하나(누가 누구와 무엇을 할까?)로 더 커다란 수수께끼를 해결해나갈 수 있어요. 예를 들면 집단행동의 전체적 윤곽이나, 개개인과 공동체 내에서 겹치는 개념적 틀이나, 사람들의 사회생활을 채우는 감정들 같은 것이요.

그러나 이 질문이 중요한 사실을 드러내려면 반드시 계속 눈을 뜨고 있어야 합니다! 사람들이 하는 말을 제대로 귀 기울여 듣고, 사람들이 하는 행동을 제대로 관찰해야 해요. 더 커다란 수수께끼를 해결하고 싶다면 말이죠.

상드린의 계획은, 배경지식을 약간 설명한 뒤 학생들 안에서 작은 인류학자를 끌어내는 것이었다. 아이들이 어렸을 때 들은 먼 과거의 이야기를 생각해보고 다른 친구들에게 설명하게 하는 것. 그리고 모두 함께 그 이야기에 등장하는 국가나 종교, 언어뿐만 아니라 이야기 속에서 유의미한 사회집단에 관해 생각해본다. 함께 눈과 귀를 활짝 연다. 교실 앞의 화이트보드에 그린 사회의 원을 채운다. 누가 누구와 무엇을 하는가?

상드린이 먼저 시작한다. 상드린의 할아버지는 르 마제에 살았다. 1930년대에 르 마제에 혹독한 겨울이 닥쳐왔다. 상드린의 할아버지는 필요할 때(예를 들면 임신부가 아이를 낳을 때) 마을로 의사를 데려와 진찰하게 했다. 그해 겨울에는 눈이 너무 많이 쌓여서, 상드린의 할아버지는 말 두 마리가 끄는 썰매에 앞장서서 걸으며 썰매가 지나갈 수 있도록 삽으로 눈을 파내야 했다. 요즘은 눈이 이만큼 사납게 내리거나 이만큼 높게 쌓이지 않는다고 상드린이 말한다.

이 이야기는 우리에게 무엇을 말해줄까요? 예를 들면, 어떤 사람들이 함께 노력하고 있나요? 내가 묻는다. 이런 상황에서 이웃을, 가족이 아닌 사람을 도와준다는 것은 어떤 의미일까요? 고원에서 이웃과 함께하는 일이 있었나요? 아니면 지금도 있나요? 오, 그럼요! 고원에서 태어난 한 소녀가 말한다. 돼지를 잡을 때요! 그걸 '튀아유tuaille'라고 해요. 상드린이 미소 짓는다. 이 지역에서만 쓰는 단어다. 그리고 빨래를 엄청 많이 할 때요! 뭔가를 지을 때도요! 곡물을 빻을 때도 그렇고… 감자를 심고 건초를 벨 때도 그래요. 다들 서로 도와요!

상드린은 모든 것을 보고 모든 것을 안내한다. 상드린이 모두를 위해 '튀아유'를 더 자세히 설명해달라고 소녀에게 부탁한다.

다른 나라나 프랑스의 다른 지역에서 온 친구들은 모를 테니까요. 사람들은 1년 내내 튀아유를 기다려요. 혹한이 끝난 2월에 돼지를 잡아요. 온종일 살코기와 내장을 분리하고 지방을 녹여요. 음악을 연주하고 성대한 만찬을 열어요. 파티예요!

그때 브라질 출신인 클라리스Clarice가 더 참지 못하고 끼어든다. 표정이 천진하고 눈이 동그랗고 말이 빠른 클라리스는 끓어오르는 열정과 에너지로 가득하다. 과거에 했던 여행 이야기를 할 때 클라리스는 이렇게 외쳤다. “독일인은요! 엄청 친절해요! 거기서는 차가 있어야 해요! … 전 캐나다도 좋아요! … 아, 스페인 사람들도요!” 클라리스는 여행을 무척 많이 해봤고, 가본 국가와 그 나라의 사람들을 모두 좋아하는 것 같다. 지금 클라리스는 튀아유가 고향 브라질의 축제와 비슷하다고 말한다. 크리스마스와 부활절에 모두가 함께 요리를 한다고.

그리고 아미Ami가 말한다. 기니 출신인 아미는 목소리가 가늘고 높고 자세가 꼿꼿하다. 아미와 클라리스는 그 나이대의 절친한 친구들이 그렇듯 몸을 꼭 붙이고 앉아 서로의 말을 대신 마무리한다. 아미는 이목구비가 우아하고 앞니 사이가 벌어졌으며 검고 긴 머리를 땋아서 하나로 묶었다. 내성적이지만 잘 웃는다. 지금 아미는 고향의 라마단(해가 질 때 큰 잔치가 열린다)과 타바스키Tabaski(첫째 아들 이스마엘을 기꺼이 제물로 바친 아브라함을 기리는 흥겨운 축제)를 설명하고 있다. 아미는 침착한 말투로 타바스키가 성대한 축제라고 말한다. 축제 때는 여자들이 하는 일이 있고, 남자들이 하는 일이 있다. 노인들이 하는 일이 있고, 어린아이들이 하는 일이 있다.

상드린이 내게 러시아에서 살았던 이야기를 해달라고 해서, 그 지역의 치유자, 그러니까 주술사와 함께 살았던 경험을 이야기하기 시작한다. "아… 안 돼요!" 아이티에서 온 한 소녀가 주술사라는 단어를 듣고 소리친다.

이런, 그 단어부터 말하지 말 걸 그랬다. 하지만 사람들은 그 남자를 주술사, 그러니까 '콜던koldun'이라고 불렀다. 그리고 솔직히, 이 단어는 10대 아이들의 관심을 끄는 좋은 방법이었다.

실제 있었던 일을 설명하자면, 러시아에서 나는 한 부부와 함께 살았다. 부인에게는 부모님이 없었는데, 아버지는 히틀러의 동부전선에서 벌어진 여러 전투 중 하나에서 세상을 떠났고 어머니는 낙태 수술이 실패해 목숨을 잃었다. 주술사였던 남편은 같은 지역 사람으로, 자기 아버지에게서 주술을 배웠다. 사람들(주로 멀리서 온 이방인들이었다)은 아픈 팔이나 만성적인 무기력, 산통이 있는 아기, 자신을 저주하는 시어머니, 귀신이 나오는 악몽, 암, 혹은 체첸 전쟁에 병사로 나간 뒤 이제는 자살하고 싶은 마음 등의 이유로 밤낮 할 것 없이 그를 찾아왔다. 사람들이 찾아오면 주술사는 그들의 말을 귀 기울여 듣고, 병을 진단하고, 주문을 불어넣은 물약을 만들어준 뒤 사람들을 돌려보냈다.

이 주술사는 젊은 시절에 공산당원으로 활동했고, 다재다능하고 올곧은 사람이었다. 그러나 그는 무엇보다 치유자였다. 그는 사람들을 치유하기 위해 아버지에게 배운 비밀스럽고 강력한 주문과 그 주문을 불어넣은 물약, 이런저런 잡지에서 찾은 숫자점 차트, 자신의 자그마한 집 한구석에 있는 성상을 비롯해, 자기가 아는 모든 도구를 활용했다.

이 치유자는 주술을 실행할 때 늘 올곧고 선하고자 애썼다. 즉, 흑마술이 아닌 백마술에 전념했다. 대가로 돈을 받지 않았고, 사랑의 물약을 만들거나 다른 사람의 의지에 간섭하는 일은 절대 없었다. 다른 사람이 가한 해악을 용서하고 악에는 선으로 답하라고 늘 사람들을 설득했다. 이 원칙의 이름은 '도브롬 도브로Dobrom dobro'였다. 선함을 통한 선함. 나는 이 모든 마술과 주문, 성상이 종교의 한 형태를 뒷받침한다는 사실을 이해하게 되었다. 이 종교는 윤리 규범이 있었고 사회에 폭넓은 영향력을 미쳤다. 무섭고 너그럽고 형태가 변하는 힘이 작용한다는 점은 말할 필요도 없었다.

이 마을에서 살 때 나는 통나무집의 한쪽 끝에서 푹 잠들지 못한 덕분에 눈 밑 다크서클이 점점 진해지고 있었고, 가끔 저주에 걸렸다는 진단을 받았다. 그래서 주문을 불어넣은 물약을 홀짝홀짝 마시며 생각했다. 이 세상은 정말 넓다고, 어쩌면 사람을 치유하겠다는 관대한 의지가 정말 이 물약에 효험을 불어넣을지도 모른다고. 정말 그럴지 누가 알겠는가?

러시아 마을에서의 이러한 치유는 얼마나 아름다운 혼란인지. 사람이 다른 사람의 마음과 몸과 정신을 바로잡기 위해 자신이 가진 도구를 전부 사용할 수 있음을 보는 것은(우리는 크고, 우리 안에는 많은 것이 담겨 있다!*) 얼마나 좋은 수업인지! '종교' 같은 작은 단어로는 이 많은 것들을 다 담을 수 없다.

---

* 월트 휘트먼의 시 「나 자신의 노래Song of Myself」의 한 구절.

그러나 아이티 소녀에게는 더 단순한 답이 필요하다. 그래서 나는 사람들이 몸이나 정신이나 마음이 아팠기 때문에 이 치유자를(실제로 그 남자는 사람들이 자신을 주술사라 부르는 것을 싫어했다) 찾아간 것이라고 설명한다. 그리고 그 치유자가 치료하던 심각한 병 중 하나는 질투 때문에 생긴 병이었어요. 환자 본인이 질투를 느낄 수도, 질투의 대상이 될 수도 있었죠. 이런 종류의 병은 실제로 전 세계 많은 지역에서 '악마의 눈evil eye'이라고 부르는 것과 관련이 있어요. 학생들이 고개를 끄덕인다. 다들 악마의 눈을 들어본 적이 있다. 나는 말한다. 제가 러시아에서 한집에 살았던 치유자는 사회의 문제를 해결할 수 있는 전문가였어요. 질투의 폐해를 치료했고, 평정을 제공했죠. 문제를 바로잡았어요.

문제를 바로잡는 건 좋은 일이다.

모든 것을 볼 줄 아는 상드린이 말한다. 이 근방에도 치유자와 주술사가 있지만 교회는 그런 관습에 반대해요. 클라리스가, 브라질의 전통 치유자는 사람들에게 치료 효과가 있다는 음식을 주는데 사실 효과가 없어서 결국 사람들이 죽는다고 덧붙인다. 그리고 다시 혀를 쯧 차며, 크리올인이 쓰는 방식도 있는데 자신은 그것도 믿지 않는다고 한다.

이 지역 출신인 아이들이 전에 들어본 적 있는 치유의 돌 이야기를 꺼낸다. 이런 돌들이 정말 효험이 있을까? 한 여학생은 어렸을 때 치유자를 만나러 갔는데 그 여자가 소리를 지르고 몸을 이상하게 움직여서 겁을 먹었다. 아미가 나서서 자기 고향에는 정령이 사는 악마의 나무 같은 것이 있는데 자기는 그런 것을 절대 믿지 않는다고 말한다.

내가 웃음을 터뜨린다. "여러분, 아미는 진정한 과학자의 정신을 가졌네요!"

누가 누구와 무엇을 할까?

나는 지켜보고 귀 기울인다. 그리고 곧, 물속의 물고기들처럼, 난롯가의 작은 귀뚜라미들처럼, 아이들도 지켜보고 귀 기울인다. 여기, 살아 있는 사람들로 이루어진 혼란스러운 세상이 있다. 이 아이들은 아직 어리고, 아이들의 성격은 아직 형성 중이다. 한 명은 사랑스러운 수다쟁이이고 한 명은 우아하고 차분한, 몸을 서로 딱 붙이고 앉은 두 소녀. 좋든 싫든 이미 피가 희석된 왕 같은 소년. 다른 아이들보다 말이 없지만 전시에 여기 고원에 있었던 독일인과 자기 조부모와 그때 어떻게 사람들의 목숨을 구했는지를 이따금 수줍어하며 설명하는 이 지역 아이들. 수업이 끝나갈 때쯤 한 소녀(수업이 한창일 때는 얌전했지만 지금은 열심히 말하려고 한다)가 내게 다가온다. 그리고 자신이 왜 르 샹봉에 있는 일반 공립학교가 아니라 세베놀 스쿨에 왔는지 설명한다. 소녀의 가족은 다 농부이고, 소녀도 언젠가 농부가 되고 싶다. 세베놀 스쿨에서는 가까이서 말을 돌볼 수 있다. 혹시 와서 말들을 보고 싶으세요?

오, 물론이죠. 내가 말한다. 보고 싶어요. 정말로요.

일 포 투 페르. 그러나 내 앞에서 아이들이 브라운운동처럼 떠다니는 지금, 문 하나가 열리고 새로 쌓인 눈과 함께 상쾌한 바람이 한 줄기 들어오는 듯한 기분이다.

마침내 종이 울리고, 학생들이 교실 문으로 급히 뛰쳐나간다. 메르시, 오 르부아르! 오 르부아르!Merci, au revoir! Au revoir! 다음

종이 울릴 때까지 다 함께 자유롭게 놀 수 있어서 잔뜩 신이 났다. 아이들은 겨울의 새하얀 고요함 속에서 잠시 숨을 깊게 들이쉬려고 바깥으로 향하는 문을 찾아 떠난다.

누가 누구와 무엇을 할까?

저답게 행동하는 아이들이 인류학자를 행복하게 한다.

만약 당신이 1942년 말에 비바레리뇽 고원에 살았다면 전쟁의 양상이 어떻게 변하고 있는지 느끼지 못했을 수도 있다. 그러나 상황은 변하고 있었다.

이 무렵 독일은 동맹국과 함께 거의 유럽 전역을 점령한 상태였다. 독일군은 꾸준히 동쪽으로 전진하고 있었고, 북아프리카에 거점을 마련했다. 연합군이 중동의 원유에 접근하지 못하게 막으려면 이 거점이 매우 중요했다. 유럽은 질식 상태였다.

그러나 변화가 다가오고 있었다. 몇 달간 소련(아직 독일에 항복하지 않은 몇 안 되는 국가였다)이 유럽에 제2전선을 구축하라고 미국과 영국을 압박하는 중이었다. 그러나 어디가 적당할까? 게다가 어떻게 그럴 수 있단 말인가? 그 방안은 북아프리카에서 시작하는 것이었다. 1942년 11월 8일, 영국군과 새로 투입된 미군이 모로코와 알제리에 상륙했다. 그리고 며칠 만에 이 지역을 점령했다. 11월 11일, 독일군은 그 보복으로 공식적으로는 중립을 선언했던 비시 정권으로 밀고 내려가 별다른 저항 없이 장악에 성공했다. 이 두 움직임으로 체스 게임에 진전이 있었고, 이제 양측은 지중해의 양쪽에서 서로를 마주 보고 있었다. 당시에는 이 상황이 동등하게 상호 힘을 과시하는 것처럼 보였을지 몰라도, 사실은 그렇지 않았다. 사하라사막의 맑은 하늘 아래, 마침내 연합군이 한데 모여 훈련하며 유럽으로 진군할 적당한 때를 기다릴 장소가 생긴 것이었다. 이건 독일에 큰 문제였다. 이제 새로 투입된 연합군이 유럽 전역에 총력을 퍼붓는 것은 시간문제였다. 째깍째깍. 전쟁의 양상이 바뀌었다. 머지않아 누가 승자가 될 것인가?

당시 전 세계의 눈에 그리 명확하게 보이지는 않았지만, 독일을 똑같이 위협하는 또 다른 변화가 있었다. 1941년 6월, 히틀러군은 착실히 소련 쪽으로 나아가고 있었다. 나치 친위대의 기동 학살 부대인 아인자츠그루펜은 먼저 우크라이나 서부에 달려든 뒤 폴란드를 점령했고, 그다음 벨라루스에 쳐들어갔다. 그리고 지나간 모든 마을에서 유대인 수십만 명의 신원을 파악해 눈앞에서 살해했다. 독일 정규군은 도시와 마을을 차례로 정복했고, 그 과정에서 열정적인 부역자들을 찾아냈다. 1942년 여름, 독일은 소련에 깊숙이 침입했다. 이처럼 동쪽으로 진군하는 데는 타당한 이유가 있었지만(러시아 북캅카스는 석유가 풍부하다) 사실 이 선택은 치명적이었다. 아시아에서 지상전을 벌인다는 것은 지독할 만큼 차갑고 추운 스텝 초원의 광활함과 싸운다는 뜻이었다. 군대를 고향에서 멀리 떨어진 곳으로, 지구 표면의 6분의 1을 덮은 국가의 깊숙한 곳으로 가혹하게 몰아붙인다는 뜻이었다. 아무리 타격을 입어도 쉽게 항복하지 않는 당황스러울 만큼 용맹한 적군과 싸운다는 뜻이었다. 1942년 8월, 독일군은 남부 도시인

스탈린그라드에서 소련군과 마주하고 있었다. 그러나 독일군은 겨울의 광포한 눈보라와, 자신들의 수척함과, 눈앞의 광활함 또한 마주하고 있었다. 당시 권력의 절정에 오른 듯 보였던 히틀러는 약해져 있었다. 그리고 많은 무력한 지도자와 마찬가지로 히틀러도 하루가 갈수록 더욱 잔혹해졌다.

만약 당신이 1942년 말에 고원에 살았다면, 저 아래에서 울리는 전쟁의 북소리에서 멀리 떨어져, 위험을 막아주는 소나무 숲속에서 피난을 잠시 멈춘 어린이들과 함께 살았다면, 몰랐을 수도 있다. 그러나 삶은 곧 그 어느 때보다 더 위험해질 것이었다. 난롯가에 모여 앉던 때로는 다시 돌아갈 수 없을 것이었다.

...

1942년 초, 연합군이 북아프리카를 성공적으로 장악한 직후, 장차 현대사에서 가장 유명한 난민이 될 아이가 이 세상에 모습을 드러냈다. 이 아이는 어린 안네 프랑크Anne Frank처럼 다락방에 숨어 유려한 글솜씨로 일기를 적지 않았다. 진군으로 피난길에 오른 수천수만 명처럼 꾀죄죄하거나 굶주리지도 않았다. 이 소년은 광택이 흐르는 금발에 반짝이는 단추가 달린 왕자의 제복을 입었고 검도 들었다. 소년은 홀로 사하라사막에 떨어져 있었다.

이 외로운 소년의 이미지를 계속 떠올리다 보면 소년을 둘러싼 아프리카 사막 위로 연합군의 비행기가 날아가는 소리를 쉽게 상상할 수 있다. 이름 없는 이 아이, 오로지 어린 왕자라고만 알려진 이 아이가 사막의 모래에 부드럽게 내려앉았을 때 밤하늘의 별이 얼마나 반짝반짝 빛났을지 쉽게 상상할 수 있다. 지금쯤이면, (이 소년의 이야기가 1억 권 넘게 팔리고 250개 이상의 언어로 번역되었으므로) 소년이 지구 행성에서 처음 만난 사람에게 처음으로 건넨 마음을 울리는 이상한 말을 쉽게 떠올릴 수 있다. "부탁이야. 양 한 마리만 그려줘…."

『어린 왕자*Le Petit Prince*』의 저자인 앙투안 드 생텍쥐페리Antoine de Saint-Exupéry 역시 프랑스 난민이었다. 리옹에서 성장한 그는 다니엘처럼 특권을 가진 고리타분한 환경에서 서서히 멀어지며 아프리카에 이끌렸다. 그래서 그는 1930년대에 조종사가 되었고, 사하라 위를 날아 우편을 전달하며 한밤의 사막의 윤곽을 익히고 고독에 익숙해졌다. 그러다 비행기가 추락했다. 비행기를 고쳐보려고 며칠간 고군분투했으나 결국 물과 음식이 떨어졌고, 작열하는 태양 아래 살아남을 가능성은 점점 줄어드는 듯했다. 그러던 그때 베두인족 유목민이 나타나 그에게 물과 먹을 것을 주고 목숨을 구해주었다.

『어린 왕자』를 쓸 때 생텍쥐페리는 뉴욕에 살며 그때의 추락 사고와 비행기를 고치던 것을 생각하고 있었다. 자신의 장미인 골치 아프고 사랑스러운 아내 콘수엘로Consuelo를 생각하고 있었고, 자신을 구해준 베두인 유목민을 생각하고 있었다. 그리고 "이 세상에서 가장 소중한 친구"를 생각하고 있었다. 레옹 베르트Léon Werth라는 이름의 이 유대인 친구는 1943년 초였던 당시 "배고프고 추운 프랑스"에 살고 있었다. 생텍쥐페리는 베르트에게 이 책을 바치며 이 어른은 분명 어린이를 위한 책도 이해할 수 있을 것이라고 썼고(그가 할 수 있는 가장 큰 찬사였다), "베르트는 지금 위로 받아야 한다"라고 덧붙였다.

부탁이에요, 양 한 마리만 그려줘요. 노래 한 곡만 불러줘요. 오늘 밤에 악몽을 꿀지도 모르니 자러 가기 전에 책 한 권만 읽어줘요. 내게 장갑과 모자를 구해주고 내 방을 따뜻하게 데워줘요. 내게 감자와 버터를, 왕이 먹는 진수성찬을 내줘요!

부탁이에요, 수학을 가르쳐줘요. 아이는 이렇게 말했을 것이다. 저 아래의 어둠에서 멀리 떨어진 저 별들을 손으로 가리켜줘요.

이 아이는 이방인이다. 금발이거나 올리브색 피부를 가진, 수다쟁이이거나 감정이 풍부한, 버릇없거나 예의 바른 이방인. 이 아이는 도움이 필요하다. 이 아이는 아프리카나 중동이나 러시아나 폴란드에서 왔다. 아이는 수업을 원하고 위로를 원한다. 그러나 결국 위로받는 사람은 누구인가? 결국 배우는 사람은 누구인가?

눈이 높이 쌓이고 별이 총총한 이곳에서, 내 시야가 약간 흐릿해지기 시작하는 것 같다. 누가 누구와 무엇을 하는가? 다니엘이 아이들을 구한 걸까, 아이들이 다니엘을 구한 걸까?

◇

1943년 1월, 히틀러가 총력전을 선포했다. 2월, 프랑스 전역에서 새로운 급습 계획이 세워졌다. 앙드레 트로크메와 에두아르 타이스, 지역 학교의 교장인 로제 다르시삭Roger Darcissac은 곧 체포되어 오트비엔Haute-Vienne의 생폴데조Saint-Paul-d'Eyjeaux에 있는 포로수용소로 보내질 것이다. 고원의 숲은 곧 낙하산부대와 다른 레지스탕스 전사들로 가득해질 것이다. 곧 클라우스나 페터, 알렉산더, 에티엔 같은 이름을 가진 아이를 수색하느라 손으로 타이핑한 문서가 산처럼 쌓일 것이다.

2월 7일, 다니엘은 부모님에게 편지를 썼다. "저는 너무나도 혼자입니다. 더 정확히 말하면, 저는 홀아비입니다. 늘 말하듯 저는 스무 아이의 아버지이고, 이 아이들에게 어머니가 없다는 사실을 인정할 수밖에 없습니다. 이 상황이 얼마나 오래 이어질까요?"

오랜 시간이 흐른 뒤 수잔이라는 이름의 작은 귀뚜라미가 잠시나마 모든 아이가 보호받을 수 있었던 그 기다란 석조 주택을 회상했다. "다니엘은 우리를 매우 사랑했고 아낌없이 정성을 베풀었습니다. 밤새 우리를 지켜본 적도 많았습니다. 게슈타포가 급습할까 봐 걱정했던 것일까요…?"

위험을 막아주는 고원의 높은 돌벽 뒤에서 아이들이 최선을 다해 잠들어 있는 지금, 타다 남은 난롯불이 밤사이 서서히 식어가는 지금, 우선은 다니엘을 남겨두고 떠나려 한다.

그는 어둠 속에서 망을 본다. 아이들의 옆을 지키면서.

6장 손과 발

내 징 박은 신발을 신고
이 세상의 고통을 건너왔다네….
—펠릭스 르클레르Félix Leclerc, 「나와 나의 신발Moi, mes souliers」

나는 르 샹봉 외곽에 빌린 아파트 근처에 사는 한 나이 든 여성을 지켜보고 있다. 그 여성은 70대이고, 한 마리 새처럼 가늘지만 강단 있으며, 하루 중 대부분을 바깥에서 일한다. 레깅스를 입고 니트 비니를 쓴 여성이 떨어진 나뭇가지를 끌고 가거나 빨랫줄과 씨름하거나 작은 트랙터에서 무언가를 꺼내는 모습을 바라본다. 그의 표정은 바깥공기처럼 상쾌하고, 커다랗고 동그란 플라스틱 안경을 썼으며, 긴 회색 머리칼을 하나로 묶어 쪽졌다. 인사를 할 때는 상대방의 얼굴을 가까이 잡아당기고 볼 키스를 해서 그의 볼에 난 부드러운 솜털을 느낄 수 있다.

이 여성이 전쟁 때 자기 가족이 겪은 이야기를 내게 들려줄지도 모른다는 말을 들었다. 지금까지 내가 대화를 나눈 사람은 소수의 이야기꾼이었다. 그들은 입양한 어린 여동생과 옆집에 살던 독일군 이야기, 전사로서 숲속을 뛰어다녔던 이야기를 능숙하게 들려주었다. 버스를 타고 온 초등학생이나 관광객의 마음을 사로잡을 만한 이야기였다. 나는 여기저기서 새로운 무언가를 들려줄지도 모를 사람들을 찾아다녔다. 그러나 거의 모두가 이 사안에 침묵을 지킨다는 고원의 명성답게, 나의 노력은 대개 수포로 돌아갔다.

나를 아는 한 여관 주인이 내가 하는 연구 조사는 일반적인 취재와 전혀 다르다고 설득해준 덕분에 이 지역의 한 역사가가 대화에 응했다. 르 샹봉에서 그리 멀지 않은 깊은 숲속의 어둑한 자기 돌집에서, 그 역사가가 이 지역의 농업 및 산업화의 역사와, 서로 의지하며 비밀을 지키는 이 지역의 관습과, 전쟁 당시의 비폭력적이거나 폭력적이고 종교적이거나 비종교적이었던 다양한 저항운동의 사례를 들려주었다. 나는 마침내 용기를 내어 당신의 가족에게도 낯선 이들을 보호해준 사연이 있느냐고 물었다.

"네, 있지요." 그가 말했다. 그리고 잠시 멈췄다가 덧붙였다. "바로 이 집이었어요." 나는 부엌 너머에 있는 돌로 만든 벽난로를, 어둠 속에서 빛을 발하는 아늑한 난롯불을 바라보았다. 그때 그가 말했다. "하지만 그건 우리 할머니 이야기이고, 이제 할머니는 이곳에 안 계세요." 뒤이은 침묵 속에서 말이 이어지기를 잠시 기다렸지만 그는 아무 말도 하지 않았다.

이곳에는 매우 유명한 이름들이 몇 개 있고, 나 또한 이 지역에 관한 책에서, 묘지에서, 홀로코스트 기념관의 의인의 벽에서 그 이름들을 목격했다. 그러나 그 이름을 가진 사람을 만날 때마다 그들은 말을 돌리거나 본인 또는 본인 부모님, 조부모님은 그 일과 아무 관련이 없다고 주장했다. 제 이야기가 아니에요. 우리는 아니에요. 우리의 이야기가 아니에요.

그들의 신뢰를 얻어야 한다는 것을 안다. 시간이 걸린다는 것도 안다. 그러나 계속 선명한 그림을 바라게 된다. 꾸밈없고 자연스러운 그림, 손에 만져질 듯한 그림, 손을 뻗으면 닿을 것만 같은 그림. 그래서 내 아파트 근처에 사는 이 나이 든 여성이 내게 이야기를 들려줄지도 모른다는 말을 들었을 때 나는 마음을 굳게 먹고 그의 집으로 걸어가 문을 두드렸다.

여성이 환하게 미소 지으며 문을 열었다. 그러나 내가 찾아온 이유를 설명하자 여성의 얼굴이 어두워졌다.

잠시 말이 없다가 그 여성이 말했다. "전쟁 때 나는 어린 소녀였는데, 사람들이 밤에 피투성이가 돼서 문 앞에 찾아왔어요. 나는 엄청 무서웠지만 우리 아버지는 엄청 용감했어요. 이게 내가 말할 수 있는 전부예요. 더 이상은 안 돼요."

나는 창피해하며 문에서 돌아섰다. 부끄러웠다. 그 아름다운 얼굴이 나 때문에 어두워지는 것을 참을 수 없었다. 몇 시간 뒤 다시 그 여성을 찾아가 아까 일을 사과했다. 여성은 너무나도 친절했다. 내 손을 토닥이며 염려하지 말라고, 더 밀어붙이지 않았으니 괜찮다고 말해주었다.

러시아에서 보낸 긴 시간 동안 내 앞에서 어두워진 얼굴이 수없이 많았다…. 돌아가신 아버지, 세상을 떠난 연인, 맞고 사는 어머니와 강간당한 소녀, 실패한 낙태 수술, 전쟁이나 술이나 감옥 등등으로 피폐해진 아이 때문에. 체첸에서 벌어진 끔찍한 전쟁 때문에, 살인과 체포와 뇌물과 상실 때문에, 빠르고 자비로운 죽음에 대한 바람 때문에 여러 사람의 얼굴이 어두워졌다. 수없이 눈물이 흘렀다.

지금 나는 깨닫는다. 나의 질문 때문에 나이 든 여성의 얼굴이 어두워지는 일은 이제 더 이상 없을 것이다. 사람들이 자기 이야기를 들려주고 싶다면 그렇게 하면 된다. 그러나 내가 묻지는 않을 것이다. 그럴 수 없다. 과거가 나를 원한다면 스스로 나를 찾아와야 할 것이다.

이곳 고원에서 다시 한번 침묵이 승리를 거두었다. 그러나 나는 이별의 선물을 받았다. 캄캄한 밤, 용감한 남자, 문, 고향을 떠나온 피투성이 이방인들의 이미지. 그리고 그들을 바라보는 어린아이(아이는 손가락으로 벽의 모퉁이를 붙잡고 있다)의 이미지. 나는 결정을 내린다.

내 이웃의 두 눈이 고원의 바람을 맞이하듯 나도 내 이웃을 바라볼 것이다. 그 여성과 그 동족이 하는 무언의 말을 바라볼 것이다.

1942년 말의 비바레리뇽 고원은 다시 돌아오지 않을 것이다. 다니엘 트로크메가 고원을 수도 없이 오르내리며 레 그리용으로 향할 일은 없고, 밤에 오래된 타이어로 신발을 만들 일도 없다. 작은 귀뚜라미들은 숲을 탐험하지 않을 것이고, 젊은 여자가 사랑하는 사람을 따라 통캥으로 떠나야 할지 말지를 두고 토론을 벌일 일도 없을 것이다. 1942년이라는 이름의 문은 영영 닫혔다.

그때 나는 현재 고원에 망명 신청자들이 살고 있다는 것을 알게 된다.

평범한 바깥세상에서는 그리 놀라운 일처럼 보이지 않을 수 있다. 어쨌거나 난민에게 도움이 필요하다는 사실은 요즘 어디에서나 알 수 있으니까. 그러나 미국에서 사회과학을 연구하는 동료들에게 이 이야기를 전하자 동료들의 입이 떡 벌어진다. 그렇다, 고원은 수백 년간 주기적으로 이방인들을 보호해왔다. 데이터 포인트, 데이터 포인트, 데이터 포인트. 이 정보 덕분에 나는 이러한 관습이 어떻게 오랜 시간 계속되었는지를 이미 어느 정도 이해하고 있다. 그러나 이 반짝이는 새 데이터 포인트 덕분에 **알 수 있는** 정보의 규모가 폭발적으로 증가한다. 이 새로운 정보는 바로 가까이에 있고, 이 시공간 속에 생생하게 살아 있다. 상상하거나 가정할 필요도, 공중누각 같은 인과관계를 밝힐 필요도 없다. 지켜보고 바라볼 수 있다. **그러므로** 수용하거나 반박할 수도 있다. 이 사실이 크나큰 차이를 만든다.

망명 신청자들이 있다고 처음 말해준 사람은 카롤린Caroline이다. 카롤린은 고원의 가장 외곽에 있는 몽포콩에서 자랐고 오랫동안 세베놀 스쿨에서 영어를 가르쳤다. 갈색 머리칼이 길고 풍성하며, 링 귀걸이를 끼고, 킬킬거리는 웃음소리를 전염시킨다. 카롤린은 아주 작은 이유로도 갑자기 노래를 부르는 사람, 쪽 하고 볼 키스를 하는 사람, 식료품점에서 두 걸음마다 사람들이 대화를 걸어오는 사람이다. 레 타바스Les Tavas 근처의 자기 집에서 가족들과 함께 식사하던 중에 카롤린이 내게 망명 신청자 환영 센터Centre d'Accueil pour Demandeurs d'Asile, 또는 CADA라는 전국 조직의 이 지역 지부를 알려준다. 전 세계의 망명 신청자들이 CADA를 찾아온다. 이들은 르 샹봉 중심가에서 그리 멀지 않은 주거 시설에 거주하는데, 인원수는 때에 따라 50명에서 100명 정도다. 망명 신청 가족의 부모는 난민 지위를 받을지 고향으로 송환될지 알게 될 때까지 몇 달간 서류를 작성하며 기다린다. 그사이 자녀들은 이 지역의 학교에 다니는데, 그 학교 중에는 (가장 우수한 학생들이 가는) 세베놀 스쿨도 있다. 카롤린은 실제로 상드린이 세베놀 스쿨의 학생들과 CADA 어린이 사이에서 일종의 자원봉사 프로그램을 운영하고 있다고 말한다. 이 아이들은 함께 미술 수업을 하고 학교 공부를 한다. 이 프로그램에서 상드린은 CADA의 직원인 아멜리에Amélie라는 여성과 함께 일한다.

꼭 아멜리에를 만나봐요. 저녁이 저물어갈 때쯤 카롤린이 내게 말한다.

지금, 나는 이렇게 말할 수 있다.

제2차 세계대전은 끝났다. 그 전쟁을 기억하는 고원의 주민은 대부분 세상을 떠났다. 그러므로 그들은 말이 없다. 소수의 생존한 사람들도 말이 없다.

그러나 현재 고원에 사는 망명 신청자들을 알게 되면 내 머릿속에 새로운 원을 하나 그릴 수 있고 질문을 던질 수 있다. 누가 누구와 무엇을 하는가? 그리고 이 질문을 통해, 새로운 얼굴과 새로운 이야기, 새로운 상황과 새로운 문, 새로운 국가와 새로운 아이들을 통해, 이곳에서 이방인이 어떻게 수용되는지를 지켜볼 수 있다.

나는 앞이 보이지 않는 어둠 속에서 세상과 부딪치는 사람이다. 그러면 세상이 답을 내어준다.

◇

망명 신청자 환영 센터, CADA는 아우구스토 피노체트Augusto Pinochet가 쿠데타를 일으킨 뒤 칠레에서 빠져나온 난민들이 물밀듯 밀려들자 이들에게 거처를 제공하고자 1973년에 프랑스에 처음 설립되었다. 곧 CADA 지부들은 베트남 등지에서 탈출한 이른바 보트피플에게도 거처를 제공하게 되었다. 1990년대와 2000년대에 사하라 이남 아프리카와 동유럽, 일부 중동 국가, 구소련 영토에서 새로운 망명 신청자들이 줄지어 프랑스에 도착하기 시작했다. 오늘날 프랑스에서는 300곳이 넘는 CADA 지부(여러 지방에 퍼져 있다)가 전 세계에서 찾아온 망명 신청자들을 돌보고 있다. CADA의 핵심 기능은 고된 망명 신청 과정을 더욱 합리적이고 인도적으로 만드는 것이다. 어쨌든 프랑스의 한 해 망명 신청자는 수천수만 명에 달한다. CADA를 찾아온 이들은 망명이 승인되어 고향에서 목숨을 잃을 위험에서 벗어나 프랑스에 머물게 될 확률이 약 두 배 더 높다.

이곳 비바레리뇽 고원의 CADA 지부는 2000년에 설립되었다. 처음부터 쭉 이곳의 책임자로 일하고 있는 M 씨는 그전까지 생테티엔에 있는 유사한 센터에서 근무했는데, 침대가 1,000개나 있고 막사에서처럼 공용 부엌을 쓰며 사생활이 보장되지 않는 곳이었다. 여기 고원에서 그는 도시의 혼란에서 멀리 떨어진, 더 규모가 작고 기품 있는 센터를 만들고자 했다. 현재 M 씨는 아멜리에 같은 사회복지사와 교육자, 법과 행정을 담당하는 보조원을 비롯해 약 열 명의 직원과 함께 일한다. 센터는 지금까지 대체로 잘 운영되고 있다. 다른 많은 곳에서는 사람들이 외국인에게 두려움과 의구심을 품는 모습을 목격하게 된다. 그러나 이곳은 다르다. 지역의 많은 자원봉사자가 이들에게 프랑스어를 가르치거나 음악 및 미술 프로그램을 제공한다. 난민 지위가 거부된 가족을 돕는 독립 기관도 몇 군데 있다.

현재 CADA에는 다해서 63명의 열세 가족이 거주하고 있다. 이들은 콩고와 르완다, 앙골라, 기니, 알바니아, 아르메니아, 아제르바이잔, 체첸에서 왔다. 많은 이들이 자동차나 트럭에 몸을 욱여넣고 몇 주에서 몇 달간 길거리나 더러운 호텔에서 자며 길고 위험한 여정을 통과한 끝에 이곳에 도착했다. 그 과정에서 대다수가 심각한 정신적 외상을 입었으며, 어떤 이들은 프랑스어를 한마디도 하지 못한다. CADA는 각 가족에게 문과 자물쇠, 열쇠가 있는 독립된 아파트를 제공한다. M 씨가 가족의 사생활을 지킬 수 있는 장소를 만들고자 했기 때문이다. 이들은 법적으로 망명 신청 준비를 마칠 때까지 몇 달에서 때로는 몇 년간 이 아파트에 거주할 수 있다. 일하는 것이 허용되지 않기 때문에 매달 음식 구매비도 받는다. 그러나 누가 난민 지위를 받고 누가 못 받을지는 아무도 모른다. 기다림은 새로운 종류의 고문일 것이다.

CADA의 이런저런 행사에서 두어 번 M 씨와 대화를 나누고 CADA의 직원들을 만나 그들에게 내 작업을 설명한 뒤, 아멜리에와 함께 CADA 주택에서 망명 신청자 가족을 만나면 어떻겠냐는 제안을 받았다. 이 가족은 아르메니아에서 왔다. 아르메니아에 가본 적은 없지만 남쪽에 아르메니아가 붙어 있는 캅카스산맥의 북부에 살았던 적이 있다. 그리고 소련이 무너지기 전부터 아르메니아와 이웃 국가 아제르바이잔 사이에서 벌어진 피비린내 나는 (그리고 누군가는 무의미하다고 말할) 전쟁에 관해서도 어느 정도 알고 있다. 그러나 자세한 사항에 관해 내가 아는 것이라곤 아멜리에가 몇 달 전부터 이들의 서류 작업을 돕고 있으며, 제1언어가 프랑스어가 아닌 이들의 망명 신청 과정은 특히 복잡하다는 것뿐이다. 아멜리에는 나의 러시아어가 도움이 되기를 바라고 있다.

...

이 가족에게 선물로 주려고 쿠키 한 상자를 가져왔다.

"좀 이상한가요?" 문이 열리기 전에 내가 아멜리에에게 묻는다.

총명해 보이는 짙은 색 눈동자의 아멜리에는 짧은 금발 한쪽을 가르마를 타서 넘겼다. 지금은 가죽 재킷을 입고 커다란 스카프를 두르고 있다.

아멜리에가 떨떠름하게 웃는다. 그리고 말한다. "먹을 건 무척 많을 거예요."

초인종을 한 번 더 누르자 갈색 피부에 회색 수염이 난 중년 남성이 문을 열고 나온다. 바로 뒤에 40대 정도로 보이는 여성이 서 있다. 커다랗고 표정이 풍부한 눈에, 새까만 머리카락이 길고 풍성하다.

아멜리에를 본 두 사람의 얼굴이 활짝 열린다.

아멜리에! 아멜리에, 아멜리에!

그런 다음 두 사람이 나를 보고 살짝 상하좌우로 훑는다. 그리고 다시 아멜리에에게 시선을 돌린다.

들어와요, 들어와! 아녜요! 신발 벗지 말아요! 신은 채로 들어와요!

여성의 이름은 랄릭Lalik이고, 남성의 이름은 아라트Arat다.

◇◇◇

3만에서 4만 년 전쯤, 인간은 유럽과 동아시아, 인도네시아의 동굴 벽에 스텐실 기법으로 손바닥 모양을 남기기 시작했다. 이들은 붉은색이나 적갈색이 도는 주황색, 보라색 염료를 사용해 다양한 크기의 손으로 영원한 그림자를 남겼다. 남자 손도 있고 여자 손도 있었으며, 어떤 손은 손가락을 활짝 펼쳤고, 어떤 손은 손가락이 하나 없었다. 어떤 손들은 무리를 이루었는데, 아마도 가족이나 함께 거주하는 집단, 또는 씨족이었을 것이다.

나 여기 있어요, 손이 말한다.

우리 여기 있어요, 손들이 말한다.

우리가, 이 많은 사람이 여기에 있어요(가려진 태양을 향해 핀 꽃처럼, 손가락이 전부 위를 향해 있다), 손 무리가 말한다.

가장 오래된 손 스텐실 중 하나는 쇼베Chauvet 동굴에 있는

데, 비바레리농 고원에서 남쪽으로 구불구불한 도로를 두 시간만 달리면 나오는 아르데슈Ardèche 론Rhône 계곡의 깊숙한 곳에 자리해 있다. 약 20년 전 발견된 쇼베 동굴의 손 그림은 여러 면에서 특별하지만, 이 세상에서 가장 놀랍고 가장 오래된 동굴 벽화와 함께 발견되었다는 점이 특히 중요하다. 불이나 등으로 어른거리는 빛을 비추면 말과 사슴, 곰의 이미지가 장관을 이루며 동굴 벽에서 뛰쳐나온다. 이 강렬한 짐승 중에는 동굴 사자도 있고, 표범과 코뿔소도 있다. 쇼베 동굴의 가장 캄캄하고 깊숙한 곳에 있는 이 벽은 론 계곡에 있는 아프리카다.

3만 년이라는 긴 시간 위에서 우리의 진화 역사가 펼쳐진다. 아르데슈의 혈거인들이 보라색과 붉은색, 적갈색 실루엣으로 자기 존재의 흔적을 남기고 있던 바로 그때, 우리의 속屬 호모*Homo*의 다른 종인 네안데르탈인 역시 프랑스에 살고 있었다. 아르데슈에 있는 다른 동굴인 물라게르시Moula-Guercy에 뇌와 이마가 크며 체격이 건장한 네안데르탈인이 한때 사슴뿐만 아니라 서로를 먹었다는 증거가 남아 있다. 그리고 이제 우리는 아주 오래전에 유럽의 네안데르탈인이 호모사피엔스와 친하게 지냈다는 사실을 안다. 이 두 종은 함께 아이를 낳았고, 이 결합은 인간의 DNA에 영원한 흔적을 남겼다.

우리 여기 있어요, 손들이 말한다.

3만 년 전, 하늘을 향해 든 손들이 바로… 이곳에 있었다. 이 손들은 수렵과 채집을 했고, 동굴의 불가에서 고기의 살을 발랐다. 일종의 예배를 올렸으며, 이들의 사촌인 네안데르탈인은 주검 위에 꽃을 던졌을지도 모른다. 이따금 이 인간(손의 주인)들은 동굴 밖으로 나와 햇볕을 쬐었다. 이곳 아르데슈는 겨울바람이 매섭고, 봄에는 차가운 강물이 흘렀다. 수천 년이 흐르고 다시 수천 년이 흘러, 인간은 병아리콩과 밀, 보리 같은 작물을 기르는 법을 익혔고, 불로 금속을 가공하는 법을 배웠으며, 도구를 더 많이 제작하고 너른 땅과 강을 따라 더 멀리 이동하는 법을 알게 되었다. 이들은 계절에 따라, 하늘에서 패턴을 이루는 별을 따라 이동했다.

인간들은 이동했다. 필요한 것을 찾고자, 추위나 질병, 적에게서 벗어나고자 이동했다. 이동하는 과정에서 서로를 만나 어울리고 거래를 하고 결혼을 했으며, 아마 사랑도 했을 것이다.

근대 민족국가는 오랜 역사가 흐른 뒤에야 만들어졌다. 과거와 이런저런 문서와 정해진 영토가 있는 국가라는 것이 어째서인지 자연스럽게 등장한다는 개념도 마찬가지다. 국경과 무장한 국경 수비대, 누가 이곳에 속하고 누가 속하지 않는지 말해주는 서류와 흑백사진(찰칵)이 있는 프랑스 공화국은 오랜 시간이 흐른 뒤에야 만들어졌다.

동굴에서 근사하게 재잘거리는 원시인의 손바닥이 어째서인지 프랑스인의 손으로 찍은 것이라 상상하기까지는, 그 손들과 그 근사한 재잘거림이 사실 세상의 것이 아니라고 상상하기까지는 긴 시간과 힘든 노고가 필요했다.

◇

근대 민족국가는 우리 상상보다 훨씬 거대하고, 동시에 훨씬 자그맣다. 근대 민족국가가 상상보다 훨씬 거대한 이유는 망령처럼 널리 퍼진 식민지 제국 때문이다. 우리는 풍요가 어디서 오는지 잊곤 한다. 미국의 서사는 근면 성실함과 진취성과 혁신 정신을 말하지만, 사실 노예제도 위에서 풍요를 이루었다. 유럽 국가들의 서사는 피와 땅과 신과 왕을 말하지만, 이 국가들은 식민주의와 착취 위에서 풍요를 이루었다. 프랑스에서는 사랑스럽게 펄럭거리는 모자와 긴 장갑을 걸치고 디네 앙 블랑dîner en blanc* 에서 빈둥거리는 파리지앵만으로는 국가가 세워지지 않는다는 사실을 잘 잊는다. 프랑스에 공업도시에서 주먹을 치켜드는 (**파업!**) 공화주의 정신만 있지는 않다는 사실도 잘 잊는다. 프랑스는 과거의 거대한 식민지(아메리카, 서인도제도, 중동, 남아시아, 극동, 태평양, 특히 아프리카)의 그림자 위에 세워졌다. 프랑스는 우리 생각보다 훨씬 거대하다.

한편 프랑스는 우리 생각보다 훨씬 자그맣기도 하다. 왜일까? 국가의 과거에 관한 바로 이 서사 때문에 국가가 언제나 이대로 존재해왔다고, 그러니까 영국은 늘 영국이었고, 프랑스도 늘 프랑스였고, 독일, 이탈리아, 폴란드도 마찬가지라고 가정하기 때문이다. 그러나 당연하게도 이 국가들은 늘 그 자리에 존재하지 않았다. 물론 왕과 전쟁과 동맹국이 있었다. 물론 이 국가들은 각자 자기 영토를 지배하고자 했다. 그러나 유럽의 대부분 국가

---

* 수많은 사람이 흰색 옷을 입고 공공장소에 모여 식사를 하는 파리의 전통 행사.

가 오늘날과 비슷한 형태로 존재하게 된 것은 고작 19세기 후반이나 20세기 초반이 되어서였다. 근대 민족주의라는 이 기이하고 황당한 개념 탓에 우리는 프로이센이 독일이 아니고 로마가 나폴리가 아니라는 것, 폴란드는 한때 러시아였고 불가리아와 거대한 남동 유럽 지역은 광활한 오스만제국의 팔 하나였을 뿐임을 알고 나서도 그 사실을 부정한다.

근대 민족주의의 출현에 관한 문헌들을 조금만 파고들어가면 국가를 바라보는 이 기이한 방식(정해진 영토 안에서 소속감을 가지는)이 18세기 말 무렵에 등장했음을 알 수 있다. 물론 그전에도 귀족과 왕과 왕족과 영토 전쟁이 있었다. (저건 우리 강이야! 아냐, 우리 거야!) 그러나 근대 이전에는 상황이 달랐다. 그때 귀족은 왕의 대리인이었고 왕은 신의 대리인이었기에, 귀족과 왕에게 가까워질수록 신에게 더 가까워졌다. 그건 군주에게 다가갈수록 점점 더 위대해지는 근접성의 지형도였다.

그러나 근대에 이르러 왕은 점차 위엄을 잃었고, 이내 모습을 거의 감추었다. 이제 (오 과학이여! 오 거대서사의 소멸이여!) 지도는 납작해졌고, 각 국가는 부드러운 색깔을 얻어 근사하고 평평한 파스텔색 퍼즐이 되었다. 이탈리아는 빨간색, 프랑스는 파란색, 독일은 분홍색, 기타 등등. 왕이 내뿜는 화려한 광채가 사라진 대신 지도는 언뜻 견고하고 영원해 보이는 국경을 얻었다. 국가가 찬송가를 대체했다. 영원한 것은 신이 아닌 국가였다. 이제 사람들은 신이 아닌 국가를 위해 죽었다. 신이 아닌 국가를 위해 다른 사람을 죽였다. 어쩌면, 민족주의자들이 아주 잘만 하면, 우리는 그 차이를 알아차리지 못할 수도 있다.

민족주의 이념은 효과가 있다. 이 이념 탓에 우리는 어떤 것들이 (사실 그렇지 않은데도) 거대하고 영원하다고 믿는다. 생각해보면 꽤 조잡한 속임수다. 그러나 프랑스는 (독일과 러시아, 이탈리아 등등과 마찬가지로) 그 아브라카다브라로 만든 국가만도 못하다. 그 내부를 보면 알 수 있다.

지금이 18세기이고, 당신이 론 계곡에 우뚝 솟은 고원 마을에 산다고 해보자. 당신이 믿는 종교가 이웃 동네의 종교와 다르고, 당신의 언어를 이웃 동네 사람들이 알아듣지 못한다면? 사람들을 대도시로 나르는 철도가 아직 깔리지 않았고, 당신은 이방인에 전혀 익숙하지 않으며, 왕(예를 들면 힘없고 문란했던 루이 15세)은 너무 멀리 있어서 당신에게 전혀 광채를 내뿜지 못한다면? 당신은… 프랑스에 살고 있는 걸까?

『프랑스의 발견*The Discovery of France*』에서 역사가 그레이엄 로브Graham Robb는 오트루아르Haute-Loire로 여행을 떠난 18세기 기하학자의 이야기를 들려준다. 오트루아르는 사실상 왕에게 알려지지 않은 프랑스 지역이었다. 이 기하학자는 자기 장비를 잔뜩 들고 (고원에서 15킬로미터도 안 떨어진) 레 제스타블Les Estables이라는 마을에 도착했다. 동네 사람들은 기하학자와 그의 이상한 도구를 한 번 훑어보고는 그가 주술사이며 그러므로 인간과 자연 세계의 안위에 당장 크나큰 위협이 되리라 판단했다. 사람들은 그 자리에서 기하학자를 잔인하게 살해했다.

파리에서 멀리 떨어진 이 지역의 주민들은(이들의 걱정은 그들 본인에게는 무척이나 생생하고 긴급하고 온전했다) 어떤 의미에서든 프랑스인이었을까? 그때 프랑스는 그들의 몸과 정신과 마음과 영혼이 자신의 것이라고 진심으로 주장할 수 있었을까?

이 세상은 거대하고 아주 오래되었다. 그리고 사람들이 사실상 동굴에서 나와 강을 따라가고, 바람을 피하고, 비를 찾고, 풍요를 바라지 않은 시기는 존재하지 않는다. 우리가 사는 이 국가들은 걷다가 멈추고 다시 걷다가 멈춘 긴 역사 속의 가공물일 뿐이다. 우리의 지도는 그렇게 걷다가 멈추고, 서로 어울리고 거래하고 때로는 싸움도 하고, 그러다 다시 미래를 낙관하는 과정의 스냅사진일 뿐이다. 그 어떤 국가도 순수한 인간으로 구성되지 않는다. 그 어떤 국경도(아무리 높고 아무리 위협적인 철조망을 휘감았어도) 실재하는 것을 감싸고 있지 않다. 그러리라는 생각은 동화와 같다.

. . .

그러나 오늘날 프랑스라는 이름의 국가가 존재한다. 이 프랑스(그리고 남미와 카리브해, 아프리카, 폴리네시아에 있는 프랑스의 영토)에 약 6,700만 인구가 거주한다. 그렇다면 이들은 누구일까?

수 세기에 걸쳐 프랑스 사람들은 이웃 국가와 어울리며 켈트인과 이탈리아인, 게르만인과 적극적으로 뒤섞였고, 무어족 및 바이킹과도 어울렸다. 그리고 중세부터 프랑스 영토에 거주하던 (아슈케나짐과 세파르딤) 유대인도 있는데, 이들은 보호받다가 박해받다가 다시 보호받았다. 18세기와 19세기, 20세기에 프랑스가 식민제국을 세우는 동안 미래의 강력한 이동 경로, 특히 북아프리카와 아시아로 연결되는 경로가 구축 및 강화되었다. 제2차세계대전으로 유럽 전역과 그 너머에 살던 사람들이 프랑스로 들어왔다. 오늘날 프랑스에는 이민자가 무척 많다. 유럽 대부분 지역에서 출생한 아기의 수가 사망자 수를 대체하지 못하고 있는데, 이민은 이러한 인구 위기에 맞서는 다행스러운 반격이다.

프랑스에서는 인종이나 민족 구성의 통계 자료를 수집하는 것이 불법이다. 그러나 대략적인 최근 자료를 보면 식민지 시대의 그 모든 흔적(과 뒤이은 잔혹한 탈식민지 전쟁)이 프랑스로 들어오는 탄탄한 길을 마련했음을 알 수 있다. 2010년에 프랑스에서 출생한 아기의 27퍼센트 이상이 최소 한 명의 외국 태생 부모를 두었다. 민족 공동체 중에서는 알제리와 모로코, 튀니지가 있는 마그레브(아프리카 북서부)의 아랍어권 및 베르베르어권 출신이 가장 많다. 도시에는 사하라 이남 출신이 상당히 많다. 베트남과 튀르키예, 마다가스카르에 뿌리를 둔 이들도 있다. 지난 20년간 인구를 풍성하게 하는 이런 이민자의 물결이 갈수록 빠르게 밀려들었다. 1989년의 철의 장막 붕괴, 1991년의 소련 해체, 1990년대의 유고슬라비아 전쟁, 유럽연합의 확장, 9·11 테러의 여파로 나타난 난민들. 이 모든 사건으로 사람들이 유럽으로 물밀 듯 밀려들었고, 프랑스는 그중에서도 가장 훌륭한 종착지로 보였다.

그러나 이 모든 인구학적 풍요에는 나름의 짐과 위험이 뒤따랐다. 최근의 경제위기로 유럽에 새로운 차원의 압박이 더해지면서 사람들이 자국의 부를 나누는 것을 더욱 불편해하게 되었고, 새로운 인구를 받아들이는 일을 제로섬게임(내가 승리하면 당신은 패배한다)으로 느끼게 되었으며, 모두가 똑같이 생기고 똑같이 말하고 똑같이 예배드리는 깔끔하고 순수한 허구적 국가를 만드는 것이 새삼 매력적으로 보이게 되었다. 프랑스 우파가 득세 중이며, 반유대주의도 급증하고 있다. 돼지 발과 돼지머리, 스와스티카, 지크 하일Sieg Heil 문구로 무덤과 모스크를 더럽히는 새로운 종류의 반무슬림 폭력이 등장했다. 여성이 머리에 스카프를 두르고 얼굴을 가리는 무슬림 관행이 프랑스 법으로 금지되었다. 본인 또는 가족의 성서 해석에 따라 머리를 가린 여성들은 모르는 사람들에게 폭행당한다.

이동은 계속된다. 동굴에서 빛으로 나오고, 강을 따라가고, 찬바람 속으로 나아간다. 비를 향해, 전쟁에서 벗어나 안전하기를 바라며, 번성하기를 기대하며 이동은 계속된다.

다시 한번 기차역으로, 버스로(버스요금으로 낸 동전이 금속 통에 쨍그랑 떨어진다), 이동이 계속된다. 산으로 올라갈수록 공기가 점점 차가워지고 나무의 키가 점점 커진다. 머리 위에 매가 날고, 잔디밭에 까치가 앉았으며, 제비들이 나뭇가지 사이를 빠르게 내달린다. 돌집과 파란 눈과 말 없는 이야기가 있는 땅으로, 이동은 계속된다.

새 여행자들은 계속 이동한다. 이들은 둥근 지구의 어느 상상 속 공간에서 왔을까?

랄릭과 아라트는 러시아에서 왔지만 러시아에 오기 전에는 아르메니아에서 살았다. 두 사람은 더듬거리는 프랑스어로 약간

말할 수 있다. 아멜리에는 두 손을 사용해 누가 봐도 훌륭하게 말을 전달한다. 아파트 문 앞에 서 있는 동안 아멜리에가 나를 가리키며 이 사람은 매기라고 설명한다. 매기는 고원에서 외국인들이 어떻게 살아가는지 연구하려고 이곳에 와 있어요. 눈이 위아래로 움직인다. 그리고 매기는 러시아에 산 적이 있어서 러시아어를 할 수 있어요.

정말요?

두 사람의 아파트 문턱에서 나는 부츠의 끈을 풀려고 허리를 숙인다. "절대 신발 벗지 말아요! 절대로!" 랄릭이 소리친다. 흥미롭다. 구소련의 모든 지역을 똑같이 잘 아는 건 아니지만, 어디에서나 신발의 춤이 벌어진다는 사실은 확실히 안다. 신발의 춤은 이렇게 진행된다. 원래 집에 들어갈 때는 절대 신발을 신어선 안 된다. 적어도 내가 살았거나 가본 구소련 지역에서는 그랬다. 북부든 남부든 동부든 서부든, 도시든 시골이든, 기독교도든 무슬림이든, 아파트든 통나무집이든 마찬가지다. 거리에서 신는 신발은 어디에서든 지독히 더러운 것으로 여겨지기에 깨끗한 집 내부에서 신기엔 알맞지 않다. 그런데도 사람들은 때때로 집 안에 들어온 손님에게 신발을 벗지 말라고 말한다. 왜냐고? 바로 여기에서 신발의 춤이 벌어진다. 사람들은 손님을 존중하는 의미에서 신발을 못 벗게 한다. 그러나 손님 역시 집 주인을 존중하는 의미에서 꼭 신발을 벗어야 한다. 춤이 다 끝나면 모든 것이 편안하고 아늑하고 정결해진다. 바로 그 문간에서, 모두가 만족스럽게 적당히 존중받는 것이다. 그러나 이 의례는 특정 상황에서 (괴상한 것까지는 아니더라도) 다소 극적으로 변할 수 있다. 예를 들면 관계와 위계가 불분명할 때가 그렇다. 바로 지금처럼.

그래서 '절대 그럴 생각 말아요'가 수차례 오간 뒤 나는 침을 삼키고 (신발의 춤을 전혀 모르는) 아멜리에처럼 랄릭의 주장을 따른다.

이렇게 우리 둘은 신발을 신고 이 새로운 영역으로 완전히 들어선다.

두 사람이 작고 환한 부엌 구석에 있는 자그마한 식탁으로 우리를 곧장 안내하고, 랄릭이 내가 가져간 쿠키 상자를 연 뒤(이런 걸 왜 가져왔어요? 랄릭이 묻는다. 자 켐Za chem, 무엇 하러?) 각종 과일을 준비하기 시작한다.

아멜리에와 랄릭이 프랑스어와 손을 이용해 대화를 나눈다. 논의할 사안이 많다. 아라트는 쭉 변호사에게 연락하고 있는데 답이 오지 않는다. 아멜리에는 그 변호사(아주 유능하고 인기가 많다)가 이미 처리하고 있는 수많은 편지를 몸짓으로 표현한다. 그 다음 랄릭과 아라트는 인터넷에서 찾은 내용을 안간힘을 다해 설명한다. 프랑스 외인부대에 입대하면 자동으로 거주 자격을 얻는다고 하던데요? 우리 아들이 시도해봐야 할까요? 아멜리에가 상냥하지만 깜짝 놀란 표정으로 몸짓을 통해 용병 부대 입대가 얼마나 위험한지 설명한다. 그리고 자기 몸을 껴안으며 아들이 두 사람을 얼마나 사랑하는지 설명한다. "젬 파파! 젬 마망!J'aime Papa! J'aime Maman!" 아들이 두 사람을 기쁘게 하려고 무슨 일이든 할 수 있다는 사실을 몸짓으로 설명한다. 그러면서 아주 작은 목소리로 무어라 말한다.

뭐, 서류를 받을 수만 있다면요. 랄릭이 말하고, 곧이어 한

번 더 똑같이 말한다.

랄릭이 과일을 자르는 동안 아멜리에에게 기침과 설사, 고열에 효과가 있는 과일들을 설명해주며 대학 1학년 때 배우는 의료인류학 강의를 해준다. 나는 러시아에서 이런 방법을 여럿 배웠다. 감기에 걸리면 꿀이나 라즈베리 잼을 먹고, 열이 나면 겨자 연고를 바른다. 불 부항이라는 것도 있는데, 나는 그 오래되고 무시무시한 컵들을 몸에 달고 그저 비명을 질렀다. 그러나 랄릭의 방법은 새롭다. 석류 껍질을 말려서 그 냄새를 들이마시면 충치가 낫는다. 감기에 걸리면 배의 씨앗을 차로 끓여 마시고, 열이 나면 코코아버터를 바른다.

수년간 러시아에서 이런 대화를 얼마나 많이 들었던가? 사람들은 타인에게 그들을 괴롭히는 병의 치료법을, 몸과 마음의 고장 난 부분을 고치는 방법을 (심지어 처음 만난 자리에서도) 얼마나 절실히 말해주려 했던가? 나와 함께 살았던 주술사는 이런 치료의 전문가가 아니었지만, 체구가 작고 목소리가 부드러운 그의 아내는 보통 여성들이 그렇듯 그보다 이런 방법들을 잘 알았다. 아픈 사람들이 그들의 오두막집에 도착하면 그 여성은 (남편의 마법 약 외에도) 늘 약재와 증기, 꿀로 방문자를 낫게 하는 자기만의 방법을 내놓았다. 아내의 방식은 마음을 달래는 기술이었다.

아멜리에가 커피를 한 모금 마신다. 랄릭과 아라트가 각종 음식을 내놓았지만 아멜리에는 자신이 그 음식들을 전부 먹을 수가 없다고 내게 미리 말해두었다. 거주민들(이곳 직원들은 망명 신청자를 이렇게 부른다)은 모두 아멜리에를 후하게 대접하고 싶어 한다. 그러나 아멜리에는 매번 식사할 수 없다. 아멜리에는 딸들이 있고, 집에서 딸들과 식사를 해야 한다. 상관없다. 아라트와 랄릭은 그들이 내놓은 음식을 아멜리에가 먹지 않아도 아멜리에를 무척 좋아한다.

그러나 나는 배가 고프므로 그 음식을 먹는다.

이제 랄릭이 나를 훑어보기 시작한다. 랄릭과 아라트가 몇 가지 질문을 던지며 러시아어를 할 줄 아는 이 외국인이 뭘 하려는 건지 확인한다. 나는 전시의 고원에 관해 내가 아는 내용을 두 사람에게 설명한다. 그때 이곳 주민들은 아주 위험한 상황에서도 여러 국가에서 온 사람들을 보호했어요. 그리고 지금 또다시 전 세계 사람들이 이곳에 살고 있고요.

두 사람은 눈을 깜박이고는 대화 주제를 바꾼다.

그러나 곧 랄릭이, 그다음에는 아라트가 내게 러시아어로 조금 말한다. 러시아어는 두 사람에게 제2언어인데도(아라트는 억양이 특히 강하다) 상당히 유창하다. 머지않아 둘은 아주 큰 목소리로 아주 빠르게 러시아어로만 말하고, 나는 최선을 다해 아멜리에에게 그 내용을 전달한다. 부마즈키bumazhki(서류)는 어떻게 됐어요? 부마즈키? 이제 둘은 러시아어로 묻는다. 그리고 내게 묻는다. 어디 살아요? 남편은 어디 있어요? 아이들은요? 아, 예레반 아름답죠, 훌륭한 국제도시예요. 이 산간벽지하고는 전혀 다르죠! 도대체 왜 러시아 마을에서 살았어요? 왜 작은 마을에 살려고 해요? 아, 공기가 깨끗하긴 하죠. 너무 깨끗해서 처음 도착했을 때 우리는 거의 숨을 못 쉬었어요. 하지만 여기 사람들이 옷 입는 것 좀 봐요! 꼭 봄지bomzhi(부랑자) 같아요!

식탁 위에 먹을 것이 쌓인다. 랄릭이 길고 검은 머리칼을 한쪽으로 넘긴다. 그리고 해바라기씨를 내놓는다. 먹어요! 과일 좀 먹어요! 과일 먹으면 몸에 좋아요! 그러다 이 모든 것이 무척 친숙하게 느껴지기 시작한다. 식탁 앞에서 음식을 잔뜩 먹고, 명령받고, 호통과 함께 영약의 비법을 듣는 것이….

그 순간 내가 러시아를 얼마나 그리워하는지 깨닫는다. 추운 날씨의 작고 따뜻한 식탁, 프라이팬 위에서 타닥타닥 구워지는 감자와 양파, 다짜고짜 묻는 사적인 질문들(남편은 있고 아이는 없어요), 곧바로 튀어나오는 진심. 난데없이 낭독하던 시들, 운율에 맞춰 고개를 끄덕이던 그 기품 있는 시들이 그립다. 과일나무와 벌집을 이용하는 치료법들도 그립다. 고통은 늘 있을 것이고, 어떻게 해서든 그 고통을 치료해야 할 것이므로.

차를 홀짝이며 식탁에 차린 음식을 먹는 지금, 이방인과 함께 있는 이 집에서 이상하게 마음이 편안하다는 것을 깨닫는다. 어쩌면 내가 이들 사이에 있는 이방인일지도. 어느 쪽일까? 나는 숨을 내쉬며 이 순간에 빠져들고, 이 음식과 이 대화의 익숙한 윤곽을, 권위 있는 태도와 선의, 따뜻함을 받아들인다.

마침내 주위를 둘러본다. 아파트는 수수하고 깔끔하다. 소파와 의자가 있다. 텔레비전이 번쩍이는데, 아르메니아어가 나오는 것 같다. 집 전체에 곰 인형이 매우 많다는 것을 알아차린다. 실제로 집을 둘러볼수록 곰 인형이 더 많이 보인다. 파란 곰 인형, 분홍색 곰 인형, 주황색 곰 인형, 온갖 색깔이 다 있다. 여러 차례 세탁했거나 눈비를 맞은 것처럼 대부분 색이 바랬다. 큰 인형도 있고 작은 인형도 있다. 어떤 것은 의자에 놓여 있고, 어떤 것은 선반 위에 있거나 벽에 패턴을 이루며 걸려 있다. 거실과 떨어진 침실 벽에는 곰 인형들로 만든 커다란 원이 있다. 어떤 것은 검은색 실로 떨어진 목을 붙여놓았다.

나는 바라보고 귀 기울여 듣는다. 두 사람은 말한다. 랄릭이 말을 하고 또 하기 시작한다. 아멜리에는 한동안 커피를 홀짝이고 쿠키를 조금씩 베어 먹으며 러시아어가 자기 옆을 떠다니게 둔다.

그리고 지금, 이야기가 펼쳐지기 시작한다.

랄릭은 카스피해 바로 옆에 있는 소련 남캅카스 지역 공화국인 아제르바이잔에서 태어난다. 랄릭이 아직 어릴 때 가족이 소련 남캅카스 지역의 또 다른 공화국인 아르메니아로 이주한다. 랄릭은 그곳에서 자란다. 아제르바이잔인인 랄릭의 아버지는 한때 많은 이에게 사랑받는 소련 장교였다.

어느 순간, 누군가의 소중한 천사였던 이 소녀, 정수리에 나비 모양 리본을 맨 이 소녀는 아르메니아인 이웃의 눈에 그저 **아제르바이잔인**이 된다. 소녀도, 천사도 아니다. 그저 아제르바이잔인일 뿐이다. 아제르바이잔인은 두려워하고 증오하고 불신해야 할 대상이다. 검은 머리칼이 길고 풍성한 여성으로 성장한 랄릭은 이제 봉제 공장에서 일한다. 그리고 아라트를 만난다. "이이가 자르면 내가 재봉했어요!"

랄릭과 아라트는 곧 결혼하고, 아름다운 산으로 둘러싸인 도시 예레반에 살기 시작한다. 그러던 어느 날 소련이 무너지면서 정치적 변화가 생긴다. 아르메니아는 나고르노카라바흐 Nagorno-Karabakh라는 이름의 아제르바이잔 산악지대가 자국 영토라고 주장하고, 모두가 서로를 죽일 듯이 분노한다. 휙, 순식간에 이 부부는 크나큰 위험에 처한다. 랄릭이 아제르바이잔인이라는 이유로 아라트는 계속 폭행당하고, 때로는 묵사발이 될 때까지 맞는다.

이 부부는 결국 모든 것을 팔고 아르메니아를 떠난다. 아라트는 그때까지 읽은 2,000권의 책을 모조리 팔아야 하자 결국 무너지며 흐느껴 운다. 두 사람은 이제 모스크바에 있다. 처음에는 상황이 괜찮다. 그러나 곧 이들의 신분에 변화가 생긴다. 둘은 무국적자가 되어 시민권과 서류 없이 지하에 산다. 그리고 추리닝을 입고 텅 빈 눈을 한 러시아 마피아와 러시아 경찰의 온갖 부정부패에 시달린다. 고국을 떠난 아르메니아인들도 아라트는 아르메니아인이고 랄릭은 아제르바이잔인이라는 이유로 두 사람을 끊임없이 증오한다. 모스크바에서 둘은 병원에 갈 수가 없다. 그래서 충치가 생겨 밤새 고통스러울 때면 석류 차와 배 씨앗 같은 것을 이용할 수밖에 없다.

랄릭의 입 한쪽에 치아가 몇 개 없다는 것을 이제야 알아차린다.

모스크바에서는 매일 크고 작은 끔찍한 일이 발생한다. 아라트는 뜨거운 쇠막대로 복부를 얻어맞는다. 두 사람에게는 아들 하나 딸 하나가 있다. 아들 아베디스Avedis는 이제 거의 열일곱 살이다. 저 애예요. 랄릭이 이렇게 말하며 집 안의 그늘을 드나드는 사람을 가리킨다. 창백한 얼굴이 붉게 달아오른다. 아베디스가 프랑스 외인부대에 입대하는 모습이 잘 그려지지 않는다.

아들은 여기에 있다. 그러나 딸은 없다.

텔레비전에서 아르메니아 음악이 시끄럽게 흘러나온다. 곰 인형들이 우리를 바라본다.

딸은 죽었다. **그들이** 딸을 죽였다. 아라트가 딸과 함께 차에 타고 있을 때 아르메니아인들이 아라트를 따라와 차를 들이받았다. 충돌 이후 아라트는 혼수상태에 빠졌다. 정신이 들었을 때 딸은 이미 땅에 묻혀 있었다.

두 사람은 수천 유로를 모아 유럽 밀입국을 도와줄 운전자, 파쇠르를 찾았다. 둘은 자신들이 어디로 가게 될지 전혀 몰랐다. 그리고 프랑스에 도착하자마자 곧장 관청에 가서 자수한 뒤 정식으로 망명을 신청했다.

르 샹봉에 처음 도착했을 때 아들 아베디스는 아직 공포에서 벗어나지 못한 상태였다. 거미만 봐도 어린 여자아이처럼 비명을 질렀다. 아직도 말하는 걸 두려워한다고, 랄릭이 말한다. 네와 아니요가 들을 수 있는 전부예요.

그러나 두 사람의 딸은 죽었다. 가고 없다.

랄릭이 내게 손으로 본인 눈썹을 하나씩 전부 뽑았다고 말한다. 한때 자기는 날씬했는데 이제는 뚱뚱하다고 말한다. 날 좀 봐요! 랄릭이 빠진 치아를 감추려고 입의 반을 가린다. 아이고, 여기선 제대로 된 옷을 살 수도 없어요. 아이고, 이곳은….

아멜리에는 이야기를 전부 듣고 있다. 나는 최선을 다해 내용을 전달한다. 단어는 통역할 수 있지만, 이런 말은 어떻게 통역할 수 있을까? 당신이 사랑하는 장소가 어느 날 당신의 마음을 찢어놓을 수 있어요.

저녁이 저물어간다. 몰아치는 단어들 속에서 내가 아는 것이 무엇인지 따져보기 시작한다.

랄릭과 아라트는 수년간 은둔 생활을 했고, 지금은 일시적으로나마 안전하다. 랄릭과 아라트는 딸을 잃었다. 딸은 영원히 떠나버렸다. 지금 두 사람은 서류를 기다리고, 기다리고, 또 기다리는 중이다. 서류만 받을 수 있다면! 둘은 이 말을 하고 또 한다. 리시 비 빌리 부마즈키Lish' by byli bumazhki. 부마즈키. 부마즈키. 서류. 서류에 대한 갈망이 쉼 없이 계속된다. 이 부마즈키가 어떻게 될지 알기 전까지 진정한 평화는 없다.

아라트가 아내를 달랜다. 랄릭이 요리를 한다. 과일을 더 자른다. 다시 아멜리에에게 더 먹으라고 말한다. 랄릭이 눈을 깜박인다. 식탁에 놓인 해바라기씨를 먹는다. 먹고 말하고 좀 더 먹는다. 손가락, 입, 그릇. 손가락, 입, 그릇.

랄릭의 입은 O다. 안타깝게 뒤틀린 O. 랄릭의 눈이 아래를, 그러다 위를, 그러다 밖을 바라본다.

여러 날이 흐른다. 여러 주가 흐른다. 이곳 고원에서 나의 상황이 바뀌었다. 문이 열렸다.

요즘 나는 CADA에 가서 사람들을 만난다. 문을 두드린다. 잘되기를 기대하며 쿠키와 초콜릿 바를 들고 간다. 내가 나쁜 사람이 아니라는 말이 퍼진 것 같다. 내가 러시아어를 통역할 수 있다는 말도(구소련에서 온 가족들에게 유용할 수 있다). 내 러시아어가 완벽과는 거리가 멀긴 하지만, 어쨌든 나는 아무 대가도 바라지 않는다. 그래서 아멜리에(사람들은 늘 "아멜리에! 아멜리에! 아멜리에!" 하고 기쁘게 연호한다)는 부마즈키에 관한 회의 안건에 내 이름을 올려두었다. 다음 주에 있을 전기 기사의 방문이나, 진료 예약에 관한 안건에도.

언제나 밤새 운 것처럼 보이는 아이들이 있는 궁핍한 알바니아인 가족을 만나고, 찡그린 얼굴로 꼿꼿이 서서 뒤에 어린 아들을 달고 다니는 르완다 싱글 여성을 만난다. 세 아이가 있는 젊고 매력적인 아르메니아 부부도 만난다. 이들의 첫째 딸은, 세베놀 스쿨의 학생들과 함께 미술 프로젝트에 참여하는 CADA의 어린이들을 자진해서 돕고 있다. 이 가족이 고향에서 겨우 가져온 몇 안 되는 기념품 중 하나는 아라라트산 앞에 선 아들의 손에서 새 한 마리가 날아오르는 사진이다.

세상이 열린다.

나는 콩고에서 온 가족을 꽤 자주 방문한다. 유난히 아름다운 일곱 사람(아내와 남편, 아이 다섯)으로 구성된 가족이다. 아내인 로시네Rosine는 피부가 매끈하고 머리카락이 길고 부드러우며, 목소리가 낮고 걸걸하다. 몇 년 전 로시네의 남편이 전단을 배포한 혐의로 체포되었다. 너무 오랫동안 소식이 없어서 로시네는 남편이 죽었다고 생각했으나, 알고 보니 남편은 살아 있었다. 그러다 로시네 역시 체포되었고, 감옥에서 고문당하고 강간당했다. 마침내 한 교회 단체에서 이들을 나라 밖으로 빼내 프랑스로 입국시켰다. "아, 아이들이 눈을 처음 봤을 때 말이에요! 눈앞의 광경을 도저히 믿지 못했다니까요!" 로시네가 말한다. "하늘에서 눈이 내리고 있었고, 아이들은 손을 뻗어서 눈을 붙잡고, 먹어보고, 서로에게 던졌어요. 마치 눈이 아프리카의 모래인 것처럼요!"

지금 보니 로시네 남편의 눈에 노란 흙터가 있다. 체포되기 전에 그는 일을 하느라 여기저기를 도보로 이동했다. 콩고에서 앙골라로, 다시 나미비아로 갔다가 콩고로 돌아왔다. 시골을 지나, 정글을 지나, 강을 따라갔다가, 다시 왔던 길로 되돌아왔다. 국경이 흐릿해졌고, 중간에 어떤 마을에 도착하면 태양의 위치를 보고 이동을 가늠했다. 도대체 국경이 무엇이란 말인가? 이런 식으로 걸어서 여행하면 마을의 족장이 나오고, 마을 주민이 전부 나와서 환영하고, 사람들이 커다란 바구니에 한가득 담아온 과일을 전부 먹을 수 있다고, 로시네의 남편이 내게 설명한다.

그의 손을 바라본다. 거칠고, 역시 상처가 있다. 수없이 많이 나르고, 간청하고, 견뎌낸 끝에 마침내 그의 두 손이 이곳에 있다.

그래서 고요한 밤에 잠자리에 드는 지금, 내 눈에 보이는 이미지는 나치 독일과 점령당한 폴란드, 부모들이 남아 있는 강제수용소만이 아니다. 잠시나마 안전했던 1942년 말의 레 그리옹에서, 점점 꺼져가는 난롯불 옆에서 홀로 밤을 지키는 다니엘만이 아니다. 누구도 문전박대당하지 않았다는 마그다 트로크메의 문간만이 아니다.

이제는 내가 떠올릴 수 있는 가장 아름다운 산으로 둘러싸인 도시(예레반!)와, 노아가 해안에 도착한 뒤 이 세상의 모든 동물이 쏟아져 나와 새롭게 출발했던 아라라트산 앞에서 비둘기를 날리는 한 소년의 스냅사진이 보인다. 서아프리카를 구불구불 지나 바다로 흘러가는 강과, 콩고의 수도 킨샤사 외곽을 흐르는 그 강에서 빨래하는 여성들의 스냅사진이 보인다.

◇

흥미롭게도, 망명 신청자들과 시간을 보내며 그들의 이야기를 듣기 시작하자마자 원래 고원에서 들으려 했던 이야기도 들려오기 시작한다. 이제 사람들은 격의도 주저함도 없이 내게 말을 꺼낸다. CADA에서 법률 문서 작성을 돕는 한 남자는 자기 처가가 유대인을 보호했다고 말한다. 이 지역의 한 대학원생은 자기 친척이 전쟁 당시 독일인과 거래했다는 이유로 비난받았다고 말한다. 한 친구의 어머니는 생테티엔에서 이곳 고원으로 피난을 왔고, 또 다른 친구의 할머니는 르 마제 바로 옆인 파넬리에Panelier에 살았다. 새하얀 머리카락과 블랙베리 색 눈동자를 가진 한 아름다운 노인 여성은 전시였던 자기 소녀 시절 이야기를 해주고, 빨래꾼이었던 자기 어머니가 마을 광장의 분수에서 가르쳐 준 노래를 불러준다.

표면 아래 어디에나 이야기가 있고, 모두에게 자기만의 이야기가 있는 듯 보인다. 아, 맞아요, 우리 할머니가 전쟁 때 피난민 얘기를 했던 것 같아요. 잘은 모르겠어요. 한번 삼촌한테 물어볼게요. 헛간에서 음식을 먹였다는 얘기를 들은 것 같기도 하고요. 사람들은 몰래 음식을 챙겼어요. 피난민들을 벽장에 숨겨줬고요. 여기, 바로 이 벽장이에요. 경찰들이 와도 절대 알려주지 않았어요. 저기 정육점 맞은편에 있는 교회 종탑에도 사람들을 숨겼어요. 그 사람들이 유대인이었는지 아닌지는 몰라요. 아무도 말 안 했거든요.

이제 수색하고 캐내는 일 없이, 얼굴이 어두워지는 일 없이 이야기들이 나타난다. 이 이야기들은 단편적이고, 자연스럽고, 인생의 자그마한 측면들로 반짝이고, 물처럼 흐른다. 버스를 타고 온 관광객들에게 들려줄 만한 이야기는 아니지만, 친밀하고 생생하며 삶의 긴박한 순간들과 연결되어 있다.

지금까지 들은 것 중 내가 가장 좋아하는 이야기는 이것이다. 상드린과 나는 상드린 삼촌의 농장에서 밝은 금발인 상드린의 어린 아들과 함께 걷고 있다. 아이는 개구리를 쫓으며 버섯을 찾는 중이다. 겨우 일곱 살인데도 눈이 무척 밝다. 상드린이 내게 전쟁 당시 자기 친척 중 한 명이 유대인 아이들을 집에 들였다고 말해준다. "그 아이들이 친척을 기쁘게 해주고 싶었나 봐요. 아이들은 이곳 사람들이 개구리 다리를 즐겨 먹는다는 걸 알았어요. 그래서 개구리를 잡으러 숲으로 들어갔죠. 그런데 그 아이들은 도시 출신이었거든요. 몇 시간 뒤에 두꺼비를 잔뜩 잡아서 돌아왔어요. 개구리가 아니라 두꺼비를 잡은 거예요!"

눈동자가 물을 닮은 상드린이 웃음을 터뜨린다. 두꺼비라뇨! 하하. 아이들은 최선을 다했어요. 가엾어라!

이제 시간을 어떻게 보내야 하는지 안다. 쿠키를 들고 문 앞에 찾아가 귀를 기울인다. 들을 이야기가 너무 많다.

그러나 또 다른 일도 일어나고 있다. 마치 내 주변 시야에서 이상한 모양의 새로운 논리가 형성되고 있는 것 같다. 그 논리는 이렇다.

나는 고원의 침묵의 법칙을 이해하지 못했다. 그러나 어느 날 어쨌든 그 법칙을 따르기 시작했고, 침묵을 지켰다. 그랬더니 사람들이 말을 하기 시작했다.

또 다른 논리는 이렇다.

평화를 연구하고 싶어서 폭력이 극심한 러시아에 더 이상 가지 않았더니, 여기 평화의 땅에서 러시아가 내게 돌아왔다. 내 세상의 지도가 활짝 열리며 새로운 강을 따라 흐르고 새로운 산을 올랐다. 새로운 국가와 새로운 대륙, 새로운 전쟁, 정글의 나뭇잎 아래에서의 새로운 화해, 애원하고 희망하며 위를 향해 뻗은 새로운 손들로 나아갔다. 우리 여기 있어요!

또 다른 논리는 이렇다.

과거의 문은 내 앞에서 닫혔고, 이제 현재가 내게 마구 밀려들고 있다. 그러자 뒤이어 과거가 나를 찾아왔다.

이건 무슨 물리적 현상일까? 일종의 질량보존일까? 일종의 유체역학일까? 문 하나를 닫으면 더 커다란 다른 문이 열리는 것. 망토를 향해 손을 뻗자 코트까지 같이 주어지는 것. 약간의 교류를 바랐더니 그 두 배가 주어지는 것.

이 모든 것이 너무나도 감사하고, 약간 얼떨떨하다. 마침내 내가 나의 목적에 녹아들자 즉시 나의 목적이 돌아와 내게 녹아드는 것을 목격하면, 마법과 법칙을 구분하기란 어렵다.

랄릭과 아라트의 집을 처음 방문하고 며칠 지나지 않은 어느 날, 두 사람이 나를 또다시 초대한다. CADA의 거주민들이 한 달에 두어 번 이용하는 푸드뱅크인 레스토 뒤 쾨르Resto du Coeur

에 랄릭이 다녀와서, 아라트가 나에게 샤슬릭shashlik*을 만들어주겠다고 한다. 아라트는 내가 진짜배기를 맛보길 원한다. 이번 방문은 더 차분하고 수월하다. 랄릭이 고향에서 어떤 삶을 살았는지 내게 말해주고 싶어 한다. 그때 랄릭은 털 코트가 여러 벌 있었고, 아라트는 늘 맵시 있게 옷을 차려입기를 좋아했다. "보스가 되어야 보스처럼 보일 수 있는 건 아니에요!" 물론 프랑스 마을에서의 삶이 차분한 건 사실이지만 랄릭에게는 너무 느리고 너무 지루하다. 랄릭은 마을을 산책하거나 숲에 가는 것을 좋아하지 않는다. 당신이 과거의 나를 봤어야 해요, 랄릭이 말한다. 난 원래 늘씬했어요.

여기서는 단정하게 차려입으려는 사람이 아무도 없다고, 랄릭이 주장한다. 프랑스 여자들은 옷에 신경을 안 써요. 머리카락이 젖은 채로 밖에 나간다니까요. 하이힐도 안 신어요. 랄릭에게는 러시아에서 온 동네 친구가 있다. 언젠가 그 친구가 화장하고 제대로 된 하이힐을 신고 예쁜 드레스를 입고 행사에 간 적이 있는데, 사람들은 무슨 몸 파는 사람을 보듯이 그 여자를 쳐다봤다.

아라트가 옆에서 요리를 돕게 해준다. 나는 꼬치에 끼운 닭고기 옆에 생양파를 끼운다. 랄릭은 푸드뱅크에 다녀온 일로 여전히 기분이 좋다. 이번 주 음식은 최상은 아니지만 나쁘지 않다. 랄릭은 생선과 라비올리 통조림, 칠리, '미국' 우유 몇 통, 냉동 생선 살, 정어리, 과일과 채소를 받았다. 그런데 랄릭 뒤에 줄을 서

---

* 러시아식 꼬치구이.

있던 한 아프리카 여자가 랄릭의 머리카락을 만지기 시작했다! 랄릭은 그게 싫어서 몸을 비틀어 빼며 그만하라고 말했다. 그 여자는 머리숱이 별로 없었는데, 랄릭은 아프리카인들이 머리를 너무 세게 땋아서 머리카락이 많이 빠지는 것 같다고 말한다. 흠. 나는 아프리카 여성의 머리카락이 빠지는 다른 이유를 생각해봤다. 그러나 말로 꺼내진 않았다.

샤슬릭은 맛이 좋다. 아라트와 랄릭이 샤슬릭과 내 사진을 찍는다. 매력적이고 젊은 아르메니아인 가족이 집에 방문한다.

저녁이 끝나갈 무렵, 나는 랄릭과 아라트에게 르 샹봉의 다른 쪽 끝에 있는 내 아파트까지 데려다주지 않아도 된다고 말한다. 집까지 가는 데는 거의 30분이 걸리는 데다 오르막길도 있고, 두 사람은 갔다가 다시 돌아와야 한다. 그러나 둘은 고집을 부린다. 랄릭이 두툼한 스웨터를 걸치며 고향에서라면 이런 옷을 절대 입지 않았을 거라고 말한다.

얇은 구름 뒤로 통통하고 하얀 달이 떠 있다. CADA 주택에서 나와 양쪽에 키 큰 소나무가 늘어선 길을 걷는 동안 달이 우리 뒤를 따라온다. 우리는 문이 전부 닫힌 커다란 집들을 지난다. 여기 아무도 안 살 거라고 생각했죠? 랄릭이 말한다. 이 집들에서 불빛이 새어 나오는 걸 못 봤을 거예요. 하지만 그 안에 사람들이 있어요. 이 커다랗고 캄캄한 집에는 여자가 혼자 살아요. 개도 안 키운다니까요. 서류만 나오면 우리가 이 집을 살 수 있을지도 몰라요.

그때 나무들 뒤로 커다랗고 캄캄한 집이 또 한 채 나온다.

랄릭이 여기 살던 남자는 목을 매달아 죽었다고 말한다. 지금은 아무도 안 살아요. 아르메니아에서는 누가 죽으면 시신을 집 안에 눕혀놔요. 여기서는 시신을 곧장 교회로 보내는데, 우리가 보기에 집에서 시신을 꺼내는 건 예의가 아닌 것 같아요.

기찻길이 점점 가까워진다.

여기는 그 음악 하는 사람의 아버지가 살아요, 랄릭이 말한다.

언덕을 내려가고, 이제는 마을 중심가다.

랄릭이 이곳은 여름에 아주 달라 보인다고 말한다. 사람들이 나와서 춤을 춰요. 광장에서 볼링을 해요.

여기가 내가 다니는 병원이에요. 내 주치의예요. 여기는 내가 옷을 사는 데예요.

여기(랄릭이 고원의 의인들에게 바친 명판이 있는 작은 광장을 가리킨다)가 여름 축제가 열렸던 데예요. 무슨 축제였는지는 기억 안 나요. 꽃 어쩌구였는데. 랄릭이 오른쪽에 모습을 드러낸 개신교회를 쳐다본다. 교회 안에는 한 번도 들어간 적이 없다고, 랄릭이 말한다.

모퉁이를 돌아 강 쪽으로 향한다. 밝은 별 하나가 보인다. 우리가 마을의 중심가를 지나, 다리를 건너, 들판과 나무로 둘러싸인 조용한 도로를 따라 걷는 동안 이 별이 우리 셋에게 빛을 뿌리는 것 같다. 우리는 걷고 또 걷는다.

랄릭이 크고 캄캄한 집들, 이곳의 고요함, 자살, 교회, 플랫슈즈를 신고 헝클어진 머리를 한 여자들에 관해 자기 이야기를 들려준다. 이것이 걷는 동안 랄릭이 보는 것들이다. 이것이 랄릭의 고원이다. 랄릭은 과거에 이곳에 살았던 의인들을 전혀 모른다. 알아야 할 이유가 어디 있겠는가?

달이 뒤를 따라오는 동안 우리는 걷는다. 그리고 마침내 내 아파트의 문 앞에, 밤중에 문 위에서 빛나는 나만의 작은 불빛 앞에 다다른다.

랄릭에게는 랄릭의 눈이, 내게는 나의 눈이 있다.

7장 사냥

모든 생명이 저마다의 기쁨을 찾네 / 포악한 것도, 유순한 것도
어떤 것은 무리에 속해 동맹을 맺고 / 어떤 것은 홀로 떠돈다네
도망쳐! 잔혹한 지배 / 포악한 인간의 통제
사냥꾼의 즐거움, 살생의 비명 / 피 흘리며 퍼덕거리는 날개!

—로버트 번스Robert Burns, 「서쪽으로 부는 바람Now Westlin' Winds」

1943년 1월 18일, 월요일.

이날 마침내 소련 적군이 레닌그라드에서 독일의 포위망을 뚫고 들어갔다. 포위망 안에서 소련 시민들은 3년간 굶어 죽고 있었고, 한 달에 10만 명이 죽은 때도 있었다. 살아남은 사람들은 톱밥으로 양을 늘린 빵과 과거 러시아제국 시기에는 장엄한 정원이었던 곳에서 자란 잡초를 먹었고, (굶주림으로 착란상태에 빠졌을 때는) 서로를 잡아먹기도 했다. 이 북부 도시의 1월은 날이 짧고 칙칙하며, 태양은 머리 위로 두껍게 깔린 구름을 좀처럼 뚫고 나오지 못한다. 아마 1942~1943년의 겨울은 러시아에서 그 어느 때보다 캄캄한 시기였을 것이다. 그러나 1월의 이날에 포위망이 뚫렸고, 먹을 것과 태양이 서서히 되돌아왔으며, 결국 사망한

100만 명 이상의 뼈 위로 삶도 서서히 다시 시작되고 있었다.

이날은 바르샤바 게토에 있던 유대인 수백 명이 트레블링카Treblinka 절멸 수용소로 이송되는 데 저항해 처음으로 봉기를 일으킨 날이기도 하다. 게토 주민들은 자신의 손과 주먹, 기름을 담은 병과 밀반입한 권총 등 무기로 쓸 수 있는 것은 무엇이든 다 사용했다. 결국 수용소 이송은 막지 못했다. 하지만 원래는 8,000명을 체포할 계획이었던 독일군이 봉기를 진압한 후 체포한 유대인은 겨우 5,000명이었다. 주먹과 손과 기름병으로 3,000명이, 적어도 한동안은 목숨을 건질 수 있었다는 뜻이었다.

한편 같은 날이었던 1943년 1월 18일, 이 겨울의 한복판에, 프랑스의 험준한 산간벽지에 있는 고원의 한 사무소에서, 누군가가 일을 하려고 자리에 앉았다. 어쩌면 그 남자나 그 여자(여자라고 해도 될까?)는 일을 시작하기 전에 가볍게 자기 머리카락을 만졌을지도 모른다. 어쩌면 의자의 위치를 조정했을지도 모른다. 누가 알겠는가. 그러나 우리가 확신할 수 있는 것은, 어느 순간 그 사람이 종이 한 장을 수동식 타자기에 끼운 다음 맨 위에서부터 타자를 치기 시작했다는 것이다.

> 13ième LEGION DE GENDARMERIE. COMPAGNIE DE LA HAUTE-LOIRE. SECTION d'YSSINGEAUX. BRIGADE DE TENCE.
>
> (제13 헌병대. 오트루아르 중대. 이생조 소대, 탕스 분대.)

대문자로 적은 이 내용은 이 사람이 앉아 있는 경찰서와 행정구역, 소대, 분대를 밝히는, 아마 전에도 수없이 많이 입력했을 기본 정보였다.

그리고 카-칭, 종소리가 울리고, 타자기의 캐리지가 착 돌아온다.

"분대 관할 구역에 거주하는 타국 국적 유대인 목록."

라디오가 켜져 있었을까? 이 사람은 라디오에서 흘러나오는 노래를 흥얼거렸을까? 어쩌면 당시 크게 유행한 테너 티노 로시Tino Rossi의 감미로운 목소리가 흐르고 있었을지도 모른다. "당신이 살던 마을을 다시 본다면, 그곳의 종탑을 다시 본다면…."

이 여성이 작성하고 있던 문서(정확히 말하면 표)는 분대 대장인 뒤브뢰유Dubreuil에게 제출할 것이었는데, 뒤브뢰유는 르 퓌앙벌레에 있는 도청에 이 정보를 제출하라는 명령을 받은 상태였다. 우리가 이 사실을 아는 이유는 1월의 바로 그날, 오트루아르에서 같은 정보를 담은 수백 장의 문서가 어떤 것은 타자기로, 어떤 것은 손으로 조심스럽게 작성되었기 때문이다. 이것은 겨우 한 사람이 만든 문서 한 장일 뿐이었다. 산더미처럼 새로 쌓인 문서 중 한 장일 뿐이었다.

독일이 프랑스 남부를 처음 점령한 11월 이후로 너무 많은 것이 바뀌었다. 독일군은 산악지대까지 뻗어나갔다. 아무리 허수아비 정부여도 관료 체제와 업무를 인수하기란 쉽지 않지만, 독일은 최선을 다했다. 동부전선에서는 갈수록 나쁜 소식이 들려왔지만(포위망이 뚫렸고, 게토에서 봉기가 일어났다) 마침내 독일군은 자리를 잡고 새 계획을 짜기 시작했다.

1월의 그날, 프랑스 전역에서 유대인을 나라 중심부에 모으는 전략이 마련되었다. 유대인을 소수의 도심과 수용소에 밀어 넣어 이동을 제한하기 위함이었다. 12월부터 유대인이 소지한 모든 여권과 배급 카드에 'JUIF(유대인)'라는 단어가 찍혔고, 모든 유대인은 프랑스인인가 외국인인가, 유대인의 피가 섞였는가 순수 유대인인가에 따라 순위가 매겨졌다. 대규모 이송에 적합한 열차가 마침내 다시 준비되었는데, 이 열차로 유대인 1,000여 명을 한 번에 동부 수용소로 나를 수 있었다.

사무소와 타이피스트, 기차, 계획이 없었다면 홀로코스트가 발생할 수 없었다는 사실을 생각하니 이상하다.

그래서, 이 여성은 자기 일을 했다. 타국 국적의 유대인 목록을 만들고 세부 정보를 정리하는 것. 어떻게 하면 깔끔해 보일까?

여성이 m을 길게 친다.

mmmmmmmmmmmmmmmmmmmmmmmmmmmm

이렇게 하니 종이 맨 위에 적은 제목과 확실히 분리가 된다. 성, 이름, 부모. 출생일과 출생지. 국적. 직업. 거주지역과 거주 집단. 유대인이라는 증거. 정보의 양이 많지만 이 여성은 세로 열과 가로 열을 나눌 영리한 방법(세로 열은 느낌표로, 가로 열은 줄표로)을 생각해낸다. 모든 게 착착 정리된다.

이제 이름이다. 아브라함슨(허버트), 알베르트와 로젠탈(엘사)의 아들, 1903년 1월 15일 베를린 출생. 독일인. 무직. 탕스 기차역에 있는 프레디에의 집에 거주 중. 아브라함슨의 사회보장 카드와 식품 배급 카드에 유대인이라 적혀 있음. 다음은 허버트의 아내인 올가. 다음은 알렉산더라는 이름의 독일 국적 유대인 청년. 함부르크 출생. 난민 체류증인 레세피세récépissé에 JUIF라고 찍혀 있음. 다음으로 열일곱 명의 정보가 이 세 명처럼 작성된다. 전부 탕스에 거주하고 있다.

이제 르 샹봉쉬르리뇽에 사는 사람들의 이름이 시작된다. 먼저 알랄루프(야코프), 마나엔과 에스케나지(에스더)의 아들, 1903년 살로니카 출생. 그리고 만하임의 어린 아들인 루디 아펠, 1943년 9월 리브잘트 강제수용소에서 나와 현재 스위스 적십자가 후원하는 어린이 보호시설에 거주 중. 루디의 어머니는 페르피냥의 병원에 있으며, 이 문서에 따르면(여기서 타이피스트는 이름의 철자를 잘못 쓴다) 루디는 무직이고, 식품 배급 카드와 사회보장카드로 유대인임을 알 수 있다.

블록, 브라운, 베르가스, 그로너, 골든베르거, 헤네, 헤르만, 히르슈, 칼만, 카우프만, 콘, (레 그리용에서 다니엘과 함께 있었던) 크람리슈, 라세르손, 레비…. 전부 줄표와 느낌표로 사람과 사람, 정보와 정보를 나눠서 깔끔하게 타이핑되었다.

그리고 여기에 레빈Lewin이 있다. 정확히 말하면 두 레빈이다. 형인 마르틴은 막 열아홉 살이 되었고, 동생 야코프는 아직 열여덟 살이 안 되었다.

나는 야코프 레빈을 안다. 어쨌든 그런 것 같은 느낌이다. 오래전부터 레빈의 이야기를 뒤따라왔다. 야코프 레빈, 자크이기도 하고 잭이기도 한 야코프. 야코프는 아직 열여덟 살이 안 된 어린 소년이다.

야코프는 긴 여정 끝에 르 샹봉에 도착했다. 먼저 클라인랑하임에서 있었던 수정의 밤에 야코프의 어머니가 구타당해 치아를 잃고 코트를 도둑맞았으며, 독일군이 야코프의 개 발디를 죽였다. 비교적 익명성을 지킬 수 있었던 베를린에서 야코프는 자기 야물커*를 주머니에 집어넣고 거리를 걸어 다녔다. 그러다 다시 부모님과 만나 프랑스로 향했고, 땅과 하늘에서 침략해 들어온 독일군과 땅에 흩어진 사람들과 말의 시체를 목격했다. 그다음에는 생시프리앵Saint-Cyprien에 있는 강제수용소에 들어갔다. 이 마을의 이름은 가톨릭 성인의 이름을 따서 지었지만 사방이 침수되어 지옥 같은 진창이 되었고, 야코프는 파도에 떠밀려온 시체들을 보고 구토를 했다. 그러다 귀르스라는 이름의 또 다른 수용소에 감금되었고, 그곳에서 스위스 적십자 직원이 야코프와 야코프의 형을 발견하고 두 사람이 안전하게 지낼 수 있는 장소가 있다고 말해주었다.

꼭 야코프 레빈을 잘 안다는 기분이 드는 건 오랫동안 그에 관한 글을 읽어왔기 때문이다. 귀르스에서 고원에 도착하고 겨우 4일이 지났을 때 찍은 그의 사진을 보았기 때문이기도 하다. 그 사진 속에서 야코프는 통나무와 통나무를 대충 이어 만든 투박한 울타리에 걸터앉아 있고, 그 뒤로는 진흙밭이 펼쳐져 있으며, 다시 그 뒤에는 소나무가 한 줄로 늘어서 있다. 그리고 야코프는 환하게 웃고 있다. 야코프의 얼굴이 너무 갸름해서 미소가 특히 환해 보인다. 머리카락은 뒤로 빗어 넘겼다. 팔다리가 허수아비처럼 가늘다. 야코프의 몸무게는 겨우 36킬로그램이고, 얇은 허리

---

* 유대인 남성들이 쓰는 납작하고 작은 전통 모자.

춤에 벨트를 단단히 맸다. 햇볕이 너무 강해서 야코프의 턱밑과 좁은 관자놀이 아래로 검은 그림자가 진다. 여기, 이 소년은 한때 온전한 치아와 근사하고 따뜻한 코트를 가진 어머니가 있었다. 발디라는 이름의 개가 있었고, 한때는 이 세상을 안전하다고 느꼈다. 이 소년은 태양 아래 가슴이 미어지도록 미소 짓고 있다.

그리고 지금 이 사무소에서, 아름다운 타이피스트(아름답다고 해도 될까?)가 수동식 타자기 앞에 앉아 있었을지도 모르는 1월의 이날에, 티노 로시의 달콤한 곡조("당신이 살던 마을을 다시 본다면, 그곳의 종탑을 다시 본다면, 당신의 집을, 당신의 부모님을, 또래 친구들을 다시 본다면, 고향이 전혀 변하지 않았노라고 말하리라")가 흐르고 있었을지도 모르는 이때, 이 야코프는, 이 자크는, 이 책은 타이피스트가 작성하는 하나의 이름일 뿐이다. 탁탁탁탁탁.

레빈(야코프), 아르놀트와 존데헬름(이르마)의 아들. 1925년 5월 5일 출생. 독일인. 무직. 르 샹봉에 있는 스위스 적십자 시설에 거주 중. 사회보장 카드와 식량 배급 카드에 유대인이라 쓰여 있음.

그 이상은 없다.

◇

야코프의 이름이 문서에 적힌 것은 이번이 처음이 아니었다. 마지막도 아닐 터였다. 1942년과 1943년의 그 시기에 작성되고 복사되어 오트루아르에 있는 서류 캐비닛에 보관된 그 수천

장의 문서에서, 야코프의 이름은 바닷속의 은색 물고기처럼, 나무를 황급히 오르는 숲속의 생명체처럼 들고 나고를 반복했다(꼬리가 퍼덕거리며 고동치는 것이 보였다가 다시 눈앞에서 사라진다). 모두 조만간 어느 다른 서류철에, 어느 계획에 편입될 것이다.

야코프가 라 게스피라는 이름의 보호소에 거주하고 있던 1942년의 8월 말, 고원을 습격할 계획이 세워졌다. 그러나 경고 전화와 트럭을 보고 짖어댄 개들, 보호소 두 곳의 책임자였던 오귀스트 보니라이타의 조치 등 미리 세워둔 단순한 회피 기술로 습격을 모면할 수 있었다. 난민 어린이들은 즉시 근처 숲속에 뿔뿔이 흩어졌다. 아이들이 없는 사이 경찰들이 집 안을 급습해 연필로 방 하나하나의 정보를 자세히 적어갔다. 이 기록 때문에 나는 18번 방에 머물던 마르틴 레빈과 코라니라는 이름의 룸메이트가 함께 바지 두 벌(한 벌은 플란넬), 멜빵바지 한 벌, 외투 두 벌, 재킷 두 벌, 셔츠 세 벌, 가죽 가방 하나, 커다란 천 가방(비어 있음), 신발 한 켤레, 나막신 한 켤레, 베개 하나, 책 다섯 권, 공책 한 권, 잉크 한 병을 소유하고 있었음을 안다.

야코프도 르 샹봉 근처에 있는 산으로 뛰어들어가 산딸기를 따 먹으며 다시 해가 질 때까지 숲속을 헤맸다. 그러다 마침내 호루라기 소리가 들렸고, 야코프는 이제 안전하다는 사실을 알았다. 그때부터 야코프와 형은 고원에 있는 농촌 마을에 몇 주간 숨어 있다가 다시 르 샹봉으로 돌아와 기차역 바로 위에 있는 도라 리비에르Dora Rivière의 집에서 살았다. "무슈 리농"이라는 가명을 썼던 리비에르(나치 강제수용소를 여러 차례 드나든 리비에르는 각진 턱을 가진 잘생긴 여성이었다)는 고원에서 사람들을 구하고 레지스탕스 활동을 벌인 위대한 영웅 중 한 명이었다. 도라와 그의 가족들은 야코프와 형에게 가진 것을 전부 나눠주었으나 위험할 수 있으므로 두 형제가 창문을 내다보지 못하게 했다.

야코프는 이곳 고원에서 당분간 안전했고, 야코프의 형도 안전했다. 코토 플뢰리Coteau Fleuri라는 이름의 보호소와 라 메종 드 로슈(묘하게 다니엘이 다녔던 에콜 드 로슈의 이름을 떠올리게 한다)라는 이름의 보호소에 거주하는 많고 많은 아이도 마찬가지였다. 그러나 습격에 실패한 경찰은 윗선에 어떻게 보고해야 할지 골치를 썩이며 난감해했다. 이번 실패로 경찰은 (왼쪽 상단에 기밀이라고 찍힌) 문건을 새로 잔뜩 작성했다. 이 문건은 목록에 오른 아이들을 찾지 못한 이유를 설명하며 "사나운 기후와 추운 밤 날씨 때문에 더 이상 숲속에서 밤을 지새울 수 없을 것이며, 아직 샹봉 지역에 남아 있다면 우리가 대부분 찾아냈을 것"이므로 아이들이 이 지역을 떠난 것이 분명하다고 말한다. 이 문건에는 "1942년 8월 27일에서 9월 28일 사이, 오트루아르 경찰의 유대인 수색 활동"이라는 제목의 또 다른 문서가 첨부되어 있어서, 윗선은 르 샹봉쉬르리뇽에서 경찰이 버스와 기차 승객 879명 및 호텔과 여관 손님 496명을 심문하고 가정집 675곳을 방문했으며 "제공된 정보"에 근거해 마을 밖에서 두 명을 체포했음을 알 수 있었다.

새로운 목록이 작성되었다. 목록은 매번 조금씩 달랐다. 때로는 외국인이나 유대인만으로 구성되었고, 때로는 출생 국가에 따라 목록을 작성했다(놀랍게도 수많은 튀르키예인이 고원을 찾아왔으며, 아무도 몰랐겠지만 사르스Saars라는 이름을 가진 고유 민족이 존재했다). 때로는 외국인의 직업이 강조되었고(그중에는 건축가와 화가,

조각가, 변호사, 판사가 있었다), 성별이나 나이가 강조되기도 했다. 타이피스트는 새롭고 창의적인 방식으로 구두점을 달았다. 줄표를 넣고 나눗셈 부호를 넣은 다음 다시 줄표를 달면 보기 좋게 칸이 나뉘었고, 괄호 역시 창의적으로 활용했다. 아이들의 이름이 외국식이었기에 문서마다 철자가 달리 쓰였고, 아예 틀릴 때도 많았다.

1942년 12월 연합군이 북아프리카를 침공하고 독일이 남하한 후, 르 퓌앙벨레에서 많은 이름이 적힌 중대한 새 목록이 작성되었다. 이번에는 도청의 도장이 찍힌 공식 문서에 오트루아르에 거주하는 외국인 전체의 이름이 들어 있었다. 목록에 오른 174명 중에는 야코프와 형 마르틴도 있었고, 미래의 저명한 수학자 알렉산더 그로텐디크도 있었다(문서에는 이름 철자가 "Grottendiech"라고 잘못 쓰였다). 금발 단발머리를 하고 어색하게 웃는 작은 귀뚜라미 엘렌Hélène도 있었고, 콧수염을 단정하게 다듬었으며 비밀리에 프랑스 레지스탕스인 마키 회원으로 활동하기도 했던 예후다 바스니츠키Yehuda Basnitsky(목록에는 "발테르Walter"라는 이름으로 올랐다)도 있었다. 페터 파이글의 이름은 없었지만 페터의 친구였던 쿠르트 그로스만은 목록에 있었다. 그리고 고원에 있는 어린이 보호소 두 곳의 스위스인 책임자인 오귀스트 보니라이타의 이름도 목록에 올라 있었다.

1월의 그 추운 월요일, 레닌그라드의 바리케이드가 뚫리고 바르샤바 게토가 화염에 휩싸인 그날, 한 사람이 책상에 앉아 종이 한 장을 빤히 바라보았다. 독일은 동부전선에서의 패배와 연합군의 전력 강화로 허둥지둥하고 있었다. 우리의 타이피스트가 자리에서 그 종이를 타자기에 끼우는 동안, 프랑스의 다른 지역, 유럽의 다른 지역, 포위된 모든 다른 지역에서 수십 명, 수백 명, 수천 명이 똑같이 자리에 앉아 있었다. 이들처럼 우리의 타이피스트도 목록을 깔끔하고 명확하게 작성하려고 노력했다. 아마 다른 곳에 있던 수천 명처럼, 이 타이피스트도 그저 자기 할 일을 다하려고 노력 중이었을지 모른다.

고원에서는 겨울바람이 불어도 집 안이 아늑했다. 그러나 이곳을 비롯한 프랑스 전역에서, 새로운 체포 및 이송 작전이 시작되려 하고 있었다. 탁탁탁탁탁.

고원의 숲과 산은 멧돼지(성가시게 텃밭을 파헤쳐놓는다)와 사슴, 새, 토끼 같은 동물들로 가득하다. 누군가가 멧돼지를 목격하면 사냥 모임이 소집된다. 사람들은 다 함께 숲으로 향한다. 북을 치고 숲에 개들을 풀어놓는다. 구불구불한 길을 따라 이들을 구경한 적이 있다. 절벽이 론 계곡으로 깎아지를 듯 이어지고, 나무가 주황색으로 환히 빛나며, 불타는 듯 빨간 낙엽들이 소용돌이치며 떨어진다. 사람들의 거친 피부가 추위로 더욱 칙칙해지고, 총이 팔에 들려 있고, 주위에서 개떼가 미친 듯이 냄새를 맡고 산을 오르고 포효한다. 자동차 트렁크에 털이 빳빳한 멧돼지 사체가 놓여 있다. 멧돼지의 얼굴이 숲을 향해 있고, 피부에 연분홍빛이 감돌며, 미동조차 없다.

우리는 살면서 갖가지 것들을 먹지만, 먹을 수 있다고 해서 뭐든 사냥하지는 않는다. 나무를 미끄러지듯 기어오르는 벌레들이나 집에서 키우는 고양이, 쥐, 독수리도 어쨌든 먹을 수는 있지만, 우리는 좀처럼 이 동물들을 사냥감으로 뒤쫓지 않는다. 그리고 사냥에 나설 때도 잡은 것을 늘 먹지는 않는다. 가끔은 다른 사람들이 입을 떡 벌리고 바라보라고 잡은 동물을 박제해 벽에 걸어놓기도 하고, 구경하라고 산 채로 우리에 넣어놓기도 한다.

그리고 가끔은 동물이 아니라 사람을 사냥하기도 한다. 그들이 실제로 당장 위협이 되기 때문이 아니다.

그렇다면 규칙은 무엇일까? 누가 사냥꾼이고 누가 사냥감인지 어떻게 알 수 있을까? 세상을 총을 든 자들과 포효하는 자들과 미동도 없이 쓰러진 자들로 나누려면 무엇이 필요할까?

사회 세계 안에 '우리'라는 딱지가 붙은 사람들과 '저들'이라는 딱지가 붙은 사람들이 있다는 사실은 매우 명백해 보인다. 우리 가족! 우리 국가! 우리 팀! 우리 교회! 그리고 사람들은 **우리** 옆에 더하기 부호를, **저들** 옆에 빼기 부호를 붙인다. 아니면 이진법으로 1과 0을 붙이거나. 그러면 누가 내집단이고 누가 외집단인지를 염두에 두고 누가 누구와 무엇을 할지를 손쉽게 계획할 수 있다. 그리고 여기서부터 누가 누구와 살고 누구와 싸울지, 또는 누구를 위해 죽을지를 추정해나갈 수 있다. 이 우리와 저들의 문제는 사회생활을 분석하는 모든 연구의 핵심이지만 민족지학 ethnography(특정 집단을 가까이에서 상세히 기술하는 인류학적 연구 방법)은 0이나 1, 또는 더하기와 빼기만으로는 누가 집단에 소속되고 소속되지 않는지를 나타낼 수 없음을 보여준다. 현실은 그보다 더 복잡하다. 더 유연하고 유동적이다.

언어는 이런 개념들이 세계 각지를 이동하는 폭과 깊이를 언뜻 보여준다. 어쨌든 안팎을 나타내는 단어들은 이진법뿐만 아니라 일련의 연상과 감정, 심지어 색깔과 질감까지 전달한다. 이 단어들은 겹겹의 역사를 담고 있으며, 어원에서 그 증거를 찾을 수 있다. 또한 이 단어들은 때때로 풍성한 꿈의 논리를 전달하기도 한다. 영단어 'foreign(외국의)'은 영단어 'forest(숲)' 및 프랑스 단어 'forêt(숲)'와 라틴어 어근 'foris(외부)'를 공유한다. 외국인은 외부인이지만, 한편으로는 울창하게 우거진 나무들 아래에, 뒤얽힌 덤불 아래에 있기도 하며, 우리는 그들 사이에서 홀로 길을 잃을 수 있다. 영단어 'stranger(이방인)'가 프랑스 단어 'étranger(이방인)'처럼 거의 언제나 어둡고 위협적인 느낌을 풍긴다면, 같은 뜻의 러시아 단어 'chuzhoi'는 '괴물chudovishche'이라는 단어뿐만 아니라 '기적chudesnoe'이라는 단어도 떠오르게 한다. 그리고 내가 북서부 캅카스 지역에서 연구한 카바르다어에서 '이방인'이라는 뜻의 단어 'khame'는 그저 가족 아님, 마을 주민 아님, 친족 아님을 뜻하며 그 어떤 두려운 느낌도 풍기지 않는다. 그 저지대 왕국들의 세계에서 'khame'는 그저 나와 상관없는 누군가 또는 무언가일 뿐이다. 공포나 위험, 폭력적 위협을 전달하는 단어는 적이라는 뜻의 완전히 다른 단어 'bi'다.

언어가 주는 단어와 그림 사이에서 방향을 찾다 보면 그다음 질문들이 어느 방향을 향하는지도 알게 된다. 이방인은… 나를 죽일까? 어두운 방에서 칼을 들고 나를 기다리고 있을까? 아니면 내게 선물을 주고 내 삶을 완전히 탈바꿈할까? 반드시 보호

의례를 거쳐서 우리 집에 들어올까? 이 과정에서 우리는 순식간에 그 이방인을 어떻게 대할지, 그 사람을 어떻게 느낄지, 그 사람이 문턱을 넘어 우리와 함께 살 수 있느냐 없느냐를 어떻게 정할지를 판단하게 된다.

이러한 연상 너머에는 어떻게 내부인이 될 수 있는가에 관한 각 사회의 감각이 있다. 러시아에서 'chuzhoi'는 공동체와 함께 시간을 보냄으로써(때로는 수년이 걸리기도 한다) 'svoi(친지)'가 될 수 있다. 'khame'는 정교한 혼인 의례를 통해 가족이나 씨족이 될 수 있다. 두 경우 다 시간과 노력이 들지만 원칙상으로는 가능하다.

그렇다면 'stranger'와 'étranger'는 어떨까?

이 단어와 개념이 무엇을 뜻하는지를 어떻게 깊이 이해할 수 있을까? 어떤 장소(이곳이든 다른 곳이든)에서 무엇을 질문해야, 그 사람이 어떻게 보고 어떻게 느끼며 어떻게 소속감과 소속을 막는 장애물에 관한 감각을 축적하는지를 알 수 있을까? 어떻게 하면 그 무엇도 당연시하지 않고 그렇게 할 수 있을까?

소속에 관한 질문에서부터 시작해 거기서 앞으로 더 나아갈 수 있다. 당신에게 형제나 자매는 무엇입니까? 이것들은 광범위하고 따뜻한 단어입니까? 친구란 무엇이며, 이 단어가 어떻게 느껴집니까? 이웃은? 지인은? 동료는? 이 단어들을 떠올리면 머릿속에 무엇이 보입니까? 특정 외모를 가졌나요? 특정 피부나 특정 머리카락을 가졌나요? 그 피부나 머리카락과 다르면 당신이나 내가 겁을 먹을까요? 그들이 더럽다고 생각하거나, 그들이 만진 음식은 먹을 수 없다고 생각하나요? 기도할 때 그들이 절하는 방식이 경건해 보이나요, 아니면 왜인지 원시적으로 보이나요? 그들이 기도할 때 두 손을 드나요? 그들이 지하철이나 영화관에서 큰 목소리로 말하는 것이, 또는 그들이 먹는 음식의 냄새가 싫은가요? 그들이 인파 사이를 걸을 때 머리를 가리나요? 그 이방인들은 당신이나 나처럼 생겼나요? 그들이 너무 가난하거나 너무 부자라는 이유로 그들이 사는 지역에 가지 않으려 하나요?

그들은 당신에게 남성인가요, 여성인가요? 혹시 사물인가요?

이것들은 수사적인 질문이 아니라 실증적인 질문이다. 이 질문들은 어떻게 온전한 인간(온전한 삶과 역사가 있고, 본인이 하고 싶은 일과 함께 시간을 보내고 싶은 사람들이 있는 인간)이 1이나 0이 되는지, 어떻게 그 사이에 아무것도 없는지를 우리에게 말해준다. 이들은 이웃이 될지도 모르지만(이웃에게는 환한 얼굴로 인정과 친절함을 베푼다), 그렇지 않으면 탁탁탁 소리와 함께 목록에 적힌다.

홀로코스트 당시 유럽 전역의 공동체가 이방인 문제를 해결하고자 노력했다. 한때 이웃과 친구였고 동포이자 같은 인간이었던 사람들이 더 이상 공동체에 속하지 않게 되었다. 시간이 흐르면서 이들은 점차 이방인이 되었고, 이방인은 어둠 속에 도사리는 괴물, 덤불 속에 사는 위험한 존재였다. 우리는 목록을 만들고, 그들을 체포하고, 한곳에 몰아넣고, 먹을 것을 주지 않는다. 곧 그들은 바닥에서 밥을 먹고, 진흙을 뒤집어쓰고, 굶주리고 여위고 볼이 움푹 파이고, 두 손을 밖으로 뻗는다. 그들은 동료 생명체에게 이방인이 되고, 그들의 눈 속에서 야만인이 된다. 생각이 그렇게 만든다. 그리고 야만성의 냄새가 훅 풍기면 그들은 사냥감이 될 수 있다.

그렇다면 고원에서는? 누가 우리 사람이고 누가 그렇지 않은지를, 누구를 도와야 하고 누구를 두려워해야 하는지를 알려주는 특수한 언어가 있었나? 동료 인간들이 그들 사이에서 한 명씩, 이름 하나하나 사냥당하는 동안, 산처럼 쌓인 타이핑된 문서가 산처럼 쌓인 진짜 사람들, 진짜로 존재하는 신체와 고통, 감금, 이송으로 변하는 동안, 사람들이 사용한 특수한 단어가 있었을까? 고원에는 프랑스어보다 더욱 깊은 언어의 우물이 있었을까? 그 우물은 다른 원천으로 말미암아 더욱 달콤했을까?

분명 무언가가 있었을 것이다. 이진법이 작용했다면 마침내 버스와 경찰이 그 모든 타이핑된 문서를 보고 고원을 찾아왔을 때 레빈(야코프)이라는 이름의 빼빼 마른 독일계 유대인 이방인에게 일어난 일을 어떻게 설명할 수 있겠는가?

달콤한 우물 없이는 이 일을 설명할 수 없다.

비바레리뇽 고원의 차가운 겨울날이다. 한 남자가 길을 걸어 오른다. 그는 갈색 머리카락에 눈동자가 투명한 녹갈색이고 턱수염을 길렀다. 걸음걸이가 우아하지만 느리다. 양팔을 뻗어 자그마한 두 아이의 손을 각각 붙잡았고, 세 번째 아이가 잘 따라오고 있는지 눈으로 계속 확인한다. 어린아이 하나, 둘, 세 명은 전부 환히 빛나는 생명체다. 이들은 다 함께 걸음을 멈췄다가 다시 출발한다. 길고 반짝이는 갈색 머리칼을 가진 한 아이가 계속 뭔가를 떨어뜨리고 줍고 다시 떨어뜨린다. 그리고 다시 줍는다.

경사가 가파른 길이다. 이 사람들은 무성한 소나무 이파리 아래서 돌벽을 따라 길을 오른다. 한파가 이어진 지 오래다. 이들은 야코프와 마르틴 레빈이 창밖을 바라볼 수 없었던 도라 리비에르의 집을 지나간다. 입구에 로제 르 포레스티에Roger Le Forestier라는 젊은 의사의 삶과 죽음을 기리는 명판이 달린 집도 지난다.

아이들은 전부 눈이 커다랗고 속눈썹이 길다. 다들 화사한 색 모자를 쓰고 손모아장갑을 꼈다. 키가 가장 큰 아이는 아버지처럼 얼굴이 희고 눈동자에 초록빛이 감돈다. 작은 아이 두 명의 얼굴은 우유를 섞은 듯한 갈색이다. 아이들은 깡충깡충 뛰며 걷는다. 까불고 재잘댄다. 이들은 곧 커다란 단지의 입구에 도착한다. CADA 주택이다. 안으로 걸어 들어간다. 다른 아이들이 뛰놀고 있다. 삼삼오오 모인 사람들이 가죽 재킷을 더 단단히 여미며 담배를 피우고 대화를 나눈다. 한 소년은 낡은 자전거를 타고 안뜰을 이리저리 내달린다.

걸음걸이가 우아하고 투명한 녹갈색 눈동자를 가진 남자가 아이 하나, 둘, 세 명을 데리고 계단을 오른다. 아이들은 앞다투어 아파트 문턱을 넘은 뒤 방문 뒤로 사라진다.

사람과 국가, 국경, 종교, 민족의 모든 범주를, 우리와 저들을 나누는 범주를 전부 없애버릴 수 있다면 어떻게 될까? 우리를 방해하는 그 어떤 단어도 없이, 그저 길을 걷는 한 남자와 어린이들을 있는 그대로 바라볼 수 있다면 어떻게 될까?

당신은 한 남자와 어린아이 하나, 둘, 세 명을 바라보고 있다. 어쩌면 당신은 이 국가의 시민일지도 모른다. 밝고 푸른 눈동자와 온화한 태도, 거칠고 까무잡잡한 피부를 가졌을지도 모른다. 플리스를 입었을 수도 있고, 새처럼 민첩할 수도 있다. 밭에서 일할 수도 있고, 사무실에서 일하는 타이피스트일 수도 있다. 어쩌면 인류학자일지도 모른다. 어쨌든, 지금 당신은 사냥꾼이다.

그렇다면 날개를 퍼덕이는 이 빛나는 사냥감은 누구일까?

◇

한동안 떠나 있다가 고원을 다시 찾아올 때마다(이제 나는 워싱턴에 살며 최대한 자주 고원을 찾아 한 번에 한 달씩 머문다) 가능하면 가장 먼저 아멜리에를 만난다. 아멜리에는 CADA의 상황이 어떻게 굴러가고 있는지 설명해주고, 어떤 가족이 서류(파피에papier 혹은 부마즈키)를 받았으며 어떤 가족이 받지 못했는지를 알려준다. 올겨울에는 좋은 소식과 나쁜 소식이 섞여 있다. 랄릭과 아라트가 기적적으로 서류를 받은 뒤 기쁜 마음으로 즉시 몽펠리에(아들이 프랑스 외인부대에 입대하지 않아도 되는 곳이자, 랄릭이 다시 제대로 된 하이힐을 신고 립스틱을 바를 수 있는 장소)로 떠났고, 콩고 가족은 항소심에 들어가 좋은 결과가 나오길 기도하고 있으며, 매력적인 아르메니아 가족은 허가가 나지 않아 먼 곳에서 서류 없는 삶을 살기 시작했다.

아멜리에가 최근 CADA에 한 젊은 가족이 들어왔다고 말한다. 아버지와 어머니, 어린아이 세 명으로 구성된 가족이다. 이들은 프랑스어를 잘 못 하지만 러시아어를 할 수 있다. 저와 함께 가서 통역을 좀 해줄 수 있겠어요?

알고 보니 이 가족은 체첸에서 왔다. 러시아 북캅카스에 있는 체첸. 음울하고 발음하기 어려운 그 자음과 모음만으로, 복잡한 자국의 이야기에서 사람들을 멀어지게 하는 체첸.

체첸. 어쨌거나 내가 이 지역에 대해 알아야 할 이유가 뭘까? 내가 자란 솔즈베리가에는 느릅나무 고목이 있고, 남자애들이 캘러브리스 베이커리 지붕에서 마리화나를 피운다. 도시 곳곳에는 가여운 미셸 마엔자의 녹슨 광고판이 나를 겁주고 세상에서 도망치게 하려 했다. 그런 내가 체첸에서 군인으로 일한 뒤 자살하고 싶어 하는 남자를 만나거나, (내가 도착하기 몇 년 전이었던 최악의 시기에) 전쟁으로 폭탄 터지는 소리가 들리는 마을에 사는 것은 고사하고, 체첸의 정확한 발음을 알아야 할 이유가 뭘까?

여기에 내가 관여할 이유가 있을까? 아마 없다. 그러나 나는 그곳을 조금 안다. 캅카스 지역 당국이 (나 같은 드문 연구자 대다수에게 그랬듯) 나의 존재를 적극적으로 방해해야 한다고 결정하기 전에 몇 개월간 그곳에 살았다. 그리고 지금은 이곳에 있다.

아멜리에에게 말하지는 않겠지만, 사실 그동안 멀리서 이 체첸 가족을, 어린아이들을 데리고 마을을 오가는 아버지를 계속 지켜봤다. 어쩔 수가 없었다. 그래서 나는 아멜리에와 함께 다시 CADA로 향하고, 새로운 문턱 앞에 도착한다.

투명한 녹갈색 눈동자를 가진 남자가 문을 연다. 그리고 수줍게 웃으며 나와 아멜리에에게 서둘러 슬리퍼를 갖다준다. 이 집은 절대 안에서 신발을 신지 않는다. 북캅카스(무슬림 지구)에 살 때 샌들 벗는 것을 깜빡하고 거실에 들어가는 실수를 저지른 적이 있다. 내가 함께 살던 가족의 딸들이 내 실수를 지적해주었는데, 최소한 나만큼 그들에게도 난처한 일이었다. 이 세상의 무슬림 지역에서는 신발의 춤이 벌어지지 않는다. 더러운 외부와 깨끗한 내부가 있을 뿐이다. 나는 무엇을 해야 하는지 안다.

나와 아멜리에가 부츠를 벗는 동안 깡충깡충 뛰는 하나, 둘, 세 명의 어린아이가 문턱 위로 기어오른다. 그리고 위를 바라보며 기쁜 듯이 아멜리에에에에, 아멜리에, 아멜리에! 하고 외친다. 둘째와 셋째가 두 팔로 아멜리에의 다리를 끌어안는다.

꽃 한 송이의 줄기처럼 호리호리하고 키가 작은 여성도 문 앞에 서 있다. 아이들이 그 여성을 향해 깡충깡충 뛰어갔다가 다시 사라진다. 아이들의 어머니인 이 여성은 길고 검은 머리카락 위에 수수한 머릿수건을 썼고 눈썹이 짙고 선명하다. 자세처럼 목소리도 상냥하고 마음을 편안하게 한다. '즈드랍스트부이테Zdravstvuite'라고, 여성이 러시아어로 말한다. 안녕하세요. 어서 오세요. 어서 오세요.

이들의 성은 바하에프Vakhaev다. 아버지의 이름은 아흐마드Akhmad, 어머니의 이름은 로브잔Rovzan이다.

중요한 일부터 먼저 처리해야 한다. 인사를 나눈 뒤 나는 아흐마드와 로브잔에게 가스계량기를 검침하고 부엌 및 화장실의 환기구를 청소하러 두 남자가 올 거라고 설명한다. CADA의 모든 거주민은 난방비와 가스비, 수도비를 지원받는다. 아멜리에의 말에 따르면 바하예프 가족은 잘 지내고 있다. 아흐마드가 집 안이 너무 춥다고 걱정하고 있지만 말이다. 며칠 전 아멜리에가 집 내부 온도를 확인해봤는데, 낮에는 19도였고 밤에는 18도였다. 그러니 다 괜찮다. 그러나 아직 설명해야 할 것들이 남아 있다. 예를 들면 가스 검침원이 그렇다. 모르는 사람이 문 앞에 찾아와 집 안을 돌아다니며 찬장을 열어 종이에 무어라 쓰는 것을 보면 이 가족은 무슨 생각을 할까? 나는 문턱에 서서 최선을 다해 할 말을 전한다.

그러나 아이들은 절대로 우리를 가만히 두지 않는다. 아이들이 아멜리에의 손을 붙잡고 팔을 연거푸 잡아당긴다. 결국 아멜리에는 거실에 자리를 잡고 아이들의 말과 질문과 그림 공책에 반응해준다. 아이들은 벌써 빛의 속도로 흡수한 프랑스어 단어와 표현을 한바탕 쏟아낸다. 그러면서 내가 이 상황에 익숙해지기도 전에 자기 팔을 쭉 뻗어 나를 끌어들인다. 가르드!garde! 가르드! 아이들은 벌써 말할 수 있다. 봐요! 봐요! 여기요! 여기 봐요!

아이들 모두가 자기 부모처럼 눈부시게 아름답다. 첫째 딸이자 제 아버지를 가장 많이 닮은 긴 금발의 파리자Fariza는 치아를 다 드러내며 환히 웃지만 아주 살짝 경계하는 표정이다. 짓궂게 씨익 웃는 둘째 딸 제자크Zezag는 눈동자가 매우 명민해 보인다. 제자크는 잔뜩 그림을 그린 풍선 하나를 들고 다니면서 아멜리에의 머리를 통 때리고 내 머리도 통 때린다. 하아. 제자크를 보니 「우자스나이아 공주Uzhasnaia Printsessa」라는 러시아 만화가 떠오른다. 이 못된 공주는 도저히 믿을 수 없는 혼란을 일으켜 겁을 주고, 혀를 쑥 내밀고, 뼈다귀로 퍽 때려서 식인 괴물을 물리친다. 못된 공주님 최고! 세 남매 중 막내는 아들 자말Dzhamal이다. 자말의 눈은 셋 중 가장 커다랗고 아름답다. 누나들에게 괴롭힘당하는 방식이 가운데에 낀 딸인 내게도 무척 익숙하다. 누나들은 자말의 정수리에 고무줄을 끼운 다음 그 모습을 비웃고, 자말의 손목이나 두 손 두 발에 줄을 매달아 끌고 다닌다. 누나들이 그림을 그리면 자말도 그림을 그린다. 누나들이 춤을 추면 자말도 춤을 춘다. 누나들이 저기 보라고 말하면 자말도 말한다. 저기 봐요! 저기요!

그래서, 이렇게 됐다. 나는 이 안에 들어왔다. 우리는 대화를 나누기 시작한다. 바쁜 아멜리에는 러시아어가 많아지고 자기 할 일이 없어지자 조용히 자리를 뜬다. 그렇게 아멜리에는 날 두고 떠나고, 아이들은 우리 주변을 깡충깡충 뛰어다니며, 로브잔이 사랑스러운 저음의 목소리로 내게 자리에 앉아 차를 마시라고 권한다.

이번 방문이 그다음, 다시 그다음 방문으로 이어진다. 나는 쿠키와 그 밖의 다른 간식을 들고 이 가족의 집에 들른다(자말이 온 얼굴에 초콜릿을 묻힌다). 내 메모용 공책을 챙겨서 아이들에게 그림을 그리라고 나눠준다. 그리고 아이들이 학교에서 받아온 안내문(허가 요청서가 부부를 당황시킨다)이나 병원 및 CADA에서 받은 공식 연락을 러시아어로 통역해준다.

우주적 관점에서 말하자면 내게는 체첸에 관해 알아야 할 이유가 전혀 없지만, 나는 지금 (누가 누구와 무엇을 하는가?) 어쩌다 체첸 가족이 살게 된 프랑스의 작은 집 안에 있다. 이곳에서 이들은 말하고 요리하고 행동하고 놀며, 자신이 두고 온 세상과 자신이 도착한 세상을 충격 속에서 이해하고 있다. 나는 이들의 집을 찾고, 이들은 나를 초대한다. 나는 오래된 모자와 오래된 신발처럼 인류학자라는 내 역할을 걸친다.

그사이 이들의 이야기를 대략 알게 된다. 가장 고통스러운 순간의 우리와 저들에 관한 이야기, 자음과 모음이 뒤틀린 이 나라의 땅에서 발생한 너무나도 복잡한 이야기. 외국인이 되고 이방인이 되는 것에 관한 이야기. 사냥감이 되어 도망치는 이야기.

내가 가면 우리는 차를 마신다. 나는 귀를 기울인다.

아흐마드는 체첸의 내륙지방에서 자랐다. 그는 어렸을 때 아이들이 숲속에 들어가 블랙베리와 숲 포도(그게 무엇인지는 모르겠지만)와 숲 배를 땄던 것을 기억한다. 아이들은 나무에서 살구를 따서 방문객에게 팔아 스스로 진짜 돈을 벌었다. 농사짓는 법과 소 떼를 지키는 법, 물건을 만드는 법을 배웠다.

아흐마드는 시골 마을 출신이고 로브잔은 도시 출신(시장 가판대에서 일했다)이라는 것을, 로브잔이 결국 아흐마드를 위해 시골로 이주했다는 사실을 알게 된다. 체첸에 가본 적은 없지만 캅카스에 살았던 적이 있기 때문에 아흐마드가 살던 마을을 그려볼 수 있다. 들판을 배회하는 소들, 그 너머의 숲과 산맥, 주거지, 샌들을 벗고 들어가야 하는 개인 침실들을 그려본다. 집 옆의 텃밭에서 몇 달에 걸쳐 오이 꽃봉오리를 지지대에 묶는 것, 들판을 거니는 양 떼를 지키는 것을 나는 본 적 있다. 그들은 밤낮 할 것 없이 손님이 찾아오면 서둘러 식탁을 차리고, 말해도 된다는 허락을 받을 때까지 입을 다물고 있다.

아흐마드는 캅카스의 시골 마을 출신이니, 수도 그로즈니 같은 도시 출신 사람들과는 다를 것이다. 도시에서 사람들은 부산하게 돌아다니고 9시부터 5시까지 일한다. 도시에서는 남녀가 비난받지 않고 서로 대화할 수 있고, 돈과 기회가 있으며, 권위에 대담하게 맞서는 법을 배울 수 있다. 그러나 아흐마드는 시골 출신이기에 아마도 이런 커다란 세상보다는 작은 세상에서 더 편안함을 느낄 것이다. 이 사실 때문에 나는 그가 마음이 아릴 만큼 친근하게 느껴진다.

귀를 기울인다. 내 인류학자 모자를 고쳐 쓴다. 머릿속에 원을 그리고 스스로 말한다. 마을, 도시. 우리, 저들.

이 가족의 집을 다시 방문한다. 나는 로브잔과 함께 식탁에 앉는다. 이제 내가 좀 더 편해진 아흐마드는 바닥에 앉는다. 아흐마드가 말하고 싶어서 입이 간지러운 것 같다. 나는 더욱 귀를 기울인다.

아흐마드가 자라면서 배운 가장 큰 교훈은 혹독한 환경에서 좋은 사람이 되는 방법이었다. 그리고 그 방법은 가족에게 충실하고, 씨족에게 충실하고, '이만iman'이라는 원칙에 충실하게 행동하는 것이었다.

인류학자인 내가 묻는다. '이만'이 뭔가요?

대도시와의 제한된 접촉과 텔레비전을 통해서만 러시아어를 배운 아흐마드는 내게 설명해주려고 안간힘을 쓴다. 이만은 우리에게 있거나 없는 거예요. 이만은 손윗사람이 말할 때 그분에게 주의를 기울이는 거예요. 이만은 누이와 나이가 비슷한 여성을 누이처럼 대하는 거예요. 이만은 나이와 상관없이 짐을 든 여성을 돕는 거예요. 이만은 복종이에요. 금식해야 할 때는 금식하고, 기도해야 할 때는 기도하는 거예요. 진실하게 노력하는 것이고, 가진 것을 너그러이 나누는 거예요. 이만은 공경이에요. 생각만 그렇게 하는 게 아니라, 행동으로 드러내야 하는 거예요.

이만. 이슬람교에서 이만은 단순히 '믿음'이라는 뜻이다. 아흐마드에게는 선하고 도덕적인 삶의 토대에 바로 그 이만(믿음)이 있음을 알 수 있다. 물론 이슬람은 매우 거대한 종교이고 수많은 사람이 이 종교를 공부한다. 아흐마드의 이만은 고국인 러시아에 있는 고향 마을에서 시작되어 매우 또렷한 그의 녹갈색 눈을 통해 흘러나온다. 아흐마드가 최선을 다해 설명하는 이만을 통해, 그는 손윗사람이 방 안에 있을 때 서 있어야 하는지 말을 해야 하는지, 여성과 남성에게 어떻게 존경을 표해야 하는지, 무엇이 더럽고 무엇이 깨끗한지를 이해한다. 학교에서 아이의 사진 촬영을 허가해달라는 안내문 같은 것이 오면 이만은 복잡해진다(도대체 개인의 권리라는 것이 무엇인가?). 사람의 눈에 따라, 그 사람이 살던 마을에 따라 이만은 수많은 의미를 띨 수 있다. 아흐마드는 고군분투하며 자신의 이만을 전달하려 하고, 나는 고군분투하며 그 번역할 수 없는 것을 이해해보려 한다.

이야기가 이어지고, 아흐마드는 자신들이 어떻게 고향을 떠나게 되었는지를 아주 간략하게 설명한다. 1992년에 전쟁이 시작된 뒤로 체첸에 살던 아흐마드의 삶이 뒤바뀌었다. 마을 한복판에 미사일이 떨어졌고, 터지지 않은 미사일은 고철로 사용되었다. 아흐마드의 친구 한 명은 잔해 사이에서 고철을 모으다 두 손을 잃었다. 원래 그들은 정원에서 토마토와 양파, 오이, 빨갛고

하얀 비트를 기를 수 있었다. 그러나 아흐마드는 이제 흙이 나빠졌다고 말한다. 토마토 싹은 벌레투성이가 된다. 전쟁이 정원을 파멸시켰다고, 아흐마드가 말한다. 진정한 원예 형이상학적 선언이다.

이 넓은 세상은 체첸 전쟁에 관해 아는 바가 거의 없을지 몰라도, 그 전쟁은 끔찍했다는 것을 나는 안다. 1990년대 초에 시작된 전쟁은 처음에는 무척 용맹해 보였으나(소련 붕괴 이후 마침내 모스크바의 굴레에서 벗어난 캅카스 국가를 세우고자 했다) 얼마 지나지 않아 미쳐 돌아가기 시작했다. 러시아군은 분리주의적 움직임에 더없이 잔혹하게 대응했다. 그로즈니는 화염에 휩싸였다. 이에 대응해 무자비한 테러가 발생했다. 시간이 흐르면서 본래는 세속적이었던 전쟁의 양상이 종교적으로 바뀌었다. 이런 폭력적인 주장을 종교적이라 부를 수 있다면 말이지만. 아흐마드의 고향 같은 시골 마을에서 형제이고 동창이며 친구였던 사람들은 숲속으로 사라져 게릴라 전사의 삶을 살았다. 그중 다수가 목숨을 잃었다.

결국 러시아는 체첸에서 손을 떼려고 했지만 그럴 수 없었다. 폭력은 또 다른 폭력을 낳았고, 이제 러시아 내륙 여기저기에서도 테러가 발생하고 있었다. 혼란에 빠진 남부와 동부 국가들에서도 사람들이 밀려들었다. 아프가니스탄. 이집트. 사우디아라비아. 러시아는 캅카스에 허수아비 정권을 세우고 자신들이 임명한 그 독재자들이 알아서 국가를 다스리게 했다. 그 결과 곧 기이하게 돈이 넘쳐나고 각 지역 내에서 폭력이 걷잡을 수 없이 발생했다. 종교적 극단주의자(아흐마드는 그들을 "숲의 사람들"이라 불렀다)들이 갈수록 많아지고 위험해졌으며, 지역 파벌과 지역 경찰, 러시아 관리자, 예전부터 존재했던 평범한 마피아 역시 수가 늘고 더욱 위험해졌다.

나는 아흐마드를 바라보며 그를 알아가기 시작한다. 아흐마드는 숲의 사람이 아니라 시골 마을의 사람이다. 남편이자 아버지이며 아들이다. 이만이 정한 높은 기준에 따라 도덕적으로 살고자 노력한다. 그러나 전쟁 상황에서 그의 세계가 어떻게 온전히 유지될 수 있었을까?

어느 날 한밤중에 누군가가 숲 외곽에 있는 아흐마드의 집 문을 두드렸다. 문을 열자 복면을 쓴 남자들이 들이닥쳐 먹을 것을 내놓지 않으면 당신이나 당신 아이들을 전부 죽이겠다고 말했다. 그 끔찍한 순간이 지나간 뒤 아침에 한 이웃이 아흐마드의 집에서 검은 복면을 쓴 남자들이 나오는 것을 봤다고 사람들에게 알렸다. 이로써 또 다른 문제가 발생했고, 검은 복면을 쓴 또 다른 남자들(아마도 경찰?)이 집에 찾아와 총을 쏘아댔다. 이런 일이 또, 그리고 또다시 벌어졌다.

도시에 있는 먼지 쌓인 사무실에서 누군가 목록을 작성했고, 한 남자와 아내, 세 자녀의 이름을 타자기로 입력했을 것이다. 먹을 것이 필요하고 치료를 받아야 했던 게릴라 전사들의 머릿속에서도 또 다른 목록이 만들어졌을 것이다. 마을 외곽의 목초지까지 반드시 장악해야겠다고 판단한 폭력배들의 머릿속에서도 또 다른 목록이 작성되었다. 모두가 목록을 만들고, 서로 비슷해 보이는 검은 복면을 쓰고, 아흐마드의 삶에 들이닥쳐 잘 조율된 이만의 세상을 무너뜨렸다.

아흐마드는 어떻게 해야 했을까?

투명한 녹갈색 눈동자와 우아한 걸음걸이를 가진 아흐마드는 그저 이렇게 말한다. 고향에는 낮의 규칙이 있고 밤의 규칙이 있어요. 두 개를 다 따를 순 없어요. 그냥 그럴 수가 없어요. 최선을 다할 수는 있지만, 두 규칙을 다 포함하는 이만은 존재하지 않아요. 우리가 아는 것이라곤, 모든 사람의 눈에 우리가 '저들'이라는 거예요. 그래서 선한 사람이 되려고 아무리 노력해도 모두의 적이 되는 거예요.

마침내 집을 떠나지 않으면 검은 복면을 쓴 남자들의 손에 죽을 것 같은 때가 오자, 아흐마드와 로브잔은 흑해를 남쪽에 두고 비밀리에 언덕과 산을 넘고 강과 국경을 지날 수 있도록 가진 돈을 남김없이 모아 파쇠르에게 주었다. 어디에 도착할지, 어느 국가, 어느 지역, 어느 도시에 다다를지 전혀 알지 못했다. 어딘가 다른 곳으로 간다는 것만 알았다. 더 이상 문제가 자신들을 찾아올 수 없는, 고향과 멀리 떨어진 다른 곳으로.

프랑스 남서부에 있는 툴루즈에 도착했지만 이들은 프랑스어를 단 한마디도 못 했다. 잘 곳이 필요했지만 구할 수 없었다. 새로운 '우리'에게 새로운 '저들'이 된 이들은 당국에 자수했다. 로브잔은 큰 병이 나서 병원에 입원했다. 아흐마드는 어린아이 하나, 둘, 세 명을 데리고 도움을 줄지도 모른다고 들은 사무실을 찾아갔다. 한 여자가 구글 번역기에 프랑스어 문장을 넣자(탁탁탁) 러시아어가 튀어나왔다. "이곳에서 당신은 불법체류자입니다. 내일 다시 오세요." 그리고 여자가 아흐마드에게 지도 한 장을 주었다. 아흐마드는 빠르게 습득한 프랑스어 단어를 여자 앞에서 거듭거듭 말했다. 베베스bébés, 베베스. 아기들은요. 그럼 아기들은요….

아호마드는 '베베스'를 데리고 로브잔이 입원한 병원의 창문 아래서 며칠을 보냈다. 결국 창문 밑에서 기다리고 있는 이 가족을 목격한 한 친절한 여성이 아호마드에게 먹을 것을 사라고 몇 유로를 주었다.

◇

제2차 세계대전이 끝나고 수십 년이 지났는데도, CADA에 도착한 아호마드와 로브잔과 아이들은 여전히 레세피세라는 이름의 체류증을 받았다. 새로운 목록에 이들의 이름이 오른다. 탁탁탁. 이들은 기다린다.

이곳 사람들은 친절하다. 마침내 가스 검침원이 찾아왔다. 잘 웃는 상냥한 사람이다. 검침원이 자기 아내도 무슬림이라며, 이 가족에게 말해달라고 내게 부탁한다. 검침원과 그의 아내는 여름이면 이곳 고원에서 열리는 저소득층 아이들을 위한 여름 캠프에 참여해 집에 아이들을 들인다. 검침원은 매우 친절하다. 그러나 아호마드에게는 여전히 걱정거리가 있다. 아호마드는 아이들이 노는 집 안 바닥 부근의 공기가 여전히 차다고 가스 검침원에게 전달하려 한다. 그는 '베베스'가 감기에 걸릴 거라고 말하고, 나는 통역한다. 검침원은 최선을 다해 아호마드를 도우려 한다.

이 가족은 고원 주민들의 친절을 우아하게 받아들인다. 손님을 초대하는 것도 즐긴다. 그러나 사람들이 찾아와 문턱에서 신발을 벗지 않을 때 이들의 얼굴에 고통의 기미가 스치는 것을 목격한 적도 있다.

아흐마드도 이들에게 나쁜 의도가 없음을 안다. 그는 더러운 신발이 모두에게 같은 의미가 아님을 이해하며, 이곳에 머물 수 있다는 사실에 깊이 감사한다.

그렇다고 해도. "우리는 여기서 기도를 해요," 아흐마드가 말한다.

우리는 누구이고 저들은 누구일까? 모든 시대에 이만이 아니라 잔혹한 복면을 선택하는 숲의 사람들은 누구일까? 깨끗한 공간 위를 신발을 신고 걷는 사람은 누구일까?

나는 귀 기울인다. 목록에 분명히 내 이름이 올랐을 산악지대가 머릿속에 선명하게 떠오른다. 'chuzhoi', 즉 외국인인 나는 낯선 괴물이었다. 탁탁탁. 내가 위험한 **저들**이었던 곳. 내가 내 신발의 더러움을 잊었던 곳. 누군가에게는 내가 복면 쓴 사람이었을 곳.

(그리고 솔직히 말하자면, 다음 사실에 야만적인 면이 아주 조금도 없을까? 인류학은 초기에 아메리카 원주민의 뼈를 훔치고, 당황스러워하는 이주민 어린이의 두개골 크기를 재고, 맞설 힘이 없는 사람들의 삶을 오만하게 공표했다. 인류학자에게 한 인간이 '대상'이라는 사실에 야만적인 면이 조금도 없을까?)

몇 가지 새로운 단어를 배운다. 바르칼라barkalla, 고마워요. 디크 칸트dik k'ant, 착한 아이구나. 내가 그들의 자음을 헝클어놓고 그들의 구문을 학살하자 아이들 하나, 둘, 세 명이 웃음을 터뜨린다.

여기서 나는, 인류학자인 나는 무엇을 찾고 있는 걸까? 내가 포착하고 싶은 것은 무엇일까? 나는 무엇을 얻고 싶을까? 이들이 아름답다고 해서 내게 이들의 비밀을 알 권리가 생기는 것은 아니다.

1942년 8월 급습이 실패로 끝난 뒤 고원의 상황은 몇 달간 꽤 잠잠했다. 귀뚜라미들에게 적응한 다니엘은 아이 한 명 한 명과 사랑에 빠지기 시작했다. 아이들은 게임을 하고 노래를 부르고 책을 읽었으며 로프 맨 앞에 서려고 우르르 달려나갔다. 2월 무렵 다니엘은 사촌 앙드레의 도움을 받아 레 그리용의 문제들을 해결한 뒤 더 큰 책임을 맡았다. 마을에서 그는 친절하고 따뜻하며 심지어 세련됐다는 평판(다른 나라 말도 할 줄 안대!)을 얻었고, 진심으로 자신이 쓸모 있다고 느끼기 시작했다. 마침내 질문으로 가득 찬 이 세속적인 청년은, 이 산간벽지의 코즈모폴리턴은 상쾌한 기분을 느끼고 있었다.

그러던 1943년 2월, 앙드레 트로크메가 체포되었다. 게슈타포가 앙드레의 사택을 찾아왔다. 마그다가 경찰들을 집 안에 들여 모두에게 저녁 식사를 대접했고(정말로 그랬다) 그동안 앙드레는 짐을 챙겼다. 마을 사람들은 앙드레에게 주려고 간식과 화장지 같은 작은 선물을 모았다. 앙드레는 타이스 목사와 르 샹봉 공립학교의 교장인 로제 다르시삭과 함께 고원에서 약 400킬로미터 떨어진 생폴데조의 '감시 포로수용소'로 이송되었다. 본인의 설명에 따르면, 수용소 생활이 불편하고 앞으로 벌어질 일이 두렵기는 했어도 앙드레는 대개 공산주의자나 다른 정치적 반동분자였던 동료 수감자들과의 "멋진 동지애"를 즐겼다. 심지어 그는 수용소에서 히브리서의 구절 "믿음은 바라는 것들의 실상이요, 보이지 않는 것들의 증거니"를 언급한 뒤 설교를 하기도 했다. 생폴데조에서 찍은 사진을 보면 트로크메와 타이스가 불빛이 어둑한 방 안에 있고, 그 뒤의 선반에 책들이 꽂혀 있다. 스웨터 차림의 타이스는 책을 읽고 있고, 양복을 입고 넥타이를 맨 트로크메는 살짝 미소 지으며 하모니카를 불고 있다.

다니엘은 로제 르 포레스티에와 함께 도청으로 달려가 트로크메와 타이스, 다르시삭을 풀어달라고 간청했다. 위험한 행동이었고, 아무 효과도 없었다. 세 사람은 무기한 억류될 예정이었다. 알고 보니, 수많은 이름이 타이핑된 문서가 한 장 한 장 산처럼 쌓여가던 이 시기, 독일의 전면전 계획이 마침내 남쪽으로 조금씩 흘러들다 중력을 거슬러 높디높은 고원으로 올라온 이 시기는, 트로크메와 타이스, 다르시삭이 없어선 안 되는 중요한 때였다.

1943년 2월 24일 저녁 7시, 오트루아르의 중대장이 이 지역에 거주 중인 타국 국적 유대인 82명의 이름이 적힌 목록 하나를 받았다. 그중 열 명이 르 샹봉에 살고 있었다. 그날 밤 즉시 세 번의 급습이 이루어졌다. 오토바이 호위대와 버스, 긴 목록을 손에 쥔 사람들이 어둠 속을 조용히 파고들었다. 아침 7시에 체포가 시작되었다.

이번 르 샹봉 습격의 책임자는 스물세 살의 젊은 경감인 레오폴드 프랄리Léopold Praly였다. 프랄리는 이미 르 샹봉의 유명인이었다. 그는 서글서글한 태도로 마을 사람들을 편하게 대했고 심지어 시시덕거리기도 했으며, 머리카락을 멋지게 뒤로 빗어 넘긴 개신교도였기에 마을 사람들의 삶에 이미 은근슬쩍 자리 잡고 있었다. 대실패로 끝난 1942년 8월의 급습 역시 프랄리의 책임이었고, 분명 그 일로 질책받았을 터였다. 그 시기의 서류들을 보면 온갖 곳에 그의 서명과 암호가 적혀 있다.

르 샹봉에 사는 열 명을 포함한 총 82명의 최종 목록은 확인하지 못했다. 목록이 너무 많다. 바닷속 은빛 물고기가 너무 많다. 그러나 내가 확실히 아는 사실은 그 목록에 야코프의 이름이 있었다는 것이다. 체구가 가녀린데도 "비브 드골!Vive de Gaulle!(드골 만세)"이라고 크게 외치며 마을을 돌아다녔던 야코프.

이번 습격에서 야코프를 본 프랄리는 이렇게 말했다. "드디어 잡았군!"

드디어 잡았군, 머리카락을 뒤로 빗어 넘기고 여자들에게 농을 걸던 스물세 살의 경찰관이 아직 빼빼 마른 소년에게 말했다. 그의 부모 아르놀트와 이르마는 드랑시 수용소에서 콘보이 31을 타고 이미 아우슈비츠로 떠났다. 그 소식을 듣고 소년은 울고 울고 또 울었다.

드디어 잡았군, 목록을 손에 쥐고 중력을 거슬러 고원까지 올라온 특수 경찰이 말했다.

야코프가 버스에 올랐다. 오트루아르의 다른 지역에서 체포된 60여 명과 함께 야코프의 형 마르틴도 버스에 올랐다. 그리고 이들은 기다렸다. 오토바이들이 오가고, 체포된 사람들이 추위 속에서 삐걱거리는 버스 계단을 오르는 동안 계속해서 기다렸다.

그러다 마을에 소식이 퍼졌다. 군중이 모여들었다.

그날을 묘사한 내용이 많다. 사람들이 버스를 둘러쌌다. 그리고 소리치기 시작했다. 어느 때부터 몇몇 마을 사람이 버스 앞에 드러누워 출발을 막았다.

한 목격자는 군중 사이에서 다니엘이 레오폴드 프랄리를 가리키며 "저 사람이 이 습격의 책임자다!"라고 외치는 소리를 들었다고 말한다.

다니엘이 할 법한 말처럼 들리나? 나는 잘 모르겠다….

그러나 모든 목격자가 뒤이어 두 가지 상황이 벌어졌다는 데 동의한다.

먼저, 군중 속에 있던 한 소년이 빠른 속도로 튀어 나갔다. 역시 난민이었고 저명한 가문 출신으로 핏줄 절반이 유대인이었던 그 소년은 르 샹봉 중심가에 있는 집으로 미친 듯이 달려갔다. 당시 소년과 멀리 떨어져 있던 소년의 어머니가 그에게 초콜릿 바 하나를 줬는데, 이 선물은 소년의 머릿속에서 점점 낭만적인 의미를 띠게 되었다. 언젠가 이 초콜릿이 내 목숨을 구해줄지도 몰라! 이 소년은 자기 방으로 뛰어가서 주저 없이 마지막 남은 초콜릿 두 조각을 꺼내 작은 성냥갑에 넣은 다음 다시 버스로 달려갔다. 그리고 그 성냥갑을 야코프의 손에 쥐여주었다.

모든 목격자가 동의하는 또 다른 사실은, 군중이 노래를 부르기 시작했다는 것이다. 사람들은 「올드 랭 사인Auld Lang Syne」*의 곡조에 맞춰 프랑스의 유명한 스카우트 노래 「스 네 캉 오 르부아르Ce n'est qu'un au revoir」를 불렀다.

이렇게 희망 없이 우리를 떠나야 하나요
돌아올지도 모른다는 희망 없이
이렇게 우리를 떠나야 하나요
언젠가 다시 볼 수 있으리라는 희망 없이
형제여, 이건 작별 인사일 뿐이에요
형제여, 우리는 다시 볼 수 있을 거예요
이건 작별 인사일 뿐이에요.

결국 경찰이 버스 앞에 드러누운 마을 사람들을 강제로 일으켜 세웠다. 그리고 버스가 출발했다. 버스 안을 가득 채운 남자와 여자, 아이들은 다시 산을 내려갔다. 그리고 추방의 광기로, 다시 수용소로, 귀르스로, 더욱 심하게는 죽을 운명이 기다리고 있는 아우슈비츠로 향했다.

다니엘의 마음속에서 종이 울린 것이 이때였을까? 이때 다니엘은 그 소리를 처음 들었을까? 초콜릿을 가져온 소년이 그랬듯, 언제든 자신을 밟고 지나갈 수 있는 버스의 커다란 바퀴를 노려보며 바닥에 드러누운 마을 사람들이 그랬듯, 다니엘도 종소리

* 한국에서는 「석별의 정」이라는 제목으로 알려진 스코틀랜드의 가곡.

를 들었을까?

기록을 통해 내가 이해한 바에 따르면, 그때 다니엘은 의사 르 포레스티에와 함께 차를 타고 르 퓌에 있는 경찰 본부까지 달려 내려갔다. 두 사람은 야코프가 아직 열여덟 살이 안 되었으므로 다른 사람들과 함께 체포되어서는 안 된다고 간곡히 주장했다. 모두를 풀어달라고 할 순 없었지만, 야코프를 위해서는 싸울 수 있었다. 두 사람은 야코프가 이 광기에서 다시 돌아올 수 있기를 바랐다.

그리고 정말로 그렇게 되었다.

이렇게 해서, 수많은 시간이 흐른 뒤 생존자들로 가득한 방 안에서, 한때 야코프라는 소년이었던 잭이라는 남성이, 옆에 앉은 남자에게 이야기를 들려줄 수 있었던 것이다. 자신이 르 샹봉에서 어떻게 살았고, 어떻게 체포되었고, 어떻게 마을 사람들 전체가 버스를 둘러싸고 「세 네 캉 오 르부아르」를 불렀는지를. 그리고 어떻게 한 소년이 자기 손에 초콜릿을 쥐여줬는지를.

그리고 잭이 그 이야기를 하는 동안, 이제 머리가 하얗게 센 옆자리의 잘생긴 남성도 울기 시작하며 이렇게 말했다. “내가 바로 그 소년이에요.”

◇

1943년 2월에 있었던 체포를 시작으로, 경찰은 고원에서 점점 공격적인 작전을 펼쳤다. 앙드레가 생폴데조에 억류된 동안

다니엘은 더 다루기 어렵고 중요한 문제들을 처리하고 있었다. 야코프는 다니엘이 돌보던 아이가 아니었지만, 다니엘이 부모님께 보낸 편지에 "폴란드계 이스라엘인"이라고 언급한 레 그리용의 한 소년이 얼마 뒤 체포되었다. 다니엘은 이번에도 르 퓌에 가서 그 소년을 풀어달라고 간곡히 부탁했으며(그 소년도 미성년이었다), 무척 기쁘게도 둘이 함께 레 그리용으로 돌아올 수 있었다고 편지에 적었다. 다니엘은 점점 더 많은 시간을 재판소에서 보냈다. 재판소까지는 자동차나 자전거를 타고 갔는데, 다니엘이 돌보던 또 다른 아이가 무죄를 선고받은 한 재판소는 고원에서 30킬로미터 떨어져 있었다. 그는 이 여정이 "터무니없다"라면서도 "한편으로는 터무니없게 흥미롭다"라고 말했다.

위험이 점점 커지자 다니엘이 더 많은 책임을 맡아야 했다. 남성 청년들이 거주하는 라 메종 드 로슈를 운영하던 부부는 더 이상 그 일을 감당하지 못했다. 도움이 필요했다. 원래 라 메종 드 로슈에는 주로 스페인 내전에서 피난 온 난민들이 살았다. 그러나 이제 유대인이 점점 많아지고 있었다. 경찰이 계속 주변을 맴돌며 심문을 벌였고, 급습이 갈수록 잦아졌다. 생폴데조에 있는 앙드레가 아이디어를 하나 냈다. 어쩌면 다니엘이 도울 수 있을지도 몰랐다.

다니엘은 부모님께 이렇게 썼다. "로슈라는 보호소를 감독하게 되었습니다. 하지만 곧 이름을 바꿀 예정입니다. '리뇽 대학 Centre Universitaire du Lignon'이라는 이름을 붙일 거예요. 이니셜이 너무 끔찍하지 않다면 말이죠." 이렇게 재미없는 농담도 덧붙였다(프랑스어로 'cul'은 '엉덩이'라는 뜻이다). 당시 이곳에는 외국인 학생이 열여섯 명 있었고, 거의 세 배의 학생을 수용할 수 있었다. “일종의 대학 병실이 될 겁니다. 아무도 아프지는 않지만요. 지금은 잘 굴러가지 않고 있어요. 앙드레는 체포된 이후로 쭉 제가 학업을 지도해주길 바라고 있습니다. 그래서 어쩌다 보니 결국 제가 모든 책임을 인계받게 되었습니다. 3월 말부터 새 업무를 시작할 예정입니다.”

더욱 까다로운 업무였다. 라 메종 드 로슈에 거주하는 남성 청년들은 레 그리용의 어린이들보다 체포당할 위험이 컸다. 그러나 로슈는 레 그리용에서 겨우 몇 킬로미터 떨어져 있었고, 다니엘은 두 곳을 다 감독할 의향이 충분했다.

“레 그리용을 떠나는 것은 아닙니다.” 다니엘은 부모님께 이렇게 썼다. “제가 편파적인 건지는 몰라도, 우리 아이들은 정말 놀랍습니다. 저는 아이들을 예뻐하고, 그 대신 아이들은 제게 엄청난 애정을 줍니다. … 하루가 갈수록 아이들이 더욱 소중해집니다. 유일하게 가슴 아픈 점이 있다면 아이들과 더 많은 시간을 보낼 수 없다는 것입니다.”

이렇게 다니엘은 사랑에 빠져 있었고, 이별로 인한 아픔의 초기 증상까지 나타나고 있었다. 내면의 어떤 지점은 흔들림이 없었지만, 동시에 어떤 지점은 변화하고 있었다. 여기 새 종이 한 장이 있다. 새 책상도 있다. 다니엘이 타자기 앞에 앉는다. 어쩌면 의자의 위치도 조정했을까?

탁탁탁.

<u>라 메종 드 로슈</u>

르 샹봉쉬르리뇽…

1943년 4월 1일의 상황. 줄표로 밑줄을 친다. 카칭, 종이 울리고, 캐리지가 돌아온다. 학생 정보. 줄표로 밑줄을 친다.

캐리지가 돌아온다.

국적: 독일, 0. 오스트리아, 2. 벨기에, 0. 프랑스, 1. 네덜란드, 1. 이란, 1. 리투아니아, 2. 룩셈부르크, 2. 체코, 1. 스페인, 10. 총 20명.

종교: 가톨릭, 8. 개신교, 12. 총 20명.

그렇다면 유대인은? 유대인은 어디에 있을까?

줄 바꿈, 줄 바꿈, 줄 바꿈, 줄 바꿈…. 그렇게 종이가 타자기에서 나온다.

유대인은 없다.

다니엘은 거짓말을 한다.

시간이 앞으로 나아간다. 1월, 2월, 3월, 4월. 우리는 모든 곳의 이야기가 다 똑같지는 않다는 사실을 잊을 수 있다.

상드린과 나는 상드린의 남편 레미Rémi, 부부의 아이들, 상드린의 시부모와 함께 이사를레스Issarlès에 와 있다. 고원에서 약 한 시간 떨어진 곳에 우뚝 솟은 이사를레스에는 아직 야생 수선화가 피지 않았다. 그러나 봄이 다가오고 있고, 수선화는 곧 들판에 노란 폭풍이 몰아친 것처럼 피어날 것이다. 나무들 위로 새싹이 막 돋아나고 있다.

레미의 아버지가 내게 묻는다. “피투성이 여관 이야기를 알아요?”

먼 옛날에, 프랑스혁명이 있고 난 뒤의 어려운 시기에, 도처에 혼란이 있었다. 그리고 지금 우리가 앉아 있는 지역은 여전히 왕에게 충성하는 곳이었다. 먼 옛날에, 이사를레스에서 그리 멀지 않은 곳에 오베르주auberge(여관) 하나가 있었다. 여관 주인들은 손님을 받은 다음 물건을 강탈하고 죽여버렸다. 벽에서 시체들이 발견되었다. 머리는 여관 바로 앞에 설치한 단두대로 잘라버렸다.

레미의 아버지가 이 이야기를 하는 동안 4월의 태양이 그의 얼굴에 쏟아지고, 4월의 바람이 그의 앞머리를 쓸어 넘긴다. 레미의 아버지가 나를 바라보고 있다. 우리는 고도가 높은 화산 지대(소나무와 전나무와 키 큰 건초가 가파른 비탈까지 이어져 있다)에서 아주 오래전에 지은 듯한 돌집 옆에 앉아 있다. 어른들은 달콤한 시럽을 탄 물을 마시고 아이들은 쿠키를 먹는다.

레미의 아버지는 평생 손으로 말해온 사람의 태도와, 평생 바람 소리를 배경으로 말해온 사람의 목소리를 가졌다. 그는 망제manger(먹다)의 a를 늘여서 발음하지만, 그의 아들과 손자들의 말투에 이 오래된 방언은 사라지고 없다.

레미의 아버지가 피투성이 여관 이야기를 해준 것은 내게 왜 프랑스에 있냐고 물은 다음이다. 나는 고원에 관해, 그곳 사람들이 전시에 사람들을 보호했으며 오늘날에도 망명 신청자들이 고원에 살고 있다고 이야기한다.

아, 그렇군요, 레미의 아버지가 말한다. 그리고 상드린을 가리키며 그 사람들은 비바레리뇽에 사는 개신교도들이었다고 말한다. 그리고 여기엔 그런 사람이 없었다고 덧붙인다. "여기 사람들이었으면 아마 유대인을 고발했을 거예요."

그가 다시 나를 쳐다본다. 그리고 다른 이야기도 있다고 말하며 몸을 앞으로 기울여 나를 다시 먼 과거로 데려간다. 사람들을 죽인 짐승 이야기도 있어요. 정말 많이 죽었어요! 늑대였을까요? 누가 알겠어요. 주로 어린아이와 여성이 죽었어요. 아무도 그 짐승이 무엇인지 몰랐죠. 짐승은 숲에서 나왔어요. 살인이 계속 이어졌지만 사람들은 답을 알아내지 못했어요.

이곳이 환영의 땅은 아니죠! 누군가가 말한다.

먼 옛날에, 루아르Loire로 깎아지를 듯 떨어지는 또 다른 고원 외곽에 자리한 이사를레스라는 마을이 있었다. 먼 옛날의 4월, 이사를레스의 마을 광장에는 더 이상 꽃이나 초목이 자라나지 않았다. 있는 것이라곤 몸통에 붙은 둥그렇게 옹이 진 가지에서 잔가지들이 자라는 나무들뿐이었다. 먼 옛날에 그 마을 광장은 아스팔트로 뒤덮였다. 그리고 그 아스팔트 위에 금세공을 한 쇠붙이와 돌로 만든 커다란 십자가가 세워졌다.

먼 옛날, 이곳은 어디서나 사람들을 환영하는 땅이 아니었다. 야코프 같은 소년들은 당국에 고발되었다. 탁탁탁. 그리고 그 누구도 수용소나 감옥에 끌려간 사람들을 꺼내려 하지 않았다. 그 누구도 버스 앞에 드러눕지 않았다. 그 누구도 어머니에게 받은 초콜릿의 마지막 남은 조각을 손에 쥐여주지 않았다. 그 누구도 "형제여, 이건 작별 인사일 뿐이에요"라고 노래 부르지 않았다. 그 누구도 노래하는 동안 눈물 흘리지 않았다.

먼 옛날, 그건 바로 지금이다.

지금 문서들이 작성되고 있다. 버스가 사람들로 가득 차고 있다.

그리고 어린아이 세 명이 깡충깡충 언덕을 오르고 있다. 그 중 한 명이 자기 손에 있는 것을 유심히 바라본다. 그러다 떨어뜨린다. 줍는다. 다시 떨어뜨린다.

그리고 전 세계를 돌아다니다 마침내 집을 찾은 젊은 남자(또는 여자)가 가까이에 있는 그 작은 생명체들을 바라보며 생각에 잠겨 있다. 우리는 누구인가? 저들은 누구인가? 누가 1이고, 누가 0인가?

그리고.

그 답이 명백한 지금, 나는 어떻게 살아야 하는가?

8장 봄의 찬가

그때 나 다니엘이 보니 두 사람이 서 있는데,
한 사람은 강 이쪽 언덕에 서 있고,
다른 한 사람은 강 저쪽 언덕에 서 있었다.
—다니엘서 12:5

소매를 걷어붙이고 빛으로 나가
그에게 이 땅의 구원을 이야기하리
—펠릭스 르클레르, 「봄의 찬가Hymne Au Printemps」

1943년 봄이다.

사진 속에서 다니엘은 야외에 앉아 있다. 그의 뒤로 나뭇가지와 나뭇잎의 윤곽이 얼룩덜룩한 흑백으로 드러나 있다. 다니엘의 얼굴은 카메라에서 약 45도 돌아가 있고, 짙은 색 머리칼을 뒤로 빗어 넘겼다. 흰색 버튼다운셔츠 차림에, 경쾌한 줄무늬 넥타이를 느슨하게 맸다. 셔츠 위에 입은 짙은 색 스웨터의 어깨 부근이 어울리지 않는 밝은 실로 꿰매져 있다. 동그란 검은 테 안경을 썼는데, 나뭇잎 사이로 어른거리는 빛이 확대될 만큼 렌즈가 두

껍다. 프레임 바로 바깥에 있는 누군가(여자)가 그의 등에 손을 올리고 있다.

그가 은은하게 미소 짓는다.

솔직히 말하자면, 다니엘은 표정을 알 수 없는 사람 중 한 명이다. 내가 본 몇 없는 사진마다 그는 조금씩 다른 사람처럼 보인다. 물론 짙은 머리카락과 커다랗게 휘어진 귀는 늘 똑같다. 통통한 입술과 생각에 잠긴 듯한 눈빛도 늘 똑같다. 그러나 사진을 눈 가까이 대고 정말로 자세히 관찰하면, 그 하나의 얼굴 안에서 저마다 다른 자그마한 세계들을 발견하게 된다. 다시 사진을 멀리 들고 눈을 가늘게 뜨고 보면 그 모든 것의 총합이 부드러움과 단단함, 밝음과 텅 빔, 매력과 무매력 사이를 오간다.

아장아장 걷던 시절의 다니엘은 에콜 드 로슈의 레 사블롱에 살던 남자애들 사이에서 누나인 수지 옆에 서 있다. 수지와 다니엘은 둘 다 레이스가 달린 하얀 옷을 입었다. 수지는 긴 머리에 화사한 꽃을 달고 어리둥절한 얼굴로 이마를 내밀고 있다. 다니엘은 겨우 두 살인데도 이미 이마에 주름이 잡힐 만큼 카메라를 똑바로 올려다보고 있다.

여덟 살이 된 다니엘은 벨벳으로 야단스럽게 장식한 사블롱의 거실에서 나머지 가족으로부터 몸을 살짝 돌리고 있다. 확연히 잘생겼고, 확연히 총명하며, 창백하다.

열두 살 무렵 다니엘은 안경을 쓰고 있다. 얼굴이 더 부드럽고 환하다. 열세 살과 열네 살 무렵에는 양복을 입고 넥타이를 매고 있고, 멍하고 약간 어둡기까지 한 무언가가 표정에 스친다. 다시 다니엘은 야외에서 학교 건물을 짓고 있다. 심낭염을 진단받은 무렵일 것이다. 볼이 퉁퉁 부어 있고, 등이 부자연스럽게 굽어 있다. 이 사진에서는 표정을 전혀 읽을 수 없다.

베르뇌유와 파리 사이의 시기, 낮게 깔린 잿빛 하늘 아래서 새 소리를 들으며 깊은 생각에 잠겨 홀로 기차역으로 걸어가던, 하루하루 지날수록 내면이 더욱 풍성해지던 이 시기의 사진은 본 적이 없다.

그러나 1934년이나 1935년쯤 찍은 다니엘의 사진이 있다. 다니엘은 레바논의 해변에서 보트를 타고 있고, 태양 빛이 그의 얼굴 위로 강렬하게 쏟아져서 그의 안경이 눈부신 흰 동그라미로 변했다. 1937년 무렵(작고 예쁜 상자 같은 여성과 만남과 헤어짐을 반복하던 시절)에 로마에서 찍은 스냅사진도 있다. 이 사진 속에서 다니엘은 슬림한 양복과 흰색 구두 차림으로 행복한 느낌을 풍기며 서 있다. 앞으로 무슨 일이 펼쳐질까?

고원. 작은 귀뚜라미들. 결정.

다니엘의 얼굴은 장소마다 다르다. 그러나 지금 그가 살고 있는 고원에서, 45도 각도로 앉아 아래를 바라보는 서른한 살이나 서른두 살의 그의 얼굴은, 등에 손 하나를 얹고 어느 때보다 부드럽게 웃고 있는 그 편안하고 충만한 얼굴은, 마침내 아름답다. 그 얼굴에는 마침내 아주 많은 것이 담겨 있다.

나는 다가올 일을 안다. 그러나 다니엘이 어떻게 그렇게 행동할 수 있었는지는 모른다. 이 사진에서 증거를 찾아보려고(그의 얼굴에서? 두 눈에서?), 또는 어떻게든 들어보려고 애를 쓴다. 어떤 조짐을, 이유를 구석구석 살핀다. 작은 티끌 하나 놓치지 않는다. 다니엘의 얼굴은 소년의 얼굴처럼 매끄럽다. 사진을 가까이 들었다가, 멀리 들었다가, 다시 가까이 당긴다.

그러나 빛의 변화에 따라 그토록 뚜렷하게 바뀌는 것의 총합을 어떻게 볼 수 있단 말인가? 사실 가장 중요한 것은 준비된 마음인 시기에?

고원의 봄은 눈과 비, 개구리와 바람, 맑은 하늘을 불러오고, 그러다 버터 같은 수선화가 잔뜩 피어나 들판과 숲을 가득 메운다. 고원의 봄은 아주 긴 겨울, 길고 고되고 혹독한 추위가 지나면 찾아온다. 태양과 들꽃의 압도적인 노란색 속에서, 환한 빛의 강렬한 그림자와 탁 트인 바람 속에서 오락가락 찾아온다. 끈끈한 새싹과 세차게 흐르는 강물, 훅 끼치는 관능적인 곰보버섯 냄새와 함께 찾아온다. 양골담초가 산등성이에서 화사하고 격렬하게 우거지는 5월과 6월에 찾아온다. 봄은 종달새가 돌아오면, 제비가 돌아오면 찾아온다. 솔개가 맹렬하게 날아들면 찾아온다. 봄이 찾아오면 마침내 속이 따뜻해진다. 이 모든 새로움 속에서 살짝 동요하게 된다.

당신이 다니엘 트로크메라는 이름의 젊은 남성이라면, 그리고 지금이 1943년 봄이라면, 요즘 당신은 매일같이 몇 시간씩 레 그리용과 라 메종 드 로슈 사이를 오가며 봄을 통과하고 있을 것이다. 레 그리용에서 3킬로미터 떨어진 라 메종 드 로슈까지 가려면 선로 아래의 험준한 암벽 사이를 흐르는 리뇽강을 건너야 한다. 가장 빠른 길은 양쪽으로 커다란 바위와 이끼가 덮인 도로를 따라가다 우거진 소나무 숲의 키 작은 지붕 아래로 잠시 고요한 오솔길을 지나고, 아름다운 갈색 리무진 종 소들과 막대기처럼 얇은 다리를 후들거리는 새끼들이 있는 들판을 지나는 것이다. 당신은 언덕을 오르내리고, 또다시 언덕을 오른다.

다니엘은 아침저녁을 계속 레 그리용의 어린이들과 함께 보낸다는 조건으로 로슈를 감독하는 데 동의했다. 세파에 시달렸던 작은 귀뚜라미들은 이제 힘차게 자라고 있었다. 반항적인 청춘의 흥미진진한 모험이 가진 매력은 마침내 이 아이들의 얼굴 뒤로, 다니엘이 이 아이들과 조금씩 가족이 되어가고 있다는 감각 뒤로 사라졌다. 바로 이것이 다니엘에게 필요한 것이었다. 아이들과 함께하는 이곳이 다니엘의 집이었고, 이번 봄이 그가 처음으로 맞이하는 진정한 봄이었다. 그러나 새로 맡은 책임은 더 까다로웠다. 공식명은 푸아예 위니베르시테르 드 로슈Foyer Universitaire des Roches인 라 메종 드 로슈는 제네바에 기반을 둔 유럽 학생 구호 기금Fonds Européen de Secours aux Étudiants과 미국 친우회의 지원을 받고 있었다. 방 32개와 50여 명을 수용할 수 있는 넓은 공간이 딸린, 요새처럼 거대하고 오래된 이 저택은 이제 남학생 기숙사로 운영되고 있었고, 학생 다수가 프랑스 남부의 강제수용소에서 풀려난 이들이었다. 이들은 나이가 다니엘과 비슷해서, 학생보다는 또래에 더 가까웠다. 이들도 대부분 다니엘처럼 모든 곳이 집이면서 동시에 그 어디도 집이 아니었다.

산간벽지인 비바레리뇽 고원은 오랫동안 이상할 만큼 안전했고, 전쟁은 비교적 멀리서 소리를 죽이고 있었다. 독일이 프랑스 전역을 점령하고, 외국인을 사냥하는 새로운 작전이 시작되고, 모든 마을에서 타자기로 그 끔찍한 목록이 하나하나 작성되는 와중에도 이곳 고원의 주민들은 계속 사람들을 받아들여 숨겨주었고, 경찰이 찾아오면 아이가 숨어 있는 벽을 힐끔거리지 않으려고 애쓰며 침착히 대응했다. 오랫동안 고원 주민들은 설교가 끝나면 성경 공부 모임으로 이동해 난민을 보호할 계획을 짰다. 오랫동안 이들은 밤마다 먹을 것 꾸러미를 들고 헛간과 숲속으로 나갔고, 더욱 대담하게는 이방인을 자기 집 문턱 안에 들이고 난롯가에 앉힌 다음 빵을 나눠주었다.

물론 마을 사람들은 위험을 감수하고 있었지만, 이때까지 그 위험은 감수할 만한 것이었다. 주민들은 구조 기술에 매우 친숙했고, 가족들과 아이들을 수용하고 농장 건물을 도피 중인 사람들의 중간 기착지로 활용할 줄 알았다. 이들에게는 완벽하지는 않지만 지금까지 심각한 재앙을 막아준 경고 시스템이 있었다. 이 무척이나 혼란한 시기에도 주민들은 "이웃과 낯선 사람을 똑같이 사랑하라"라는 명령을 삶의 방향을 알려주는 지침으로 사용할 수 있었다. 저쪽이 아닌 이쪽으로 가세요.

그러나 이제 무언가가 변하고 있었다. 무게중심이 바뀌는 중이었다. 상황이 왜인지 더 어둡고 오싹해졌다. 악화일로였다.

1943년 2월, 독일이 결국 스탈린그라드전투에서 패하자 프랑스에서 23세 이상의 남성 전원을 징집해 독일의 이익을 위해 일하게 하는 새로운 법이 시행되었다. 의무적 노동 봉사Service du Travail Obligatoire, 즉 STO라고 불린 이 법은 동부전선에서 독일군이 참담할 만큼 목숨을 잃었기 때문에 도입되었다. 독일에서만 수십만 명의 노동자가 필요했기에, 그 겨울에 젊은 남성들(유대인뿐만 아니라 스페인에서 온 공산주의자와 탈영한 독일인까지)은 서둘러 은신해 모든 마을에서 작성 중이던 새로운 목록에서 빠져나와야 했다.

그 결과, 몸을 숨길 수 있다는 이야기가 돌고 여러 험준한 은신처가 있으며 리옹에 있는 레지스탕스 중심지와 가까운 고원은, 사회적 혼란을 피해 조용한 피신처를 찾는 어린이와 가족뿐만 아니라 독일에 갈 생각이 없고 두려움 때문에 입을 다물거나 공포로 자신을 정의하고 싶지 않은 젊은 남성들의 목적지가 되고 있었다. 이런 젊은 남성 중에는 비폭력 철학이나 적을 사랑하는 자세 또는 선한 사마리아인의 비유를 조금도 개의치 않는 사람들, 지역 목사에게 배움을 얻을 필요나 마음이 없는 사람들도 매우 많았다.

국적이 다른 수백 명의 젊은 남성들이 작은 고원에 도착했다. 그중에는 이미 수년간 숨어 지낸 사람도 있었고, 고향에서 쫓겨났다는 사실에 이제야 격분하는 사람도 있었다. 이들은 살아남고자 노력하는 동시에 잔혹한 적을 무자비하게 말살하는 데 온몸을 바쳤다. 실제로 그중 다수가 독일의 계획에 무척 위험한 영향을 미쳤다. 숲을 드나들다 학교와 집을 오가고, 그러다 다시 숲으로 숨어들었던 이들은 소재를 파악하고 통제하기가 힘들었다. 분노와 두려움에 휩싸인 몇몇은 이 지역의 고요함과 밤의 적막 속에서도 불량하게 행동했다. 이 점에도 결과가 따랐다.

한번은 기름을 먹여 반짝반짝한 가죽 바지를 입고 돌아다니는 것으로 유명한, "머리를 멀끔하게 뒤로 빗어 넘긴 몸이 마른 한 신사"가 "이곳은 유대인과 스페인인 천지니까 우리는 그게 뭐든 찾을 수 있는 음식에 만족해야 한다"라고 말하는 것을 다른 사람이 우연히 들은 적이 있었다.

그 불평은 아마도 한 번 이상 반복되었을 것이고, 그 결과 르 샹봉의 벽에 그 신사의 이름과 알파벳 PD(동성애자pédéraste라는 뜻의 프랑스 속어)가 쓰인 그라피티가 생겼다. PD는 가벼운 표현이 아니었고, 그 결과 머리를 뒤로 빗어 넘긴 남자도 격분했다.

남자는 이렇게 말했다. 즈 므 방즈레.Je me vengerai. 나는 복수할 것이다.

동부전선에서 돌아와 주로 르 샹봉의 중심가에 평화롭게 머물며 부상에서 회복 중이던 독일 군인들이 무례하게 행동하는 경우도 있었다. 훗날 앙드레 트로크메는 이들의 군악대가 가끔 르 샹봉 중심가에서 금관악기를 시끄럽게 연주했다고 말했다. 이 군악대의 대장은 "배가 무척 거대"했는데, 얼마나 거대한지 자동차에 타고 있던 한 젊은 남성은 길에서 이 대장 옆을 지나갈 수 없었다고 한다. 남성은 넓은 길이 나올 때까지 조금씩 후진하고서야 옆을 지나갈 수 있었다. 지켜보는 사람들은 분명히 이 군악대와 그 거대한 배를 참아줄 수 없었을 것이다. 사람들은 왁자지껄하게 웃으며 군악대를 가차 없이 조롱했다.

이때 앙드레 트로크메를 비롯한 세 사람은 막 수용소에서 나온 상태였고, 이들의 미래는 불확실했다. 주민들은 여전히 2월의 급습으로 눈에 띄게 불안해했는데, 이러한 마을 분위기가 경찰 보고서에 기록될 정도였다("작전은 평범하게 진행되었으나 마을 주민에게 특정 정서를 유발했다"). 결국 야코프 레빈을 붙잡았으나 다니엘과 르 포레스티에의 변호로 곧 레빈을 풀어줘야 했던 프랄리 경감은 매일같이 마을을 돌아다니며 주민들을 심문하고, 목록을 만들어 르 퓌에 있는 도청으로 부쳤다. 젊은 남성들은 눈살을 찌푸리며 프랄리를 주시했다. 이들은 내키는 대로 웃음을 터뜨리고 벽에 그림을 그리고 숲에서 밤을 지새웠다.

이것이 다니엘이 라 메종 드 로슈의 책임자 자리를 물려받았을 때의 정황이었다. 라 메종 드 로슈는 세베놀 스쿨에 붙어 있었고, 고원에 있는 다른 어린이 보호소들과 마찬가지로 프랑스 노동부의 관할이었다. 이 시설의 전 책임자였던 팡테Pantet 씨는 이곳에서 1년간 일한 뒤 '건강상의 이유'로 앙드레 트로크메에게 자신을 대신할 후임자를 찾아달라고 간청했다. 다니엘이 로슈에 오기 전부터 경찰은 이곳을 점점 자주 찾아오고 있었다. 팡테 씨와 그의 아내는 계속되는 방문을 힘겹게 맞이했다. 프란츠 립슈츠는 어디 있지? 헤르만 뢰벤슈타인은, 클라우스 시몬Klaus Simon은 어디 있지? 원래 이곳에서 지냈지만 지금은 떠나고 없습니다. 이유는 저희도 모릅니다. 경찰은 또다시 찾아왔다. 알렉상드르 드 한은 어디 있지? 카미유 바우터스는? 앙리 물라즈는? 가고 없습니다. 이유는 모릅니다.

이런 위치에 지어진 오래된 집들에는 자연스러운 위엄이 있어서, 야외의 커다란 입구에 앉으면 세차게 흐르는 리뇽강을 내려다볼 수 있었다. 하지만 그 외에 실용적인 이익도 있었다. 라 메종 드 로슈에서는 한밤중에 기차 엔진의 칙칙 소리를 들을 수 있었고 필요하다면 광활한 소나무 숲으로 달려 들어갈 수 있었다. 뒷벽에 있는 창문 하나는 거의 언덕과 붙어 있어서 그 창문으로 뛰어내려 언덕을 기어오를 수 있었다. 한편 이런 요새 같은 건물의 기이한 장점이 또 하나 있었으니, 과거에 이런 집들에는 보통 필요할 때 바깥으로 안전하게 나갈 수 있는 터널이 갖춰져 있었다. 라 메종 드 로슈에도 1층에 있는 비밀의 문을 통해 지하 수로로 연결되어 숲으로 이어지는 터널이 하나 있었다. 사람들은 수 세기 동안 이 터널을 드문드문 사용했고, 지금은 특히 유용했다.

라 메종 드 로슈의 젊은 남성들이 자기 마음대로 이곳을 드나들어서 당국이 찾아왔을 때 난처해질 수 있다는 사실을 다니엘은 곧 깨달았다. 경찰은 다니엘이 실제로 그 청년들을 관리하는지 아닌지 물었다. 이렇게 규모가 크고 구성원이 자주 변하며 안건이 많은 집단은 대체로 사람을 불안하게 했다. 4월 9일에 다니엘이 처음 작성한 라 메종 드 로슈의 재정 보고서를 보면, 다니엘이 관리하는 학생 중에 스페인에서 온 남성이 몇 명, 폴란드와 리투아니아, 체코슬로바키아, 룩셈부르크, 오스트리아에서 탈출한 유대인 남성이 몇 명 있다. 그 밖에 아지졸라 사디그 에르샤디 Azizollah Sadigh Ershadi라는 이름의 남성도 있었는데, 유대교와 바하이교의 중심지인 하마단Hamadan 출신의 이 페르시아인은 분명 캅카스 남부의 평원을 지나 아나톨리아를 넘어 유럽의 프랑스로 들어온 뒤, 잠시 리브잘트에 머물다 험준한 고원으로 올라왔을 것이다. 놀라운 여정이었다. 라 메종 드 로슈는 진정한 바벨탑이었고, 이곳에 머무는 젊은 남성 중 최소 두어 명은 암호명이 있는 프랑스 레지스탕스 전사였다.

곧 다니엘은 뢰벤슈타인과 시몬과 드 한의 실종과 관련해 경찰의 방문을 받았다. 세 사람은 로슈로 돌아와 있었고 현재 위협받는 상태였다. 이 세 청년이 왜 로슈를 떠났느냐는 경찰의 질문에, 다니엘은 딱 잘라 대답했다. 저는 3월 25일에 이곳 책임자로 왔기 때문에 그들이 왜 로슈를 떠났는지 모릅니다.

라 메종 드 로슈의 여러 학생이 곧 또 다른 문제를 일으키기 시작했다. 다니엘은 이 사안에도 답해야 했다. 로슈에 사는 몇몇 스페인 학생은 부상에서 회복 중인 군인들을 "조롱하고 놀려댔다." 한 로슈 학생의 증언에 따르면 "몹시 화가 난 하급 장교가 다니엘을 찾아와 학생들의 적대적 행동에 관해 보고서를 상세히 작성해 제출하라고 요구했다. 다니엘은 장교의 화를 가라앉혔으나, 로슈로 돌아와 다시 한번 이런 일이 발생하면 그때는 정말로 보고서를 올리겠다고 윽박질렀다." 다니엘의 학생들이 이렇게 반항적으로 구는 것은 보기 좋지 않았다. 내키는 대로 로슈를 드나드는 것 또한 보기 좋지 않았다. 5월 말, 페르베르Ferber라는 이름의 젊은 독일인(자신은 유대인이 아니라 히틀러에 반대한다고 조용히 말한 것을 제외하면 그 누구하고도 대화를 나누지 않았다)이 탈영을 이유로 체포되었다. 이때 경찰은 라 메종 드 로슈의 내부를 자세히 들여다볼 수 있었고, 이로써 이곳의 실제 기능을 더 자세히 파고들게 되었을 것이다.

이 새로운 청년 중에는 스페인 전쟁이나 강제수용소에서의 경험을 통해 단련된 이들도 있었고 자신의 유대인 이름을 당당히 드러내는 이들도 있었다. 이들은 작은 귀뚜라미들이 아니었다. 이 청년들은 흥미진진한 모험을 하는 중이었고, 다니엘처럼 성숙한 성인 남성이 되어가는 과정에 있었다.

◇

봄이 밀려들었다. 다니엘은 걷고 또 걸었고, 생각하고 또 생각했다. 양식을 작성했고, 수학 수업을 도왔고, 길 잃은 아이에게 좋은 선생님을 찾아주었고, 아이들이 잠든 모습을 가만히 지켜보았다. 위험이 점점 커져가고 있었다.

〔1943년 3월 말〕

부모님께,

저희를 보러 오신다니, 특히 르 샹봉에서 이틀을 보내신다니 무척 기쁩니다. 안타깝게도 저는 아이들 앞에서 기쁨을 가라앉혀야 합니다. 가족이 레 그리용을 방문한 아이들은 부모가 없는 친구들 앞에서 자연스럽게 표현을 자제하더군요. 어쨌든 정말 반가운 일입니다.

다니엘의 부모님은 몇 개월 전부터 다시 프랑스 북부로 돌아오라고, 예전처럼 자신들의 세계로 돌아오라고 다니엘을 설득하고 있었다. 그러나 아들에게서 그럴 수 없다는 공손한 답장을 수차례 받은 뒤, 그들은 마침내 자신들이 직접 이 산속을 찾아오겠다고 제안했다. 다니엘은 사진엽서 세 장을 가득 채워 답장을 보냈다. 그중 한 장은 나무로 둘러싸인 거대한 메종 드 로슈 건물이, 나머지 두 장은 로슈와 레 그리용이 나란히 자리한 전경 사진이 있었다. 이곳이 현재 다니엘의 세상이었다. 다니엘은 편지에 "애정을 가득 담아, 다니엘"이라는 서명을 남겼다.

다니엘은 애정 어린 마음으로 귀뚜라미들에게 돌아갔다. 그리고 단호한 마음으로 젊은 남성들에게 돌아갔다. 그것이 순진한 마음인 것은 아닌지, 마을 여기저기서 의아해하기 시작했다. 이제 다니엘은 매일 경찰을 만나고 있었다. 그는 위험이 점점 커지고 있음을 제대로 이해한 것일까? 프랄리가 정보를 캐묻고 다니고, 새 경찰이 찾아와 심문을 벌이고, 날씨가 좋아지면서 이곳을 오가는 사람이 갈수록 늘어나는 와중에 상황이 꾸준히 악화되고 있음을 몰랐던 걸까?

6월 5일에 또 다른 법령이 통과되어 라 메종 드 로슈의 감독처가 프랑스 노동부에서 내무부로 바뀌었다. 내무부는 유대인을 대상으로 광범위한 감시망을 갖추고 있었고 독일 점령군과의 관계도 더욱 밀접했다. 그곳은 어린이를 위한 학교가 아니라고 정부 관계자들이 넌지시 알렸다. 분명 그곳은 온갖 짓을 벌이는 젊은 남성들을 위한 중간 기착지입니다. 이제 더 자세히 들여다봐야 합니다. 숲속의 청년들을 통해 각종 경고가 흘러들기 시작했음에도 다니엘은 계속해서 로슈를 평소처럼 운영하고 레 그리용의 아이들과 함께 시간을 보내려고 애썼다.

이 시기에 다니엘이 돌보던 아이들의 사진이 몇 장 남아 있다. 한 사진 속에서는 아이들 여러 명이 다리 건너편에 있는 작은 땅에 밧줄을 붙들고 서 있다. 진한 그림자를 통해 날이 매우 화창했음을 알 수 있다. 다니엘도 가운데에서 밧줄을 붙잡고 아래를 내려다보고 있다. 또 다른 사진 속에서는 줄다리기가 시작되었다. 다니엘은 한쪽 편에 있는데, 사진이 흐릿하지만 굽은 어깨와 안경에 반사된 빛으로 그 사람이 다니엘임을 알아차릴 수 있다. 같은 날 찍은 사진이 한 장 더 있다. 아이들과 다니엘은 이제 밧줄을 내려놓았다. 그 대신 밝은 들판에서 전부 두 팔을 들고 서 있다. 그들 뒤로는 소나무 숲이 넓게 펼쳐져 있다. 가장자리에 선 한 소년은 등이 뒤로 휘어지도록 하늘을 향해 두 팔을 번쩍 들었다.

부모님이 오기를 기다리는 동안 다니엘은 타자기를 탁탁탁 두드리며 어린이와 청년들의 왕래를 정리하느라 바빴다. 6월 22일, 그는 레온 추키에르Léon Cukier라는 이름의 열아홉 살 폴란드인 청년을 위해 르 퓌앙벌레에 있는 도지사에게 편지 한 통을 썼다. 추키에르는 툴루즈에서 '유대인 이동에 관한 법률 위반'으로 체포되어 현재 귀르스 강제수용소에 수감되어 있었다. 다니엘은 이 청년이 파리에서 "전기학과 기계학을 전공하는 학생"이었으며 "우리 쪽에서 이 청년을 맞이할 수 있을 것" 같다고 적었다. 그는 리농 대학의 공식 편지지를 사용했고, 마지막에 자기 이름과 함께 그저 "총장"이라고 서명했다.

그토록 기쁜 마음으로 기다렸던 부모님은 방문하지 않았다. 그 대신 다니엘이 도지사에게 편지를 보내고 약 6일 뒤 형 프랑수아가 부모님 대신 찾아왔다. 스페인 국경 근처에 있는 란므장에서 공장을 운영하는 프랑수아의 일은 그 자체로 위험하고 까다로운 것이 되어 있었다. 프랑수아의 방문은 정신 차리고 고향으로 돌아오라고 다니엘을 설득하려는 가족의 또 한 번의 시도였던 것으로 보인다. 이 방문에는 분명 다니엘의 미래와 에콜 드 로슈의 미래를 논의하고, 가족이 그에게 무엇을 필요로 하고 기대하는지 이야기하고, 가족들이 차마 이름을 부르지도 못했던, 만남과 헤어짐을 반복한 그 젊은 여성에 관해 이야기할 가족의 계획이 들어 있었다.

프랑수아는 1943년 6월의 마지막 주말에 찾아왔다. 지금 돌아보면 프랑수아는 임무 달성에 완전히 실패한 것으로 보인다. 프랑수아가 자신이 보고 들은 것을 부모님께 전한 6월 29일 자의 긴 편지에는 펜으로 그린 다니엘(또는 우리 다니)의 초상화가 들어있다. 가족에게 사랑받는 반항적인 탕아였을 다니는 장차 다가올 비애와 갈망으로 지워지거나 씻기지 않고 그때의 시간 속에 그 모습 그대로 남아 있다.

〔우리는 함께〕 귀뚜라미들, "다니엘의 아이들" 이야기를 했습니다. 레 그리용에 도착하니 아이들과 다니의 동료들이 유쾌하게 저를 맞아주었습니다. 다니는 확실히 매우 행복하고 유능해 보입니다. 소년의 모습은 사라지고 본인의 개성과 자질이 활짝 피어났습니다. 너그럽고 유능한 균형감과 존경과 애정에 둘러싸인 인격을 아주 생생하게 느끼고 왔습니다. 요구가 많고, 관대하지만 막다른 길에 부딪힌 듯했던 마슬락에서의 다니가 더 이상 아닙니다. 이제 다니는 아이들에게 사랑받는, 원숙하고 유능한 남성입니다. 자신의 일을 사랑하는 교장이기도 합니다. 아직은 조금 어리지만, 전에 비하면 훨씬 침착해졌습니다. … 강렬한 인상을 받았습니다.

다니는 자신이 로슈와 떨어질 수 없다고 생각하지 않습니다. 심지어 귀뚜라미들하고도요. 하지만 지금껏 여기저기를 전전한

이 아이들에게 지나가는 아버지가 아니라 영원한 아버지가 되어주고 싶어 합니다. 다니는 자신이 떠난다면, 더 대단한 사람이 자신을 대신한다 해도 자신을 아버지처럼 믿는 아이들이 또 한 번 버림받았다고 느낄 것이라 했습니다. 그러면 아이들은 예측 불가능한 세파에 시달리다 버려진 현재의 상황을 더욱 슬퍼할 것이라고요.

다니엘의 초상화를 자세히 들여다봤다가 다시 멀리서 바라본다. 살피고 또 살핀다. 표현이 무척 자세하지만, 결국 나는 명료하게 바라보고자 눈을 가늘게 뜨고 경계를 희미하게 지운다.

다니엘은 얼굴을 45도 각도로 돌리고 은은하게 웃으며 아래를 바라본다. 다니엘은 자신보다 더 훌륭한 사람이 있음을 안다.

그럼에도 그는 자기 자신을 잊는다. 떠나지 않는다.

1943년 6월 29일 오전 6시 40분. 라 메종 드 로슈에서 잠들어 있다가 깨어난 클라우스 시몬의 눈앞에 기관총 여러 대가 겨눠져 있었다.

이목구비가 반듯하고 잘생겼으며 덩치가 작은 열아홉 살의 클라우스는 이미 수년간 도피 중이었다. 클라우스는 '라인 지방의 파리'인 뒤셀도르프에서 태어났다. 세속 유대인이었던 그의 부모는 경제적 여유가 있어서 아들을 여행 보내고 가정교사를 붙여줄 수 있었다. 그러나 1933년에 학교에서 폭력이 시작되었고, 1934년이 되자 클라우스는 더 이상 학교에 다닐 수 없었다. 1937년, 열세 살이던 클라우스는 네덜란드로 보내졌고, 나치의 공격과 멀리 떨어진 친절한 코즈모폴리턴 가족의 집에서 학창 시절을 보냈다.

로슈에 있던 수많은 젊은 남성과 마찬가지로 클라우스 역시 이미 많은 것을 견딘 상태로 고원에 도착했다. 네덜란드에서 도망친 뒤 결국 브뤼셀에 있는 노동 수용소에 들어갔고, 다시 도망치다 프랑스 남부에 있는 리브잘트 강제수용소에 수감되었다. 리브잘트는 이와 오물과 죽음으로 가득했으나, 클라우스는 이곳에서 훗날 기적이 될 것을 얻기도 했다. 리브잘트에 있던 한 네덜란드 영사관이 클라우스가 유대인임을 잘 알면서도 그에게 네덜란드 서류를 (탁탁탁) 제공해준 것이다. 그리고 바로 그 영사관이 라 메종 드 로슈에 클라우스의 자리를 마련했고, 클라우스는 1942년 11월 25일에 고원에 도착했다.

고원은 비교적 안전했지만 11월 이후로 힘든 순간들이 있었고, 로슈에 머물던 다른 청년들과 마찬가지로 클라우스도 체포되지 않기 위해 며칠이나 몇 주간 숲에서 밤을 지새우는 데 익숙해졌다. 경찰은 끊임없이 그와 다른 남성들을 찾으러 왔고, 끊임없이 질문을 던졌다. 다니엘이 로슈의 책임자가 되고 겨우 몇 주밖에 안 지난 4월 15일, 로슈를 찾아온 경찰이 클라우스를 발견했다. 경찰 기록에 따르면 클라우스는 네덜란드 레이던에서 태어난 네덜란드인이었다. 그러므로 그가 유대인으로 의심받는 건 아니었다. 그러나 클라우스는 어떤 연유에서인지 도망 중이었기에 다른 청년 다섯 명과 함께 심문을 받았고, 그동안 숲속에서 밤을 보냈으며(정확한 위치는 기억하지 못했다) 이름을 알지 못하는 농부들에게 음식을 받았다는 진술서를 작성하고 서명해야 했다.

라 메종 드 로슈에 거주하는 청년 몇몇은 레지스탕스 쪽에서 흘러드는 기밀과 소문을 듣고 최근 자주 야외에서 취침하고 있었다. 6월 28일 해가 질 무렵에 이들은 이미 숲속으로 들어가 밤을 보낼 비옥한 장소를 찾고 있었다. 그러나 클라우스는 아니었다. 어떤 이유에서인지 클라우스는 그날 로슈에 머물기로 했다. 그간 날씨가 계속 추웠다. 어쩌면 잠깐의 휴식, 약간의 안락함이 필요했을지도 모른다.

그렇게 다음 날 아침, 잠에서 깨어난 클라우스의 눈앞에 기관총이 있었다. 클라우스 주위로 청년들이 막 잠에서 깨어나 충격에 휩싸인 채 비틀거리며 서 있었고, 드러난 맨살을 담요로 가리고 있었다. 군인들이 그가 너무나도 잘 아는 언어로 고함을 치고 있었지만 기관총 개머리판으로 계속 얻어맞으며 등을 발로 차이는 와중에 그는 감히 그 사실을 티 내지 못했다. 안슈타이겐! Ansteigen!, 일어나. 슈바이네유데!Schweinejude!, 돼지 같은 유대인.

그날의 여러 목격자 진술이 오늘날까지 남아 있다. 경찰 보고서도 있다. 여러 해가 지난 뒤 피해자의 가족들에게 쓰인 고통에 찬 편지들이 있다. 이 모든 설명 속에 이름들이 있다. 모든 이름 속에 이야기들이 있다. 수십 년 전에 멀고 먼 땅에서 시작된 이야기, 며칠이나 몇 주, 몇 년 뒤, 프랑스나 독일이나 폴란드나 이스라엘에서 끝나는 이야기. 기억은 계속해서 울려 퍼진다.

그러나 다음 사실은 어느 정도 확신할 수 있다.

6월 29일, 동이 트고 겨우 30분이 지났을 무렵, 아침 이슬이 아직 바깥의 바위에 맺혀 있을 때, 독일 경찰 열네 명이 쥐색 시트로엔 두 대와 방수포를 씌운 쥐색 트럭 두 대를 나눠 타고 라 메종 드 로슈에 도착했다. 그중 일부는 건물을 포위했고 일부는 총을 들고 안으로 진입했다. 이들이 학생들을 잠에서 깨웠다. 그리고 한자리에 모여서 질문에 답하라고 명령했다. 경찰 네 명이 학생들을 심문하는 동안 나머지 열 명이 방 안을 뒤지기 시작했다.

대혼란이 벌어졌고 어느 정도 폭력도 발생했다. 어느 순간 학생들은 이곳 책임자가 누구냐는 질문을 받았다. 이들은 다니엘 트로크메라고 답하며 트로크메는 길 건너 산 위에 있는 레 그리용에서 밤을 보낸다고 말했다. 경찰 몇 명이 차를 타고 다니엘을 체포하러 갔다.

오전 7시 30분경 경찰들이 레 그리용에 도착했다. 어린아이들이 생활하는 보호소에 난입한 경찰들은 이번에도 거대한 기관총을 꺼내 들었다. 몇몇 아이들은 눈앞의 광경을 보고 창문을 넘어 숲속으로 도망쳤다. 사람들은 다니엘에게도 그렇게 하라고 했다. 창문 하나만 넘으면 바로 숲이었고, 숲은 손에 닿을 듯 가까웠다.

다니엘이 수학 공부를 도와주었으며 그를 무척 사랑했던 작은 귀뚜라미인 수잔 하임Suzanne Heim은 오랜 시간이 흐른 뒤 그 날에 대해 이렇게 썼다.

> 나치 친위대가 무척이나 잔인하게 방으로 들이닥쳤다. … 무거

> 운 부츠를 신은 발로 문을 걷어차 열었다. 당연히 우리는 두려움에 말을 잃었다. 그들이 우리에게 총을 겨누고 서서 움직이지 말라고 경고했다….

그리고 다른 곳에서 이렇게 이야기했다.

> 우리는 다니엘에게 말했습니다. "선생님을 잡으러 온 거예요! 뒷문으로 나가서 숲속에 숨어요!" 그러자 다니엘은 이렇게 말했습니다. "그럴 순 없어. 내가 그리용과 로슈의 책임자니까."

그렇게 다니엘은 남았다. 어떻게 해서인지 그는 그 진한 눈동자로 조짐을 읽었고, 그 귀로 소리 없는 경보를 들었다. 행동에 나서야 할 때였다. 다니엘은 남았다.

다니엘은 화장실에 가겠다고 양해를 구한 뒤 레 그리용에 있는 위험한 문서를 전부 모아 변기에 넣고 내렸다. 한 시간이 지나지 않아 다니엘은 체포되어 차에 태워졌다. 다니엘이 사랑하던 가정부이자, 그가 가장 좋아하던 학생 중 하나인 오데트의 어머니 오르시 씨는 그때(다니엘이 차를 타고 떠나는 것을 지켜보던 때)가 자기 인생 최악의 순간이라고 말했다.

수잔은 최대한 빨리 레 그리용에서 빠져나와 언덕 아래로 쉼 없이 달렸다. 농장의 밭과 커다란 소나무를 지나, 훗날 세베놀 스쿨의 넓은 교정이 될 숲을 지나 계속 달렸다. 르 샹봉의 중심가를 지나 목사의 사택으로 달려갔다. 그곳에서 마그다를 만난 수잔은 정신이 반쯤 나간 채 경찰이 습격했으며 다니엘이 체포되었다고 설명했다. 마그다는 즉시 자신을 잊고 자전거에 올라탔다. 앞치마 차림으로 르 샹봉 중심가를 지나 라 메종 드 로슈를 향해 생타그레브 도로를 몇 킬로미터나 달렸다.

마그다의 모습이 머릿속에 그려진다. 마그다가 정신없이 페달을 밟을 때마다 자전거가 흔들리고, 땋은 머리가 관자놀이 옆에서 바람에 흩날린다. 잘생긴 얼굴은 한결같이 침착하고, 떠오르는 태양 빛에 두 눈을 찡그린다.

마그다 트로크메는 자전거를 타고 라 메종 드 로슈로 향하던 그때에 대해, 마치 주문을 외는 듯한 낮고 느린 목소리로 이렇게 말했다.

> 얼마나 아름다운 날이었는지! 상상도 못 하실 겁니다! 양골담초가 피어난 르 샹봉의 봄날. … 태양이 빛나고, 날씨는 너무 덥지 않고 포근하고, 산은 깨끗하고 아름답고! 정말 남달랐어요, 그 아름다움, 그 평화, 너무나도 평온했습니다. … 당시 그렇게 끔찍한 일이 벌어지고 있는데도요.

도망치지 않기로 하고 경찰에 체포된 다니엘은 오전 8시 30분경에 차에 실려 라 메종 드 로슈에 도착했다. 다니엘이 고개를 살짝 아래로 숙이고 그림자처럼 조용히 부엌에 들어가는 모습을 로슈의 학생 중 한 명이 언뜻 목격했다. 곧 다니엘은 라 메종 드 로슈의 다른 거주자들과 함께 벽 앞에 일렬로 줄을 섰다. 다니엘이 독일어를 할 줄 알아서 통역을 맡았고, 청년들은 맞고 차이며 심문받을 방으로 거칠게 떠밀려 들어갔다. 이들은 이런저런 범주로 분류되었다. 경찰은 손에 "수배 중인 테러리스트" 목록을 들고 있었다.

전쟁이 끝난 뒤 독일과 프랑스의 수많은 문서가 파기되었기에 이 습격이 실시된 이유를 확실히 알 수는 없다. 그러나 역사적 증거를 보면 구체적으로 유대인을 붙잡기 위함은 아니었던 것으로 보인다. 그보다 이번 습격은, 독일의 열세로 압박이 점점 심해지고 혼란이 커지는 상황에서 신경에 거슬리는 불법체류자이며 아마도 위험한 존재일 고원의 젊은 외국인에 관한 수사의 일환이었고, 이 외국인들이 마침 학생으로 위장하고 있던 것이었다. 독일 경찰은 청년들 사이에서 문제의 기미를 찾고 있었다. 그리고 라 메종 드 로슈에서 풍성한 문제의 향연을 발견했다. 유대인, 스페인을 비롯한 여러 국가에서 온 공산주의자, 레지스탕스 전사. 그리고 이 트로크메라는 사람이 누구인지, 이 사람이 왜 독일어를 할 줄 아는지 아무도 몰랐다. 혹시 이자도 유대인일까? 경찰은 젊은이들을 분류하며 고함을 치고 발길질과 주먹질을 했다. 메모를 적으며 다시 고함을 치고 발길질을 했다.

마그다가 앞치마 차림으로 로슈에 도착했고, 놀랍게도 건물 안으로 들어올 수 있었다. 독일 경찰이 식사를 차렸다. 마그다를 포함한 모두가 달걀 두 개와 약간의 빵으로 당시에는 드물었던 성찬을 먹었는데, 훗날 마그다는 이 상황이 명백히 터무니없었다고 술회했다. 식사를 준비하는 동안 고성이 오가고 혼잡한 틈을 타서 마그다는 부엌에서 물통을 나르며 다니엘과 몇 마디를 나눌 수 있었다. 다니엘에게 몇 가지 생각이 있었다.

먼저 다니엘은 마그다에게 중심가로 가서 독일 군인들과 이야기를 해보라고 말했다. 로슈에서 붙잡힌 젊은 남성 중에 과스라몬드Guasch-Ramond라는 이름의 스페인인이 있었는데, 몇 주 전 리뇽강에서 수영을 하다가 물에 빠진 독일군을 발견하고 목숨을 구해주었다. 마그다가 그 군인을 만나 이 스페인 남성에게 경의를 표하는 의미로 그때의 일을 증언해달라고 부탁해야 했다. 마그다는 그러겠다고 말한 뒤 다시 자전거를 타고 중심가로 갔다. 그리고 직접 군인들을 만나 그들을 라 메종 드 로슈로 데려왔다.

마그다가 돌아왔을 때도 혼란은 여전했으나 방 안의 상황은 다시 변하고 있었다. 훗날 마그다는 자신이 옆을 지나갈 때 이 청년들이 자신에게 이런저런 말을 속삭였다고 말했다. 제 서랍에 약혼녀에게 보낼 편지가 있어요! 어머니께 드려야 할 게 있어요! 제 돈을 챙겨서 부모님께 보내주세요! 훗날 그 부탁들을 다시 되돌아보는 마그다의 목소리에는 그날의 슬픔이 묻어 있었다. "가엾은 사람들, 그들은 게슈타포가 이미 방 안에 있는 물건을 전부 수색했다는 걸, 그런 걸 걱정할 때가 아니라는 걸 몰랐어요." 마그다는 한 아름다운 청년이 체포되던 모습도 떠올렸다. 금발에 파란 눈을 가진 그 네덜란드계 유대인 청년은 독일 경찰에게 어떤 물건으로 두들겨 맞고 있었는데, 그때 마그다는 그 물건이 청년의 성구함*이라는 것을 깨달았다. 그 단어가 다시 울려 퍼지고 있었다. 슈바이네유데, 슈바이네유데.

심문은 몇 시간 동안 이어졌다. 다니엘은 청년들을 변호하

---

* 유대교에서 구약성서의 구절을 적은 종이를 담는 작은 상자. 이 상자에 끈이 달려 있어서, 기도할 때 이 끈으로 상자를 이마나 팔에 묶는다.

려고 부단히 노력했다. 결국 경찰은 다니엘을 포함한 열여덟 명을 체포하기로 했다. 이들은 여행 가방 한두 개에 자신의 소지품을 전부 담았다. 그날 심문받은 청년 중 체포되지 않은 사람은 겨우 다섯 명이었다. 한 명은 물에 빠져 죽을 뻔한 독일군을 구해준 사람이었고, 세 명은 고열을 앓고 있었으며, 나머지 한 명은 페르시아인이었는데 그 누구도 이 사람의 존재를 어떻게 이해해야 할지 몰랐다. 경찰이 찾던 사람 중 일곱 명이 그날 발견되지 않았다. 또 다른 하루의 끝인 이때, 이 일곱 명은 아마 이끼와 나무뿌리 사이에 자리를 잡고 있을 것이었다.

이 이야기는 이렇게 이곳에 다다른다. 젊은 청년들이 여행 가방을 들고 일렬로 줄 선 이곳에. 창문과 문, 터널, 심지어 화장실까지도 출구가 될 수 있지만 늘 그렇지는 않은 이곳에. 생생하고 선명한 설명 속에서 눈부시게 아름다운 날들이 펼쳐지던 봄날에. 내가 사랑하게 된 한 얼굴이 마침내 부드러워지며 온전한 아름다움을 띠게 된 날들에.

이 이야기는 이렇게 이곳에 다다른다. 저마다 자기만의 이야기와 이름이 있는 열여덟 명의 청년이 방수포를 덮은 쥐색 트럭에 몸을 욱여넣는 지금 이곳에.

그리고 다니엘이 마그다에게 몸을 기울여 그의 가족이 마지막으로 듣게 될 말을 남기는 이곳에.

"걱정하지 마세요," 다니엘이 마그다에게 말했다. "걱정 마세요. 학생들과 함께 가서 상황을 설명해보겠습니다. 아무튼 우리 부모님께 편지를 보내서 상황을 알려주세요. 제가 겁내지 않는다고 전해주세요. 이게 제 일입니다. 전 이 학생들을 무척 사랑해요."

그리고 다니엘은 마치 뒤늦게 생각났다는 듯 덧붙였다.

"부모님께 제가 여행을 좋아한다고 전해주세요."

9장 라 뷔를

눈과 먼지, 구름으로 가득한 이 북풍은
날카롭게 불어와 앞을 가리고 눈 속에 파묻어버리며,
길과 풍경을 똑같이 칠해버린다.
라 뷔를은 난폭하고 기만적이며 모든 것을 휩쓸어,
아르데슈 고원을 잔혹한 세상으로 바꾸어놓는다.
—장 뒤랑Jean Durand, 『라 뷔를 이야기*Les Contes de la Burle*』

라 뷔를은 이런 모습이다.

새하얀 바다에 한 남자가 있다. 그는 거대한 소음에 파묻혀 있다. 몸을 덜덜 떨고 있는 두 마리 말 앞에서, 미친 듯이 눈을 파내어 길을 만들고 있다. 그의 앞 저편에 돌로 지은 집 하나가 있다. 그 집 안에서 한 여자가 아이를 낳으려 한다. 남자는 몸을 덜덜 떠는 말들을 위해, 그 말들이 나르는 의사를 위해, 분만 중인 여성을 위해 눈을 파낸다. 바람이 차가운 공기로 이들을 휘감는다.

이 남자는 상드린의 할아버지로, 때는 상드린이 태어나기 훨씬 전이다. 이 남자를 휘감는 바람, 눈을 하늘 높이 날려 보내는 이 바람의 이름은 라 뷔를이다.

이따금 바람에 이름이 붙을 때가 있다. 수단에서는 사막에 하마탄Harmattan이 들이닥친다. 독일에서는 모아차고틀Moazagoatl이 회전하며 하늘로 상승한다. 이집트에서는 캄신Khamsin이 사람을 미치게 만들곤 한다. 라 뷔를은 겨울에 고원을 휩쓰는 바람의 이름이다. 평범한 바람이 아니라고, 이 바람은 파도를 타고 온다고, 지역 주민들은 말한다. 라 뷔를은 점점 커지고 강해지며 서서히 고원으로 올라와 한쪽에 쌓인 눈을 퍼내어 다른 곳에 쌓아 놓는다. 라 뷔를이 쌓은 거대한 눈더미는 세상을 차단할 수 있다. 도로가 막히고, 차가 통째로 파묻히며, 집 가장 높은 곳에 달린 창문까지 눈이 쌓여서 우리를 가두고 묶어둘 수 있다. 사람들은 말한다. "라 뷔를이 불 때 길에 발이 묶이면 하나도 안 보여요. 니 시엘 니 테르.ni ciel ni terre." 하늘도 땅도 안 보여요.

상드린은 세베놀 스쿨에 다니는 자신의 작은 귀뚜라미들에게 라 뷔를 이야기를 해주었다. 누가 누구와 무엇을 하는가? 상드린의 할아버지(눈부시게 새하얀 이야기 속의 회색 얼룩)가 이웃을 위해 눈을 파낸다. 할아버지 혼자 라 뷔를에 맞선다.

몇 년 전, 내 논문 지도교수님이 몇 가지 일반적인 조언을 해주며 나를 러시아 시골로 보냈다. 조언 중 하나는 이것이었다. 어떤 장소를 깊이 이해하고 싶다면 그곳에서 오롯이 1년을 살아야 한다. 곧 나는 교수님의 말이 옳았음을 알게 되었다. 길고 외로운 겨울을 살아보는 것, 식품 저장고가 서서히 비어가면서 찾아오는 굶주림과 갈증을 느끼는 것은 중요했다. 땅에서 처음 난 산딸기와 푸른 채소, 감자의 달콤함을 맛보는 것은 중요했다. 여름에 벌레가 작물을 뒤덮어서 걱정하는 마음과 간절히 비를 기다리는 마음을 알아야 했다. 가을의 흙냄새를 맡고, 다시 몸을 웅크리고 기다리는 그 모든 과정을 알아야 했다.

겨울, 봄, 여름, 가을. 그리고 다시 겨울.

나는 물이 필요하지만 비를 통제할 수 없다는 것의 의미를, 온기가 필요하지만 태양을 통제할 수 없다는 것의 의미를 배웠다. 그래서 두려움과 희망과 열망이 뒤섞인 마음으로 하늘을 올려다보는 것의 의미를 배웠다. 비야, 와라. 제발 와줘. 하늘이 더워지다 우르릉거리거나 바람이 가장 키 큰 나무들을 구부러트리면, 또다시 간청한다. 드디어, 이제 와라! 나는 이 기도를 배웠다. 마침내 비 몇 방울이 인색하게 지붕을 톡톡 두드리다 사라질 때도 기도한다. 제발. 이제는 와라.

봄, 여름, 가을, 겨울. 그리고 다시 봄.

라 뷔를을 처음 알게 된 뒤로 나는 직접 라 뷔를을 보고 느껴야 한다는 것을 알았다. 친구들은 그런 나를 보고 웃었다. 웃고는, 좀 더 기다리면 자신의 할아버지와 할머니 이야기를, 자신의 말馬과, 자신이 만난 눈더미 이야기를 들려주기 시작했다. 길이나 앞이 보이지 않는 빛에 갇힌 이야기(하늘도 땅도 안 보여요!), 벽 두께가 1미터는 되는 어두운 돌집 안에서 몸을 웅크리고 앉아, 창문으로 빛이 거의 새어들지 않는, 그러나 무시무시한 힘으로 창문을 두드리는 바람으로부터 안전한 난로 옆에서 가만히 기다리던 이야기도 해주었다.

친구들은 적절한 단어를 찾으려고 말을 더듬거리며 내가 알아야 할 것이 또 하나 있다고 말했다. 바람이 잦아들고 나면, 라 뷔를이 마침내 지나가고 나면, 언제나 고요함과 아름다움이 찾아와요. 들판은 순백색이고, 숲은 마치 마법의 왕국 같아요.

그래서 나는 다시 고원에 와 있고, 지금은 2월이다. 바깥이 너무 추워서 배관이 다 얼었다. 낮이면 내가 가진 옷을 전부 겹겹이 껴입고 나일론 코트가 사각사각 스치는 소리와 씩씩거리는 내 숨소리를 들으면서 르 샹봉의 중심가를 향해 터덜터덜 길을 오르내린다. 매일 밤이면 잠들기 위해 최대한 뜨거운 물에 발을 담그고 몸을 녹인다.

마침내 찾아온 라 뷔를은 내가 기대하던 모습이 아니었다.

이 혹독한 겨울에 새들은 가고 없다. 그리고 나는 길을 잃었다.

2011년 11월 16일 수요일, 세베놀 스쿨의 학생인 마티유Matthieu라는 이름의 소년이 또 다른 학생인 아녜스Agnès라는 이름의 소녀를 죽였다. 소년은 열일곱 살, 소녀는 열세 살이었다. 둘 다 프랑스인이었고 학교에 딸린 기숙사에 살고 있었다.

그 수요일, 둘은 수업을 빠지고 12만 제곱미터 넓이의 교정과 인접한 숲으로 환각버섯을 따러 갔다. 교실에서 약 3킬로미터 떨어진 작은 골짜기에서 소년은 소녀를 나무에 묶고 스카프로 입을 틀어막은 뒤 한 시간 동안 소녀를 주먹으로 때리고, 물어뜯고, 강간하고, 칼로 열일곱 번 찔렀다. 소년은 소녀에게 기름을 붓고 불을 질렀다. 그리고 다시 학교로 돌아왔다. 얼굴에 긁힌 자국이나 있었다. 소년은 한 시간 동안 긴 샤워를 했다.

아녜스는 파리 출신이었다. 긴 갈색 머리카락과 짙은 색 눈동자를 가진 소녀는 다정하고 붙임성 있었으며, 약간 반항적이었다. 사람들에게 나중에 영화감독이 되고 싶다고 말했고, 세베놀스쿨에서는 열심히 공부하는 것으로 유명했다. '우수한' 소년 마티유는 프랑스 남부에 있는 가르Gard 출신이었다. 전에도 문제를 일으킨 적이 있었으나 얼마나 심각한 문제인지는 아무도 몰랐다. 소년에게는 여자 친구가 있었다. 소년은 컴퓨터 천재였고, 마약을 했다. 아녜스는 소년의 친구였다.

기숙사의 학생들은 아녜스가 사라졌음을 거의 즉시 알아차렸다. 두어 명은 아녜스가 그날 마티유와 함께 수업을 빠졌다는 사실을 알았다. 그러나 시간이 흘러도 아녜스가 돌아오지 않자 사람들은 점점 불안해하기 시작했다. 학생들은 무리를 이뤄 어둠 속으로 아녜스를 찾으러 나갔고, 최대한 깊숙이 숲을 수색했다. 마티유도 합류했다. 그러나 기숙사의 몇몇 학생은 마티유의 얼굴에 상처가 났으며 그가 긴 샤워를 했고, 언제 어디에 있었냐는 질문에 이상하게 대답한다는 사실을 이미 알아차리고 있었다. 몇몇은 숲에서 타는 냄새를 맡았다. 그러나 아무것도 찾지는 못했다.

목요일, 공포가 퍼졌다. 공식 수색이 시작되었다. 갈색 머리의 아네스가 카메라를 향해 약간 경계하며 미소 짓고 있는 사진과 그 아래 손으로 직접 전화번호를 쓴 포스터가 르 샹봉 전역에 붙었다. 가족들도 참여했다. 몇몇 아이들이 수색대에 합류했다. 이들은 늦가을의 비옥한 흙냄새를 맡으며 숲과 강, 골짜기, 라 메종 드 로슈 지하의 터널을 수색했다. 남자와 여자, 아이들 모두가 아네스를 찾아 나섰다. 그러나 아네스는 나타나지 않았다.

목요일, 경찰은 이미 마티유를 의심하고 있었다. 마티유는 얼굴에 긁힌 상처가 있었고 알리바이가 수상했으며, 얼굴이 점점 창백해졌다. 경찰은 마티유를 구금하고 심문을 거듭했다.

금요일, 경찰 150명이 수색견, 헬리콥터, 잠수부를 대동하고 수색을 시작했다. 의용소방대도 합류했다. 프랑스 전역에서 기자들이 떼로 몰려와 당황하고 비통해하는 주민들의 얼굴에 마이크와 카메라를 들이댔다.

금요일, 구금 중이던 마티유가 범행을 자백했다. 발견된 아네스의 유해는 나무에 들러붙은 채 알아볼 수 없을 만큼 새까맣게 타(카르보니제carbonisé) 있었다. 검사는 마티유가 살인을 미리 계획했다고 판단했다. 마티유는 자신이 저지른 짓을 설명할 때 충격적일 만큼 아무 감정도 드러내지 않았다. 몇 달 뒤, 정신의학자는 배심원단에게 마티유의 몸이 늘 차갑다고 말했다. 몹시 더운 날에도 마티유의 몸은 절대 따뜻해지지 않았다. 그 정신의학자는 마티유가 "몸속에 겨울을 품고 있다"라고 말했다.

곧 마티유에게 비슷한 범죄를 시도한 전적이 있음이 밝혀졌다. 그때 마티유는 소녀를 묶고 위협해 강간했지만, 중간에 소녀의 핸드폰이 울려(소녀의 어머니 전화였다) 다행히 소녀는 탈출할 수 있었다. 마티유는 체포되었으나 재판을 기다리는 동안 석방되었다. 상세한 경찰 기록은 봉인된 상태지만, 그를 받아주는 학교를 찾는 것이 석방 조건 중 하나였던 것으로 보인다.

◇

누가 누구와 무엇을 하는가? 세베놀 스쿨이 망가진 소년을 입학시킨다. 망가진 소년이 소녀를 죽이고 새까맣게 탄 소녀의 유해를 두고 떠난다. 이것이 누가 누구와 무엇을 하는가다.

르 샹봉의 중심가에서 한 기자가 옅은 회색 머리칼의 여성에게 화가 나는지 묻는다. 글쎄요. 잠시 침묵하다 입을 연 여자의 목소리는 다정하고 느리다. "라 프티트la petite, 그 어린 소녀를 생각하면 마음이 매우 아픕니다. 소녀의 가족을 생각해도 그렇고요. 심지어 그 소년을 생각해도 그렇습니다." 여자가 고개를 내젓는다. "두 가족을 생각하면 마음이 아파요." 여자의 눈에 눈물이 차오른다. "우리는 희망을 품었어요…. 그런데 보세요. 우리는 무척 슬픕니다." 여자가 소리 없이 울기 시작한다.

살인사건이 있고 며칠 뒤, 「르몽드Le Monde」는 이렇게 보도했다. "세베놀 스쿨, 천진함의 종말."

니 시엘 니 테르. 하늘도 땅도 보이지 않는다.

. . .

나는 살인사건이 발생하고 세 달이 지났을 때 르 샹봉에 돌아왔다. 주민 대부분이 충격에서 어느 정도 회복한 상태였다. 바글바글하던 기자와 헬리콥터, 경찰과 경찰견은 이제 가고 없었다. 수색은 끝났고, 비탄에 잠긴 울부짖음도 이제 조금 잠잠해졌다. 사건이 있고 며칠 뒤, 하얀 행진marche blanche이 벌어졌다. 고인의 죽음을 애도하는 수백 명의 사람이 르 샹봉 중심에서 세베놀 스쿨까지 침묵하며 걸어갔다. 이들은 하얀 꽃과 아녜스를 그린 커다란 연필화, "아녜스, 하늘에 새로 뜬 별"이라고 쓰인 피켓을 들었다. 인파 속에는 상드린의 반 학생들도 있었다. 나는 신문에 실린 사진 속에서 자신은 피가 섞이지 않았다고 내게 장담했던 기니 출신 소년과 교실 뒤의 라디에이터 옆에서 킥킥 웃던 소년, 내게 타바스키 축제에 관해 자세히 설명해준, 벌어진 앞니로 아름답게 웃던 소녀를 발견했다. 그들의 얼굴은 이제 슬픔으로 완전히 변해 있었다.

라 프티트의 죽음은 지금도 모든 대화의 뒤편에 어렴풋이, 대개 소리 없이 등장한다. 나의 친구들은 이번 겨울에 직업 및 관계에서의 불안이나 가족의 병 같은, 더 사적인 문제도 겪고 있었다. 한파로 집 안의 배관도 다 터졌다. 나의 경우, 그동안 계속 꿈속을 사는 느낌이었다. 하늘에 닿을 듯 시원하게 호를 그리도록 있는 힘껏 돌을 던지려고 하는데 돌이 절대 손에서 떨어지지 않는 그런 꿈.

"끔찍했어요." 어느 날 밤 친구가 저녁을 차리며 내게 말했다. 친구의 딸은 우리가 대화하는 동안 거실에서 빨간 풍선 두 개와 주황 풍선 한 개를 가지고 놀고 있었고, 아들은 눈 내린 바깥에서 개의 입속에 남은 토끼 사체를 끄집어내느라 씨름하고 있었다. "아이들은 계속 질문하면서 수색에 참여하고 싶어 했어요." 간호사인 이 친구는 이 지역 목사의 딸로, 현재 CADA 망명 신청자들이 거주하는 건물에서 성장했다. 친구는 중동과 아프리카의 끔찍한 전쟁 지역에서 일했고 현재는 의용소방대원이다. "이곳 사람들은 준비가 안 되어 있었어요." 친구가 말했다. "자기가 뭘 하고 있는지 몰랐던 거예요."

그리고 뮈리엘이 있었다. 뮈리엘이 내게 자신도 수색대에 참여했다고 말했다. 어두운 숲속에서 남편의 손을 잡고 있는 뮈리엘의 커다랗고 파란 눈이 떠올랐다. "큰 트라우마였어요. 큰 충격이었고요. 모두가 수치스러워했어요. 서로 눈을 쳐다보지 못했죠. 나이 든 사람들, 이곳에서 전쟁을 겪은 사람들은 그저 믿질 못했어요. 이건 이 마을의 수치예요."

"아니에요!" 내가 말했다. "아니에요. 수치스러울 일이 아니에요. 어디에서든 일어날 수 있는 일이었어요."

뮈리엘은 잠시 말이 없었다. "네, 그럴지도요. 하지만 그건 외부인의 시각이에요. 어쩌면 안에 있는 우리는 아직 세상을 잘 모르나 봐요."

살인이 일어났을 때 상드린은 작은 수술을 마치고 회복하느라 잠시 세베놀 스쿨을 떠나 있었다. 이제 상드린은 다시 학교로

돌아왔고, 내게 다시 수업에 참여해달라고 부탁했다. 이야기 활동을 함께할 새로운 아이들이 있다고 상드린이 말한다. 아이들에게 도움이 될지도 몰라요.

그래서 학교로 찾아간다. 아이들을 마주하는 것이 불안하기는 하지만.

세베놀 스쿨은 진심이 담긴 다음 명제들 위에서 수십 년을 견뎌냈다. 아이들은 배경과 상관없이 모두 존엄하며 자신만의 도덕적 삶을 개발할 수 있다. 모두가 이곳에 찾아올 수 있고, 모두가 성공할 수 있다. 문제가 있고 상처가 있으며 다른 아이들보다 손이 더 많이 가는 아이들도 마찬가지다. 그리고 누군가 세베놀 스쿨의 문을 두드린다면 반드시 응답한다. 상드린은 전에 내게 학생들의 배경을 절대 찾아보지 않는다고 말했다. 10대 때 성적과 교사들 때문에 괴로웠던 상드린은 학생들을 있는 그대로 받아들이고, 절대 과거를 자세히 묻지 않으며, 평등한 위치에서 존중하며 아이들의 눈을 바라보려 한다. 오늘날 멀리서 바라본 세베놀 스쿨 학생들의 모습은 이렇다. 식당 밖에서 나무에 둘러싸여 함께 옹기종기 모여 있거나, 교실 입구 근처에서 어깨를 웅크리고 몸을 반쯤 밖으로 내놓은 채 담배를 피운다. 머리가 길고 스카프를 두른 아이들은 나른한 표정으로 문득문득 환하게 미소 짓는다. 전체적으로 유쾌하고 안심되는 광경이다.

그러나 이제 우리는 약 1년 전 한 아이가 세베놀 스쿨의 문을 두드렸다는 사실을 안다. 얼굴이 잘생기고 똑똑한 프랑스인 소년이다. 그 소년은 입학을 허가받았다. 한자리에 뒤섞여 있는 이 아이들 사이에, 한때 어느 특별한 아이가 문턱을 넘어 식당 벽을 따라 걷다가 다른 학생들과 함께 식판을 반납했다는 사실을 안다. 금발을 뾰족하게 위로 세운 이 아이는 사물함 앞에서 머물다 도서관 컴퓨터 앞에 구부정하게 앉아 있었고, 숲속에서 눈에 안 띄는 장소를 물색했다…. 알고 보니 이 아이는 망가진 살인자였다.

또다시 계단을 오르고 복도를 걷는 지금, 작은 귀뚜라미들은 전과 달라 보인다.

교실에서 나는 상드린과 나란히 선다. 우리는 전에 했던 활동을 다시 시작하고(할머니 할아버지 때 이야기를 들려줄 수 있어요?), 이야기마다 다음 질문을 던져 분석한다. 누가 누구와 무엇을 하지요? 하하하, 아이들이 다시 살짝 웃는다. 한 아이가 제2차 세계대전 때 독일군이 알자스 지방에 살던 할머니를 포로로 잡았는데, 결국 할머니는 알자스에서 멀리 떨어진 클레르몽페랑에 살게 되었다고 말한다. 이 이야기는 작업 집단과 영역 집단에 관한 논의로 이어진다. 또 다른 아이가 앤틸리스 제도Antilles 서쪽의 섬 하나를 소유했던 조상 이야기를 들려준다. 아, 아주 흥미롭네요! 식민주의….

또 다른 소년이 자기 할머니와 할아버지가 전쟁 때 독일군에게 포로로 잡혀 고문당했다고 이야기한다. 아, 그렇군요. 내가 묻는다. 여기서 중요한 집단은 무엇인가요? 누가 누구와 무엇을 하나요? 가족이요, 한 소녀가 말한다. 문화요, 또 다른 소녀가 말한다. 계층이요, 다른 학생이 말한다. 맞아요. 우리는 대답 하나 하나를 곰곰이 생각해보며 겹겹이 쌓인 층을 하나씩 벗겨낸다.

생각의 흐름을 따라가던 나는 논의에 깊이를 더해보려고 다음 질문을 던진다. "어떻게 사람을 고문할 수 있을까요? 우리가 누군가를 고문한다면, 그 사람은 여전히 우리에게 한 명의 인간일까요?”

시끌시끌하던 교실이 점차 조용해진다. 우리에게 자기 할머니 할아버지 이야기를 들려준, 물결치는 연갈색 머리칼을 가진 키 큰 소년의 얼굴이 갑자기 지쳐 보인다. 두 눈이 약간 가늘어진다.

경계하는 듯한 아네스의 갈색 눈동자. 신의 아네스, 하나님의 어린 양, 아네스. 하늘에 새로 뜬 별, 아네스. 죽음으로 천진함의 종말을 입증한 아네스. 살해당하기 전에 한 시간 동안 고문당한 아네스.

맙소사, 내가 무슨 말을 한 거지?

그날 밤, 춥고 어두침침한 내 아파트에서, 연갈색 머리칼의 그 소년을 계속 떠올린다. 아네스의 기억이 아직도 그렇게 손에 닿을 듯 생생한데, 어떻게 고문 이야기를 계속하게 했을까? 어떻게 잠시라도 잊을 수 있었을까? 그 질문은 젊은 친구들이 생각해 볼 만한 적절한 분석 지점이었다. 다른 집단이나 개인에 관한 우리의 생각이, 어떻게 이 세상에 폭력을 허용하고 심지어 장려하는가? 그러나 아네스의 경계하는 얼굴 사진과, 사람들이 과학 수사용 흰색 보호복을 입고 아네스의 시신 위로 파란색 방수포를 덮는 이미지가 계속해서 돌아다니는 지금, 아이들을 다시 그 새까만 어둠 속으로 몰아넣는 것이 끔찍한 짓이라는 사실을, 어떻게 그 순간 알아차리지 못했을까? 상황을 더 좋게 만들 수도 있었는데, 그 대신 나는 상황을 더 막막하고 어둡게, 더 나쁘게 만들었다.

바깥이 몹시 춥고 집 안도 몹시 추웠던 그 밤들은 이런 그림이 되었다.

러시아에 살기 전까지는 시체를 본 적이 한 번도 없었다. 잘못 본 게 아니라면, 내가 처음 본 시체는 꽁꽁 얼어 있었다. 나는 공항에서 이어지는 도로를 달리고 있었고, 퍼렇고 창백하고 빳빳한 그 시체는 마치 사다리처럼, 아니면 사람 크기의 얼어붙은 종이 인형처럼 가로로 누워 소나무 숲 밖으로 실려 나오고 있었다.

두 번째로 시체를 본 것은 현장 연구를 하던 러시아 마을에서였다. 눈이 새하얗게 내린 어느 겨울날 한 노인 여성이 세상을 떠났고, 풍습에 따라 본인이 살던 통나무집의 성화를 걸어두는 모퉁이에 투박한 나무 관을 놓고 그 안에 시신을 눕혔다. 솜을 덧댄 작업용 외투와 털모자, 모직 부츠를 두툼하고 동글동글하게 껴입은 마을 사람들은 관에 누운 시신을 보려고 집 안에 모여들었다. 옆에서 누가 대화를 나누며 살라미를 파는 트럭이 올 예정이라고 말했던 것이 기억난다. 여성의 동그랗고 자그마한 체구, 밀랍 같은 작은 얼굴이 기억난다. 그리고 세상을 떠난 여성의 영혼이 다시 돌아와 사람들을 괴롭히지 않도록, 어느 정도 시간이 흐른 뒤 의례에 따라 관을 몇 킬로미터 떨어진 묘지에 운반했던 것이 기억난다.

나는 살면서 죽음을 늦게 접했다. 어린 시절엔 어둠을 싫어했고 밤을 싫어했다. 장소를 예민하게 느꼈고 유령을 무서워했다. 많은 사람과 마찬가지로 전쟁이 벌어지거나 사람들이 굶주리는 곳에서 성장하지 않았다. 탄생과 죽음이 빈번한 대가족이나 밀랍 같은 시신을 중요시하는 종교적 전통을 경험한 적도 없었다.

그러나 그 러시아 마을에서는 죽음이 도처에 도사린 것 같았다. 그저 감당하고 연구할 수밖에 없었다. 한동안은 바닥에 놓인 얼어붙은 양의 머리를 지나야만 한밤에 화장실에 갈 수 있었다. 당당하게 머리에 뿔을 달고 있던 그 양은 혀를 삐죽 내밀고 있었다. 마을에는 죽은 동물이 많았다. 한 순한 개는 쓰레기를 뒤졌다는 이유로 총에 맞아 죽었고, 우리는 프레더릭이라는 이름을 붙였던 양을 잡아먹었으며, 죽은 생선 대가리가 수프 속을 떠다녔다. 물론 사고나 노화, 자살로 죽은 사람의 시체도 있었다. 더욱 영향력 있고 오래가는, 죽은 영혼들도 있었다. 이 영혼들은 유령이나 다른 보이지 않는 존재의 형태로 나타났고, 사람들은 바람 부는 날 묘지로 찾아가서 이들을 만나거나, 자기 집이나 헛간, 목욕탕에서 함께 대화를 나누었다. 다른 인류학자들처럼 나도 아무리 저어되고 비위가 상해도, 우리 사이에서, 바로 지금 이곳에서 죽은 자들이 어떻게 살아가는지 대략적인 윤곽을 배우기 시작했다. 비록 눈에 보이는 세상에서는 가고 없지만 어떻게 그들이 자애로우면서도 동시에 변덕스러울 수 있는지, 어떻게 그들에게 산 자들에 대한 책임이 있고, 해야 할 일들이 있는지를 배웠다.

그 러시아 마을에서 사람들은 얼마 전 세상을 떠난 이들의 유령을 보았다. 유령들은 숲속의 나무가 쓰러져 그들이 목숨을 잃은 바로 그곳에 나타났다. 어떤 유령은 꿈에 나타나 사람들을 질책했다. 집 안에는 도모보이domovoy라는 이름의 변덕스럽고 눈에 보이지 않는 존재가 있었는데, 이들은 사람들에게 장난을 쳤고 존경을 표하기를 요구했다. 좋은 유령도 있었고(보통은 죽은 지 그리 오래되지 않은 사랑하던 친척이었다), 집과 숲과 목욕탕과 꿈속에 나타나 사람들을 괴롭히는 무서운 유령도 있었다. 그러나 유령은 대부분 집단의 형태로 나타났는데, 이들의 일은 자연 세계와 사회 세계를 감시하고 통제하는 것, 상황이 잘 돌아가게끔 관장하는 것이었다. 이 유령들은 비와 작물 속에, 번개와 뼛속에 있었다. 이들은 봄에 향긋하고 비옥한 냄새를 풍겼다. 이들은 보이지 않는 부산한 집단을 이루어 이 거대한 세상이 제대로 된 축 위에서 돌아가게끔 관리했다.

과학이라는 갑옷을 둘렀지만 아직은 유령이 무서웠던 내가 도처에 유령이 있는 곳에서 살아가는 방법을 배우기 시작했을 때는 모든 것이 아주 웅장하고 기이했다.

그러나 지금 여기서, 소년이 소녀를 죽였다. 학교가 문을 열어주었고, 죽음이 훅 밀려들었다. 잔혹한 바람이었다.

내가 하려는 이 학문은 도대체 무엇일까? 애도를 조롱하는 이것은 도대체 무엇이란 말인가?

상드린이 자기 가족과 함께 르 퓌에서 며칠을 보내자고 제

안했다. 우리는 좁고 구불구불한 길을 따라 르 상봉을 떠난다. 차에 타고 있는 매 순간 르 상봉과 최근의 트라우마에서 점점 더 멀어진다. 긴장이 풀린 어깨가 편안히 시트에 닿는 것이 느껴진다. 내가 숨을 내쉬는 것을 느낀다.

그때 상드린이 말한다. "저기 봐요! 저기 커다란 쟁기들 보여요?" 상드린의 상냥하고 차분한 얼굴을 쳐다본다. "저 트럭하고 팬이 보여요? 더 높이 올라가면 라 뷔를이 불 거예요."

상드린은 내가 라 뷔를을 보고 싶어 한다는 것을 안다. 이런 기상 문제에 박식한 상드린의 남편 레미가 이번 여행에서 내가 라 뷔를을 제대로 볼 수도 있겠다며 즐거워한다. 눈이 많이 내리기엔 날씨가 너무 춥긴 해도 중요한 건 눈의 양이 아님을 배웠다. 상드린 말로는, 눈은 1미터만 쌓여도 충분하다. 중요한 것은 눈을 옮기는 바람이다. 우리를 막고 가두고 휘감는 바람만 있으면 모든 것이 점점 좁아지고 새하얘지고 작아지고 뿌예진다.

구불구불한 길의 모퉁이를 한 번 더 돌아 마침내 마지막 암벽을 빠져나오자, 상드린과 내 눈앞에 광활한 하늘이 나타난다.

"저기 봐요! 저 위요!"

광대하게 탁 트인 눈앞의 전경에서 마침내 바람이 분다. 바람이 저 아래 들판에서 서서히 위로 올라온다. 파도 같은 바람. 공기가 폭발하는 듯한 바람. 천천히 신중하게 눈을 쌓고 또 쌓는 바람.

저기 봐요, 라 뷔를이에요!

이제 라 뷔를이 연이어 도착한다. 거대한 바람의 파도가 서서히 밀려들며 군인처럼 전진해 들어온다. 나는 넋을 잃고 라 뷔를을 바라본다. 상드린의 할아버지와 덜덜 떨던 말들과 의사와 임신한 여성을, 어떻게 할아버지가 두꺼운 돌벽이 있는 안전한 집에서 나와 바람 속으로 향했는지를 생각한다. 할아버지는 라 뷔를 속에서 자신이 안전할 것임을 어떻게 알았을까? 살아서 다시 농장으로, 다시 아내와 아이들에게로 돌아올 수 있다는 걸 어떻게 알았을까?

물론 바람을 멈출 수는 없다. 그러나 어떤 위험을, 언제 감당하는 것이 옳을까? 자녀와 손주와 증손주가 태어나지도 않았던 때, 두꺼운 벽으로 둘러싸인 어둡고 안전한 집과 난로를 떠날 때, 어떤 위험을 감당하는 것이 옳을까?

아마 그때 상드린의 할아버지는 이 질문의 답을 몰랐을 것이다. 할아버지는 위험을 감수했고, 결과를 알지 못했다. 머리를 땋은 마그다 트로크메도 몰랐을 것이다. 수 세기에 걸쳐 피투성이인 낯선 사람에게 자기 집 문을 열어준 이곳 주민 수천 명도 몰랐을 것이다. 다니엘도 몰랐을 것이다. 그 누구도 몰랐을 것이다. 그 누구도 모른다. 아무도 모른다.

나도 모른다. 위험은 두려움을 직면하는 것을 의미한다. 나는 두려운 것이 많다. 나는 죽은 사람의 사체와 어둠이 무섭다. 러시아에서는 자동차와 기차, 버스, 거리에서 만나는 술 취한 남자들이 무서웠다. 천막에서 일하는 중에 뇌우가 들이닥쳤던 어느 여름, 숲속에서 큰 사고를 겨우 면한 뒤로는 번개가 너무 무서워서 먼 하늘에서 번쩍이는 번갯불만 봐도 만화에 나오는 도마뱀처럼 몸을 움찔 뒤틀고 줄행랑을 친다. 서식 작성이나 물고기 만지기처럼 꽤 터무니없는 것들도 무섭지만 실제적인 것들도 무서운데, 예를 들면 사람을 다치게 하는 것이나 여자로서 폭행당하는 것이 그렇고, 주로는 내 삶이 째깍째깍 부질없이 흘러가는 것이 두렵다. 바람이 불고, 세상이 거꾸로 뒤집히고, 누군가가 문을 두드린다. 그리고 나는 인정한다. 나는 문 뒤에 무엇이 있을지 두렵다.

우리가 운전하는 동안 라 뷔를이 어느새 언덕 위로 올라와 「십계The Ten Commandments」에서 파라오의 맏아들을 쓰러뜨린 죽음의 사자처럼 우리 자동차의 양옆을 휘감는다. 거대한 바람에서 막 빠져나온 작은 차 안에서 나는 마침내 상드린과 그의 침착하고 온화한 얼굴 쪽으로 고개를 돌린다. 그리고 울먹이며 연갈색 머리칼의 소년과, 학생들과, 고원에서의 나의 존재와, 나의 첫 질문들, 이제는 완전히 다른 세상이자 먼 옛날처럼 느껴지는 그 질문들을 생각하며 너무나도 괴로웠다고 말한다.

상드린의 말은 길지 않지만 한마디 한마디가 다정하다. 아이들은 잘하고 있어요. 제 생각보다 더 괜찮아요. 이야기를 나누는 게 아이들에게도 좋아요. 본인을 탓하지 말아요. 상드린이 줄곧 앞을 바라보며 말한다.

◇

왜가리들이 루아르강의 얕은 물살에 서서 물고기를 찾고 있다. 이 춥고 맑은 날에 상드린과 레미의 부엌 창문에서 보이는 아름다운 풍경이다.

이렇게 거리감이 생긴 지금, 사실과 마주해야 한다.

처음 평화를 찾아 고원에 왔을 때, 내가 최악의 환상에 빠지지는 않으리라 생각했다. 나는 완벽한 장소가 없음을 알았다. 악마만 득실거리는 곳을 찾을 수 없듯, 천사만 가득한 곳도 찾을 수 없음을 알았다. 그런 초자연적 존재들(형이상학적 짐승들)은 땅에 묶여 있는 우리와는 아무 관련이 없다. 다른 모든 사람처럼 나 또한 원칙적으로 선할 수도, 그만큼 악할 수도 있다. 그 사실은 자유롭고 무시무시하지만, 한편으로는 딱딱하게 굳어버린 형이상학에서 살아 있는 과학으로 초점을 옮길 수 있다는 장점이 있다.

고원의 이야기는 과거나 현재나 믿기 힘들 만큼 아름다웠지만, 나는 정신을 똑바로 차리려고 노력했다. 상황을 기록하고, 모순을 인정하고, 집중하려고 노력했다. 인터뷰나 구체적인 질문 같은 구조적 틀에서 미끄러지고, 침묵의 법칙과 그 유체역학을 배우고, 마을 주민보다 망명 신청자들과 더 많은 시간을 보내기 시작한 수개월간, 내가 조심스럽게 행동한 것은 사실이다. 그러나 나는 계속 전진했다.

정확히 말하면, 과학이 휘청이는 것은 아니다. 아네스의 죽음은 전에는 몰랐던 충격적인 폭력의 가능성을 증명하지 않는다. 물론 지금껏 늘 그래왔듯이 폭력은 이곳 고원에서도 발생할 수 있다. 어디에서든 발생할 수 있다. 이 살인사건은 고원의 집단적 관습과 집단행동을 이해하는 데 위협이 되지 않는다. 적어도 아직까지는.

위협이 아니다. 전혀 그렇지 않다.

나는 과학의 밝은 빛을 믿는다. 수많은 면에서, 진정한 과학이 우리의 구원이라고 믿는다. 나는 감히 질문했다. 평화란 무엇인가? 내가 전진하는 이유는, 나의 질문들이 (가벼운 형태일지라도) 중요하기 때문에, 그것들이 경험에 근거하고, 조금씩이나마 점점 더 알아갈 수 있기 때문이다. 지금 내가 어둠 속에 있는 것은 과학의 탓이 아니다. 그저 너무 피곤하고 슬플 뿐이다. 내가 어디로 향하고 있는지 모를 뿐이다.

끔찍한 무언가가 나를 계속 괴롭히며 나의 잠을 악몽으로 채운다. 머릿속에 나타나는 것은 라 프티트, 아네스의 이미지만이 아니다. 하루하루 지날수록 다른 이미지들도 떠오른다. 콩고에서 온 흉터가 남은 두 진갈색 손, 자신을 가둔 사람의 주먹을 피하려고 위로 뻗는 손, 문간에 나타난 검은 복면 쓴 사람들을 올려다보는, 체첸에서 온 그 작고 환한 어린이 하나, 둘, 세 명의 얼굴, 해바라기씨를 먹으며 어린 딸을 잃었다는 이야기를 주문처럼 외던, 테디베어 군단에 둘러싸인 랄릭. 여러 얼굴, 여러 손. 모두가 이렇게 묻고 있다. “서류가 없으면 우리는 어떻게 되죠? 서류, 서류, 서류. 그들이 우리를 눈 쌓인 집 밖으로 내쫓으면 우리는 어떻게 되죠?”

나의 과학이 이 얼굴들을, 이 손들을 도울 수 있을까?

넓은 세상이 내놓는 끝없는 고통의 바다. 나는 내가 뭐라고 생각하는 걸까?

상드린과 나는 이곳에서 대화하고 산책하고 음식을 만들고

그저 시간을 보내며 며칠을 더 머문다. 우리는 근처에서 구멍가게를 운영했던 남자의 장례식에 참석하고(상드린은 약간 놀리는 듯한 얼굴로 내게 미소 지으며 말한다. 교회에 바지 입고 가도 괜찮아요), 나는 찬송가를 이해하려고 노력하며 "자녀들아, 우리가 말과 혀로만 사랑하지 말고 행함과 진실함으로 하자"라는 가사를 따라 부른다. 그 이후에는 상드린의 알제리 출신 친구를 만나러 간다. 그 친구는 정수리에 동그랗게 머리를 묶은 학교 선생님으로, 얼마 전 내린 폭설로 발이 묶였다. 상드린이 먹을 것과 함께 활기를 선물하고, 두 사람은 담배를 피우며 수다를 떤다. 우리는 어떤 면에서 모든 종교가 얼마나 똑같은지 이야기한다. "종교는 우리를 한데 묶어줘요," 상드린의 친구가 말한다.

차를 타고 시내로 나가거나 산책할 때, 또는 식사 준비를 할 때 상드린과 나는 상드린의 어린 시절과, 상드린이 할머니와 삼촌의 농장에서 보낸 아름다운 시간과, 성장하며 그곳에서 배운 것들에 관해 이야기한다. 성공한 혁신적 농부였던 상드린의 할아버지는 위험을 감수하며 개발과 다양화를 추구했다. 지금은 상드린의 삼촌인 장Jean이 성공을 거두고 있다. 장은 라즈베리를 길러서 판매하는 것 외에 잼과 주스도 팔고, 관광객이 머물 수 있는 아름다운 별장도 여러 채 지었다.

눈보라가 몰아치던 어느 날, 장이 꼬박 하루를 내어 나를 이 지역 농부들에게 소개해주었다. 농부들과 함께 작은 부엌에 앉거나 거대한 헛간에 서서 그들이 들려주는 (특유의 억양이 매력을 더했다) 옛날이야기를 들었다. 집에 숨겨준 난민들, 칸막이로 막아서 만든 헛간의 공간들, 소를 끌고 품평회에 나가던 시절. 농부들은 전쟁이 끝날 무렵 독일 군인들이 집 여러 채에 불을 지르고 동네에서 사랑받던 두 형제의 머리에 총을 쐈다는, 더 어두운 이야기도 들려주었다.

헤어질 무렵 차를 타고 눈보라 사이를 구불구불 달리는데 장이 어렸을 때 알던 한 이웃 이야기를 했다. 그 이웃의 농장은 장의 농장보다 더 고지대에 있었는데, 두 가족이 함께 쓰는 개울에 소들이 오줌과 똥을 싸게 했다. 그 배설물이 개울을 타고 장네 집 창문 바로 앞까지 흘러 내려왔다. 냄새가 고약했다. 소가 개울에 볼일을 본 다음 날이면 어김없이 그 이웃이 장의 아버지를 찾아와 농기구를 빌려달라고 했다. 장의 아버지는 언제나 농기구를 빌려주었다.

아버지는 늘 악을 선으로 갚아야 한다고 가르치셨다고, 장이 말했다.

루아르강이 내려다보이는 부엌에서 상드린이 가장 기억에 남는 할아버지의 모습을 말해준다. 라 뷔를이 불던 그날, 어두컴컴한 돌집의 문을 열고 눈을 뜰 수조차 없는 눈보라를 향해 걸어나간 할아버지. 상드린이 할아버지에게 배운 것은, 자신이 살아가는 방식을 통해 서로를 사랑해야 한다는 것이었다.

. . .

르 퓌에서 보내는 마지막 밤, 레미의 사촌들이 찾아와서 우리는 늦게까지 깨어 있다. 레미가 벽난로에 불을 붙인다. 아이들이 잠자리에 들고, 레미도 위층으로 올라가 하루를 마감한다. 이제 타오르는 난로 옆에 나와 상드린만 남아 모든 주제(살인사건과 학교와 난민들)로 이야기를 나누고 또 나눈다. 사이사이 상드린이 난로의 불길에 담뱃재를 턴다.

마침내 내가 상드린에게 소리 내어 이야기한다. 힘든 시기의 모순을 무시하지 않고, 살인 같은 것들을 무시하지 않고, 내 작업에서 너무나도 진실을 말하고 싶다고. 그리고 마침내 이야기한다. 몹시도 괴롭고, 더 이상 어디로 향하고 있는지 모르겠다고.

"하지만 그게 아쾨유accueil(수용)예요." 상드린이 말한다. "알겠어요? 그게 바로 사람을 수용한다는 것의 진정한 의미예요. 누군가가 문간에 나타나고 그 사람을 집 안에 들이면 가끔은 나쁜 일도 일어나요. 원래 그런 거예요."

"그러니," 상드린이 잠시 멈췄다가 말한다. "믿음을 가져야 해요."

상드린은 이제 말이 없다. 나도 말이 없다. 상드린이 다시 난롯불에 담뱃재를 턴다. 불길이 상드린의 안경에 반사된다.

"하지만 우리가 믿어야 할 것은 문 뒤에 서 있는 사람이 아니에요." 상드린이 거실의 어두컴컴한 한쪽 끝을 가리킨다. 마치 그곳이 어둠의 존재로 가득할지 모를 문턱의 건너편인 것처럼. "결국에는 올바른 일이 벌어지리라는 믿음이 필요해요. 상황이 마땅하게 흘러가리라는 믿음이요."

나는 상드린의 얼굴을 바라보다가 다시 난로로 시선을 돌린다.

이어지는 침묵 속에서 상드린의 말이 나를 산산이 부순다. 큰 충격을 준다.

◇◇◇

알렉산더 그로텐디크는 1928년 베를린에서 태어났다. 부모님은 각각 러시아계 유대인과 독일인인 과격 아나키스트였다. 알렉산더는 세베놀 스쿨에서 특히 생물학 선생님인 프리델Friedel 씨를 좋아했고, 프리델 선생님의 수업 시간에 다른 학생들이 잡담으로 집중을 방해하는 것을 싫어했다. 라 게스피라는 이름의 어린이 보호소(야코프 레빈과 야코프의 형이 살았던 곳)에 살았고 체스에 게걸스레 탐닉했다. 전쟁이 끝나고 몇 년 뒤 알렉산더는 경찰이 급습했을 때 다른 아이들과 함께 숲속으로 도망쳤던 일을 회상했다. "아이들 두세 명씩 모여서 한두 밤을 숲속에 숨어서 보냈습니다. 건강에 좋은지 나쁜지는 거의 신경 쓰지 않았습니다." 그 시기에 찍은 사진 속에서 알렉산더는 호리호리하고 짙은 색 머리칼이 덥수룩하며 자전거 위로 몸을 수그리고 있다.

그는 선생님과 보호자의 기억에 남는 아이였다. 라 게스피의 책임자였던 우사치Usach 씨는 훗날 (시인 알렉스라고 불리던) 알렉산더가 "늘 정신없이 생각에 빠져들었으며" 체스 실력이 어마어마했다고 말했다. 알렉산더는 음악을 감상할 때는 "침묵을 요구"했으나 다른 때는 "시끄럽고 퉁명스러웠다."

알렉산더가 유별난 이유는 부모님이 아나키스트이고 프랑스로 피난했으며 경찰 문서에서 성의 철자가 너무 자주 틀려서 유대인이나 네덜란드인, 러시아인, 그밖에 뭐든 될 수 있었다는 (이런 반복되는 실수가 그의 목숨을 구했을지도 모른다) 극적인 이야기 때문이 아니다. 사람들에게 침묵을 요구했던 이 퉁명스러운 아이가 유별난 이유는, 오랜 시간이 흐른 뒤 이론 수학에서 가장 완전하고 혁명적인 이론을 도출했기 때문이다. 수학 버전의 통일장이론이라 불리는 이 이론을 정리함으로써, 알렉산더는 오랫동안 어색하게 손잡고 있던 대수학적 구조와 기하학적 형태를 우아하게 결합해냈다. 이 작업에는 탁월한 상상력이 필요했다.

알렉산더 그로텐디크는 노벨상에 비견되는 크라포르드상 Crafoord Prize을 받았으나 이 상의 '부패한 영향력'을 이유로 수상을 거절했다. 난해한 수학을 연구하는 수많은 사람과 마찬가지로 그 또한 수백 쪽에 달하는 철학적이고 거의 신비주의적인 글을 썼다. 미출간 원고 『꿈의 열쇠 *La clef des songes*』에서 알렉산더는 수학적 아름다움과 형식의 의미, 새로운 아이디어의 원천, 결국 본인도 푹 빠지게 된 고독의 중요성과 그 안에서 들려오는 신의 음성을 고찰했다.

라 메종 드 로슈와 언덕 하나를 사이에 두었던 라 게스피의 숲속에서 보낸 그 낮과 밤에, 알렉산더는 무엇을 보았을까? 키 큰 나무들 사이로 보이는 하늘을 향해 고개를 들었을 때, 그는 무엇을 보았을까? 나는 보지 못하지만 그는 보았던 것이 무엇일까?

지금 나는 홀로 숲속에 들어가기가 두렵다.

다시 르 샹봉으로 돌아온 고독한 밤에, 뜨거운 물을 담아 발을 담그고 생각한다. 숲을 생각한다. 멧돼지 사냥과, 땅 가까이에서 덤불 속으로 질주하던 멧돼지와, 버섯과 산딸기 채집을 생각한다. 솔잎과 이끼를 침대 삼아 밤을 보낸 라 메종 드 로슈의 소년들을 생각한다. 터널과 골짜기를, 땅에 쓰러진 거대한 나무뿌리 뒤에 숨은 어린 파니를 생각한다. 숲속에 혼자 있음의 경이로움을, 그곳에 붙잡혀 있으면서도 동시에 자유롭다는 것을 생각한다.

내가 더 용감하다면 홀로 숲에 들어갈 것이다. 세베놀 스쿨에서 3킬로미터를 걸어 범죄 현장을 찾아갈 것이다. 홀로 갈 것이다. 새로 쌓인 2월의 눈 위에서 무거운 발걸음을 옮기며 걷다 보면, 곧 새까매진 나무와 만나게 될지도 모른다. 그렇다면 그다음에는?

몇 년 전 걸어서 바비 야르를 찾아갔을 때, 12월의 눈과 바람 속에서 기도했다. 수만 명의 뼈를 집어삼킨 그 처참하게 고통받은 협곡에, 나의 기도가 울려 퍼지기를 바랐다.

이곳 세베놀 스쿨의 숲속에는 오직 한 그루의 나무, 한 명의 소녀, 소녀와 나무를 영원히 결합한 하나의 검은색뿐일 것이다.

지금 나는 어떤 기도를 올릴까?

"오로지 신만이 고요하다." 그로텐디크는 이렇게 썼다. "그분이 말씀하실 때는 목소리가 너무 낮아서 아무도 그 소리를 듣지 못한다."

어떤 기도? 바람에게 하는 기도?

바람아, 제발 멈춰!

형태와 질서를 위한 기도? 나 또한 더욱 높은 차원을 갈망한다. 나 또한 밤하늘에 빛나는 별들의 아름다움에 압도된다.

제발 답을 알려주세요….

어떤 기도?

어쩌면 그저….

흰색 터널과 눈을 파내고 있는 잿빛 얼룩 같은 남자의 모습을 한 기도.

작고 고요한 목소리가 이렇게 말하는 것 같은 기도.

모든 것이 마땅하게 흘러가리라.

10장 다른 곳으로

나는 분수에 몸을 기댄다. 나이 든 여자들이 물을 뜨러 온다.
이들이 펼치는 드라마 중에서 내가 아는 것은 이 농가 고용인들의
몸짓뿐이다. 한 아이가 머리를 벽에 기대고 소리 없이 운다.
내 기억 속에서 이 아이는 영원히 슬픔을 가누지 못하는
아름다운 아이로 남으리라. 나는 이방인이다.
나는 아무것도 모른다. 나는 그들의 제국 안으로 들어가지 않는다.

—앙투안 드 생텍쥐페리, 『바람과 모래와 별들*Wind, Sand and Stars*』

"부모님께 전해주세요." 몸을 수그리고 방수포를 덮은 쥐색 트럭에 올라타기 전에 다니엘이 말했다. "제가 여행을 좋아한다고요."

1943년 6월의 어느 화창한 날, 다니엘은 스페인과 독일, 룩셈부르크, 네덜란드, 오스트리아, 벨기에, 루마니아에서 온 학생 열일곱 명과 함께 이 새 여정을 시작했다. 이들은 숨 막히게 더운 트럭 뒤 칸에서 구불구불한 언덕길을 덜컹덜컹 달리며 고원 아래로 내려갔다. 거의 모두가 멀미에 시달리는 가운데 트럭은 총격을 피하고자 숲길로 우회했고, 비시를 향해, 비시를 지나 과거 부

르봉왕조의 수도였던 물랭Moulins을 향해 계속해서 달렸다.

해가 질 무렵, 다니엘과 청년들은 마침내 목적지에 도착했다. 트럭 뒤 칸에서 기어 나오자 앞에 있는 작은 도개교 너머에 크고 육중한 나무 문이 있었다. 머리 위로 누르스름한 탑이 45미터 높이로 우뚝 솟아 있었다. 600년 전에 부르봉 공작의 궁전으로 지어진 이 건물은 지난 몇백 년간(그중에서도 특히 독일이 통치하는 현재) 감옥으로 사용되었고, 사람들은 이곳에 억류되어 심문과 고문을 당한 뒤 추방되었다.

거대한 나무 문이 열렸다가 다시 닫혔고, 이들 뒤로 문에 자물쇠가 채워졌다.

물랭 감옥에는 비밀이 있었다. 수 세기 동안 수감자들은 지하의 독방에 감금되어 물과 발길질, 주먹질, 채찍, 펜치 (근대에 이르러는) 총의 개머리판으로 고문을 당했다. 그저 굶주림과 갈증으로 고통받기도 했다. 가끔 수감자들은 지하 감옥의 벽에 그림을 새겼는데, 작대기로 날을 세기도 하고 다윗의 별이나 여성의 나체, 성인을 그리기도 했다. 우리가 여기 있어요! 이 손들은 날카로운 것으로 차갑고 축축한 벽을 긁으며 수 세기에 걸쳐 거듭 소리쳤다.

물랭에서 다니엘은 탁탁탁 작성한 새로운 서류 더미에 이름을 올렸다(“체포 사유: 미상”). 밤이면 다른 청년 두 명과 함께 쓰는 짚으로 만든 매트리스에 등을 대고 누워, 감방의 높은 벽에 달린 창문을 바라보았다.

나 여기 있어요, 물랭 감옥에서 다니엘이 말했다. 그에겐 눅눅하고 캄캄한 밤을 올려다보며 생각에 잠길 시간이 충분했다.

◇

라 메종 드 로슈에서, 아이들과 보호자 헤르미네 오르시는 충격에서 헤어나지 못하고 망연자실했다. 수년 전부터 레지스탕스 조직에 협조하고 있던 오르시 씨는 이 새로운 환경에서 아이들을 안전하게 지킬 방법을 서둘러 파악해야 했다. 급습 이후 남은 재산이 하나도 없는 상태에서 오르시 씨는 어머니에게 물려받은 보석을 남몰래 전부 내다 판 뒤 그 돈으로 먹을 것을 샀다. 그 이후로 넉 달간 오르시는 영웅적인 노력을 기울여 아이들이 머물 곳을 찾고 (이제 어린아이들도 표적이 되었으므로) 스위스로 아이들을 밀입국시켰다. 오르시 씨는 자신이 어떤 위험을 감수하고 있는지 잘 알았다. 전쟁이 시작된 뒤로 그는 체포되었다가, 기차 안에서 폭격을 당했다가, 독일군의 명령으로 아비뇽 중심가를 행진했고, 자신이 직접 품은 유대인 어린이 한 명, 열 명, 수백 명에게 수년간 매일같이 옷과 음식, 머물 곳을 마련해주었다. 그러나 다니엘이 체포되던 날(오르시 씨는 다니엘이 사랑받는 사람이며 아름다운 영혼을 가졌다고 말했다)은 오르시 씨의 인생에서 가장 최악의 순간이었다.

급습이 있고 나흘 뒤, 라 메종 드 로슈가 해체되고 청년들도 뿔뿔이 흩어졌다. 페르시아인 의사인 아지졸라 사디그 에르샤디는 숲속으로 사라졌다. 다니엘이 겨우 며칠 전에 로슈에 공식 초청했던, 귀르스 수용소에 있던 “전기학 전공생”인 젊은 폴란드인 레온 추키에르는 이제 갈 곳이 없었다. 추키에르의 로슈 입학 신청서에는 그가 “종교는 없으나 유대인”이라고 쓰여 있었고, 피난처가 사라진 추키에르는 귀르스에서 드랑시로 이송되었다가 다시 에스토니아나 리투아니아로 이송되었으며, 그곳에서 목숨을 잃었다.

그로부터 몇 주가 지난 7월 중순, 수심에 잠긴 앙드레 트로크메(감옥에서 나온 상태였다)도 자취를 감췄다. 해석이 다른 역사적 증거도 있지만, 그는 어떤 면에서 다니엘이 자기 대신 체포되었다고 느꼈던 것 같다. 이 복잡하고 은은한 죄책감만으로는 충분하지 않았는지, 트로크메와 타이스 목사가 암살의 표적이 되었다는 소문(일부 설명에 따르면 날조된 소문이었다)이 들려왔다. 도덕적 용기의 귀감이 되고자 하는 소망(그는 이렇게 썼다. "나는 비폭력 저항을 사람들에게 설파했고, 나의 의무는 비폭력 저항을 끝까지 고수하는 것이다")과 자기 죽음이 거대한 앙갚음의 파도를 몰고 올 가능성을 따져본 트로크메는 결국 본인이 떠나는 것이 난민뿐만 아니라 전반적인 평화를 위해서도 최선이라는 결론을 내렸다. 그래서 앙드레 트로크메, 신에게 정복당한 이 난폭자는 고원을 떠났다. 그리고 전쟁이 끝날 때까지 돌아오지 않았다.

라 메종 드 로슈의 청년들과 다니엘이 폭력적이고 공개적으로 체포된 일은 고원 주민에게 끔찍한 영향을 남겼다. 한 증언자는 이렇게 표현했다. "르 샹봉에 큰 슬픔이 번졌다. 우리는 아무 말도 하지 못했다." 동시에 청년들이 계속해서 고원으로 쏟아져 들어왔고(의무적 노동 봉사를 피해 도망친 이들은 숲을 드나들었고 하늘에서 낙하산을 타고 내려왔다) 레지스탕스가 점차 자신감과 힘을 얻고 있었다. 이로써 말없이 비탄에 빠진 사람들과 민첩하고 복수심에 가득 찬 사람들이 나란히 놓인 새로운 그림이 등장했다.

그랬기에 로슈의 청년들이 체포되고 겨우 한 달이 지난 8월 6일, 리지외의 산기슭에 머물던 마키 부대원 몇 명이 독자적으로 고원에 올라와 르 샹봉 중심가의 카페에 앉아 있던 레오폴드 프랄리를 총으로 쏴 죽인 사건은 아마 큰 충격이었을 것이다. 야코프 레빈의 앙상한 팔을 붙잡았던 잘생기고 서글서글한 레오폴드, 경찰에 정보를 제공하고 문서를 작성하고 체포 영장에 서명한 레오폴드가 쓰러졌다. 부상에서 회복 중이던 독일 병사들이 너그럽게도 젊은 난민(그중 대다수가 유대인이었다)을 아주 오랫동안 모른 척했던 호텔 바로 옆에서, 레오폴드가 쓰러졌다. 그리고 초월적일 만큼은 아니었어도 탁월하게 비폭력을 실천했던 르 샹봉과 고원의 명성도 함께 쓰러졌다.

분명 보복이 있을 것이었다.

모두가 물랭 감옥에 도착하고 얼마 지나지 않은 1943년 7월 12일, 라 메종 드 로슈 습격으로 체포된 열여덟 명의 청년 중 유대인으로 드러난 다섯 명이 나머지와 영영 갈라졌다. 이들은 수갑을 차고 물랭 감옥에서 끌려 나와 본라롤랑드Beaune-la-Rolande에 있는 임시 수용소로 보내졌다가 즉시 파리 바로 위에 있는 드랑시 수용소로 이송되었다. 더럽고 누추한 상태로 며칠을 보낸 1943년 7월 18일 오전 9시 30분, 다섯 명은 콘보이 57이라는 이름의 긴 열차에 실렸다. 열차에는 이 다섯 명 외에도 남성과 여성,

아이들 995명이 밀폐된 유개차 한 칸에 60명씩 들어차 있었다.

콘보이 57에 오른 라 메종 드 로슈의 청년들은 룩셈부르크에서 온 게오르게 마르크스George Marx, 파리에서 온 자크 발테르Jacques Balter, 부쿠레슈티에서 온 레오니다스 골든베르그Leonidas Goldenberg, 독일 헤르네Herne에서 온 헤르베르트 볼슈타인Herbert Wollstein, 안트베르펜에서 온 아직 열여섯 살이 안 된 하를레스 스테른Charles Stern이었다. 콘보이 57은 열아홉 평생 자크의 고향이었던 파리에서 천천히 동쪽으로 나아가다 다시 북쪽으로, 그러다 다시 동쪽으로 달렸다. 그러던 와중에 유개차 중 하나에 타고 있던 포로들이 불을 지르자는 아이디어를 냈다. 그러면 콘보이 57을 지키고 있는 나치 친위대 병사들이 열차 문을 열지도 모른다는 희망에서였다. 그러나 병사들은 직접 불을 끄지 않으면 전부 죽여버리겠다고 이들을 협박했다.

최종 목적지에 도착한 콘보이 57은 두 선로 사이의 모래밭 옆에 멈춰 섰다. 열차 밖으로 밀려 나온 포로들의 눈앞에서 군인들이 소총을 흔들며 "지금 당장 밖으로, 전부 당장 밖으로!"라고 외치고 있었다. 한 증언자는 "줄무늬 옷을 입은 이상한 사람들이 지옥에서 탈출한 도깨비처럼 열차 위로 뛰어올랐다"라고 술회했다. 포로들의 좌우로 철조망으로 둘러싸인 막사가 줄줄이 늘어선 것이 보였다. 저 멀리 검은 굴뚝이 있었고, 사방에서 이상한 기름 냄새가 났다. 아우슈비츠였다.

나는 게오르게와 자크, 레오니다스, 헤르베르트, 아직 열여섯 살이 안 된 하를레스가 전부 아우슈비츠에서 목숨을 잃었음을 증언한다.

◇

누가 누구와 무엇을 하는가? 라 메종 드 로슈 공동체는 물랭 감옥에서 달라졌다. 유대인임이 드러난 다섯 명이 사라지자, 존재의 불확실성이 커졌다. 그 다섯 명은 어디로 갔으며 어떻게 되었을까?

남은 이들은 박탈감을 공유했다. 다니엘이 감옥에서 썼듯이, 음식은 "괜찮지만 풍족하지 않았다." 그러나 이 말은 절제된 표현이었다. 페드로 모랄로페즈Pedro Moral-Lopez라는 이름의 스페인인 수감자가 감옥의 식단을 꼼꼼하게 기록해놓았다. "오전 11시에 수프를 준다. 당근과 말린 채소 몇 조각, 뜨거운 물 1리터를 넣고 끓이다가 면이나 감자를 서너 숟가락 정도 추가한 것으로, 지방은 전혀 들어 있지 않다. 오후 5시에 똑같은 수프를 준다. 그리고 매일 빵 240그램을 받는다." 페드로는 이틀간 이 식단을 먹은 뒤 이렇게 적었다. "우리는 앞으로 결코 사라지지 않을 허기를 느꼈다."

감옥에서 보낸 첫 번째 편지(르 샹봉의 고령의 목사인 노엘 푸아브르Noël Poivre "선생님께" 보낸 편지)에서 다니엘은 조심스럽게 필수품 이야기를 꺼낸다.

> 아직은 견딜 만합니다. 모두가 사기를 잃지 않았습니다. 첫 8일간 우리는 거의 모여 지냈습니다. 그 뒤로 저는 임시 분리되어 다른 무리에 배치되었습니다. 이곳에서는 오직 옷과 세면도구만 받을 수 있습니다. 혹시 잠옷과 사각팬티, 손수건, 비누, 화

장실 휴지를 약간 받을 수 있을까요? 음식은(특히 중요합니다) 바로 먹을 수 있는 것들로 보내주실 수 있을까요? 소포를 배포하는 적십자 쪽으로 바로 부쳐주시면 됩니다.

이들은 달라졌다. 갈수록 굶주렸다. 위계질서가 바뀌었다. 수년 뒤에 (이전에 학생이었고 미래에 목사가 될) 앙드레 귀요노André Guyonnaud가 쓴 것처럼, 다니엘은 거의 즉시 책임자 역할을 내려놓고 "친구"가 되었다. 그리고 친구로서 감옥 꼭대기 층에 있는 10번 방에서 청년들과 함께 생활했다. 그곳에서 이들은 짚으로 만든 매트리스를 같이 썼고, 차갑고 축축한 감옥의 공기 속에서 서로의 숨결과 체온이 느껴질 만큼 가까이 붙어 잤다.

이제 모두가 동등한 친구였지만, 다니엘은 특별한 기술, 예를 들면 사기를 고양하는 일련의 기술을 발휘했다. 단조롭고 걱정스러운 긴 시간 동안(페드로는 이렇게 썼다. "우리가 음식을 기다리는 동안에도 삶은 계속되었다.") 다니엘은 함께할 수 있는 게임을 생각해냈다. 예를 들면 역사적으로 유명한 인물의 이름 맞추기 게임이 있었다. 페드로는 이렇게 말했다. "우리는 알파벳 A에서 시작했다. 가끔은 게임이 알파벳 T까지 이어지기도 했다." 다니엘은 몸짓 게임의 프랑스 버전인 '죄 당바사되르jeu d'ambassadeurs'를 진행하기도 했다. 책 반입은 허용되지 않았으나 언젠가부터 프로파간다 신문인 「파리저 차이퉁Pariser Zeitung」을 손에 넣을 수 있었고, 다니엘이 독일어를 프랑스어로 통역한 뒤 토론을 진행하곤 했다.

이들은 함께 1943년 7월 25일에 무솔리니가 실각했음을 알았다. 이들은 함께 (정보원이었으며 이들에게서 불충분한 배급 식량조차 빼앗아간 적이 있는) "술주정뱅이이자 기자인 독일인"에 맞섰다. 이들은 함께 룩셈부르크에서 온 또 다른 수감자("아마도 탈영병이었을" 로베르트 키멘Robert Kimmen일 가능성이 높다)가 지하 감옥에 있는 독방으로 끌려가는 것을 목격했다.

이때까지도 이들은 어느 정도 비밀을 공유하고 있었다. 남아 있는 라 메종 드 로슈의 청년 중 확실히 네 명, 많으면 여섯 명이 아직 들키지는 않았으나 유대인이었다. 그중에는 이미 리브잘트에 수감되었다가 숲속에 숨어 산 적이 있으며 수차례 체포되어 심문받은 경험이 있는 클라우스 시몬과, 계속 알렉상드르 드 한Alexandre de Haan이라는 이름으로 불리고 있던 안경 쓴 멘델 제렛Mendel Jeret도 있었다.

로슈에서 온 이 작은 공동체 안에서 새로운 종류의 유대감이 자라나고 있었다. 그때까지 다니엘이 작은 귀뚜라미들에게 각별한 애정을 쏟긴 했지만, 이제 다니엘과 청년들은 새로운 방식으로 연결되어 있었고 이 연결을 통해 그들은 서로 친밀함을 느끼고 (절대 당연한 것은 아닌) 관용을 나누었다. 마침내 먹을 것이 든 소포가 도착하자, 다니엘은 다른 청년들과 함께 음식을 나누어 먹었다. 다니엘을 비롯한 모두가 이때까지 한 번도 느낀 적 없는 굶주림을 경험하고 있었음을 고려하면, 이 행동은 결코 피상적인 예의가 아니었다. 전쟁이 끝난 뒤, 또 다른 스페인인 수감자였던 펠릭스 마르틴로페즈Félix Martin-Lopez는 서툰 프랑스어로 다니엘의 부모님에게 편지를 보내 언젠가 그들이 르 비앵에메le bien-aimé, 즉 사랑하는 아들에게 보낸 케이크를 함께 먹은 것이 얼마나 큰 의미였는지 썼다. 그리고 다니엘이 소포로 받은 "비스킷과 말린 자두"를 "가장 어리고 체구가 작은" 사람과 나누어 먹었다고 술회했다. 그 사람은 끔찍한 여정을 떠나기 전의 (아직 열여섯 살이 채 안 된) 하를레스였을까? 펠릭스는 "정직하고 용감하고 지혜로웠던" 다니엘을 알게 된 것이 자신에게 어떤 의미였는지도 편지에 썼다.

◇

로슈에서 온 청년들은 새로운 집단을 이루었다. 누가 누구와 무엇을 하는가? 수감자들이 다른 수감자들과 함께 탄 트럭에서 멀미를 한다. 수감자들이 다른 수감자들과 몸짓 게임을 하고, 정보원에 맞서고, 케이크를 먹는다. 밤에 서로의 호흡을 공유한다.

그러나 동시에 나는 이 청년들이 저마다 매우 깊고 새로운 고독을 느끼고 있었다고, 그리고 각자의 고독 속에 새로운 진실의 순간들이 있었다고 생각할 수밖에 없다. 그 순간들은 이렇게 질문했다.

너는 누구이고, 앞으로 어떤 사람이 될 것인가?

케이크가 가득 든 소포를 받고 그 소포를 내려다보고 있다면, 전에는 한 번도 느껴본 적 없는 허기를 느끼고 있다면… 그 소포와 그 중요성을 홀로 직면하고 있는 것이다. 아직 열여섯 살이 채 안되었고 체포 보고서에 **이스라엘인**이라고 적혀 있다면, 그 단어와 경찰을 홀로 직면하고 있는 것이다. 그리고 홀로 결정을 내려야 한다. 열차에 불을 지를 것인가? 마지막 순간을 어떻게 살 것인가? 마지막으로 어떤 기도를 올릴 것인가?

왜냐하면, 다니엘 같은 사람이 온 청춘을 바쳐 이해하려 하는, 평화의 기술이나 전쟁의 기술을 갖춘 집단이 있다면, 다른 한편으로는 고독 속에서 평온하거나 그렇지 않은 영혼이 있기 때문이다.

너는 어떤 사람이 되고 싶니? 나는 어떤 사람이 되고 싶지?

군인들이 레 그리용에 들이닥쳤을 때 다니엘은 체포를 쉽게 면할 수 있었다. 창문만 넘으면 숲에 자유가 있었다. 그러나 그는 자신의 고독 속에 남았다. 그리고 다음 국면에서 그는 (다른 청년들과 함께) 자신의 영혼이 형성되는 과정을 목격할 수많은 새로운 기회를 얻었다.

물랭에서 다니엘은 진술할 기회를 달라고 요구했다. 그는 독일어를 할 줄 알았으므로 문제를 해결할 수 있을 것이었다. 아마도 엘리트들 사이에서 자란 어린 시절에 습득한 다소 무분별한 자신감으로, 다니엘은 자신이 독일 경찰에게 상황을 설명할 수 있으리라 생각했다. 그는 라 메종 드 로슈의 청년들이 유대인이나 공산주의자가 아니라 학생으로서 고원에 머문 것이며, 국제 원조 단체와 기독교 연맹의 지원을 받아 완벽히 합법적으로 지내고 있었다고 말할 작정이었다.

그러나 취조실에서 독일 경찰과 대면했을 때 상황은 계획대로 흘러가지 않았다. 유일하게 남은 기록은 전쟁에서 살아남은 페드로의 증언뿐이다.

> 경찰은 다니엘이 유대인이며 독일을 증오한다고 말했다. 다니엘은 자신이 유대인도 아니고, 특히 독일을 증오하지도 않는다고 대답했다. 경찰은 다니엘이 열여섯 살짜리 유대인 소년을 보호해주었다고 말했다. 다니엘은 연약한 소년을 보호해준 것이라 대답했다. 경찰은 계속 질문했다. 당신은 독일이 약했을 때 독일을 보호했습니까? 다니엘은 독일이 이처럼 세력을 키우기 전에(1929년과 1934년) 독일에 갔던 적이 있다고 대답했다. 게슈타포 심문관은 다니엘의 말이 거짓이라고 말했다.

경찰은 다니엘이, 그의 영혼과 관계없이 유대인이라고 생각했을까? 증거는 많지 않지만 (심문에 대한 증언에서 드러나듯이) 경찰이 이 독일어를 할 줄 알고 체포를 피해 달아나지 않았으며 이상하게 자신만만한, 심지어 무례하기까지 한 젊은 남성이 누구인지 파악하려고 노력했음을 암시하는 여러 기록이 있다. 그리고 (점령과 전쟁 상황에서 우선할 일이 수없이 많았음에도 불구하고) 경찰이 직접 다니엘의 부모님과 조부모님의 혼인 신고서를 확인하러 갔음이 현재까지 남아 있는 문서에 분명히 드러나 있다. 확실히 다니엘이 유대인인지 아닌지가 독일 경찰에게 꽤 중요했던 것으로 보인다. 체포 소식으로 크게 충격받은 다니엘의 부모님은 독일 경찰이 다니엘을 **이스라엘인**으로 여기고 있으며, 그러므로 자신들의 슬픔도 누명을 쓸 수 있다는 생각에 사로잡혔다.

경찰이 다니엘을 유대인으로 간주했는지 아닌지는 아마 역사적 기록으로서 중요할 것이다. 아들의 운명을 빠짐없이 알고 싶었던 부모에게도 중요했을 것이다. 그러나 내가 보기에 물랭 감옥에서 벌어진 심문에서 가장 중요한 점은, 경찰의 의중에 관한 증거가 아니라 심문 과정에서 드러난 다니엘의 사람됨이었다. 심문관이 인종이나 종교, 국가(이들의 궁극적인 분류 범주)를 지적할 때마다 다니엘은 그들의 논리에서 벗어난 대답을 내놓았다.

아뇨, 저는 유대인이 아닙니다. 아뇨, 저는 독일을 싫어하지도 좋아하지도 않습니다.

그리고 자신의 논리를 따르는 대답을 내놓았다.

저는 유대인이 아니라 한 소녀를 보호하고 있었습니다. 저는 연약한 유대인이 아니라 연약한 소녀를, 보호가 필요한 소녀를 보호하고 있었습니다.

약간 건방지긴 하지만 정직한 설명이었다. 그러나 자세히 들여다보면 매우 전복적인 설명이기도 했다. 심문이 이뤄지는 그 명백한 진실의 순간에, 우리는 인종이나 국가나 종교가 아니라 인간이라고 말할 줄 아는 다니엘의 영혼이 있었다. 다니엘의 그 거침없는 영혼이 오로지 자신의 허기를 달래기 위해 보내진 케이크를 내려다보다가 결국 나누어 먹기를 결정했던 것처럼.

다니엘은 진실한 순간의 대가로 무엇을 얻었을까? 그는 심문받을 때 안경을 벗을 새도 없이 주먹으로 얼굴을 가격당했다고 앙드레 귀요노에게 말했다. 다니엘의 안경이 감옥의 차가운 바닥으로 굴러떨어졌을까? 안경알이 깨졌을까?

1943년 봄에 찍은, 다니엘이 45도 각도로 웃고 있는 사진을 들여다본다. 안경이 사라지고 붉게 부어오른 그의 얼굴을, 훤히 드러난 짙은 색 눈동자 너머의 새로운 고독을 상상한다.

◇◇◇

목격자들에 따르면 8월 6일 르 샹봉의 평화로운 거리에서 총성이 울린 뒤 자전거를 탄 한 젊은 남성이 레오폴드 프랄리의 축 늘어진 시신을 뒤에 남겨두고 허겁지겁 자리를 떴다. 함부르크 폭격과 시칠리아 침공, 38만 명 이상 목숨을 잃은 쿠르스크 전투, 시간당 2,000~3,000명을 죽일 수 있는 시설을 갖춘 절멸 수용소에서 1943년 7월과 8월에 쓰러져 축 늘어진 시신 수백 수천에 하나가 더 추가되었다.

암살범은 리지외의 산기슭에서 왔으며, 소수의 마키 대원들과 암살을 모의했다. 이 집단의 리더였던 장 보니솔Jean Bonnisol이라는 이름의 남성은 그 지역에서 유명한 레지스탕스 전사였다. 숲이 우거진 아름다운 이 지역의 버려진 농가에 전사들이 소규모로 모여 살고 있었다. 신입이 계속해서 새로 도착했고, 낙하산을 탄 대원들이 정보와 자원을 들고 숲에 착륙했다.

나는 용감하고 정의로운, 분노에 차고 상처 입은 전사들이 그 어지럽던 시절 각자의 고독을 들여다봤다고 생각한다…. 예를 들면 그들 중 한 명이 담배를 피울 때나, 돌뿐인 잔해에서 사진을 찍으려고 포즈를 취할 때, 한 유대인 친구가 자리에서 일어나 "들어 봐, 짧은 시를 한 편 썼어"라고 말한 뒤 총에 맞아 그 자리에서 죽는 모습을 지켜볼 때, 암살범이 방아쇠를 누르기 전 서글서글한 프랄리를 향해 총을 겨눈 순간. 이들은 저마다 들여다보았다. 그리고 저마다 답을 찾았다. 그리고 다시 또 다른 답을 찾았다.

알고 보니 장 보니솔에게는 영혼과 고독의 문제에 단호한 관점을 지닌 친구가 하나 있었다. 프랑스계 알제리인인 그 친구는 한동안 르 샹봉 중심가에서 걸어서 겨우 45분 거리에 있는 낡고 외딴집에 머물고 있었다. 아내를 통해 고원과 연이 닿았고, 오랫동안 심신을 괴롭힌 결핵을 치료하려고 그곳에 와 있던 것이었다. 모래를 떠나, 바다를 건너, 론 계곡을 오르는 긴 여행 끝에 고원에 도착한 이 프랑스계 알제리인, 알베르 카뮈Albert Camus라는 이름의 난민은 파넬리에라는 이름의 대저택에 짐을 풀었다. 얼마 안 지나 카뮈의 아내는 알제리 오랑에 있는 집으로 돌아가야 했다. 그러나 카뮈가 아내를 따라 오랑으로 갈 수 있겠다고 생각한 1942년 11월, 연합군이 북아프리카에 도착했고 독일군이 프랑스 전역을 점령했으며 남부의 모든 항구가 폐쇄되었다. 이렇게 카뮈는 발이 묶였다. 바다와 모래에서 멀리 떨어진 곳에, 자신의 최근작 『이방인*L'etranger*』에 폭발적인 관심을 보이던 파리에서 멀리 떨어진 곳에, 가장 중요하게는 자신이 사랑하는 여자, 또는 여자들에게서 멀리 떨어진 곳에.

프랄리가 암살된 현장에서 걸어서 겨우 45분 거리인 곳에서 이 프랑스계 알제리인 남성은 자신의 유명한 고독(나는 어떤 사람이 될 것인가?)을 한참 유심히 들여다보았다. 그리고 점령과 유배에 관한 그 위대한 알레고리를, 쥐와 인간과 영혼에 관한 그 위대한 사색을 써나가기 시작했다. 그 소설이 바로 『페스트*La peste*』였다.

고원이 역사에 기록된 여러 이유 중 하나는 바로 알베르 카뮈의 신경을 건드렸다는 것이었다. 이따금 비바레리뇽의 가을이 아름답다고 생각하긴 했지만 카뮈에게 이곳은 너무 추웠다. 그는 고원의 바람과 겨울을 싫어했다. 몸이 아팠다. 흥미진진한 삶이 그리웠다. 아내는 먼 곳에 있었다. 고원은 카뮈의 유배지였고, 산맥은 영감이 아닌 폐쇄공포증을 불러일으켰다. 그는 썼다. "오 니 레스피르 말, 세 탕 페.On y respire mal, c'est un fait." 이곳에서는 제대로 숨을 쉴 수 없다. 정말이다.

실제로 카뮈는 고원에 친구와 지인이 있었는데, 그중에는 보니솔 같은 레지스탕스 대원도 있었고, 알제리에서부터 알고 지낸 오랜 친구로 훗날 고원에서 벌어진 어린이 구조 작업의 핵심 인물이 되며 1965년에 예루살렘의 부시장으로 선출된 앙드레 슈라키André Chouraqui도 있었다. 또한 카뮈는 의사 르 포레스티에와도 일종의 우정을 쌓은 것으로 보이는데, 포레스티에가 『페스트』의 등장인물 중 하나인 의사 리외의 모델이었다고 생각하는 사람들도 있다. 두 사람이 만났다는 증거는 어디에도 없지만, 카뮈가 앙드레 트로크메라는 이름의 목사를 알았으며 엄청난 카리스마로 청중에게 희생을 요청한 앙드레의 불같은 설교에 대해 들어봤을 가능성이 크다.

『페스트』는 현대를 배경으로 전염병이 도는 이야기다. 처음에는 쥐들이 모퉁이에서 조금씩 모습을 드러내다 떼로 나타나기 시작한다. 기이하게도 쥐들이 전례 없이 들끓다가 죽은 것과 시민 몇 명에게 병의 증세가 나타난 것을 제외하면, 그 누구도 위험을 즉시 알아차리지 못한다. 그러나 곧 사람들이 죽기 시작하고, 전염병이 돈다는 충격적인 진단이 내려진다. 마을이 격리된다. 사람들은 사랑하는 이들과 헤어져 집 안에 갇힌다. 사망자가 늘기 시작한다. 고통이 기괴한 차원으로 커지면서, 사람들은 자신이 누구인지, 어떤 사람이 될 것인지를 결정한다. 신부인 파넬루(일부는 앙드레 트로크메가 최소한 어느 정도는 이 인물에 영감을 주었다고 믿는다)는 점점 공포에 휩싸이는 사람들에게 무시무시한 내용의 설교와 신의 분노를 내놓는다. 그러나 전염병이 마침내 사라지기 전에 파넬루는 신념을 잃는다. 왜일까? 파넬루가 결국 한 아이의 고통스러운 죽음을 두 눈으로 직접 목격했기 때문이다. 그가 지녔던 신념은 그렇게 사라진다.

카뮈는 결국 파넬루를 죽인다. 그러나 타루라는 이름의 인물을 살려두고 그의 목소리를 통해 본인이 절실히 느낀 질문을 던진다. "신 없이 성자가 될 수 있는가? 바로 이것이 문제입니다. 사실상 오늘날 제가 부딪힌 유일한 문제이지요."

지금, 이것이 내가 하고 싶은 말이다.

1943년 8월이다. 다니엘은 물랭 감옥에서 자기 케이크를 나누어 먹고, 얼굴에 주먹질을 당해 안경이 날아간다. 게오르게와 자크, 레오니다스, 헤르베르트, 아직 열여섯 살이 안 된 하를레스는 아우슈비츠로 사라졌다. 고통의 여정 중 어떤 것은 끝이 났고, 어떤 것은 이제 막 시작되고 있다.

내게 선택지가 없음을 깨닫는다. 살인이 발생한 이후인 지난 2월, 상드린이 내게 질문을 남긴 그곳으로 다시 돌아가야만 한다. 그 질문은 난로의 불빛과 담뱃재 속에 미해결 상태로 남아 있다.

모든 것은 마땅하게 흘러갈까? 정말로?

카뮈 또한 이 질문의 답을 찾고 있었다. 70여 년 전 바로 이곳에서. 그는 자신의 고독을 들여다본 뒤 그렇지 않다고 답했다.

모든 것은 마땅하게 흘러가지 않을 것이다. 쥐 떼가 나타날 것이다. 나치가 나타날 것이다. 우리는 우리 안에서 쥐를 발견할 것이다. 반드시 그러할 것이다. 그리고 쥐와 나치와 그들이 벌이는 짓에 맞서는 것은 곧 그들이 일으키는 고통을 없애려고 마음먹는 것이다. 그러고자 열심히 애쓰는 것이다!

그러니, 우리는 사람들을 사랑할 수 있다. 카뮈라면, 여자들을 사랑할 수 있다. 우리는 우정을 사랑할 수 있고, '작은 사람들'을 사랑할 수 있다. 심지어 우리는 장소와 풍경, 이 두 가지의 독특한 향기도 사랑할 수 있다. 그리고 이를 위해 우리에게 닥친 전염병과 맞서 싸울 수 있다. 쥐 떼(또는 나치를 비롯한 모든 암울한 형태)와 싸우고, 다시 그것들의 영원회귀를 기다릴 수 있다. 카뮈의 답은 학문적인 것도, 사소한 것도 아니었다. 카뮈의 답은 그 시간 그 장소에서 그들을 둘러싼 기괴한 소용돌이에 똑바로 맞선 것이었다.

카뮈는 소설 『페스트』에서, 상황이 마땅히 흘러가기를 기도하는 것은 일종의 숙달된 체념일 뿐이라고 말했다. 그리고 그 체념 뒤에는 겸손이, 그 겸손 뒤에는 굴욕이 있다고 말했다. 그러니 쥐 떼가 나타나고, 사라지고, 다시 나타날 때 하늘을 향해 두 팔을 뻗지 말자. 굴욕에 빠지지 말자. 쥐 떼는 다시 나타난다. 지금 이곳에 다시.

모든 것이 마땅하게 흘러갈까?

우리의 영혼이 소환된다. 감옥의 문이 열렸다가 등 뒤에서 다시 닫힌다.

비록 괴롭긴 하지만, 어쩌면 본인이 직접 느끼는 고통은 세계 최악은 아닐지 모른다. 세계 최악은 다른 영혼에게 고통을 안기는 것이다.

그렇다면. 이건 어때?

매기, 책 내려놔. 아주 조금만 더 눈을 열어. 얼굴을, 그다음에는 마음을, 아주 조금만 더 열어봐.

그리고 가는 거야, 떠나는 거야…. 다른 곳으로. 그 낯선 왕국에 진짜로 들어가는 거야.

사방을 둘러싼 벽은 없지만 그래도 이곳은 진짜 장소다. 끊임없이 변화하는, 고유한 진짜 땅. 지금은 여자아이들이 바닥에 책상다리로 앉아, 분필로 걸작을 마구 그려나가느라 여념이 없다. 꽃, 숫자, 선, 삐삐 롱스타킹처럼 머리를 땋은 삼각형 모양의 숙녀. 코가 달린 태양. 한 소년이 자전거로 쌩 달리며 왔다 갔다 한다. 아이의 얼굴이 열렬한 기쁨과 눈물 사이의 어디쯤에서 환히 빛난다.

그때 아멜리에가 도착한다.

아멜리에에에에에에에! 아멜리에-아멜리에-아멜리에!

어린 여자아이들이 분필을 내려놓고 아멜리에에게 달려가 두 팔을 뻗어 아멜리에의 손과 다리와 가죽 코트 자락을 붙잡는다. 봉주르-봉주르-봉주르 아멜리에!

여자들이 미끄러지듯 몰려나온다. 어떤 사람은 머리에 스카프를 두르고 긴 치마를 입었고, 어떤 사람은 추리닝 바지 차림에 무척 지친 모습이며, 어떤 사람은 약속이 있어서 옷을 차려입고 화장을 하고 하이힐을 신었다. 아멜리에-아멜리에! 여자들도 아멜리에를 부르며 의사와, 변호사에게서 온 편지와, 작동하지 않는 라디에이터와, 아이 학교에서 간다는 이해할 수 없는 현장학습과, 이민 법원 소환에 관해 묻는다. 아멜리에! 군데군데 모여 있는 남자들이 담배를 피우며 아멜리에 쪽으로 냉소적인 농담을 던진다. 아멜리에가 농담을 받아친다. 웃음이 터진다.

이 안뜰은 하나의 장소다. 망명의 땅, 다른 곳의 땅.

몇 달 전부터 아멜리에는 CADA에 거주하는 가족들에게 나의 통역이 필요한지 묻고 있다. 그리고 사람들은 나의 도움이 자주 필요하다. 나는 손목터널증후군과 무릎 수술과 요로감염증과 만성두통에 관해 듣는다. 나도 원을 그리는 춤에 동참해 아르메니아인과 러시아인, 다시 프랑스인 사이를 오간다. 변호사에게서 온 전화 내용을 통역한다. 이렇게 전문적인 일을 맡을 자격은 전혀 없지만, 그래도 없는 것보다는 낫기 때문이다. 나는 CADA 거주민들의 행사와 모임에 참여하고, 러시아어 사용자들이 와이파이 사용이나 학교 급식에 관해 물으면 대답을 돕고, 아파트에서 쥐를 한 마리라도 목격하면 즉시, 즉시 누군가에게 알려야 한다고 신신당부한다.

안뜰에 앉으니 아이들이 내 위로 기어오르고, 나는 눈앞을 지나가는 장면들을 지켜본다. 한 체첸 여성이 호스를 들고 플리 마켓에서 산 물건들을 씻는다. 물건 위로 물을 촤 촤 뿌린 다음 솔과 강한 완력으로 깨끗이 닦아낸다. 그때 머리에 스카프를 두르고 품이 넉넉하고 긴 원피스를 입은 여자의 시어머니가 보철물이 많은 치아를 드러내고 활짝 웃으며 남자 아기를 어른다. "이 할머니는 너를 가장 사랑한단다(바빈 류비메츠Babin liubimets), 네가 태어나길 늘 기도했단다." 나는 이 지역 주민들이 듣는 것을, 의미의 불꽃이 튀지 않는 소리와 몸짓을 들어보려고 노력한다.

온화한 얼굴의 플리스 차림 주민이 이따금 CADA 옆을 지나가는 것을 본다. 대부분 걸음을 멈추고 미소를 보낸다. 인사를 건네는 사람도 있다.

다음 사실을 인정할 수밖에 없다. 여기 망명의 왕국에서 이방인은 이상해 보일 수 있다. 주민들의 눈에 이들은 옷차림이 평범하지 않고, 건강하게 먹지 않고, 의사를 기이하다고 생각하고, 병을 지나치게 염려하고, 돈을 별나게 쓰는 것처럼 보일 수 있다. 이들은 치아가 은색이고 머리에 스카프를 두르며 출입문에 기도용 양탄자를 걸어놓는다. 필요 이상으로 도움을 요구하거나 도움을 요청하지 않는다. 한 의사가 여성 환자 앞에서 눈알을 굴린다. 의사가 보기에 이 환자는 자기 증상을 상상하고 있고, 나는 의사가 환자의 통증에 의구심이 있음을 최대한 부드럽게 전달한다. 어떤 변호사는 한 젊은 여성의 망명 신청에 관해 부아가 난 말투로 이렇게 말한다. "판사는 그분이 하는 말을 전부 거짓말로 여길 거라고 전해주세요." 너무나도 자신만만한 여성에게 이 문장을 어떻게 전달한단 말인가? 변호사의 말을 완곡하게 통역하자 여성은 그저 눈을 치켜뜨고 콧방귀를 뀐다.

매일 나는 이 만화경의 한가운데에 앉아 통역을 한다. 그러면서 이상한 느낌을 지우려고 노력한다.

이 망명 신청자들 또한 갈망을 가득 담아 고향에 편지를 쓴다. 이 세상의 전염병에서 격리된 이들은 앞으로 다가올 운명을 알지 못하며, 불확실한 몸짓 게임 속에 산다. 이들 역시 질서와 동지애로부터 위안받고 싶어 한다. 밤마다 홀로 캄캄한 하늘을 올려다보며 지금 자신이 어떤 사람인지, 앞으로 어떤 사람이 될지 결정할 때에도.

어쩌면 이들은 정말로 이상할지 모른다. 그렇다면 우리는 무엇일까?

나는 무엇일까? 공책을 들고 다니며 도식을 만드는 삶, 어둠의 병을 낱낱이 아는 농부들에 관한 책을 써서 점잖은 박수(짝짝짝)를 받는 삶의 특권을 누리는 나는? 내 분석의 바퀴는 계속 돌아가고 있지만, 시간이 갈수록 내가 무언가의 문턱에 서 있다는 느낌이 든다. 나는 그 문턱을 넘어가거나 넘어가지 않을 것이다. 만약 문턱을 넘는다면 상황은 바뀔 것이고, 내가 오랫동안 의지해 앞으로 나아가던 바퀴는 헐거워질 것이다.

이제 나는 약속을 잡지 않고 거의 매일 혼자서 CADA에 온다. 그리고 한 집 한 집을 찾아다닌다. 아니면 정신없는 안뜰에 앉아 삶이 흘러가는 동안 사람들과 대화를 나누고 내가 도울 일이 있는지 찾아본다. 대개는 일지를 방에 두고 온다. 내 변변찮은, 또는 변변찮았던 인류학 모자와 함께 나의 질문들과 도식을 방에 두고 온다.

안뜰 바깥에 서서 안을 들여다본다. 안으로 들어간다. 자리에 앉아 지켜본다. 분석의 바퀴는 내 머릿속에서 여전히 돌아가고 있다. 누가 누구와 무엇을 하는가? 그러나 나는 깨닫는다. 이미 고통스러운 이 세상에 고통을 더 보태지 않는 것이 가능하다고 생각하는 것. 내가 원하는 건 이것뿐이다.

어쩌면 나는 더 이상 인류학자가 아닐지도 모른다. 어쩌면 아무 상관없을지도 모른다.

. . .

CADA의 땅에서 시간이 흘러간다. 지금은 10월 초다. 내가 안뜰에 도착하자 바람이 작은 소용돌이를 일으킨다. 아멜리에는 먼저 와서 작은 쓰레기를 줍고 있다. 보통 거주민들은 종이 쓰레기만 밖에 내놓을 수 있음을 잘 안다. 음식물 쓰레기통은 따로 있다. 그러나 오늘 아침 누군가가 음식 쓰레기를 비닐봉지에 담아 마당에 내놨고, 그 봉지가 터졌다. 아멜리에가 한숨을 쉰다. 가끔 이곳에 쥐가 나타나는데, 당연히 이런 행동은 도움이 안 된다.

아멜리에가 저 멀리 바닥에 금빛이 도는 분홍색 쓰레기가 떨어져 있는 것을 발견하고 가서 줍는다. 박살 난 인형 머리다. "도자기 인형이에요." 아멜리에가 이렇게 말하며 또다시 한숨을 쉰다. 그리고 산산이 부서진 분홍색 얼굴 조각들을 주워 쓰레기통에 버린다. 아멜리에가 또 다른 것을 줍는다. "여기요." 그리고 내게 도자기 인형에서 나온 파란색 눈을 하나 건네주고, 다시 또 하나를 건네준다. 나는 인형의 두 눈을 내 손바닥 위에 이리저리 놓아본다. 그리고 주머니 속에 넣는다.

저 위에서 노래하는 듯한 고운 목소리가 들린다. 아멜리에! 고개를 들어 바라보니 창문 안에 아름다운 얼굴과 길고 긴 머리카락, 우리를 향해 흔드는 손이 보인다. 아멜리에와 내가 웃음을 터뜨린다. 라푼젤이네! 봐요, 새들도 옆을 날아다니며 노래하고 있어요!

이 사람은 라리사Larissa다. 라리사는 아직 CADA에 익숙하지 않다. 풍성하게 흘러내리는 머리카락과 도톰한 입술의 미소를 가진 라리사가 계속해서 손을 흔든다. 그리고 웃는다. 그러더니 창문을 닫고 안뜰로 내려와 자신이 라푼젤 공주라는 농담에 또다시 웃으며 자기 다리를 찰싹찰싹 때린다. 라리사가 아멜리에를 너무 꼭 껴안아서 아멜리에가 살짝 넘어질 뻔했다. 라리사는 우리와 짧은 대화를 나눈 뒤 "전 이제 가요! 위에 커피가 필요한 사람들이 있거든요!"라고 말하고 나와 아멜리에를 바라본다. "언제 한번 올라와요. 언제든 와도 돼요! 커피 대접할게요! 케이크도요…."

이곳 망명의 왕국에서, 나는 라리사가 다시 위층으로 올라가는 모습을 바라보며 차가운 손을 주머니 속에 넣는다. 동그란 플라스틱 조각 두 개가 느껴진다. 아멜리에가 준 인형 눈이다. 나는 라리사의 집 창문을 올려다본다.

기억나는 것이 있다. 라 메종 드 로슈의 청년들이 체포되고 얼마 지나지 않은 1943년 7월의 어느 날, 다니엘의 부모님이 아들을 보러 몰래 감옥을 찾아갔다. 두 사람은 육중한 나무 문 앞에서 기다렸다. 그리고 위를 올려다보며 창문을 찾았지만 결국 오늘은 아들을 만날 수 없다는 말을 들었다. 그래서 다니엘의 부모님은 (케이크가 든) 소포를 남기고 누렇게 썩은 벽 바깥에서 기다렸다. 위를 올려다보면서, 무슨 소리라도 들으려고 안간힘을 쓰면서. 훗날 두 사람은 아들 프랑수아에게 건물 안에서 사람들이 대화하는 소리를 간신히 들을 수 있었다고 말했다. 그 소리는 다니엘과 친구들의 소리였을까? 몸짓 게임인 죄 당바사되르를 하던 소리였을까? 아니면 다니엘이 얼굴에 주먹질을 당하며 심문받던 소리였을까? 다섯 명의 유대인 소년과 청년(게오르게와 자크, 레오니다스, 헤르베르트, 하를레스)이 영원히 만날 수 없는 곳으로 끌려가던 소리였을까?

나는 이상한 우리와 이상한 저들을 나누는 벽 바깥에 서서, 위를 올려다보며 안간힘을 다해 귀를 기울인다. 내가 이렇게 노력하는 이유는, 이 망명의 땅에 고통의 의미와 그 결과, 그 고차 방정식과 관련된 보상이 있다고 느끼기 때문이다. 나는 사회과학자로서 내가 그릴 줄 아는 그 아름다운 원 속에서, 사람들의 집단 속에서 위안을 찾고자 이곳에 왔다. 그러나 집단만으로는 충분하지 않다. 고통에 맞서는 카뮈의 시시포스적 노고만으로도 충분하지 않다. 나는 그렇다.

이제는 혼자서 새로운 문턱을 넘어야 할 때다. 창문을 향해 벽을 넘는다. 계단을 오른다. 라리사와 그의 집과 그의 이야기를 향해 나아간다. 의제도, 쌩쌩 돌아가는 바퀴도, 일지도, 계획도 없다. 가진 것은 귀와 눈뿐이다.

그리고 아마도, 나의 영혼이 있다.

나는 혼자다. 딩동.

문이 열린다. 라리사가 활짝 웃는다.

라리사는 랄릭과 아라트가 살던 집의 문턱에 서 있다. 수많은 곰 인형이 사라졌다. 잡동사니와 시끄러운 텔레비전 소리가 사라졌다. 이제 모든 것이 깔끔하고 훤하고 밝다. 라리사가 나를 안으로 들인다.

이 변화한 새 공간에서 라리사가 미용사 훈련을 받았음을 알게 된다. 눈썹 문신을 한 라리사의 얼굴은 영원히 모두에게 열려 있을 것 같고 기쁨도 거의 언제나 함께일 것 같다. 라리사가 러시아의 시골을 좋아한다는 사실도 알게 된다. 내가 러시아에서 소젖 짜는 법을 배웠다고, 나는 모스크바를 싫어한다고 말하자 라리사가 힘차게 하이 파이브를 한다. 으윽, 나도예요! 라리사에게는 아르메니아인 어머니와 아제르바이잔인 아버지가 있다. 무슬림인 아버지는 라리사에게 너는 무슬림이 되지 않아도 괜찮다고, 그러나 자신을 보호하기 위해 신께 의지하고 그분의 뜻을 구해야 한다고 했다. 기독교인인 라리사의 어머니 역시 다른 말로 똑같은 내용을 가르쳤다.

라리사는 자신이 아르메니아인과 아제르바이잔인의 피가 섞인 변종임을 안 사람들이 자신을 구타했고, 그 뒤로 남편과 함께 러시아를 떠났다고, 그러다 배 속에 있던 아이를 잃었다고 말해준다. 할랄과 하람(허용되는 것과 금지된 것)의 차이를 가르쳐준 아버지는 오래전에 세상을 떠났고, 어머니는 현재 행방불명이라고 말해준다.

라리사는 슬픔이 자신을 덮칠 때가 있다고 말한다. 그때가 되면 집에서 혼자 우는 것 말고는 할 수 있는 게 없다. 때로는 옆집에 사는 로브잔이 그 소리를 듣고 집으로 찾아온다. 그러나 보통은 그 누구도 만날 수가 없다. 상황이 약간 나아지면 사람들을 초대하기 위해 뭐든지 할 것이다. "딱 커피 한잔이더라도요." 라리사가 컵을 들며 말한다. "정신을 다른 곳으로 돌릴 수 있잖아요. 그게 어디든지요."

내가 지켜본 바에 따르면 이곳의 모든 망명자 중에서 라리사는 아이들의 엄마가 병원에 있을 때나 변호사와 미팅이 있을 때, 부모가 아이 학교에서 선생님을 만나거나 더 나이 많은 아이를 데리러 가야 할 때 어린아이들을 돌봐주는 사람이다. 자기 슬픔 속에서 고통을 제로섬게임으로 계산하며 살아가는 이곳의 다른 거주민들은 자신의 몫을 지키며 몸을 웅크릴지도 모른다. 일진이 나쁜 날에는 극히 사소한 문제를 두고 서로 다투기도 할 것이다. 그러나 라리사는 아니다. 라리사는 그들 모두를 집으로 초대해 커피 한 잔과 과일, 쿠키를 나누어 먹으며 윙크와 미소를 보내고 다리를 찰싹 때린다.

나는 라리사를 자주 찾아가기 시작한다. 라리사는 나를 모이 솔니시코Moe solnyshko, 나의 햇살이라고 부른다. 그러나 사실은 라리사가 나의 햇살이다. 라리사가 노래를 좋아한다는 사실을 알게 된다. 나도다. 내가 우쿨렐레를 가져간 어느 날 우리는 함께 노래한다. 「라 비 앙 로즈La Vie en Rose」. 그때 라리사가 혹시 자신이 가장 좋아하는 노래를 아느냐고 내게 묻는다. 라리사가 러시아에서 가사 한 줄 한 줄, 외국어의 음절 하나하나를 외운 곡이다. 비욘세의 노래라고요?

어서 불러줘요, 라리사.

내가 더 부추기지 않아도, 이 가사들의 의미를 자세히 알지 못해도, 라리사가 천사에 관한 곡을 부르기 시작한다. 라리사의 달콤한 목소리가 층층이 쌓인 고독을 한 겹씩 잘라낸다.

내가 만든 저 벽들을 기억하나요?

그 벽들이 무너지고 있어요….

11장 아이들이 오게 하라*

suffer (v.) … : *sub-*, 아래의 + *ferre*, 나르다; bher[1]- 참조.
bher[1]. 중요한 파생어는 bear, burden, birth, bring, fertile, differ, offer, prefer, suffer, transfer, furtive, metaphor.

—『아메리칸 헤리티지 영어 사전*American Heritage Dictionary*』

"제가 여행을 좋아한다고 전해주세요," 다니엘이 말했다. 물랭 감옥에 수감된 지 거의 두 달이 지난 1943년 8월 27일, 다니엘의 다음 여행지는 어디였을까?

북쪽이었다.

다니엘이 지난 1년간 가보지 않은 북쪽. 한때 비시와 독일

---

* 11장 제목의 원제는 "Suffer the Children"으로, 1600년대에 번역된 킹 제임스 성경의 마태복음 19장 14절의 일부이다. 예수의 제자들이 예수에게 아이들을 데려온 사람을 꾸짖자 예수는 제자들에게 다음과 같이 일렀다. "어린 아이들을 용납하고 내게 오는 것을 금하지 말라. 천국이 이런 사람의 것이니라." 여기서 'suffer'는 '용납하다, 허용하다'라는 의미이다. 오늘날 이 표현은 아이들에게 관대해야 하며, 그들의 필요를 돌봐야 한다는 뜻으로 쓰인다.

점령 프랑스를 나눈 경계선 너머의 북쪽. 1940년 5월 이후 수만 명이 도망쳐 나온 북쪽. 한때 다니엘이 고향이라 불렀던 장소인 북쪽.

다니엘은 이송 중이었다. 그 이유는 지금도 명확하지 않다. 프랑스 경찰은 서류의 "체포 사유" 옆에 계속 "앵코뉘inconnu", 즉 미상이라고 적었다. 입을 삐쭉 내밀고 어깨를 으쓱하듯이. 프랑스의 독일군 사령관은 좀 더 자세한 정보를 내놓았다. 파리의 나치 친위대 장교가 서명한 문서에는 다니엘 트로크메가 이른바 학생 주거 시설의 책임자이며 "도이치파인틀리헨 엘레멘트deutschfeindlichen elemente", 즉 반독 분자 집단과 함께 체포되었고, 그중에 유대인과 "스페인 빨갱이"도 있다고 적혀 있다. 적대적이라는 뜻의 독일어 '파인틀리히feindlich'는 적이나 악마라는 뜻의 영단어 '핀드fiend'와 비슷하다.

두 달간 물랭 감옥은 어두컴컴하고 잔혹했지만, 다니엘은 자신과 동료들이 사기를 잃지 않도록 노력했다. 부모님께 음식과 "의약품"을 상세하게 부탁하고 새로운 소식을 간청하면서도 다니엘은 편지에 "르 모랄 레 투주르 본le moral est toujours bon"이라고 썼다. 사기는 여전히 좋습니다.

그러나 다니엘은 자신이 놓고 올 수밖에 없었던 업무 때문에 점점 속을 태웠다. 레 그리용의 아이들은 어떻게 지내고 있을까? 아이들이 자기 없이 어떻게 살아갈 수 있단 말인가? 감옥에서 쓴 또 다른 편지(르 샹봉에서 함께 난민을 돕던 나이 많은 목사 푸아브르에게 보낸 것)에서 그는 자신이 이곳에 최소 몇 주 정도 머물게 될 것이라고 낙관했다. 또한 다니엘은 이렇게 말하기 쉽지 않았을 텐데도, (본인을 포함한) "그 누구도 대체 불가능하지 않습니다" 라고 덧붙였다.

그러나 같은 편지에서 그 실용적이고 낙관적이며 사기 넘치는 태도는 곧 자취를 감추고, 한 줄 한 줄에서 다니엘의 실제 불안이 드러났다.

"용기 있게 작은 귀뚜라미들을 보살펴주시기를 간곡히 부탁드립니다." 다니엘은 푸아브르에게 이렇게 말했다. **부탁드립니다.**

그리고 덧붙였다. "아이들을 며칠간 현장학습에 데려가려고 했습니다."

물론 다니엘은 그럴 수 없었다.

다니엘은 명령법(드부아르devoir)을 사용해 이렇게 덧붙였다. "아무리 어렵더라도 아이들이 학교에서 원하는 수업을 기필코 들을 수 있도록 해주셔야 합니다."

작은 귀뚜라미들은 열심히 공부하지 않으면 학업에서 뒤처질 터였다. "특히 엘렌과 오데트를 잘 봐주십시오." 금발 단발머리를 하고 어색하게 웃는 엘렌, 수업 기록부에 "매우 문학적"인 "예술가"라고 쓰인 엘렌을 가리킨 것이 분명했다. 그리고 오데트는 현재 귀뚜라미들을 먹여 살리기 위해 가족에게서 물려받은 보석을 전부 팔고 있는 오르시 씨의 딸이었다.

"아이들에게 안부를 전해주세요." 다니엘이 푸아브르 목사에게 말했다. "아이들을 보살피는 분들께도 안부를, 더불어서 저의 믿음을 전해주세요."

◇

다니엘은 먼저 북쪽으로 이동했다. 풍경 속을 1마일씩 달리며 언덕을 넘고 도시를 지났다. 자신의 과거가 있는, 고등교육을 받은 도시 파리와 방황하고 저항했던 센강 좌안이 있는 북쪽으로 향했다.

그러나 파리에서 길이 갈라졌다. 서쪽으로 꺾었다면 다니엘은 곧 언덕이 많고 축축하고 흐린 지역을 지나쳤을 것이다. 그곳은 다니엘이 커다란 귀와 곱슬머리를 가진 작은 소년이었던 곳, 귀여운 아이라고 불렸던 곳, 유모에게 "울지 말아요! 다니가 여기 있잖아요"라고 말했던 곳이었다. 북쪽으로 향하다 서쪽으로 틀었다면, 다니엘의 눈이 깊어졌다가 어두워졌다가 안경을 맞추고 다시 밝아진 곳, 처음으로 심낭염에 걸렸던 곳, 누나 수지에게 "나도 빛나고 싶어"라고 말했던 곳에 도착했을 것이다.

당시 다니엘의 부모인 이브와 앙리는 아들이 자신들이 있는 북쪽을 향해 달려오고 있다는 사실을 몰랐을 것이다. 두 사람은 자신이 할 수 있는 일을 하고 있었지만(편지와 음식, 옷, 약을 담은 소포), 두 사람의 아들은 현재 큰 곤경에 빠져 있었다. 이브와 앙리는 관념의 세계, 정치와 법의 세계, 사업의 세계를 헤쳐나갈 줄 알았다. **누가 누구와 무엇을 하는가?** 힘 있는 사람들이 (젊은 시절 다소 방탕하게 살았을지도 모를) 다른 힘 있는 사람들을 위해 문제를 **해결**한다. 세상의 질서에 관한 이러한 믿음은 참나무처럼 굳건하며, 그 뿌리는 계속해서 깊어지고 있다. 사람들은 포위되었을 때도, 심지어 전쟁이 터졌을 때도 이러한 믿음을 버리지 않는다.

그러나 상황이 변했고, 시대의 지각 변동이 일어났다. 그러한 변화는 마르크스와 볼테르, 골든베르그, 볼슈타인, 스테른 같은 성을 가진 이들에게는 너무나도 자명해 보였지만 트로크메가에는 그렇지 않았다.

파리를 지나자마자 다니엘은 축축하고 흐린 과거의 세계에서, 안정적이고 오래된 방식을 따르는 안락한 세계에서 등을 돌렸다. 그리고 혼란과 불확실성을 향해 동쪽으로 방향을 틀었다.

사회적 기억을 수년간 연구하면서 나는 다음 사실을 배웠다. 사회 세계의 질서를 바꾸기란 어렵다. 불가능한 것은 아니지만 어렵다. 개인이나 사회집단으로서 어떤 질서에 익숙해지면 미래에 새로운 경로와 패턴을 만들기란, 세상을 재구성하기란 쉽지 않다. 그렇기에 외부인을 두려워하는 사회에서는 그 두려움 속에서 온갖 다른 것이 뒤엉킬 수 있다. 다른 사람(다른 국가, 다른 종교)에 관한 견해, 종교적 성향(천국에 가려면 다른 사람을 증오해야 하는가, 아니면 사랑해야 하는가?), 경제 구조(노예제, 식민주의, 자본주의), 권력의 관습(1백만 가지 모습의 신분 제도). 이 모든 것이 하나로 뒤엉킨다. 그 매듭 안에서는 모든 것이 참나무처럼 단단하고 영원해 보인다. 사실은 그렇지 않을지라도.

고원에 처음 도착했을 무렵 볼롱 씨가 외부인을 향한 이곳의 두려움(또는 두려움 없음)에 관해 큰 힌트를 주었다. 그는

CADA 거주민들이 지역 주민들과 늘 잘 어울리는 것은 아니라고 말했다. 망명 신청자들은 모두 고통 속에 살고 있어서, 이곳에 도착하면 주로 자기들끼리 시간을 보낸다. 그러나 (여기가 깨달음을 주는 부분이다) **아이들이 지역 주민과 망명 신청자들을 연결하는 다리 역할을 한다.**

볼롱 씨에게 아이들과 다리 이야기를 처음 들었을 때 나는 이제 어떻게 해야 할지를 알았다. 우선 머릿속에 원(사회의 원)을 두 개 그리고, 하나에는 이 지역의 프랑스인 공동체를, 다른 하나에는 도움이 필요한 이방인 집단을 넣었다. 그리고 이 원들의 경계를 흐릿하게 만들었다. 내 일지에는 작은 원으로 벤다이어그램을 그린 다음, 두 원이 겹치는 곳에 물음표를 넣고 아래쪽을 향하는 화살표를 그렸다. 그 화살표는 웃고 있는 작은 얼굴들을 가리켰는데, 멋없지만 이 얼굴들은 내게 아이들을 의미했다. 나는 그 원 두 개와 화살표와 웃는 얼굴 그림을 머릿속에 간직한 채 지역 주민들이 언제 어디서 어떻게 망명 신청자들과 교류하는지 지켜보았다(**누가 누구와 무엇을 하는가**?). 그리고 그 교류들이 언제 어떻게 아이들에게서 시작되는지 지켜보았다.

두 원 사이의 (아이들 없는) 일반적인 교류 목록에는 그리 대단치는 않지만 주목할 만한 다음 내용이 포함되었다. (미리 반대편으로 길을 건너는 대신) 길에서 **인사**를 나눈다. (무표정 대신) 서로에게 **미소**를 짓는다. (홀로 고립되는 대신) 가게 주인이나 시장 상인, 버스 운전사, 우체부, 시청 직원에게 **질문**을 한다. 두 원은 관객석에 함께 앉아 지역 합창단 공연이나 무용 공연, 수선화 퍼레이드 같은 작은 행사를 **감상**한다. 함께 **박수**를 친다.

이 두 원에 아이들이 엮이면 교류가 더욱 풍성해졌다. 때로는 훨씬 깊어지기도 했다. 10대들은 함께 축구를 하며 **놀았다.** 아이들은 함께 **공부**를 했다. 서로에게 **반하기**도 했다. 콩고에서 온 세라핀Séraphin이라는 멋진 이름의 10대 소년은 어찌나 잘생기고 인기가 많았는지, 그 소년에게 푹 빠진 소녀들이 어떻게 하면 운 좋게 그 소년의 친구 무리에 들어갈 수 있을지 고민하는 모습을 상상할 수 있었다. 망명 신청자 가족의 아이들은 이 지역 친구들이 사는 평범한 집에서 함께 놀거나 생일 파티에 초대받았다. 부모들이 케이크나 아이스크림, 쿠키를 내주었고, 아이들은 그 음식을 모두 함께 **먹었다.**

때로는 반대로 이 지역 아이들이 망명 신청자 가족의 집에 초대받기도 했다. 그럴 때면 아이들은 남자들이 서서 담배를 피우고 어린아이들이 보도에 분필로 거대한 그림을 그리는 CADA의 안뜰로 걸어 들어왔다. 그다음에는 아기자기한 집 안으로, 외국인의 한가운데로 걸어 들어왔고, 체첸식 만두나 서아프리카의 땅콩 치킨이나 아르메니아의 샤슬릭을 대접받았다. 이런 경우에는 보통 아이들의 부모도 따라오곤 했다. 이로써 낯선 사람에게 그저 **미소**를 보내고, 길에서 **인사**를 하고, 버스 시간표나 치즈 가격을 묻는 질문에 **대답**하는 대신, 지역 주민들은 직접 CADA의 안뜰을 지나고, 새로운 음식과 새로운 냄새가 있는 집 안으로 걸어 올라가고, 식탁에 앉아 식사를 했다. 어쩌면 웃음을 터뜨렸을지도 모른다. 새로운 이야기를 한두 개 들었을지도 모른다.

볼롱 씨, 물론 당신 말이 전적으로 옳았어요. 자, 그러니 지금 우리에게는 원 두 개가 있다.

그중 하나에는 프랑스인이 있다. 이들은 플리스를 입고 다소 내성적이며 때때로 무척 친절한 눈빛을 보낸다.

다른 하나에는 외부인이 있다. 이들은 안뜰에서, 다양한 언어가 뒤섞인 바벨탑에서, 분필로 보도에 그린 만화경 속에서 알록달록하게 모여 있다. 아이들이 한 상자에서 다른 상자로 점프를 하고, 바퀴가 두 개나 네 개 달린 삐걱대는 수레 위에서 재잘댄다.

그리고 두 원이 **겹치는** 곳에는 함께 쓰는 학교 운동장에서 기쁨의 함성을 내지르는 **아이들**이 있다. 아이들은 부모의 팔을 붙들고 편안함에서 점점 멀리, 새로운 친구의 집으로 점점 가까이 끌어당긴다. 부모가 타고난 수줍음이나 경계심, 겹치며 뒤얽히는 새로운 영역에 대한 비판을 극복하고 **손을 뻗게** 만드는 것은 바로 이 아이들이다.

행복해하며 무해한 미지의 세계로 부모를 끌어당기는 아이들 덕분에 낯선 사람들이 함께 식사한다. 그리고 식사는 하나의 시작이다.

아름다운 시작. 그러나 중간이나 끝은 아니다.

◇

나는 바람 부는 날 CADA의 안뜰에 홀로 앉아 있다.

카치크Khachik를 바라본다. 카치크는 여섯 살이다. 자전거를 타고 혼자서 이리저리 왔다 갔다 내달린다. 카치크는 자전거를 많이 탄다. 볼에 보조개가 있다. 볼 한가운데와 눈 밑에 쏙 들어가는 작은 골. 검은색에 가까운 머리카락은 짧은 솔 같다. 가끔 카치크의 갈색 피부가 분홍빛으로 달아오르며 보조개가 나타난다. 그러다 미소가 터지기도 하고, 때로는 눈물이 터지기도 한다.

카치크의 가족은 우크라이나에서 왔다. 그전에는 아르메니아에 살았다. 카치크가 르 샹봉에 있는 학교에 등교하는 첫날, 카치크 부모님과 학교 선생님들 사이에서 통역을 하러 나도 따라간다. 카치크는 가는 내내 눈물을 흘린다. 작은 손으로 아버지의 큰 손을 꼭 붙잡고 학교까지 걸어가는 동안 자그마한 볼에 푹 파인 보조개 위로 눈물이 뚝뚝 떨어진다. 지난번에 다닌 프랑스 학교의 선생님은 카치크에게 연필을 주고 이름을 써보라고 했다. 카치크는 그러지 못했다. 아르메니아어로도, 러시아어로도, 프랑스어로도 쓰지 못했다. 카치크는 또 다른 연필을 예상하며 CADA에서 걸어 내려와 교회 앞에서 길을 건너고 어린이집을 지나 아이들이 운동장에서 놀고 있는 학교에 도착할 때까지 내내 애처롭게 운다. 그러나 첫날을 보내고 보니 카치크의 새 선생님은 그리 나쁘지 않았다. 눈동자가 밝은 파란색이고 눈썹이 진하며 눈빛이 침착한 선생님은 손을 내밀어 카치크와 악수를 했고, 같이 책상 앞에 앉은 뒤 색연필을 우르르 꺼내 밑그림을 그렸다. 카치크는 집과 마당, 문 그림을 색으로 채우기 시작했다. 파란색, 분홍색, 주황색. 그런 다음 운동장으로 나가자 공을 던지며 뛰어다니는 작은 아이들의 소음이 최대한의 볼륨으로 카치크를 맞이했다. 슈슈슈 하고 속삭이는 소리, 머리를 양 갈래로 땋은 여자애들이 짝다리로 서서 꺅꺅거리는 소리, 쌩쌩 그네 타는 소리와 스니커즈 신은 발로 달리고 공을 차고 까르르 웃는 소리. 거대한 놀이터의 크레센도와 디미누엔도.

어쩌면 상황은 그리 나쁘지 않을지도 모른다. 어쩌면.

나는 아이를 낳지 않았다. 그건 다니엘처럼 전쟁이나 여건 때문도 아니고, 내가 그러기로 선택했기 때문도 아니었다. 안나 아흐마토바Anna Akhmatova처럼 "이 가혹한 시대가 내 물줄기의 방향을 바꿔놓았"기 때문도 아니었다. 그저 아이를 간절히 바란 적이 없었고, 그러다 때가 너무 늦어졌다. 나는 아기 인형이 아니라 조립 장난감을 갖고 놀던 아이, 립글로스의 향을 분간하는 대신 나무를 기어오르던 아이였다. 그리고 마침내 세상에 나간 뒤로는 전문적인 이방인이 되고자 열심히 노력했고, 눈으로 가득한 머나먼 장소로 이동해 어디에도 온전히 속하지 않는, 땅에 발붙이지 않고 허공에 떠 있는 사람이 되었다.

내가 머물던 러시아 마을의 여성들은 눈으로 내 골반 넓이를 재보고는 아이가 어디 있느냐고 물었다. 처음에는 나를 판단하듯 바라보았고, 시간이 흐를수록 나를 측은하게 바라보았다. 하지만 내가 달리 어쩔 수 있었을까? 나는 작은 아이들이 눈을 반짝이고 신선한 논리를 내놓으며 좌충우돌하는 광경을 늘 사랑했다. 그리고 (살짝 두려움을 느끼던 몇 년의 시간을 지나) 어린 아기를 품에 안고 그 작은 입이 자그마한 O 모양으로 오므라들 때까지 귀에 대고 가만가만 어르는 법을 배웠다. 나는 아기를 감싼 보드라운 공기의 냄새를 조용히 들이마셨다.

그러나 지금의 남편 찰스를 만나기 전까지는 나만의 작은 존재를 그토록 간절히 바란 적이 없었다.

내게는 비밀이 있다. 고원에 처음 도착했을 때, 파리의 가르드 리옹 역에서 손을 흔들며 찰스에게 작별 인사를 하고, 기차를 타고 남쪽으로 한참을 달려, 고원에서 누구를 만나고 내 일지에 무엇을 적고 이 거대한 과학적 문제를 어떻게 해결할지 고민하며 작고 추운 호텔 방에 도착했을 때, 나는 처음으로 임신한 상태였다. 그리고 그 사실을 알지조차 못했다. 찰스에게 돌아오고 얼마 지나지 않아 아이가 떠났다. 유산되었다. 아이는 속에 아픔이 있는 윤곽을 남겼다.

나는 안뜰에 앉아 있고, 카치크는 자전거를 타고 쌩 달린다. 아이들의 세상이 우리를 구할지도 모른다. 나를 구할지도 모른다. 카치크의 얼굴이 활짝 열린다. 수면에 물이 튀기듯 얼굴 위로 그 눈부신 보조개가 나타난다. 다시, 또다시, 또다시.

북부 지역인 피카르디에 있는 콩피에뉴에는 전쟁사에 기록된 중요한 장소가 있다. 과거 왕실의 도시였던 콩피에뉴(남쪽에 참나무와 너도밤나무가 매우 울창한 숲을 이루고 있다)는 15세기에 잔 다르크가 붙잡힌(그리고 잉글랜드에 팔려간) 곳이자 17세기에 마리 드 메디시스Marie de Médicis가 유배된 곳이며, 프랑스혁명 이후 공포정치 시대에 권력에 저항한 수녀들이 단두대에서 목숨을 잃은 곳이다.

비교적 최근 역사에서는 매우 중요하면서도 서로 밀접한 관련이 있는 두 정치적 사건이 콩피에뉴에서 발생했다. 먼저 1918년 11월, 콩피에뉴 숲 공터의 선로에 정차한 나폴레옹 시대풍 열차를 개조한 차량 안에서 제1차 세계대전의 휴전 협정이 이뤄졌다. 그리고 1940년 6월, 극적인 효과를 내고자 했던 히틀러가 콩피에뉴로 찾아와 바로 그 열차 안에서 프랑스의 몰락을 암시하는 휴전협정에 조인調印했다. 서명을 마친 히틀러는 살짝 미소 지으며 가볍게 발을 굴렀다. 그리고 그 열차를 타고 다시 독일로 돌아온 뒤 열차를 공개 전시했다.

같은 6월에 히틀러는 제1차 세계대전 때 군용 병원으로 사용된 콩피에뉴 외곽의 건물 단지를 압수하라고 명령했다. 뒤이은 여름에 그 단지는 전면 가동되는 강제수용소로 개조된 뒤 루아얄리외콩피에뉴 프론트스탈라그 122Royallieu-Compiègne Frontstalag 122라는 이름을 얻었다. 1941년에서 1944년 사이에 5만 5,000명이 넘는 인원(남성과 여성, 유대인과 비유대인)이 프론트스탈라그 122에 억류되었고, 늘 3만 명 이상이 수감되어 있었다.

운영은 프랑스인 행정관이 했지만 독일 국방군의 직속 기관이었던 프론트스탈라그 122는 다양한 종류의 수감자들이 머무는 임시 수용소 역할을 했고, 수감자들은 대개 한두 달 뒤 동쪽으로 이송되었다. 1942년 3월 27일 프랑스에서 유대인 1,112명이 처음 아우슈비츠로 추방된 것을 비롯해, 콩피에뉴에 있던 약 4만 명이 콘보이에 실려 독일이나 폴란드로 강제 추방되었다. 콩피에뉴는 공산주의자나 레지스탕스 전사, 그 밖의 "반독 분자" 같은 정치범을 수감하는 곳이었다. 수감자 다수가 프랑스인이었고, 그중

다수가 프랑스 사회의 엘리트들이었다.

그래서 1943년 8월 27일, 두 달간 감금되어 두 번 멀리 이송된 끝에, 다니엘 트로크메는 소지가 허용된 몇 없는 물건을 담은 여행 가방을 들고 드넓은 하늘 아래 다시 북쪽으로 돌아왔다. 수감자 대다수와 마찬가지로 기차를 타고 콩피에뉴에 도착했다면, 아마 다니엘은 기차역에 내린 뒤 약 3킬로미터를 걸어야 했을 것이다. 다니엘은 우아즈Oise강을 건너, 교회와 가정집과 농장과 정원을 지나, 여정의 다음 도착지가 될 곳에 점점 가까워졌다.

다니엘이 잃어버린 것이 이미 너무나도 많았고, 이제 새로운 세상은 하나의 거대한 물음표였다. 그는 자신이 고향과 얼마나 멀리 떨어져 있는지 이해해보려 애썼다. 물랭 감옥에서 부모님께 보낸 편지에서 다니엘은 어머니와 수지의 생일을 기념하며 고향에서 매해 열었던 파티를 회상했다. 그리고 자신도 그곳에 함께할 수 있었으면 정말 좋았을 거라고 말했다. 그는 고향이 아닌 다른 곳에서 그 생일을 축하하는 모습을 상상할 수 없었다.

프론스탈라그 122는 물랭 감옥과 달랐다. 구내는 벽과 철조망으로 둘러싸여 있었고 머리 위로 감시탑이 서 있었지만, 약 3만 6,000제곱미터 넓이의 단지 내 막사들은 대부분 커다란 창이 달린 기다란 석조건물이어서 빛이 안으로 쏟아져 들어왔다. 이제 다니엘은 얼굴에 닿는 바람을 느낄 수 있었다. 게다가 건물 사이사이에 잎이 뾰족한 나무들과 잔디도 있었고, 대체로 수감자들은 그곳을 빙빙 도는 것이 허용되었다. 회고록을 남긴 피에르 칸파렐Pierre Kahn-Farelle은 다른 수용소와 비교하면 콩피에뉴는 "사막의 오아시스"라고 말하기까지 했다. 다니엘은 A로 분류된 막사(대개 정치범이 수감된 곳)에 배치되었고, A3번 건물의 9번 방에 있는 침대를 배정받았다.

다니엘이 콩피에뉴에서 처음 집으로 보낸 1943년 9월 5일자 편지는 화장실 휴지에 쓰였다. 그 편지를 보면 다니엘의 기분이 고양되기 시작한 것을 느낄 수 있다. 그는 이곳이 "자유와 음식, 흥미의 측면에서" 물랭 감옥보다 "훨씬 훌륭"하다고 말했다. 그리고 부모님이 어떤 소포를 보낼 수 있는지 자세히 설명하면서 익힌 것이든 안 익힌 것이든 부피가 작은 영양가 있는 음식을 아무거나 보내달라고 부탁했다. 또한 르 샹봉에 있는 구두 수선공에게서 지금쯤 완성됐을 새 부츠 한 켤레와 함께 자기 나막신(그가 고원에서 좋아하게 된, 오로지 시골에서만 신는 신발)을 찾아와달라고 부탁하기도 했다. 다니엘은 에콜 드 로슈의 졸업생이어서 이미 부모님과 아는 사이인 르 포레스티에가 자신의 석방을 도울 수 있는 사람을 알지도 모른다고 판단하고 부모님에게 르 포레스티에와 이야기를 나눠보라고 제안했다. 그리고 자신은 심낭염 때문에 수용소에 수감되기 "부적합"하므로 비교적 석방이 쉬울 것이라고 말했다. 마지막으로 그는 "곧 뵙길 바라며, 애정을 담아, 다니엘"이라고 서명했다.

커다란 창과 바람, 빛, 소포와 희망의 가능성이 있던 콩피에뉴에는 다른 것도 있었다. 이곳에서 다니엘의 두 세계(엘리트였던 과거와 임시방편인 현재)는 잠시나마 하나가 되었다. 공산주의자와 정치범이 모인 이 수용소의 오아시스에는 과거에 다니엘이 알던 청년들이 몇 명 있었는데, 대부분 베르뇌유에 있는 에콜 드 로슈의 졸업생이었다. 다니엘처럼 이들도 위로는 연줄이, 아래로는 안전망이 있었고, 이 연줄과 안전망은 자신만만한 옛 프랑스 엘리트들이 누린 광범위한 권력 체제의 일부였다. 이들 중에는 코르뱅 드 망구Corbin de Mangoux나 라울뒤발Raoul-Duval, 오귀스탱 노르망Augustin-Norman처럼 성이 두 개인 청년들도 있었다. 이들은 프랑스 정치 산업계 지도자의 아들이었고 전문직 종사자였다. 조종사도 있었고, 다니엘이 1939년에 독일을 여행할 때 만난 사람도 있었다. 불편하게도 다니엘이 기독교에서 멀어진 것을 이미 문제 삼기 시작한, 다니엘의 부모님이 아는 목사도 있었다.

새로운 수용소에서 과거의 흔적을 만났어도 다니엘은 여전히 함께 체포된 청년들과 함께였다. 같이 있던 학생 네 명을 물랭 감옥에 두고 와야 했지만 다니엘은 부모님께 보내는 편지에 기쁘게도 다른 네 명과 재회했다고 썼다. 그 네 명은 프랑스인 학생인 앙드레 귀요노와 장마리 쇤Jean-Marie Schoen, 표면상으로는 네덜란드인 학생인 멘델 제렛(계속 알렉상드르 드 한이라는 이름으로 불리고 있었다)과 클라우스 시몬이었다.

무엇보다 멘델과 클라우스에게는 좋은 일이었다. 정치범이 있는 비교적 관대한 수용소로 이송되었다는 것은 곧 이들이 유대인임을 아무도 발견하지 못했다는 뜻이었다. 그러나 두 사람은 여전히 취약했다. 둘 다 키가 160센티미터 미만으로 체격이 건장하지 않았고, 멘델은 어렸을 때부터 안경을 썼다. 게다가 둘은 다니엘 같은 사람이 가진 연줄 없이 이곳에서의 생활을 헤쳐나가야 했다. 고향에서 온 소포는 없었다. 먹을 것도, 입을 것도, 책도, 약도 없었다. 두 사람의 가족이 수용소에 수감되어 생사의 기로에 놓여 있다는 점을 고려하면 그리 놀라운 일은 아니었지만, 그련 도움은 콩피에뉴 수감자의 생사를 가를 수도 있었다. 이 사실을 이해한 다니엘은 집에 편지를 썼다. "가능하시다면," (여기서 다니엘은 고급 가정법인 콩 퓨qu'on pût를 썼다) "두 달간 아무것도 못 받은 〔라 메종 드 로슈의〕 학생들에게 소포를 보내주시면 좋겠습니다." 이 부탁으로 (**짠!**) 다니엘은 멘델과 클라우스를 자기 연결망에, 자기 연줄의 그물에, 자신의 먼 과거에서 온 깔끔하고 그때까지는 믿음직스러웠던 풍경 안에 끼워 넣었다.

그들(난민과 프랑스인 정치범)의 우주는 밤과 낮만큼 달랐다. 그러나 이들은 함께 식사했고 함께 앉아 점호를 하고 우편물을 받았다. 이들은 함께 야외 활동을 했다. 곧 여름이 지나고 가을이 왔고, 밤이면 막사 안으로 찬바람이 들어왔다. 콩피에뉴에서 다니엘은 두 집단을 번갈아 바라볼 수 있었을 것이다. 그는 얼마나 멀리 떠나온 걸까? 새로운 나침반이 그를 어디로 데려온 것일까?

다니엘의 편지를 보면 콩피에뉴 생활이 비교적 수월하고 네 학생 및 옛 지인과 함께할 수 있어서 비교적 유쾌하긴 했어도 다니엘이 방에서 추위에 떨었음을 알 수 있다. 길게 늘어선 이층 침대에 수많은 사람이 밀집해 있었지만 갈수록 심해지는 가을의 냉기를 상쇄하지는 못했다. 편지를 보면 다니엘이 하루에 한 권씩 책을 읽으면서 책을 더 부탁했음을 알 수 있다. 다니엘이 여전히 배를 곯았고 건강이 좋지 않았음을 알 수 있다. 다니엘은 고원에서 언덕을 끊임없이 오르내리며 하루에 13킬로미터를 걸었을 때도 아무 불평이 없었으나, 이곳에서 다니엘의 심장이 또다시 그를 괴롭히기 시작했다.

또한 다니엘은 자신이 이전에 맡았던 일들을 말없이 꾸준히 염려하고 있었다. “작은 귀뚜라미들은 다들 어떻게 지내나요?” 다니엘은 부모님에게 물었다. “6월 23일과 8월 2일에 제게 보내주신 편지와 푸아브르 목사님이 8월 22일에 보내주신 편지에서만 아이들 소식을 조금 들을 수 있었습니다. 그 말은 레 그리용이 문을 닫았다는 뜻이겠지요.” 레 그리용이 문을 닫는다면 아이들은 어디로 간단 말인가? 다니엘은 본인이 아이들에게 한 약속 같은 자잘한 일들을 기억하기 시작했다. 레 그리용의 문장과 모토 ‘아지르 푸르 투스’를 넣은 배지를 만들어주겠다고 했는데. 어떻게 그럴 수 있단 말인가? 어떻게 그 돈을 낼 수 있단 말인가? 어떻게 모두가 빠짐없이 배지를 받도록 챙길 수 있단 말인가?

누가 아이들을 보살피고 있을까?

다니엘이 부모님께 보내는 편지에 자신은 고원에 갈 것이며 세상을 재건하는 데 이바지하고 싶다고 말한 뒤로 거의 1년이 지났다. 숨 쉬고 책을 읽고 생각할 시간이 있고, 자기 걱정거리를 가려내고 철조망 뒤에서 자기 행동력의 한계를 분간할 수 있었던 다니엘은 편지를 새로 한 통 썼다. 이 편지는 작은 귀뚜라미들에게 보내는 것이었다. 그는 화장실 휴지에 편지를 써서 잘 접은 다음, 부모님께 보내는 다른 편지 안에 숨겼다.

화장실 휴지에 쓴 이 편지는 그 자체만으로도 누군가를 살게 하는 선한 행위였을지 모른다.

아이들이 아니라면 누가 세상을 재건할 수 있을까?

일반적인 상황에서 아기는 흡착음이든 전이음이든 울림소리든 간에 언어에서 의미 있는 소리는 전부 따라 할 수 있다. 아기는 혀를 굴려 'r'를 발음할 수 있다. 입천장 뒤에서 묵직하게, 또는 앞에서 가볍게 't'를 발음할 수 있다. 힌디어에서처럼 혀를 말아 치아에 탁 쳐서 권설음 'd'를 발음할 수 있고, 줄루어에서처럼 흡착음을 낼 수 있으며, 캅카스어에서처럼 성문 마찰음과 방출음을 완벽하게 익혀서 돌 위를 흐르는 물 같은 소리를 낼 수 있다. 아기들은 반투어의 2성조나 표준 중국어의 4성조 가락을 배울 수 있다.

그러나 시간이 흐르면 이 보편성의 창문이 닫히기 시작한다. 아장아장 걷는 아기나 어린이도 여전히 새로운 소리를 가진 언어를 배울 수 있지만 그러려면 시간이 걸린다. 성인이 되면 초자연적인 재능을 지닌 사람만 다른 언어를 원어민처럼 발음할 수 있다.

아이들이 세상을 재건할 수 있다는 생각은 감상적인 생각이 아니다. 오히려 실용적인 생각이다. 아이들은 (흡착음에서 전이음, 울림소리에 이르는) 가능성의 우주와 함께 이 세상에 태어난다. 시간이 흐르면 발음 체계는 이 세상에 대한 관념처럼, 더 나아가 이 세상에서 존재하고 행동하는 방식처럼 고정되고 확고해진다. 하나의 삶을, 가족을, 공동체를, 그리고 국가를 다시 세우려면 그 가능성의 우주를 확고하게 다지는 것을 포기해야 할지도 모른다. 우리가 그 일을 미룬다면? 흡착음과 혀 마는 소리와 울림소리를 그대로 놔둔다면? 생각이 굳지 않고 훈련되지 않게, 한동안 약간 낯설고 심지어 혼란스럽게 놔둔다면?

실용적인 측면에서 볼 때, 약간의 혼란 없이, 제멋대로 구는 아이 없이 어떻게 새로운 세상을 일굴 수 있을까?

◇

이곳 고원에서의 어느 날, CADA 어린이들이 그림자인형극을 올린다. 지역 예술가 두 명이 이야기와 인형, 무대 제작을 돕겠다고 자원했다. 며칠 전에 CADA 주택에 가보니 안뜰 바로 옆에 있는 커다란 회의실에 아이들이 가득했다. 책상에 둘러앉은 아이들은 크레용과 커다란 판지로 무언가를 만드느라 부산했다. 베아트리스Béatrice(쇼트커트에 거대하고 맑은 눈과 상냥하고 걸걸한 목소리를 가진 사회복지사)가 책상 사이를 오가며 도움이 필요한 사람이 있는지 확인했다. 세 여자아이가 공주와 요정(베아트리스는 이 요정들을 "막대기를 든 공주들"이라고 덤덤하게 정의했다) 인형을 만들고 있었다. 나도 도울 일이 있는지 물었다. 내가 공주(막대기를 들거나 들지 않은)를 그린 것은 아주 오래전 일이었고, 판지에 그린 공주를 어린이용 가위로 오린 것은 그보다 훨씬 오래전 일이었다. 그러나 나는 작업에 착수했고, 곧 드레스와 얼굴과 왕관 색깔이 각자 다른 공주들이 줄줄이 생겨났다. 다른 책상에서는 콩고와 아르메니아에서 온 더 나이 많은 남자아이들이 해골 인형을 만들고 있었다. 이 아이들은 도움이 필요하지 않았다.

그로부터 3일이 지난 오늘, 그림자인형극이 무대에 오른다.

인형극은 큰 행사다. 가족들이 좋은 옷을 차려입고 내려왔다. 가죽 코트를 입고 검은색 머리카락을 스카프 아래 아름답게 밀어 넣은 로브잔이 아이 하나, 둘, 세 명을 데리고 온 것이 보인다. 이곳은 CADA 가족들로 가득하지만, CADA의 책임자인 M 씨를 비롯한 CADA의 직원들도 와 있다. 사람들이 묵례로 M 씨에게 존경을 표한다.

공연이 시작된다.

먼저 공주와 요정이다! 얇은 하얀색 천 뒤로 불빛이 환하게 들이친다. 관객 눈에는 보이지 않는 어린 소녀들이 요전에 함께 만든 공주들을 환한 빛 아래로 들어 올린다. 아이들의 목소리가 너무 작아서 잘 들리지 않는다. 공주들이 알아들을 수 없는 속삭임으로 서로 대화를 나눈다(소녀들이 프랑스어를 할 수 있나?). 마치 작은 새들이 재잘대는 것 같다. 공연이 한동안 이어지다가 어떤 신호에 부모들과 CADA의 직원들이 전부 박수를 보낸다.

지역 예술가들의 아름다운 막간극이 펼쳐지고, 이제는 소년들 차례다.

분위기가 얼마나 다른지! 무대에 건물 한 채가 서 있고 배경에 파란색과 하얀색, 빨간색의 프랑스 국기가 보인다. 그리고 배가 불룩 나온 남자의 그림자가 무대 위에 등장한다. 한 소년의 목소리를 통해 관객은 그 남자가 시장임을 알게 된다. 바로 그때 마녀가 나타난다.

"**내가** 시장이 될 거야!" 마녀가 말한다.

저런, 저런!

시장이 나는 네가 두렵지 않다고 말한다.

"**내가** 두렵지 않다면," 마녀가 목소리를 높이며 말한다. "… **유령**은 두려울까?" 아래 화장지가 달린 원판 모양 그림자가 슝 날아온다. 북이 울리기 시작한다.

"아니! 나는 **유령**도 두렵지 않아!"

북소리가 이어진다.

"유령이 두렵지 않다면, **해골**은 두려울까?"

아니!

"해골이 **둘**이면? **셋**이면?"

북소리가 이어진다. 해골들이 춤을 추기 시작한다. 북소리에 맞춰 그림자의 춤이 계속된다.

"아니! 나는 두렵지 않아!"

"해골 셋이 두렵지 않다면… **용**은 두려울까?"

초록색 셀로판 날개를 달고 입에서 빨간 셀로판 불을 내뿜는 인형이 위에서 급강하한다! 용이 시장에게 불을 뿜는다. 용에게 패배한 시장은 극적으로 땅 밑에 가라앉는다.

마녀가 용 위에 올라타고 소리친다! "드디어! 이제는 **내가** 시의회의 시장이다!"

자, 이렇게 어린 망명자들의 인형극이 (인상적인 관료제 용어와 함께) 대단원의 막을 내린다.

눈에 보이지는 않지만 우리는 아프리카 소년들과 아르메니아 소년들이 몸을 수그린 채 손을 위로 올려 빛 속에서 인형들을 조종하고 있음을 안다. 소년들은 자기 손으로 본인이 상상할 수 있는 가장 무서운 드라마를 상연하고 있다. 마녀 하나, 유령 하나, 용 하나. 사람들의 간곡한 탄원을 듣는 시장. 끝없이 춤을 추는 해골 셋.

눈빛이 부드럽고 민첩한 M 씨가 내 옆에 앉아 있다. 그가 눈썹을 치켜뜨고 미소 지으며 내 쪽을 돌아본다. 봤죠? 아이들도 우리를 지켜보고 있어요.

나는 생각한다. 지역 주민과 이방인, 흐릿한 경계, 겹친 부분에 웃는 얼굴이 있는, 추상적인 공통분모를 가진 사회적 원만 존재하는 것이 아니라고. 그 원들은 안이 차 있다! 가득가득 차 있다! 여기 부드러운 목소리로 말하는 요정과 공주가 있다. 저기 용을 타고 날아다니는 마녀가 있다. 탄원과 거절, 위협이 있고, 아이들이 상상한 세상 속에서, 어쩌면 아이들이 이미 살아가고 있는 세상 속에서 거꾸로 뒤집힌 사회질서가 있다.

인류학 박사학위가 없어도 이 아이들이 사회와 권력과 정의를, 시장이 마녀가 될 수 있고 마녀가 시장이 될 수 있는 방식을 고민하고 있음을 알 수 있다. 이 인형극에서만이 아니라, 망명 생활 전체에서 그렇다. 이 아이들의 세상은 자신의 탄생과 특권과 가족의 이름이 문제를 대신 해결해주는 세상이 아니다. 물가에 있는 참나무처럼 단단하지 않다. 이 아이들의 세상은 빛과 열과 변화에 반응하며 쉽게 변한다. 때로는 마음을 달래주고 때로는 겁을 주며 때로는 짜릿한 이 세상에서는 그때그때 가진 것을 이용해 문제를 해결해야 한다.

아이들에 대한 지식이 없는 나도 이제 그렇게 하고 있다. 아무런 계획 없이 아이들의 세상 속에 푹 빠져든다. 나는 작은 선물을 준비한다. 체첸에서 온 어머니에게 아이들 **네 명**에게 나눠주라고 작은 장난감 **세 개**(공 두 개와 종이비행기 하나)를 주는 실수를 저지르기도 한다. 결국 엄청난 아수라장이 벌어졌다. 그러나 바하예프 가족의 어린이 하나, 둘, 세 명을 찾아갔을 때는 훨씬 더 잘했다. 세 아이가 그림 그리기를 좋아해서 각자에게 공책과 크레용, 펜을 가져다주었더니 아이들이 눈 깜짝할 새에 전부 써버린다. 요즘 그 아이들의 집을 찾아가면 세 살인 막내 자말(작은 턱 하나와 커다란 갈색 눈 두 개가 있는 완벽한 세모 모양 얼굴을 가졌다)이 언제나 내게 다가와 내 가방을 들여다보고는 나를 쳐다보며 자기한테 줄 것은 없느냐고 묻는다.

얼마 지나지 않아 CADA에 거주하는 모든 어머니가 내게 아이들은 어디에 있느냐고 묻는다. 저는 아이가 없어요. 나는 대답하고 또 대답한다. 그런데 아이들은 어디에 있어요? 한 어머니는 대놓고 내게 이렇게 묻는다. "아이가 없으면 뭘 위해 살아요?"

나는 부모들에게 초콜릿을 주고, 결국 아이들 얼굴 전체가 초콜릿으로 범벅이 된다. 내 우쿨렐레를 가져가자 아이들이 참지 못하고 줄을 마구 튕긴다. 이곳에는 가능성의 세상이 있다. 아이들 안에는 막 태어난 은하계가 있다. 나는 취한 것처럼 아이들의 존재에 푹 빠진다. 마치 꿀 같다.

어쩌면, 아주 어쩌면, 아이들과 함께 다른 무언가가, 감히 말하자면 더 신성한 무언가가 작용하고 있는 건 아닐까?

유대교의 의례에 말 안 듣는 아이들에 관한 조항이 있다는 말을 들을 때마다 나는 감탄하곤 한다. 실제로 꽤 놀라운 이야기다. 출애굽기에서는 유대인에게 이집트 탈출 이야기를 "아들딸들에게 설명"하라고 명한다. 유월절 성만찬 때 가정의 막내는 식탁에서 이렇게 물어야 한다. 이날 밤이 다른 밤과 다른 이유가 무엇인가요? 이 질문과 함께 유월절의 핵심에 자리한 이야기가 차례로 펼쳐진다. 이 이야기는 유대인에게 망명 생활의 비통함, 신과 나눈 계약의 의미, 신의 유일하고도 파괴적인 힘에 대한 경외감, 언젠가 다시 돌아갈 수 있다는 약속, 어쩌면 "내년에는 예루살렘에서!" 만날 수 있다는 약속을 떠올리게 한다.

그리고 하가다Haggadah라는 이름으로 알려진 유월절 기도서는 실제로 아이들을 여러 부류로, 정확히 말하면 네 부류로 나눈다. 바로 슬기로운 아이와 짓궂은 아이, 단순한 아이, 질문할 줄 모르는 아이다. 놀라운 점은, 성만찬에서 질문하는 아이가 무슨 특별한 능력을 타고난 아이가 아니라는 것이다. 똑똑함 대회나 인기 대회, 미인 대회, 적응력 대회에서 우승한 아이도 아니다. 질문은 반드시 가장 나이 어린 막내가 해야 한다. 그 아이가 버릇없든 예의 바르든 상관없다. 식탁에 둘러앉은 모두가 반드시 그 아이에게 맞춰 이야기를 들려주어야 한다.

우리는 함께 목격해야 하고, 함께 이야기를 나누어야 하고, 함께 계속 나아가며 내년에는 더 나은 상황을 만들어야 한다. 카치크(얼마 전에 이 아이의 얼굴은 눈물로 젖었다)가 빌린 자전거를 타고 CADA의 안뜰을 뱅뱅 도는 모습을 바라본다. 하가다에는 특별한 조항이 없지만, 신성한 말씀을 한데 모으면 어딘가에는 슬픈 아이에 관한 조항도 있으리라 생각한다. 해골 인형을 든 아이나, 공주 인형을 든 아이에 대한 조항도 있을 것이다.

그리고 신성한 말씀 중에는 다게스탄에서 온 아이에 관한 조항도 분명 있을 것이다. 이 소년의 어머니인 아루비카Arubika 또한 힘든 어린 시절을 겪었다. 아루비카는 어렸을 때 자동 소총을 조립하고 분리하는 법을 배웠고, 한번은 할머니 댁 뒷문을 통해 조용히 숲으로 빠져나가 죽은 사촌의 시신에서 주소록을 되찾아 와야 하기도 했다. 현재 고원에 사는 아루비카의 아들은 아직 아무 언어도 말하지 못하며, 스파이더맨에 푹 빠져 있다. 소년은 티셔츠를 끈으로 머리에 묶고 눈 구멍을 뚫는 법을 알아냈다. 이제 내가 자기 어머니와 대화를 나눌 때마다 소년은 우리 뒤쪽 벽으로 살금살금 다가와 검은 복면을 쓰고 열 손가락을 쫙 편 채로 나를 바라본 다음 잠시 멈췄다가 쉭 하는 소리를 낸다. 쉬이이이이이익!

모든 아이에게는 선생님이 있다. 이곳 CADA에서도 선생님이 많이 보인다. 카치크의 아버지는 자신의 커다란 손을 아들의 작은 손 앞에 내민다. 기니에서 온 어린 아이자Isa의 어머니 마리아마Mariama는 아이자를 철저하게 지킨다. "어디에도, 쿠란 그 어디에도 서로 미워하라는 말이 없어요! 그리고 **어디에도,**" 마리아마가 자신이 조국을 떠난 이유인 강제 할례를 언급하며 덧붙인다. "여자의 몸을 **잘라야** 한다는 말이 없어요!" 아루비카는 시름으로 이마에 먹구름이 낄 때까지 아이들에게 키스를 퍼붓고 또 퍼붓는다. "가엾은 아이들! 가엾은 것들!" 아루비카가 어린 자식들을 내려다보며 주문을 외듯 말한다. "다른 사람들은 하나도 가엾지 않아요, 하지만 **저 애들은** 가여워요."

내게도 나를 지켜주는 사람들이 있었고, 내게도 선생님이 있었다. 내게는 신성한 분들이었다. 우리 가족이 사랑하던 첫 번째 랍비인 앨런 러빈Allan Levine은 온화한 얼굴과 이지적인 눈으로 (내가 손에 꿀 사탕을 쥐고 토라 위로 올라갔을 때) 누가 나를 지켜보고 있으며 나는 안전하다고 느끼게 해주었다. 우리와 알고 지냈을 때 랍비 러빈은 마틴 루서 킹 주니어와 함께 공항의 인종차별을 철폐하려다 체포된 뒤 (머그샷 21217번) 미시시피 잭슨에 있는 감옥에서 막 출소한 상태였다. 그 사실 또한 내게 교훈을 주었다. 그로부터 약간의 시간이 지난 어린 시절, 마거릿 린지Margaret Lindsay 선생님이 바하이교 기도문을 암송하시던 소리가 지금도 생생하다. 선생님의 목소리는 신비로운 품위로 굴절되어, 흑인 대이동과 함께 북쪽의 흑인 거주지역으로 흘러갔다. 아이들이 선생님네 집 바닥에 동그랗게 둘러앉으면 마거릿 선생님이 기도를 했고, 자신의 목소리를 통해 위대하고 고귀한 다른 곳으로 옮겨가는 것의 의미를 우리에게 가르쳐주었다.

그리고 팔메리Palmeri 선생님이 있었다. 오랫동안 선생님을 생각하지 않았다. 그러나 어떤 이유에서인지 요즈음 팔메리 선생님이 자꾸 떠오른다.

나는 여덟 살이었다. 밤이었고, 병원에 있었다. 다음 날 아침 귀에 작은 수술을 받을 예정이었다. 귀에 튜브를 넣어 청력을 개선해야 했다. 갈색과 주황색이 섞인 반짝이는 리놀륨 바닥이 기억난다. 플라스틱 컵과 물병, 물티슈 같은 병원에서 쓰라고 준 물건을 내가 가져도 되는지 궁금했던 것이 기억난다.

내 침대 위에 달린 밝은 노란색 조명을 빼면 병실은 캄캄했다. 다른 아이들이 자기 침대에 누워 있었다. 병실 밖 복도는 아직 불이 환했다. 완전히 캄캄해지면 어떤 기분이 들지 걱정했던 것이 기억난다.

오직 나만 방문자가 있었다. 내 3학년 담임이었던 팔메리 선생님이었다. 선생님은 병실에 들어와 내 침대 가장자리에 앉았다. 나는 우리 반의 조용한 부적응자였다. 다른 애들이 못살게 구는 그런 아이였다. 팔메리 선생님은 아주 젊었고, 숱 많은 머리칼이 구불거렸으며, 나팔바지를 입고 가죽 술이 달린 작은 가방을 들었다. 아름다웠다. 언젠가 선생님은 다른 애들이 시끌벅적한 급식실을 가득 채우는 동안 내가 교실에서 자기 옆에 앉아 점심을 먹게 해주었다.

팔메리 선생님은 어둠으로 에워싸인 동그란 불빛 안에 앉아 나와 대화를 나누었다. 선생님이 무슨 말을 했는지는 기억나지 않는다. 기억나는 것은 선생님의 차분함과 미소뿐이다. 그리고 선물을 주셨다. 먼저, 쾌유를 비는 카드가 한가득 있었다. 전부 두툼한 분홍색 종이로 만든 것이었는데, 같은 반 친구들이 한 명도 빠짐없이 카드를 썼다. 나를 싫어하던 아이들까지도. 심지어 어떤 친구는 하트 모양을 오려서 풀로 카드에 붙이고 크레용으로 색을 칠하기도 했다.

그다음 팔메리 선생님이 또 다른 것을 건네주었다. 길쭉하고 얇은 책이었다. 책을 펼치자 안에 멋진 그림들이 있었다. 기울어진 작은 행성 위에 서 있는 노란 머리 소년, 소년과 바오바브 나무, 장미를 심는 소년, 여우나 뱀과 이야기를 나누는 소년. 책 앞부분에 있는 백지에 팔메리 선생님이 커다랗고 동글동글한 글씨로 내게 특별한 메시지를 남긴 것이 보였다. 선생님은 내가 앞으로 이 책을 여러 번 읽으리라는 것을 안다고 했다. 그리고 언젠가 내가 이 소년, 즉 어린 왕자의 비밀을 이해할 날이 오리라 믿는다고 했다.

곧 병실은 완전히 캄캄해질 것이었다. 다시 두려워할 시간이 찾아올 것이었다. 그러나 내가 배울 수만 있다면, 어린 왕자가 내게 두려움의 해독제를 건네줄 것이었다. 옹 느 부아 파 비앵, 캬베크 르 쾨르.On ne voit pas bien, qu'avec le coeur.

마음으로 보지 않으면 제대로 볼 수 없어. 여기에 어린 왕자는 이렇게 덧붙였을지도 모른다. 빛 속에서도, 어둠 속에서도.

◇

내가 그토록 오랜 시간 힘들게 연구한 기억이라는 주제는 과거에 깊이 뿌리내린 것처럼 보이지만 사실은 그렇지 않다. 기억은 **현재**에 있다. 중요한 것은 현재다. 유월절 성만찬이나 그 밖의 다른 장소에서 우리가 함께 기억하는 이유는, 그렇게 함으로써 이미 일어난 일을 어떻게든 바꿀 수 있기 때문이 아니다. 우리가 이런저런 식탁에 둘러앉아 함께 기억하는 이유는, 과거에 일어난 일이 오늘날 우리의 세계를 인도하고 형성하길 바라기 때문이다. 함께 기억하고 과거를 함께 떠올릴 때, 우리는 파라오가 마차를 타고 귀환하길 바라거나 노예제나 전염병이 다시 돌아오길 원하는 것이 아니다. 우리는 우리의 아이들이 신의 언약이라는 것을 배우고, 알고, 매년 그것을 재창조하길 바란다. 질문을 던지고, 그 질문에 답하기 시작하고, 그 과정에서 무언가를 배우기를 바란다.

또한 나는 안다. 어쩌면 아이들이, 슬기롭고 짓궂고 쉭쉭거리고 울고 뽀뽀를 하고 어둠을 두려워하는 아이들 모두가, 일찍 시작한다면 무엇이든 배울 수 있을 것이다. 어쩌면 이 아이들**이야말로** 이 세상을 다시 바로 세우고 재건할, '티쿤 올람Tikkun olam'이라는 히브리어처럼 세상을 개선할 사람일지 모른다. 어쩌면 자유로운 아이들이 우리 모두에게 가르침을 주고, 우리 시대의 물줄기를 돌릴 수 있을지 모른다.

아이들이 내게 오게 하라! 연약한 아이들, 과거의 경험이 아직도 악몽으로 나타나는 아이들까지도. 이 아이들 모두가 우리의 희망이다.

하나, 둘 셋. 이제는 아가인 술림Sulim까지 **넷**이다. 바하예프가의 네 아이들.

"이게 뭐야?" 내가 제자크에게 묻는다.

"악어예요. 뱀 두 마리를 잡아먹은 악어." 이제 보니 커다란 눈 두 개와 커다랗고 동그란 이빨이 있고 몸에서 밖으로 다리가 찍찍 그어진 그림 안에 뱀 두 마리가 있다. 뱀들은 웃고 있다.

네 살 난 제자크, 우자스나이아 공주, 학교에서 처음으로 수

영장 견학을 다녀와서 긴 갈색 머리가 아직 젖어 있는 이 아름답고 무시무시한 공주는 식탁의 자기 자리로 돌아가서 다시 펜과 작은 공책을 집어 들고 그림을 좀 더 그린 뒤 내게 돌아와 나를 올려다본다.

"여기 뱀이 두 마리 **더** 있어요. 이 뱀들은 잔디 속에 숨어 있어요." 두 번째로 그린 이 뱀들도 웃고 있다.

제자크는 그림을 그리고 또 그리며 자기만의 세상을 만든다. 새로운 그림을 그릴 때마다 깍깍대고 킥킥 웃으며 제 엄마에게 달려가서 보여주고 다시 내게 달려와서 보여준다. 그리고 이상하고 놀라운 방식으로 그 그림을 설명한다. 한 벌레가 웃는 얼굴로 바다에서 수영을 하고 있다. 웃는 얼굴의 반쪽짜리 태양 아래 집 한 채가 빼빼 마른 네 송이 꽃 위에 앉아 있다. 제자크가 뭔가를 보여줄 때마다 내가 박수를 치고, 제자크는 뱀과 태양, 벌레처럼 어색하게 웃고는 달려가서 새로운 그림을 그리기 시작한다.

아이들이 그림을 그리고, 로브잔이 요리를 하며 아기를 돌보고, 아흐마드가 아이들과 놀아주며 나와 대화를 나누는 바하예프 가족의 집. 이곳은 사방이 행복한 혼돈이다.

때로는 금발에 가까운 긴 머리와 경계하는 눈빛을 가진 제자크의 언니 파리자가 펜을 집어 든다. 파리자가 제 아버지를 그린다. 코가 너무 튀어나와서 모두가 웃음을 터뜨린다. 파리자가 아빠의 턱에 작은 소용돌이를 그리고, 그걸 본 아흐마드가 미소 짓는다. 파리자가 꽃을 그린다. 노란색 밑동 위에 요새 같은 꽃잎이 있는 거대한 튤립을 그리고, 초록색으로 작은 줄기와 이파리를 그린다. 그다음은 동물이다! '후 이유?Hu iu?' 내가 알기로는 '이게 뭐야?'라는 뜻인 체첸어로 묻는다. 개 한 마리, 고양이 한 마리. 파리자가 몸이 길쭉한 짐승을 그린다. 짐승 머리에 달린 동그란 입 사방으로 이빨이 뾰족뾰족 튀어나온다. 파리자는 갈색 개도 그린다. 선이 털이 되고, 옆구리에서 네 발이 튀어나온다. 그다음에는 몸이 삼각형인 사람을 그린다. 머리 위에 커다란 원을 그리고 짧은 작대기를 가득 채운다. 꼭 비로 가득 찬 생각의 먹구름 같다.

자말이 합류한다. 자기 펜을 가져와서 제 엄마를 그린다. 머리와 코가 있고 밑에 잔디가 약간 있다. 이따금 아빠 아흐마드가 펜을 가져와서 자말을 도와준다. 아흐마드가 그린 선은 유려하고 우아하다. 제 누나들이 그림을 그리면 자말도 그림을 그린다. 제 누나들이 춤을 추면 자말도 춤을 춘다. 누나들이 씨름을 하면 자말도 씨름을 한다. 아직 세 살밖에 안 된 자말은 누나들의 가르침 속으로 뛰어든다. 뒤처지지만, 그래도 뛰어든다.

아주 가끔씩 다른 방에서 아기가 울음을 터뜨리면 누군가가 아기를 둘둘 감싼 하늘색 포대기를 내게 가져온다. 그러면 나는 아기를 살살 흔들며 노래를 흥얼거리고 한 마리 새처럼 휘파람을 분다. 아기가 진정하며 입술을 오므린다. 가족들이 소곤거리며 내 부드러운 휘파람 소리와 다시 찾은 아기의 평화를 칭찬한다.

이제 나는 이 집을 최대한 자주 찾는다. 아이들이 자그마한 손을 내 목에 두르고 내게 인사한다. "아브라카다브라, **짠!**" 하고 마술 쇼를 흉내 낸다. 아이들이 내 옆구리를 찌르며 "여기 봐요, 여기요, 여기 좀 봐요!" 하고 말하면 나는 아이들의 머리를 쓰다듬는다.

아흐마드는 때때로 걱정과 슬픔에 휩싸이고, 너무 안절부절못하고 얼굴이 의기소침해서 어떻게 해도 기운을 북돋울 수 없을 것 같은 때도 있지만, 언제나 아이들을 친절하게 대하고 배려한다. 로브잔도 슬픈 날들이 있다. 로브잔에게는 프랑스에 처음 도착했을 때의 기억이 있다. 나는 그 기억 때문에 로브잔의 팔에 난 털이 곤두서는 것을 본 적이 있다. 그러나 로브잔의 얼굴만 봐서는 그 슬픔을 알 수가 없다. 로브잔은 자신의 눈빛과 태도에서 그 기억이 보이지 않게 숨긴다. 조용한 때가 오면 로브잔은 아기를 안고 부드러운 저음의 목소리로 나와 대화를 나눈다.

로브잔이 쿠란에서 반드시 알아야 할 것이 세 가지 있다고 내게 말해준다. 첫째, 죄는 3일이 지나면 반드시 용서하거나 잊어야 한다. 둘째, 그래야 할 70가지 이유가 있을 때만 남을 판단할 수 있다. 70가지 이유는 있을 수 없으므로, 우리는 절대 남을 판단해선 안 된다. 셋째, (로브잔이 이 말을 하며 내 눈을 똑바로 바라본다) "우리는 반드시 서로를 사랑해야 해요. 그게 다예요. 그게 전부예요. 그게 우리의 의무예요."

어째서인지 로브잔과 아흐마드는 (보이거나 보이지 않는) 걱정과 슬픔을 지니고서도 너그러운 애정과 왕성한 창작, 웃음, 아브라카다브라와 **짠!**이 있는 가정을 이루었다. 그리고 내 눈에는 완벽해 보이는 아이들을 키워냈다. 고통이 있든 없든, 이들의 나침반은 진정한 북쪽을 알고 있는 것 같다.

그래서 나는 로브잔과 단둘이 있던 어느 날 마침내 나의 아이 없음과 유산에 대해, 속에 아픔이 있는 윤곽에 관해 털어놓는다. 지금껏 거의 아무에게도 말하지 않은 이야기다. 로브잔이 나를 바라본다. 먹구름 낀 이마 아래로 다정함이 이글거린다.

내가 가봐야 할 때가 되면 자말은 매번 조심스럽게 내 파란 가방을 가져다준다. 한때는 내 일지를 넣고 다녔던 가방, 요즘은 간간이 아이들에게 줄 작은 선물을 넣고 다니는 가방이다. 자말이 자그마한 자기 가슴팍에 내 가방을 걸친다. 가방끈이 너무 길어서 자말이 가방을 들고 문 앞까지 오는 동안 가방이 거의 바닥에 끌리다시피 한다. 자말이 문턱에서 나를 올려다보며 말한다. "튀 느 소르 파.Tu ne sors pas." 가지 마요.

이 가족과 함께 있으면 행복에 아주 가까워진다. 때로는 그걸 견딜 수 없다는 생각이 든다.

1943년 9월 초의 프론트스탈라그 122. 다니엘은 편지를 쓰려고 한다. 빛과 바람과 공간이 있고, 영양가 있는 좋은 음식을 내주는 이 수용소에 온 지 2주가 지났다. 생각에 잠긴 2주였다.

할 말이 너무 많지만 그 말들을 담을 수 있는 공간은 작은 화장실 휴지뿐이다.

다니엘 선생님이 펜을 들고 단어를 골라가며 편지를 쓰기 시작한다.

1943년 9월 12일, 콩피에뉴

크고 작은 귀뚜라미들에게.

내가 이 호화로운 종이에 편지를 쓰고 있는 지금은 햇살이 뜨거운 일요일 오후란다. 6월 29일 아침에 너희들을 떠날 때 내가 말했지. 너희에게 들려줄 진짜 모험을 하고 돌아올 거라고. 그 말은 사실이었어. 비록 그 모험이 그리 멋진 것은 아니었지만 말이야. 그래도 나는 이 헤어짐이 우리를 더 가깝게 만들어준다고 믿는단다. 너희 부모님이 어떤 모험을 하셨을지 더욱 잘 알게 될 테니까 말이야. 우린 수많은 기억을 공유하게 될 거야. 내가 늘 너희를 생각한다는 걸 잘 알겠지. 내가 스스로 약속하는 가장 큰 기쁨 중 하나가 바로 너희와 다시 만나리라는 거란다. 그러면 정말로 좋을 거야.

이 편지에서 너희에게 말하고 싶은 것이 두 가지 있단다.

먼저, 전쟁이 끝나면 내가 너희에게 관심을 가지지 않을 거라고 생각하는 친구들, 그때가 되면 다시 외로운 모험을 시작해야 한다고 생각하는 친구들, 너희 생각은 틀렸어. 내 의지로 너희를 떠나는 일은 절대로 없을 거야. 이 말을 믿어도 된단다. 나는 너무 오래 기다리지 않고 너희를 다시 만날 수 있기를 바라고 있어.

두 번째는 권고란다. 가장 어린 친구부터 가장 나이 많은 친구 모두에게 하는, 너희 모두에게 각기 의미가 다를 권고야. 확실히 너희에게는 각자의 걱정과 자질, 결점, 불행, 우울, 개성, 분노, 게으름, 자부심이 있지….

늘 노력하고, 늘 시도하고, 늘 자신을 다스리렴. 함께 단결하고, 내가 이런저런 소식을 듣고 돌아왔을 때 깜짝 놀랄 일이 없게 하렴.

오래전부터 너희도 나처럼 우리 가족이 깨지기 쉽다는 것을 알았을 거야. 세상에는 늘 극복할 어려움이 있는 법이란다. 우리 대가족은 아직 너무 어려서, 작은 나무처럼, 레 그리용으로 향하는 길에서 보이는 그 작은 전나무 묘목처럼 우리가 모두 잘 보살펴야 해. 부러지지 않도록 모두가 매일매일 여러 차례 보살펴야만 한단다.

용기를 가지렴. 의지를 지니렴. 아량을 갖추렴. 지혜롭고 착하게 행동하렴. 나의 소중한 귀뚜라미들, 너희를 위해 많은 것을 견디고 또 너희를 사랑하는 어른들을 생각하렴. 사랑하는 사람에게 하는 못된 말보다 더 나쁜 것은 없단다. 그러니 사랑하는 사람들에게, 그리고 너희를 사랑하는 사람들에게 친절하고 감사하렴.

크나큰 애정을 담아,
다니엘 트로크메

12장 체렘샤의 노래

이야기에 따르면 어느 날 사람들이 체로 흙을 거르며 눈물을 줄줄 흘리고 있는 마즈눈을 발견했다. 사람들이 말했다. "무엇 하고 계십니까?" 그가 대답했다. "레일라를 찾고 있습니다." 사람들이 외쳤다. "아니! 레일라는 순수한 영혼을 지녔는데 흙 속에서 그녀를 찾고 있다니요!" 마즈눈이 말했다. "저는 어디에서나 레일라를 찾습니다. 그러면 어딘가에서 만날 수 있겠지요."

—바하올라Bahá'u'lláh, 『일곱 골짜기 *The Seven Valleys*』

1930년대에 베이루트에 있을 때 다니엘은 부모님께 자신을 "지나친 극좌파"라고 생각하지 말라는 편지를 보냈다. 그때 다니엘은 무언가를 찾고 있었고, 앞으로도 계속해서 찾을 예정이었다. 좌파는 적어도 이 망가진 세상을 어떻게 바로 세울 수 있는가 하는 문제를 진지하게 고민한다는 점에서 당시 젊은 유럽인의 마음을 끌었다. 지난 세기에 카를 마르크스와 그의 후계자들은 온전한 하나의 경제이론으로 명확한 답을 내놓았다. 그 이론은 마르크스가 생각하기에 우리에게 가장 근본적으로 필요한 것, 바로 먹을 것과 마실 것 등등에 토대를 두었다. 이러한 경제 원리에 따르면 우리가 이 세상을 결국 끝없는 전쟁 상태로 만들리라는 것이 마르크스에게 명백해 보였다. 그로부터 수십 년이 흘렀다. 제국은 무너졌고, 왕이 폐위되었으며, 혁명이 폭발적으로 퍼져나갔다.

1943년 가을, 독일군은 퇴각 중이었다. 그러나 당시 유럽에 살던 사람은 아마 그 사실을 몰랐을 것이다. 온갖 압박이 줄어들기는커녕 점점 커지고 있었고, 무엇을 먹을지, 어떻게 일할지, 전쟁으로 뒤집힌 이 세상에서 어떻게 어느 정도 정상 상태를 구축할 수 있을지 질문이 늘 휘몰아쳤다. 어디에서나 식량이 부족했다. 빵과 고기, 치즈, 설탕, 버터, 쌀은 언제나 엄격하게 배급되었다. 경찰이 윽박지르고 포탄이 떨어지며 충돌하는 소리도 전혀 사라지지 않았고, 한때 대저택과 목축지였던 곳 역시 아직 철조망으로 뒤덮여 있었다. 초조하고 분노하고 갈수록 불안해진 국가는 계속해서 청년들을 징집했고, 전쟁 이전의 세계에서 벨벳에 둘러싸여 살던 상류층 청년들도 의무적 노동 봉사를 면제받지 못했다. 독일을 위해 노동하러 간 청년들은 국가의 노예가 되었고, 그러지 않은 청년들은 범법자가 되었다. 어디에서나 (자신을 완전히 마비시킬 수 있는 사람이 아니라면) 매일매일 정신과 마음을 짓누르는 크고 작은 도덕적 결정들과 마주했다. 나눌까? 나누지 말까? 저항할까? 잘 지낼까?

몇 날 몇 주가 흘러가면서 수천 명이 강제수용소와 절멸 수용소로 이송되었다. 수천 명이 가스실에서 목숨을 잃었다. 수천 명이 포격에 쓰러졌고, 수천 명이 장티푸스와 결핵, 이질 같은 전시 전염병으로 쓰러졌다. 힘을 낼 것인지 그저 비참해할 것인지의 기로에서 수천 명이 비참하기를 선택했다.

동부전선에서 점점 밀리고 있던 독일에게는 새로운 걱정거리가 있었다. 1943년 여름, 적군이 금방이라도 키이우를 탈환할 듯하자 어떻게 하면 그곳에서 나치가 벌인 대규모 범죄의 흔적을 빠르게 지우느냐가 긴급한 문제로 떠올랐다. 수만 명의 시신이 여전히 얇은 흙과 돌 밑에 묻혀 있던 바비 야르 협곡이 특히 큰 난제였다. 이런 종류의 증거를 없애는 일반적인 방식(전쟁 내내 나치가 관행으로 삼은 방식)은 시체를 파내서 태우는 것이었다. 그러나 바비 야르는 헤아릴 수 없을 만큼 넓었기에 증거를 말소하려면 어느 정도 계획이 필요했다. 그래서 1943년 8월 말부터 한 달간 러시아 전쟁포로가 동원되어 시체를 파내고 한 번에 1,500구씩 거대한 장작 위에 올려 2박 3일간 불태웠다. 그런 다음 포로들은 재를 모아 그 옆의 들판에 뿌렸다. 이렇게 막대한 노력을 기울였음에도, 1943년 12월 이곳을 지나간 「뉴스위크Newsweek」 기자 빌 다운스Bill Downs는 "머리카락과 뼈의 파편, 아직 살점과 머리카락이 붙어 있는 으스러진 두개골"을 목격했다고 말했다. 여기저기 안경과 의치가 널려 있었다. 바비 야르는 지워지지 않았다. 그로부터 몇 년 몇 달이 흐르는 동안 이곳은 주기적으로 그 끔찍한 기억을 드러냈다. 폭우가 내려 키이우에 산사태가 발생했던 1961년 3월, 협곡에서 진창이 흘러내린 뒤 도시의 거리를 떠다니는 뼈 무더기가 목격되었다. 주민들은 "바비 야르의 저주"라고 말했다.

한편 1943년 가을, 러시아 전쟁포로들이 시신을 파내며 본인들이 쌓은 마지막 장작에 자신이 올라가게 되는 것은 아닐까 걱정하고 있던 바로 그때, 콩피에뉴 프론트스탈라그 122의 A번 막사에 있던 청년들은 추운 계절의 첫 냉기를 느끼며 이번 전쟁에서 살아남을 방법을 고민하고 있었다. 이들은 무엇을 해야 했을까? 무엇이 있어야 했을까? 다음 차례는 누가 될까? 그리고 비교적 편안한 이 오아시스에 있는 동안, 이들에게 필요하거나 결국 필요하게 될지 모를, 더 춥거나 먼 곳에서 없어서는 안 될 것들을 전부 모아두기 위해 무엇을 할 수 있었을까?

8월 31일부터 콩피에뉴에 있던 다니엘 역시 이 질문의 답을 찾고 있었다. 초기에 자신이 심장병 때문에 강제수용소에 적합한 건강 상태가 아니라는 사실에 희망을 걸고 곧 풀려나리라 생각했다면, 이제는 그것을 확신할 수 없다는 사실이 명확해졌을 터였다. 다니엘의 체포와 관련된 이 시기의 공식 문서는 그리 많지 않지만, 당국이 여전히 다니엘을 어떻게 처리해야 할지 몰랐다는 점은 확실해 보인다. 다니엘의 외삼촌으로 연줄이 많은 경제학자이자 공공 문제에 관여하는 지식인이었던 샤를 리스트Charles Rist는 메테탈Mettetal이라는 이름의 믿을 만한 변호사에게 연락을 취했다. 메테탈은 리스트의 아내를 비롯한 유대인 몇 명을 수용소에서 빼내는 데 성공한 인물이었다. 그러나 다니엘의 석방은 쉽지 않았다. 다니엘은 기본적 자유를 거의 일평생 당연하게 누려왔지만, 이제는 명백하게도 더 이상 그럴 수 없었다.

이 놀랍도록 새로운 환경에 있던 다니엘에게는 무엇이 필요했을까?

우선 음식이 있었다. 다니엘은 부모님께 계속 편지를 보내 감옥에서 위험하리만큼 부족했던 음식을 보내달라고 부탁했고,

부모님이 이미 보내준 소포에 아낌없는 감사를 표했다. "근사한 꿀을 보내주셔서 무한히 감사드립니다." 평소답지 않게 미사여구도 사용했다. "최고로 훌륭한 버터와 네슬레 밀가루, 설탕, 쿠키, 케이크도 감사드립니다." 다니엘은 본론으로 들어가며 설명을 덧붙였다. "사과와 쿠키는 똑같이 환영이지만 현재로서 꼭 필요한 것은 아닙니다. 가능하면 파스타나 밀가루, 말린 과일을 좀 더 보내주시고, 지방이 든 것과 단 것도 잊지 말아주세요. 소금도 약간 부탁드립니다."

그랬다. 다니엘에게는 음식이 필요했다. 당연하다. 그렇다면 또 무엇이 필요했을까?

온기. 부모님이 다니엘에게 긴 내의를 보내주었고, 다니엘은 감사를 전하며 전에 보내주신 따뜻한 담요가 큰 도움이 되고 있으므로 내의는 나중을 위해 아껴두겠다고 말했다. 살충 효과가 있는 화초인 제충국 가루(다니엘은 '해충 방지 로션'이라고 썼다)도 있었다. 화장실 휴지도 있었다. 가슴 아프게도 다니엘은 부모님께 전에는 몰랐던 "작은 위안에 대한 향수"를 가끔 느낀다고 말했다. 이제 다니엘에게는 세 가지 작은 위안이 있었다. 충분히 따뜻한 담요와 벌레의 공격을 막아줄 로션, 몸을 제대로 닦을 수 있는 방도.

또 무엇이 있었을까? 책. 책을 좀 부탁드려요. 책은 늘 더 많이 필요했다. 물론 검열관을 통해야 했지만 다니엘은 이곳에서 발자크와 셰익스피어, 프랑스의 낭만파 시인 알프레드 비니Alfred Vigny(그는 죽어가면서 이렇게 말했다. "오직 침묵만이 위대하다. 그 밖의 모든 것은 약점이다.Seul le silence est grand; tout le reste est faiblesse.")

를 읽었다. 괴테의 책들과 『돈키호테』, 『마담 보바리』, 볼테르의 『루이 15세 시대』도 있었고, 시집과 예술서, 역사책, 교습서, 단테의 『신곡』도 있었다.

또 무엇이 있었을까?

다니엘은 담배를 보내준 부모님께 "무한한" 감사를 전했다.

또 무엇이 있었을까? 뭐가 더 있었을까?

오로지 다니엘의 편지만 본 사람이라면 아마 다니엘에게 가장 필요한 것은 소식이었다고 생각할 것이다. 다니엘은 "많은" 소식, "정확한" 소식, "귀중한" 소식, "드문" 소식, "모든 작은 귀뚜라미들"의 소식, 고향의 생활에 관한 소식을 알려달라고 부탁한다. 더, 더, 더 많은 소식. 자신이 사랑받는다고 느꼈던, 무엇보다 자신이 다른 사람을 사랑할 수 있었던 장소를 떠올리게 해줄 단어들. 다른 사람을 구하려고 왔지만 오히려 자신이 구원받고 있었던 장소를 잠시나마, 어쩌면 종이 위에서 굳건히 몇 번이나 다시 되살려줄 단어들. 소식! 아이들의 얼굴과, 난로에 따뜻하게 모여 앉은 아이들 위로 불빛이 일렁이던 순간을 떠올리게 해주는 것들. 그가 무언가를 가르칠 수 있었던, 문제를 해결할 수 있었던, 평화를 만들어낼 수 있었던 순간.

그러나 그런 소식은, 그 얼굴들의 소식만은 더 이상 들을 수 없었다. 로슈가 끔찍한 습격을 받은 이후 레 그리용의 아이들은 고원을 떠나 흩어지기 시작했다. 어린 페터는 친구 쿠르트, 장과 함께 르 샹봉을 떠나 서쪽에 있는 피작Figeac이라는 마을로 향했다. 그곳에서 페터는 다시 학교에 다녔지만 오토바이 엔진에 설탕을 털어 넣고 엔진이 터져서 고장 나는 모습을 즐거워하며 바라보는 법 또한 배웠다. 레 그리용에서 가장 나이 많은 소녀였던 파니, 급습 이후 큰 슬픔에 잠긴 파니 역시 고원을 떠나 다시 숨어 사는 생활로, 새로운 미지의 마을로, (훗날 파니는 염소 떼 사이에 숨은 적도 있다고 말했다), 마침내 부모를 다시 만난 곳으로 돌아갔다. 슬픔에 젖었던 파니는 오랜 시간이 흐른 뒤 미래에 전하고 싶은 말이 있느냐는 질문에 이렇게 말했다. "서로 사랑하세요. 모두를 사랑하세요. 모두를요. 피부색이나 인종이나 종교를 가리지 마세요. 그저 모두를 사랑하세요. 그게 제가 하고 싶은 말입니다."

그 모든 시간이 지난 지금, 우리는 페터와 쿠르트와 장과 파니의 소식을 안다. 수잔 하임이 살아남아 다니엘이 자신의 수학 숙제를 도와주었으며 밤에 아이들을 위해 망을 보았다고 증언했음을 안다. 하지만 페터가 사랑에 빠졌던 어여쁜 로사리오는 어떻게 됐을까? 다니엘의 보살핌을 받으면서도 그에게 지끈거리는 두통을 안긴 두 형제는? 부스스한 갈색 단발머리를 하고 사랑스럽고 평범한 얼굴을 오른쪽으로 45도 돌린 사진 외에는 내가 다른 흔적을 전혀 찾지 못한 레진은?

다니엘은 사랑하는 아이들의 소식이 필요했다. 그러나 그 소식은 오지 않았다.

콩피에뉴에서 다니엘이 몇 명의 "추방자"(다니엘은 고원 및 다른 곳에서 만난 친구와 지인을 이렇게 불렀다)들과 나눈 우정을 어느 정도 고마워한 것은 사실이다. 이들은 함께 식사하며 대화를 나누고, 지난날을 이야기하고, 정치와 책을 논했다. 심지어 다니엘은 부모님께 보내는 편지에 동료 수감자들 앞에서 자신의 시리아 여행을 주제로 강연을 했다고 말하기도 했다. 그리고 다니엘은 집에서 도움을 받지 못하는 학생들도 소포를 받을 수 있도록 여전히 애쓰고 있었다.

"사랑하는 부모님께," 다니엘은 10월 10일에 편지를 썼다. "삶은 잔잔하게 흐르고 있습니다. 독서는 전만큼 못 하지만 〔클라우스〕 시몬에게 소포를 보내주신 뒤로 상황이 눈에 띄게 호전되었습니다. 네덜란드 헹엘로 P. 크루거가의 W. H. 폴랜더 씨 앞으로 클라우스 시몬의 건강 상태가 좋으며 보내신 편지를 잘 받았다는 내용의 편지를 보내주세요. 시몬은 소포를 기다리고 있고, 가능한 한 빨리 편지를 쓸 것입니다. … 저희의 생활을 크게 바꿔주는 이 구하기 힘든 것들을 보내주셔서 감사드립니다."

그러나 이 모든 것이 위태로웠다. 10월 28일 목요일, 콩피에뉴 프론트스탈라그 122에서 938명의 이름이 불렸다. 그 이름 중에는 다니엘이 로슈에서 함께 체포된 뒤 물랭 감옥의 바닥에서 함께 잠든, 다니엘이 배고플 때 자기 음식을 나눠 먹고 안경을 벗을 새도 없이 얼굴을 맞았다고 얘기했던, 그리고 언젠가부터 다니엘의 친구가 된 네 청년의 이름도 있었다.

이 청년 중 한 명이 살아남아 그다음 벌어진 일을 설명했다. 938명은 콘보이 28의 가축용 화차에 실렸다. 이들은 옷을 전부 벗으라는 명령을 받았고, 블러드하운드 개에 살을 뜯겼으며, 군인에게 두들겨 맞았다. 이 아수라장 속에서 넘어진 한 청년은 다시 일어나지 못한다는 이유로 총에 맞아 죽었다. 열차에 마실 물이 전혀 없었던 탓에 이틀 뒤 콘보이 28이 목적지인 부헨발트에 도착했을 때는 938명 중 20명이 이미 목숨을 잃었다. 그러나 아직 살아 있던 우리의 청년은 지문 채취 후 줄무늬 옷과 죄수 번호 31017을 받았다. 그리고 사진을 찍었다. 찰칵. 1943년 10월 30일에 작성된 청년의 입소 서류를 보면 청년의 키가 157센티미터라고 적혀 있다. 체구, 호리호리함. 얼굴, 타원형. 머리카락, 짙은 갈색. 빨간색 역삼각형 모양의 도장이 찍힌 입소 서류에는 그가 (유대인이 아닌) 정치범이라고 쓰여 있다. 이렇게 그는 살아남았다.

그러나 부헨발트에서 이 청년은 묘비를 여기저기로 옮겨야 했다. 제대로 하지 못하는 사람은 구타당했다. 맞고 또 맞았다. 어떤 이들은 교수형을 당했다. 청년은 동료 수감자들이 생체실험을 당한다는 사실을 알게 되었다. 부헨발트의 암캐라는 이름으로 역사에 남은 수용소 소장의 아내 일제 코흐Ilse Koch가 몸에 문신이 있는 남자들의 피부로 전등갓을 만든다는 소문도 들었다.

이 청년의 이름은 클라우스였다. 클라우스의 부헨발트 입소 사진(찰칵)은 남성성이 막 나타나기 시작한 부드러운 아름다움을 지닌 얼굴을 보여준다.

클라우스와 다른 청년들은 이제 다니엘의 곁에 없었다. 다니엘에게 필요했던 소중한 친구들은 이제 가버렸다. 가을의 하루가 점점 캄캄해지고 추위가 콩피에뉴의 철조망에 북풍을 후려갈기던 이때, 다니엘에게 꼭 필요한 것, 찾고 싶은 것은 무엇이었을까?

1943년 11월 9일, 다니엘은 짧은 편지를 썼다. "부모님께, 소포를 보내주셔서 감사합니다. … 제 학생이었던 쇼언과 귀요노, 시몬, 드 한이 코르뱅, 라방퉈르와 함께 마지막 콘보이를 타고 떠났습니다. 그러니 드 한과 시몬 앞으로 더 이상 소포를 보내지 말아주세요. 르 샹봉에도 이 사실을 알려주세요."

다니엘에게는 새로운 종류의 재앙이었다. 이 어두컴컴한 가을의 전례 없는 고독은, 그가 세상을 재건할 수 있기를 바라며 희망에 가득 차 고원에 도착했던 지난가을과는 너무나도 달랐다. 몇 주 전부터 다니엘은 가끔 몸이 아프기 시작했다. 짧고 길게 의무실에 입원한 다니엘은 집으로 보내는 편지에 "가벼운 병" 때문에 며칠간 활동에서 제외되었다고 쓰기 시작했다. 그러나 여러 증상의 원인이 자기 심장에 있다는 말은 결코 하지 않았다. 그는 소식을 들려달라고 부탁했다. 더 많은 소식을 알려달라고 재차 부탁했다. 그러나 아무것도 들을 수 없었다. 다니엘은 그 어느 때보다 외로웠다.

요즘 내 일과는 이렇게 진행된다. 고원에 간다. 식사에 초대받아 식탁에 둘러앉는다. 이야기를 듣고, 아이들과 놀고, 통역한다. 숲속에서 혼자 긴 산책을 한다. 그러다 때가 되면 집으로 돌아와 생각에 잠긴다.

지금은 집에서 생각에 잠겨 있다. 오늘은 다시 홀로코스트 기념관을 찾는 날이다. 해야 할 아카이브 작업이 있는데, 전쟁 당시 고원을 거쳐 간 사람들의 운명을 이해하는 데 이 작업이 도움이 될 것이다. 아직 알아야 할 것이 너무 많다.

기념관에서 일하는 두 여성, 리자이나Regina와 벳시Betsy와 함께 엘리베이터에 탔다. 이 엘리베이터는 기념관의 다른 모든 엘리베이터와 마찬가지로 짙은 회색 내부에 녹슨 듯한 붉은색이 군데군데 섞여 있다. 리자이나가 목걸이에 달린 커다란 녹색 돌을 만지작거린다. 리자이나의 얼굴은 솜털처럼 부드럽고 하얗다. 리자이나는 체구가 매우 작고 나이가 무척 많다.

기념관의 자원봉사자인 리자이나는 1926년에 폴란드 라돔에서 태어난 뒤 1939년에 유대인 게토에서 몰래 빠져나왔고, 전쟁이 시작될 무렵 군수공장에서 일하다(이곳에서 미래의 남편 샘을 만났다) 결국 아우슈비츠로 강제 이송되어 몸에 다섯 자리 숫자를 문신으로 새겼다. 기념관에 오는 날이면 리자이나는 상설 전시관 입구에 있는 책상에 앉아 제2차 세계대전 당시 폴란드에서의 삶이 어땠는지 질문을 받는다. 벳시는 기념관에서 근무하며 국제 심인 서비스International Tracing Service(제2차 세계대전 이후 잃어버린 사랑하는 사람을 찾는 것을 돕는 대규모 데이터베이스) 관련 조사를 진행하는데, 오늘처럼 엘리베이터를 타고 내릴 때 도움이 필요한 자원봉사자를 돕기도 한다.

엘리베이터가 올라가기 시작한다. 이 좁은 공간 안에서 가장 키가 작은 사람을 내려다보던 벳시가 따스하고 또박또박한 발음으로 말한다.

"리자이나, 이쪽은 매기예요. 매기도 이곳의 연구원이에요."

리자이나가 미소 지으며 약간 흐릿한 눈으로 나를 올려다본다.

"그리고," 벳시가 리자이나의 귀 옆으로 허리를 굽혀 약간 더 큰 목소리로 말한다. "매기는 밴드에서 노래도 해요."

이상하지만 사실이다. 고원을 막 찾아가기 시작했을 무렵, 이곳 워싱턴 D.C.에서 활동하는 20년대, 30년대, 40년대 스타일의 빅밴드인 '스캔틀린 박사의 임페리얼 팜스 오케스트라'에 가입했다. 벳시는 이 사실을 알지만, 나의 지인 모두가 아는 것은 아니다.

연구원, 아카이브 담당자, 사서처럼 여기 기념관에서 일하는 사람들은 금세 친밀하게 느껴진다. 그럴 법도 하다. 대학이나 연구소에서는 자신의 진짜 삶, 진짜 자아를 다른 곳에 숨겨두고 몇 년씩 예의 바르게 눈인사를 하면서 복도에서 서로를 그냥 지나칠 수 있다. 그러나 이곳 기념관에서는 우리 최악의 모습을 드러내는 사진들에 둘러싸여, 커다랗고 긴급한 질문을 품고 서로 함께 일한다. 이곳에서 진행하는 연구 프로젝트는 매우 광범위하며, 업무에는 불굴의 의지가 깃들어 있다. 그 의지 안에서는 정말로 숨을 곳이 없다. 문 닫은 안전한 사무실도, 느긋하게 대화를 나누는 휴게실도 없다. 이곳 사람들은 악몽을, 눈물을, 언쟁을 공유한다. 그리고 이들의 언쟁은 헛소리가 아니다. 정말로 중요한 진짜 언쟁이다.

그래서, 이 어두운 공간의 기념관 사람들이 순식간에 동족처럼 느껴지기 시작했다. 이들은 처음에 미숙하고 무지했던 나를 기꺼이 환영해주었다. 길고 힘겨운 생존자 인터뷰 영상을 본 날처럼 결코 잊을 수 없는 날들에 내 곁을 지켜주었다. 그 생존자는 이제 부드러운 목소리를 가진 노인이 되었고, 그의 이야기를 들으면서 그가 라 메종 드 로슈의 급습 현장에 있었다는 확신이 점점 커졌다. 이름 철자의 단순한 변형 때문에 역사가들은 그를 "흔적 없이 사라진" 경우로 잘못 분류했으나, 그가 자세한 급습 현장과, 구타, 수용소로 향하는 가축용 화차 이야기를 하는 동안 나는 그 사람이 바로 클라우스 시몬임을 깨달았다. 클라우스는 사라진 것이 아니었다. 그는 흔적을 남겼다. 나의 동족이 내 왼쪽과 오른쪽, 앞과 뒤에 있던 그때, 이 사실을 깨달은 나는 결국 두 손으로 얼굴을 가리고 왈칵 눈물을 터뜨렸다.

기념관 사람들은 다른 사람들이 모르는 나의 이야기를 안다. 그 이야기가 꼭 어두운 것만은 아니다. 이들은 나를 어둠에서 구해준 것들도 안다. 예를 들면 내가 임페리얼 팜스 오케스트라에서 정기적으로 반짝거리는 무대 의상과 깃털 장식을 걸치고 「종달새Skylark」를 부르며 자이브를 춘다는 희한한 사실처럼 말이다. 그리고 오늘, 위로 올라가는 홀로코스트 기념관의 엘리베이터 안에서, 여전히 목걸이의 커다란 녹색 돌을 만지작거리고 있는 리자이나도 이 사실을 알게 된다.

리자이나가 재미있다는 듯이 벳시를 올려다보다가, 코미디 공연처럼 홱 내 쪽을 돌아본다.

"밴드요? 정말?" 리자이나가 활짝 웃으며 말한다. 목구멍 깊숙한 곳에서 발음이 울린다.

정마알?

"네, 저희는 이디시어 곡을 불러요." 내가 말한다. "「바이 미어 비스투 셴Bei Mir Bistu Sheyn」이요."

정마알?

"내게 당신은 아름다워요"라는 뜻의 「바이 미어 비스투 셴」

은 원래 러시아에서 태어난 숄롬 세쿤다Sholom Secunda가 1932년에 작곡하고 야코프 야콥스Jacob Jacobs가 가사를 붙인 이디시어 곡이다. 이 곡은 나치 독일에서 인기를 끌다가(그러니까, 유대인이 이 곡을 작곡했음이 밝혀지기 전까지) 곧 할렘의 아프리카계 미국인 배우들이 부르기 시작하면서 역시 선풍적인 인기를 끌었는데, 이때까지도 가사는 아직 이디시어였다. 그러다 1937년에 영어로 가사가 바뀌면서 다른 언어의 표현이 뒤섞였고("나는 벨라 벨라라고 말할 수 있고, 심지어 분더바라고도 말할 수 있어요!"*), 이 영어 버전이 앤드루스 시스터즈Andrews Sisters의 첫 번째 히트곡이 되었다. 임페리얼 팜스 오케스트라의 공연은 이 앤드루스 시스터즈 버전과 비슷해서, 하늘하늘한 분홍색 드레스를 입고 머리에 주황색 꽃을 단 우리 셋 뒤로 관악기가 풍성하다.

당연히 리자이나도 이 곡을 안다. 그리고 이 회색 엘리베이터에서 여전히 손을 녹색 목걸이에 올려놓은 채 리자이나가 노래를 부르기 시작한다.

"바이 미어 비스투 셴…"

(내 머릿속에서 트럼펫 소리가 이어진다. 바-다!)

나는 속으로 생각한다. 이게 지금 실제 상황인가?

내가 가사를 이어 부른다. "제발 내가 설명하게 해줘요…"

"안 돼요!" 리자이나가 나를 막는다. "안 돼, 안 돼…. 전부 이디시어로 불러요!"

---

* 벨라는 이탈리아어로 아름답다는 뜻이며, 분더바는 독일어로 아름답다는 뜻이다.

리자이나가 다시 노래를 시작한다. "바이 미어 비스투 셴…" 나이 때문에 목소리가 약간 흔들리지만 두 눈이 희미한 미소로 빛난다.

지금 리자이나는 내 조상의 언어로 한 음절 한 음절, 한 줄 한 줄, 한 절 한 절 노래 부른다. 그리고 나를 올려다보며 가사의 뜻을 내게 전달한다. 당신은 내게 이러해요. 당신은 아름답고, 매력적이고, 금보다 소중해요.

리자이나의 얼굴에서 1937년이 보인다. 이 곡의 가사를 전부 외워 부르는 소녀가 보인다. 그리고 (분명 리자이나도 그러리라 확신하는데) 곡의 말미에 점점 고조되는 오케스트라의 소리가 들린다.

바이 미어 비스투 에이너 오이프 데아 벨트!
내게 당신은 세상에서 단 하나뿐이에요!

"세상"이라는 뜻의 마지막 단어 "벨트"를 부를 때 리자이나는 캄캄한 엘리베이터 안에서 우리 머리 위를 올려다본다. 그리고 잠시 멈췄다가 미소 지으며 노래에 마지막 장식을 덧붙인다. 능청맞은 고음의 탄식이다.

오오오오이!

그때 홀로코스트 기념관의 엘리베이터가 열린다. 이제 끝이다.

리자이나의 젊은 시절 사진을 본다. 그때 리자이나는 숱 많은 짙은 색 머리칼과 동그란 볼, 곧 웃음을 터뜨릴 듯한 앳된 얼굴의 소유자였다. 아우슈비츠의 그 악명 높은 선로에서 이 젊은 여성이 가스실이 있는 왼쪽이 아니라 노역장이 있는 오른쪽으로 분류됐다는 사실을 생각한다. 전쟁 직후의 그 헤아릴 수 없는 상실과 혼란 속에서 리자이나의 미래의 남편인 샘이, 폴란드 카토비체에서 리자이나가 라돔행 기차에 오르는 모습을 봤다는 말을 듣고 (매우 인상적이게도) 리자이나에게 말과 사륜차를 보냈다는 사실을 생각한다. 두 사람이 난민 캠프에서 나무 막대기 네 개를 손으로 세워서 추파chuppah*를 만들고 그 아래서 결혼식을 올렸다는 것과, 그 뒤로 두 사람이 세 자녀를 낳았고 그 자녀들이 손주 아홉 명을 안겨주었다는 사실을 생각한다.

리자이나는 아무리 힘들고 고통스럽더라도 아이들이 칙칙한 파란색 문신이 있는 자기 팔을 올려다보며 질문을 던지게 해주는 사람이 되었다. 캄캄한 엘리베이터를 타고 올라가면서 낯선 사람 앞에서 거리낌 없이 노래를 시작할 수 있는 사람이 되었다.

기념관에서 나오면서 문을 열자 햇빛이 내 눈을 찌른다. 나는 홀로 남아 어떻게 이런 일이 일어날 수 있는지 놀라워한다.

◇

나는 캄캄한 곳에서 사방을 살펴보며 약간의 빛이라도 찾으

---

* 기둥 네 개에 천을 씌워서 만든 차양으로, 부부가 함께 만들 가정을 상징한다.

려고, 답을 구하려고 힘겹게 노력해왔다. 빛은 눈을 아프게 한다. 페르시아 서사시의 주인공인 마즈눈('미친'이라는 뜻)이 사랑하는 레일라('밤'이라는 뜻)를 잃고 온갖 곳에서, 심지어 현세의 흙 속에서 레일라를 찾는 장면을 생각한다.

자, 지금 내 현세의 흙은 이렇다.

개인과 집단의 인간성은, 때때로 현실에서 실현되지 않았다면 감히 상상도 못 했을 수준으로 타락하고 저열해질 수 있다. 이 사실을 믿을 수 없다면 홀로코스트 기념관을 딱 한 번만 둘러보면 된다. 본인의 도덕적 우월성을 그 누구보다 확신하는 가장 위대한 문명이 어떤 짓을 저지를 수 있는지 보여주는 증거가 그곳에 있다. 결코 모른 척할 수 없다.

우리에겐 그런 광경이 필요하다. 그런 기억이 필요하다.

나는 그런 타락이 우리의 본질이 아님을 안다. 그저 요즘 나는 너무 슬프고 피곤하고 화가 난다. 사회과학 대부분이 우리의 추함과 이기심에 초점을 맞춘다는 점이. 우리가 어떻게 게걸스레 부를 추구하고, 권력을 붙잡고, 폭력과 전쟁에 이끌리는지에 초점을 맞춘다는 점이. 이유가 뭘까?

우리에게 다른 영역을 가르쳐줄 수 있는 인간 행동이 이렇게나 많은데, 도대체 왜일까?

아이들에게 자기 문신을 보여주는 리자이나가 있는데, 우리가 모두 자기 이익을 극대화하기 위해 행동한다고 말하지 마시길.

고원 주민들이 목숨을 걸고 낯선 사람을 숨겨준 것이, 여기저기를 떠돌던 다니엘이 자진해서 황량한 수용소로 끌려간 것이 자기 만족을 위해서였다고 말하지 마시길.

먹고 마시는 문제가 아무리 중요하더라도, 그것이 우리의 온 존재를 정의한다고 말하지 마시길.

나는 학교에 다녔고, 논리적 실증주의와 카를 마르크스를 논할 수 있다. 실존주의를, 거대서사의 파멸을 안다. 온갖 종류의 구성주의의 편을 들어 토론을 벌일 수 있고, 토론에서 승리할 수 있다. 나는 여전히 과학을 믿는다. 변수는 (심지어 사회과학에서도) 명확하고 정밀해야 하며, 그렇지 못할 때 지독한 쓰레기가 만들어진다는 것을 안다. 마술적 사고가 (종교적인 것이든 민족주의적인 것이든) 값싼 부족주의와 결합할 때 우리 최악의 모습이 나타난다는 것을 안다.

나는 이 모든 걸 안다.

그러나 한쪽에는 마법이, 다른 한쪽에는 과학이 있고 그 사이에서 선택을 내려야 하는 것은 아니다. 그럴 순 없다.

나는 과학을 믿는다. 그러나 '바이 미어 비스투 셴'을 위한 공간이 없는 과학, 제1원리에 깊이 파고들어 우리에게 아름다운 것들이 있는 신성한 장소를 찾아내지 못하는 과학의 세계에서는 살고 싶지 않다.

오늘은 고통스러울 만큼 길었던 고원의 겨울이 지나고 처음 찾아온 화창한 하루다. 나는 또다시 마르제트Marzet의 가족과 안

뜰에 있다. 곱슬곱슬한 머리카락과 사과 같은 볼을 가진 마르제트의 가족은 체첸의 화염에서 도망쳐 나왔다. 이 일로 마르제트의 남편 마이르베크Mairbek는 다리 하나를 잃었고, 이 가족은 수년간 거의 끊임없이 지독한 공포 속에 살아야 했다. 지금 마이르베크는 나무 그늘에 앉아 있고, 부부의 어린 세 딸이 근처에서 놀고 있다. 첫째인 데시Deshi(눈동자가 청회색인 여덟 살 난 소녀)만 말을 하는 것 같은데, 내 쪽을 향해 말하고 있다. 데시는 지난 이틀간 이 집 저 집 나를 따라다녔다. 딱히 친하지 않은 가족의 집까지도 나를 따라온다. 물론 데시는 너무 어려서 그런 것을 알지 못한다. 딩동, 손에 수선화를 든 데시가 문 앞에 서 있다. 말 없는 어린 동생들이 뒤에 줄줄이 서 있다. 동생 한 명은 꼭 자그마한 시네이드 오코너Sinéad O'Connor처럼 생겼다.

오늘 내게 인사를 건네는 데시의 목소리가 평소와 달리 낮고 조용하다. "온다고 했잖아요. 왜 안 왔어요?"

이제 내가 왔다. 마이르베크는 자리에 앉아 있고, 아이들은 놀고 있고, 마르제트는 무언가를 심고 있던 작은 텃밭에서 내게 손을 흔든다. 이렇게 당장 쓸모 있는 일을 하느라 끊임없이 바쁜 여성을 내가 또 본 적이 있는지 모르겠다. 마음이 내키는 날이면 마르제트는 나를 초대해 먹을 것과 차를 내놓고, 풍성한 곱슬머리를 뒤로 넘기며 내 농담에 인심 좋게 웃어주고, 나와 함께 우쿨렐레에 맞춰 몰래 노래를 부른다.

그러나 마이르베크와 함께 있을 땐 마음이 그리 편치 않다. 사실 나는 그가 조금 무섭다. 흠, "무섭다"라는 말은 너무 강하다. 마이르베크가 키가 크긴 하다. 강한 다리 하나로 목발 두 개에 의

지해 서 있을 때도 키가 우뚝하다. 마이르베크는 수염이 지저분하고 무뚝뚝하며, 빈정대는 능력이 남다르다. 나와 CADA의 모든 거주민이 참석한 첫 대규모 회의에서 M 씨가 내게 통역을 부탁하며 "이제 매기가 나와서 왜 이곳에 와 있는지 설명해주실 겁니다"라고 말하자, 마이르베크는 낮은 목소리로 "자 인포르마치우 za informatsiiu", 즉 '정보를 얻으려고'라고 말했다. 내가 무슨 스파이인 것처럼. 그 밖에 아멜리에가 마이르베크의 신장에 관한 의사의 말을 설명하면서 내 도움을 구했을 때처럼 쓰라린 순간들도 있었다. 그 내용 중에는 낯선 사람은 알지 말아야 할 그의 약한 몸에 관한 자세한 정보도 들어 있었다. 그날 아멜리에는 마이르베크를 쳐다보며 손짓으로 말했고, 나는 마이르베크가 내 눈을 마주칠 필요가 없도록 보도를 내려다보며 꼭 필요할 때만 통역을 했다.

물어보지는 않았지만 체첸에서 마이르베크의 삶에 끔찍한 일들이 벌어졌음을 알게 되었다. 한때는 강했던 다리 하나를 잃은 것이 전부가 아니었다. 누구인지 모를 살인자에게서 도망치기 위해 병원 창문에서 뛰어내려야 했던 때가 있었다. 머리 위로 끝없이 폭탄이 떨어졌고, 그 경험 때문에 아이들은 지금 이곳에서도 밤에 비행기 소리가 들릴 때마다 비명을 지른다. 어머니가 애지중지했던 마이르베크의 남동생은 살해당했고, 사촌 한 명은 어느 날 산딸기를 따러 숲으로 들어갔다가 납치되어 강제로 "숲의 사람들"의 노예가 되었다.

마이르베크가 꼭 두려운 것은 아니지만, 확실히 나는 그를 피하고 있다. 그의 눈 속에서 고통이 보인다. 분노가 보인다. 그러나 아이들과 함께할 때의 다정한 모습, 아이들에게 뽀뽀를 해주고, 하나뿐인 무릎 위에서 아이들이 넘어지지 않도록 몸을 붙잡아주고, 필요할 때 부드럽게 훈육하는 모습도 본 적이 있다. 그의 무뚝뚝한 태도와 줄담배 속에 단단하고 진실하게 느껴지는 무언가가 있다.

그래서 오늘, 손에 수선화를 들고 작은 목소리로 재잘대는 (지금은 제 엄마에게 체첸어로 꾸지람을 듣고 있는) 어린 데시 옆에서 나는 마이르베크에게 말을 걸어보기로 마음먹는다.

"오늘은 기분이 어때요?" 내가 마이르베크가 있는 그늘을 향해 질문을 던진다. 그를 칭할 때 일상어인 'ty'(이곳에서 나는 노인을 제외한 러시아어 사용자 모두에게 'ty'를 쓴다)를 써야 할지, 격식을 차리는 'vy'를 써야 할지 잘 모르겠다. 나는 'ty'를 쓰고 무슨 일이 벌어지는지 지켜본다.

플로호.Plokho. 그가 목발 하나에 몸을 기대고 내 쪽을 바라보며 말한다. "나빠요."

나빠요? 왜요?

호추 미아소.Khochu miaso. "고기가 먹고 싶어요." 거주민들이 얼마 전에 푸드뱅크인 레스토 뒤 쾨르에 다녀왔다고 들었다. 즉, 이들을 포함한 모든 가족의 집에 꽤 많은 양의 음식이 있다는 뜻이다. 그런데 고기가 왜 없지?

"그 고기는 먹을 수 없어요."

"아! 맞다," 내가 말한다. "할렐이 아니네요."

"할랄!" 작은 텃밭에서 우리의 대화를 듣고 있던 마르제트가 웃는 얼굴로 외치며 내가 카바르디노발카리아에서 배운 발음을 교정해준다.

지난가을 레스토에 간 적이 있다. 파스타와 치즈, 요거트, 디저트, 채소와 달콤하고 끈적한 것이 든 통조림 등 기부받은 음식이 풍성했고, CADA의 거주민을 비롯해 도움이 필요한 가족들이 가족의 크기와 구성에 따라 그 음식들을 가져갈 수 있었다. 그중에는 냉동 생선도, 아기가 먹을 우유도 있었다. 물론 육류도 많았지만, 생각해보면 그 고기는 대부분 베이컨과 파테, 햄 같은 각종 돼지고기였다.

그리고 당연히 돼지고기는 할랄이 아니다. 마이르베크에게 그 말은 곧 음식이 아니라는 뜻이다. 먹을 수 있는 게 아니다. 죽어가는 게 아니라면.

네 모구 쿠샤트 에토 미아소.Ne mogu kushat' eto miaso. 나는 그 고기를 먹을 수 없어요.

그렇다. 단지 쿠란에서 돼지고기를 금하기 때문만은 아니다. 돼지고기는 (그러는 것이 완연히 무례한 행동이 아닐 때 나의 할아버지 셸던이 아무런 의심 없이 맛있게 즐겼던 베이컨처럼) 정말 정말 먹고 싶고 때로는 마음껏 탐닉하고 싶지만 그럴 수 없는 종류의 음식이 아니다. 카바르디노발카리야에서 나는 마침내 많은 무슬림이 돼지고기를 역겨워한다는 사실을 깨달았다. 도살되기 전의 돼지가 진흙에 사는 더럽고 역겨운 동물로 여겨진다는 사실도 영향을 미친다. 그러니 이런 배경을 가진 사람에게 어서 돼지고기를 먹어보라고(배고프다면 먹어요!) 말하는 것은 다른 사람에게 어서 가서 독수리나 긴 꼬리 쥐를 먹으라고 말하는 것과 다소 비슷하다.

진짜 고기는 다르다. 그리고 깨끗하고 건전한 진짜 고기가 없으면 뱃속 깊은 곳에서, 한때는 길었던 팔다리의 끝에서, 자신의 마음속에서 허기를 느낄 수 있다. 눈과 바람이 왔다 가는 광경을 지켜보며, 마침내 해가 돌아오는 광경을 지켜보며 하루, 한 주, 한 달, 한 해 동안 허기를 느낄 수 있다.

이렇게 허기가 지면 이 세상에 있는 모든 돼지로도 배를 채울 수 없다. 폭탄과 총알로부터 늘 안전한 이곳 고원에 있다고 해도 상황을 바로잡을 수 없듯이.

전쟁 중인 체첸 땅에서 멀리 떨어진, 해가 잘 들고 안전한 여기 마이르베크의 아파트에는 좋은 것들이 많다. 이곳에선 이미 숲과 들에 수선화가 폭발적으로 피어나기 시작했다. 이곳에선 그의 딸이 두려움 없이 수선화를 손에 들고 있을 수 있다. 그러나 이곳엔 키가 크고 우울한 남자, 그늘에 앉은 다리가 하나인 남자가 먹을 고기가 없다. 허기만 있고, 고기는 없다.

아멜리에에게 마이르베크의 어머니 헤다Kheda가 병원에 가야 한다는 이야기를 듣는다. 나는 헤다와 함께 있는 것이 좋다. 헤다를 보면 내가 북쪽 마을에서 알고 지낸 러시아 할머니들이 떠오른다. 한참 떠나 있다가 돌아오면 키스를 퍼부으면서 나를 고양이처럼 쓰다듬어주던 할머니들. 헤다에게는 심각한 건강 문제가 있다. 언젠가 헤다는 반드시 채워야 하는 서식에 그 병들이 전부 기록된 것을 보고 눈물을 터뜨린 적이 있다. 그러나 오늘 병원에 가는 것은 최근 인공관절 수술을 받은 무릎 상태를 확인하려고다. 나는 통역을 하러 따라간다.

평소에 헤다는 전통 무늬가 있고 부드럽게 흘러내리는 카프탄을 입는다. 그러나 오늘은 병원 진료를 위해 포근한 검은 스웨터를 입고 머리에 특히 근사한 스카프를 둘러서 약간 멋을 냈다. 병원에 도착한 헤다와 아멜리에와 나는 대기실 의자에 앉는다. 잡담은 그리 오래가지 못한다.

헤다가 몸을 기울이며 말한다. "난 예순세 살이에요. 내 삶은 이제 끝났어요. 이미 너무 많은 것을 봤어요."

그리고 덧붙인다. "절대 잊을 수 없는 것들도요." 헤다가 애지중지하던 아들이 몇 년 전에 살해당한 일 같은 것들. "그 이후에 마이르베크가 다리를 다쳤을 때 나는 미치는 줄 알았어요."

헤다가 과거를 돌아보는 것이 보이고, 헤다의 눈에 천천히 눈물이 차오른다. 헤다가 손수건을 꺼낸다. 꽃무늬가 있는 흰색 손수건으로, 여러 차례 세탁했음을 알 수 있다. 헤다가 손수건으로 눈을 콕콕 찍는다.

헤다의 이름이 불리고, 우리는 함께 진료실로 들어간다. 나는 통역에 최선을 다한다. 우리가 모두 볼 수 있도록 의사가 엑스레이를 높이 올려준다. 얼마나 아프세요? 마사지는 받고 계세요? 지팡이를 짚고 걸으시나요? 의사가 헤다에게 진찰대에 누워달라고 말한다. 그리고 수술받은 무릎을 구부린 다음 아직 수술받지 않은 무릎을 구부린다. 어떠세요? 안 고친 무릎이 더 아프다고, 헤다가 말한다. 둘 다 아프긴 한데, 그래도 참을 만해요.

진료가 끝나자 헤다가 의사에게 감사를 전하며, 내게 의사 선생님이 정말 멋진 손을 가졌다는 말을 통역해달라고 한다. 나는 헤다가 이제 더 이상 지팡이를 안 짚고 걸을 만큼 회복이 빨라서 감탄했다는 의사의 말을 전한다. 선생님이 '크렙카이아krepkaia'라고, 아주 튼튼하다고 하셨어요. 내가 헤다에게 말한다. 헤다가 이 말을 기억해둔다. 그리고 CADA로 돌아오는 길에 차에서 또 한 번 말한다. "이아 크렙카이아Ia krepkaia." 나는 튼튼해요.

차 안에서 헤다는 아멜리에에게 이유가 뭐든 아멜리에가 CADA를 떠나면 어떻게 해야 할지 모르겠다고 말한다. 그러나 아멜리에는 다니엘 트로크메처럼, 누군가가 대신할 수 있다고 말한다. 언제나 누군가가 우리를 대신할 수 있어요.

이 말을 들은 헤다가 아멜리에를 올려다본다. 이제 눈물이 들어갔고, 두 눈이 맑다. 아니 그렇지 않다고, 헤다가 말한다. 우리는 다 똑같지 않아요. 항상 다른 사람이 대신할 순 없어요. 손에 달린 손가락들을 봐요. 헤다가 자기 손을 보여주며 말한다. 전부 다르잖아요.

나는 손을, 선택권이 주어졌을 때 그 손이 만들거나 부수거나 초래하는 것들을 생각한다. 이곳 고원에는 헤다가 멋진 손이라고 말한 무릎을 고치는 손이 있다. 빨래하는 손, 맛있는 음식을 만들어 낯선 사람에게 건네는 손이 있다. 살려고 밖으로 뛰어내릴 때 창문틀을 붙잡는 손. 하나뿐인 무릎 위에서 아기를 부드럽게 흔드는 손. 볼에 키스하려고 얼굴을 향해 뻗는 손이 있다. 고통 속에 애원하며 위로 뻗는 손도 있다.

오래된 타이어로 아이들이 신을 신발을 만드는 손이 있다.

먼 곳에서 소식을 갈구하며 편지를 쓰는 손이 있다.

그리고 지구 저편의 어딘가에는 「바이 미어 비스투 셴」을 부르기에 앞서 녹색 목걸이를 만지작거리는 손이 있다.

이곳 고원에 내가 가장 좋아하는 두 손이 있다. 둘 다 우연히도 긴 연갈색 머리카락을 가진 여성의 손인데, 두 사람은 이 머리카락을 뒤로 동글게 말아 묶는다. 두 여성 다 50대다. 두 사람 다 나이가 들면서 얼굴이 점점 부드러워지고 있다.

그중 첫 번째는 에스테르Esther의 손이다. 우연히도 에스테르는 전쟁 당시 수많은 사람의 목숨을 구한 여성의 조카다. 온화하고 눈이 커다란 에스테르는 자진해서 CADA에서 프랑스어를 가르친다. 에스테르의 손이 남자와 여자, 도시, 개, 고양이, 자동차 그림이 그려진 단어 카드를 가리키고, 에스테르의 학생들이 처음 보는 단어를 입으로 따라 한다. 한번은 에스테르의 두 손이 (우리 중 누구도 다른 사람이 대신할 수 없어요!) 아흐마드와 로브잔의 갓 태어난 아들에게 주려고 파란색 모자를 떴다.

아흐마드는 내게 여러 번 그 이야기를 했다. “에스테르가 아기에게 모자를 떠줬어요…. 손으로 직접요!” 손으로 직접. 마치 그보다 더한 친절은 없는 것처럼. “손으로 직접요.” 아흐마드가 노래를 부르듯 이 말을 또 한 번 반복하고, 그의 얼굴에 있던 고뇌과 고통이 활짝 열린 마음속으로 사라진다.

두 번째 손은 내가 고원에서 머무는 아파트를 관리하는 마리엘렌Marie-Hélène의 손이다. 마리엘렌은 목소리가 부드럽고 시선에 흔들림이 없다. 얼마간 같이 시간을 보낸 뒤 그는 차츰 나를 자기 집으로 초대해 간단하고 맛 좋은 식사를 대접해주었고,

고원 꼭대기에 있는 마을에서 자신이 어떻게 자랐는지를 들려주었다. 그 마을은 추위와 바람이 사납고 농장 일이 혹독한 곳이다. 그곳에서 자란 사람들은 라 뷔를이 부는 잔인한 시절에 삶을 계속 살아나가는 것이 어떤 뜻인지를 마음 깊이 이해했다.

마리엘렌은 나를 똑바로 바라보며 말했다. "우리는 어려운 사람들이에요. 하지만," 그리고 덧붙였다. "우리에겐 일머리가 있죠."

그리고 또다시 덧붙였다. "인정도 있고요."

이제 어린 시절의 차디찬 바람에서 멀리 떨어진 마리엘렌은 바로 그 손으로 장부를 타이핑한다. 그 손으로 이방인이 묵을 깔끔하고 아름다운 숙소를 만든다. 그 손으로 가끔 내 방문 앞에 작은 상자(바람이 사납게 휘몰아칠 때 몸을 데울 수 있는 수프)를 두고 간다. 그리고 그 손으로 자동차를 몰 때는 길에서 낯선 사람을 태워(그 사람이 CADA의 거주민일 때도 많다) 식료품점 같은 곳에 내려준다.

그러나 마리엘렌이 손으로 하는 그 모든 일 중에서 내가 가장 좋아하는 것은 이것이다. 어느 날 밤, 마리엘렌이 자기 남편과 함께 나를 식사에 초대했다. 우리는 부엌에 있는 아늑한 원형 식탁에 둘러앉았다. 식사를 시작하기 전에 그가 한 손으로 내 손을, 다른 한 손으로 남편의 손을 부드럽게 잡았고, 이제 우리 셋은 원을 그리게 되었다. 그리고 우리가 먹게 될 음식에 감사드렸다. 우리를 지켜주십사 부탁했다. 식사 기도였다.

우리는 어려운 사람들이라고, 마리엘렌이 내게 말한다. 이제 이 말이 아주 근사하고 강력한 무언가처럼 들린다.

◇

아멜리에가 CADA 주택에 헤다를 내려준다. 그날 오후 나는 헤다와 다른 가족들을 확인하러 간다. 문간에 들어와 있는데 무뚝뚝한 남자 목소리가 들린다.

“당신!” 커튼에 가려서 보이지 않는 곳에서 남자가 말한다. “프랑스에 얼마나 있었다고요?” 마이르베크다.

누구요? 저요?

마이르베크는 한 번도 내게 직접 말한 적이 없다. 내가 먼저 말을 걸지 않는다면. 이 사람은 내 소심한 응원을 들을 시간이 없다고 생각했다. 내가 쳐다볼 때 보통 그는 으르렁대며 불평한다. 아니면 작은 소리로 중얼거리거나.

그런데 지금 나한테 말을 걸고 있다고?

나는 이번에는 이곳에 온 지 일주일 정도 됐다고 말한다.

“아니, 이번을 말하는 게 아니에요. 전체를 말하는 거예요. 여기 온 지 얼마나 됐어요? ‘체렘샤’가 어디 있는지 알아요?”

체렘샤? 그게 뭐지?

체렘샤가 뭔지 몰라요? 어떻게 체렘샤를 모를 수 있어요?

아, 그거구나. 방 안의 공기가 변하는 것이 느껴진다. 마이르베크, 헤다, 마르제트가 거의 일시에 나를 쳐다보며 말을 하기 시작한다. 모두가 이미 알고 있어야 하는 것을, 그렇게 중요하고 필수적인 것을 어떻게 설명한단 말인가?

체렘샤요! 체렘샤는 알아야죠!

마이르베크가 다리를 절뚝거리며 나를 향해 밝은 곳으로 나온다. 마치 거대한 나무가 걸어오는 것 같다. 마이르베크는 두 팔을 벌리고 목발을 앞으로 뻗어 균형을 잡는다. 한 걸음 한 걸음 다가올 때마다 점점 커진다. 그리고 파란색 천을 덮은 창문 앞 소파에 앉는다.

체렘샤요. 마늘이요. 숲에서 나는 야생 마늘! 겨울이 끝날 무렵 나와요! 그럼 뜯어서 잔뜩 쌓아놓고 먹어요!

체렘샤, 체렘샤!

나는 이런 순간을 안다. 내가 이방인으로 살았던 모든 곳에서 이런 일이 일어났다. 그럴 때면 사람들은 단어로 표현하기엔 너무 거대한 것을 설명하느라 단어를 마구 쏟아낸다. 대략 '지도자'라는 뜻이지만 사기꾼, 성자, 오래전에 죽은 친척, 심지어 철권통치자 스탈린이라는 의미가 켜켜이 쌓인 러시아어 '호지아인khoziain'을 어떻게 통역할 수 있을까? '마음'을 뜻하는 '구gu'와 '자라다'라는 뜻의 '카치kach'가 합쳐진 말로, 계층이 뚜렷한 사회에서는 매우 중요한 다른 사람의 필요를 읽는 능력을 뜻하는 카바르드어 '구아카치guakach'는? '마음의 재능' 정도로 번역할 수 있을까?

사람들이 이렇게 단어를 쏟아내는 것은 아주 좋은 징조다. 그것은 우리가 곧 정말 중요한 무언가를 만날 수 있다는 뜻이다.

체렘샤! 숲에 있어요! 꽃봉오리, 안 보이는 꽃봉오리가 있어요! 저기 밖에 있어요. 있을 수도 있어요! 아멜리에에게 체렘샤를 설명하려고 해봤는데, 아멜리에도 그게 뭔지 몰라요!

일종의 노래가 시작된다.

<u>오오오</u>, 헤다가 주문을 읊조린다. 우리는 눈이 녹을 때 그걸 뜯어요. 작은 초록빛 순이 돋는 바로 그때…. 봄마다 나오지만,

그 시기는 아주 짧아요.

오오오, 마르제트가 부엌에서 쿵쿵 걸어 나오며 덧붙인다. 내가 알기로 여기 숲에서 찾을 수 있어요. 파리에서 파는 걸 봤어요! 오스트리아에서도 난다고 들었어요. 이 주위에 있단 걸 알아요. 지금이 딱 뜯을 때에요. 어쩌면 때가 지났을지도 몰라요. 그걸 뜯어서 버터에 익혀 먹어요….

오오오, 헤다가 먼 곳을 보는 표정으로 혀를 차며 또다시 말한다. "고기와도 바꿀 수 있어요. 고기와도 바꿀 거예요. 고기와도…."

고기와 바꾼다고? 그토록 고픈 고기와 바꾼다고? 숲에서 나는 풀을?

그렇다, 방 안이 변했다. 그리고 그 변화를 만들어낸 것은 체렘샤다. 마치 그 단어가 주문을 건 것만 같다.

아브라카다브라, **짠!** 기억의 순간이다.

푸른 이파리들이 땅에서 눈부시게 펄럭이는 향긋한 숲이 기억난다. 야생 그대로의 산이 기억난다. 사람의 손에 길들지 않은 것들이 극히 중요할 수 있었던 그곳의 시절이 기억난다. 봄에만 맛볼 수 있는 톡 쏘는 황홀한 맛이 기억난다.

자신이 떠난 땅, 가난하고 망가진 체첸이 기억난다. 여전히 가슴이 시리도록 사랑하는 땅….

그러나 그때, 아브라카다브라, **짠!** 이번에는 망각의 순간이다.

헤다가 엑스레이로 자신의 절뚝거리는 적나라한 윤곽을 보고 (그 나름대로) 풀이 죽었던, 오늘 아침의 병원 진료를 망각한다.

며칠 전 마르제트가 파리로 여행을 갔다가 시장에서 한순간에 500유로를 도둑맞은 일을 망각한다.

헤다가 절대 잊을 수 없다고 말한 것들을 잠시나마 망각한다. 이 방에서 아주 잠시나마 망각한다. 사랑하는 아들이 살해당했으며, 고향에서의 삶이 산산조각 났다는 사실을.

거의 히스테리에 시달리는 마르제트가 걱정하는 것들, 마르제트가 늘 피를 흘린다는 사실, 그들 뒤에 늘 위협이 있다는, 또는 그래 보인다는 사실, 마르제트가 모두를 돌봐야 한다는 사실을 그 순간 망각한다.

체렘샤, 체렘샤. 아아, 그걸 찾을 수만 있다면 무엇이든 줄 텐데. 이렇게 그 순간 망각한다. 다리가 없음을, 피가 부족함을, 혼란을, 자기 최상의 모습이 죽었음을.

"어쩌면 아멜리에한테 같이 가서 찾아보자고 할 수 있을지도 몰라요." 세 사람이 말한다.

"아멜리에는 숲을 좋아해요." 내가 말한다. "같이 찾아볼 수 있을 거예요."

나는 이제 세 사람의 숲의 노래를 안다. 프랑스와 러시아에서도 너무나 사랑하는, 버섯이나 산딸기에 관한 노래가 아니다. 흙에서 나는 사향이나 찬란하게 터지는 달콤함에 관한 노래가 아니다. 이 노래는 산성 토양의 나무 밑에서 자라나 세 사람의 숨을 멎게 하는 또 다른 야생 식물에 관한 것이다. 어떤 단어로도 그 아름다움을 담아낼 수 없는, 톡 쏘는 야생의 맛에 관한 것이다.

곧 마르제트가(이 와중에도 어떻게든 요리를 하고 있었다) 내게 튀긴 생선을 차려준다. 500유로를 도둑맞는 우울한 사건 이후 마르제트가 시장에서 유일하게 살 수 있었던 음식이다. 나는 그들의 막내, 유일한 아들을 품에 안는다. 아기의 얼굴을 쓰다듬는다. 이제 모든 아이들에게서 마이르베크의 얼굴이 보인다. 청회색 눈동자. 나는 아기를 다시 바닥에 내려놓는다.

두 다리로 서면 아직 휘청이는 아기가 여전히 밝은 파란색 소파에 앉아 있는 마이르베크를 향해 걸어간다. 그리고 제 아버지의 손 위로 넘어진다. 그리고 바닥에 내려앉는다.

콩피에뉴 생활 초반에 다니엘은 자기 가족이 속한 거대하고 눈부시고 오래된 세계에서 온 또 다른 수감자를 만났다. 마르셀 휴즈Marcel Heuzé라는 이름의 이 남성은 개신교 목사이자 콩피에뉴 수용소의 사제 역할을 했다. 다니엘처럼 휴즈도 고향에 편지를 썼다. 1943년 8월 18일에 교회 동료들에게 보낸 편지에서 그는 기뻐하며 직접적으로 이렇게 말했다. “거의 50명과 만나고 있습니다. 대부분 청년입니다. 성찬식을 거행하고 있습니다. 성찬식에 쓸 포도주 1리터와 성경 대여섯 권, 신약성경 서른 권, 수감자들이 볼 기도서를 가능한 한 빨리 보내주시면 좋겠습니다.”

휴즈의 수용소 생활 역시 다른 수감자들만큼 위험했다. 그러나 흥미롭게도 8월 18일에 보낸 그의 편지에는 프론트스탈라그 122 생활의 특정 측면을 순수하게 즐거워하는 느낌이 들어 있다. 그는 이렇게 썼다. “종교의 관점에서 보면 수용소의 모든 점이 훌륭합니다. 많은 사람이 미사에 참여합니다. 중요한 정교회 공동체가 있고, 매주 일요일 저녁에 성찬식이 있습니다. 매일 아침 10시에 기도 모임이 열립니다. 일주일에 세 번 성경 공부를 하고요." 그리고 더욱 기뻐하며 자신이 "신과 자기 조국을 위해 일하고자 하는 열렬한 청년들"에게 둘러싸여 있다고 덧붙였다. 여기서 그는 신DIEU을 대문자로, 조국Patrie의 앞 글자를 대문자로 적었다.

"사제복을 입어달라는 부탁을 받았습니다." 휴즈는 편지를 마무리하기 전에 이렇게 덧붙였다. "입던 것을 하나 보내주시면 감사하겠습니다."

책 한 권, 사제복 한 벌, 포도주, 찬송가, 모임, 대문자로 쓴 신이라는 글자. 그리고 대문자로 시작하는 조국이라는 글자. 휴즈는 자신에게 필요한 것, 자신을 단단하고 의연하게 만드는 것이 무엇인지 잘 알았다.

우리는 다른 자료를 통해 어느 순간 휴즈 목사가 젊은 다니엘 트로크메를 평가하고 (이미 건강이 점점 나빠지고 있던) 다니엘에게도 똑같은 것이 필요하다고 판단했음을 알 수 있다. 다니엘의 학생이었던 앙드레 귀요노는 전쟁이 끝난 뒤 두 사람의 만남에 대해 이렇게 썼다.

> 수용소 사제였던 휴즈 씨는 (어려움이 없지 않았으나) 다니엘을 보살피려고 애썼다. 다니엘이 우리 종교에 확고한 거부감을 갖고 있었기 때문이다. 그러나 다니엘은 나중에 우리 모임에 참여했다. 그는 몸이 아파서 몇 달간 수용소 의무실에 머물렀다. 심

장 건강이 좋지 않았던 것 같다. 시력도 나빴다. 휴즈 씨는 종종 다니엘을 찾아갔다.

"우리 종교에 확고한 거부감"이라는 표현, 편지에 깔끔하게 타이핑된 그 표현을 보니 정말 이상하다. 우리 종교? 다니엘의 형인 샤를은 훗날 이 문장을 돌아보며 생각 없이 내던져진 그 표현에 이런 해석을 달았다. "이 표현은 의심할 여지 없이 부적절하다. 다니엘은 처음부터 자기 양심을 걸고 진실성을 지켰다. 기독교 교리를 믿지 않았던 다니엘은 믿는 척하고 싶어 하지 않았다. 둘째로, 다니엘은 유대인, 비신자, 무슬림 등 수많은 비기독교인에게 우정을 느꼈다. 친구들을 생각하던 다니엘에게 단 하나의 공동체에만 충성하는 것은 일종의 배신이나 유기처럼 보였을 것이다."

다니엘에게 종교가 필요했을까? 베이루트에서 다니엘은 다양한 믿음의 찬란한 태양 아래 살았다. 마치 하늘이 쪼개져 열리며 빛이 쏟아지는 느낌, 세상이 그 어느 때보다 더 거대해지는 느낌, 더 거대하고 낯설어지는 느낌이었을 것이다.

그 태양들을 떼어다가, 고향에서 사제복과 포도주와 찬송가를 담아 보낸 상자에 넣을 수 있었을까? 그 태양들이 그토록 작은 상자에 들어갈 수 있었을까?

또는 라이너 마리아 릴케가 젊은 시인에게 물었듯이, "신을 진심으로 믿는 사람이 작은 돌처럼 그분을 잃어버릴 수 있을까?"

그때 다니엘에게 필요한 것은 무엇이었을까? 나는 그에게 작은 상자나 작은 돌 같은 신앙이 필요하지는 않았으리라 생각한다. 그에게 필요한 것은 태양이었다고 생각한다.

다니엘이 콩피에뉴에 도착하고 얼마 지나지 않아 콘보이 한 대가 휴즈 목사를 데려갔고, 그 이후 목사는 라벤스브뤼크 Ravensbrück 수용소에서 사망했다. 그리고 또 다른 콘보이 열차가 클라우스와 알렉상드르, 장, 앙드레를 데려갔다. 다니엘의 시력은 점점 나빠졌고, 심장에도 문제가 생겼다.

다니엘에게는 무엇이 필요했을까?

10월, 11월, 곧 12월이었다. 건강이 서서히 악화되고 친구들이 곁을 떠나는 동안 다니엘은 블라종blason, 즉 문장에 관한 생각을 정리했다. 다니엘은 전부터 작은 귀뚜라미들이 떠올린 모토 '아지르 푸르 투스!', '모두를 위해 행동하라!'를 넣어 아이들에게 문장을 만들어주고 싶었다. 그 어린 난민 아이들은 근사한 기숙학교에 다니는 양, 그때부터 자신도 그 참나무 숲속에 사는 양 자랑스럽게 문장을 차고 다닐 것이었다.

1943년 11월 23일, 다니엘은 부모님께 편지를 썼다. "제가 소포로 보내려 하는 블라종의 디자인을 받으시면, 부디 전문가〔전문 제작자〕에게 50개를 주문해서 전부 작은 귀뚜라미들에게 보내주세요."

멀리서 일을 진행하기란 몹시 힘들었다. 다니엘은 의무실을 드나들면서 점점 약해졌다. 그사이 블라종을 만들 수 없다는 사실이 점점 분명해졌다. 12월 8일, 다니엘은 또다시 부모님께 편지를 보냈다. "작은 귀뚜라미들을 위해(아이들의 크리스마스를 위해) 푸아브르 목사님께 1,500프랑을 보내주십사 부탁해도 될까요? 원래 보내려 했던 블라종을 보낼 수 없을 것 같아서요. 푸아브르 목사님께 적절한 개별 선물을 준비할 수 없다면 그냥 현금을 주라고 전해주실 수 있을까요? … 조금 더 정확한 소식을 들을 수 있다면 무한히 행복할 것입니다.”

◇

나는 이렇게 생각한다.

아름다운 것들이 우리를 구원하는 이유는 그것이 우리에게 휴식이나 평화를 주어서가 아니다. 우리를 서정적인 갈망으로 가득 채워서도 아니다. 아름다운 것들이 반드시 필요한 이유는, 그것이 (멋질 수야 있겠지만) 삶에서 진정으로 의미 있는 것들에 매력적인 장식을 더해서가 아니다.

아름다운 것들이 반드시 필요한 이유는, 그것이 모든 것을 바꾸어놓기 때문이다.

어린 시절에 나는 공교롭게도 1943년에 막 이 세상에 태어난 문장을 머릿속에 새겼다. 어린 왕자는 아프리카의 사막에서 만난 조종사에게 자신이 사랑하는 꽃, 자기 행성에 두고 온 장미에 관해 이야기한다. 아, 그 장미는 아름다웠다. 그리고 이제 그 장미는 어린 왕자 없이 혼자였다. 어린 왕자는 장미의 안전이 너무 염려되었다. 그러나 수 광년 떨어진 이곳에서 어린 왕자가 장미를 지키기 위해 할 수 있는 일은 하나도 없었다.

어린 왕자는 말했다. “꽃 한 송이를 사랑하게 된다면, 수백만 개의 별에서 그 꽃 한 송이만 피어나도 그 별들을 바라보며 행복해질 거야. 그 사람은 이렇게 생각할 거야. '저기 어딘가에 나의 꽃이 있어….' 하지만 양이 그 꽃을 먹어버린다면 그 순간 별들이 전부 빛을 잃을 거야…."

아름다움이 우리를 구원하는 이유는, 그것이 우리에게 일종의 미학적 휴식이나 기쁨을 줘서도, 우리를 고통에서 구해줘서도 아니다. 아름다움이 우리를 구원하는 이유는, 밤에 고개를 들었을 때 한 별에 사는 그 아름다움이 밤하늘의 모든 별을 환하게 밝히기 때문이다. 한 얼굴의 아름다움이 모든 얼굴을 환하게 밝히기 때문이다.

아름다움이 우리를 구원하는 이유는, 온종일 우리 최악의 모습을 보여주는 슬픈 문서들을 파고든 뒤에, 어두운 무대 위에서 조명이 우리의 얼굴을 비추고, 바이올린 소리가 점점 커지고, 입을 열어 "종달새야, 내게 할 말이 없니?"라고 노래할 때… 샘과 춤을 추는 (센, 센, 센) 리자이나의 모습이 보이기 때문이다. 두 사람의 마음 역시 저 빛을 올려다보는 것이 보인다. 이제 두 사람은 그럴 수 있으므로, 반드시 그러할 것이므로.

"저기 어딘가에 나의 꽃이 있어." 이 말은 모든 하늘을 사랑으로 가득 채운다. 어딘가에 있을 모든 별을 눈부시게 빛나는 찬란한 태양으로 만든다. 작은 것으로 무한을 만들어낸다.

13장 거미가 따라왔다

"그게 뭐고, 너는 어디 있어?" 윌버가 소리쳤다.
"제발, 제발 네가 어디 있는지 말해줘. 그리고 문안이 뭐야?"
—엘윈 브룩스 화이트Elwyn Brooks White, 『샬롯의 거미줄*Charlotte's Web*』

내가 이 모든 것을 아는 이유는 앞으로 38222라 불릴 남자 덕분이다.

1943년 12월, 여행 가방을 들고 일렬종대로 선 남성 933명이 거의 아무 소리도 내지 않고 콩피에뉴의 거리를 걸었다. 마을 사람들이 그들이 지나가는 모습을 지켜보았다. 그들은 우아즈강 다리를 건너 기차역에 도착했다. 그곳에서 사람들은 소지품을 빼앗기고 열차당 100명씩 욱여넣어졌다.

기차의 문이 전부 닫혔다. 밖을 내다볼 창문은 하나도 없었고, 있는 것은 머리 위의 자디작은 공기구멍뿐이었다. 최근 프론트스탈라그 122에 생생한 소문이 돌긴 했지만, 이들은 지금 자신이 정확히 어떤 이유에서 어디로 향하고 있는지 전혀 알지 못했다. 어느 시점에 이들은 금속 바퀴가 끼익 소리를 낸 뒤 발밑에서 굴러가는 것을 느낄 수 있었다. 아무것도 안 보이지만 자신들이 몹시 추운 땅 위를 움직이기 시작했음을 느낄 수 있었다.

이틀간 이들은 아무것도 먹거나 마시지 못했다. 사람들은 기차가 멈출 때마다 외쳤다. 바서, 비테! 루프트, 비테!Wasser, bitte! Luft, bitte! 제발 물 좀 주세요! 공기 좀 쐬게 해주세요! 이틀간 이들은 서로를 밟지 않으려고, 바닥 위로 점점 쌓여가던 배설물을 밟지 않으려고 최선을 다했다. 바깥은 겨울이었다. 안은 공기가 부족해 질식할 것 같았고, 서서히 배가 주렸으며, 미친 듯이 목이 말랐고, 다리가 통증과 함께 통나무처럼 퉁퉁 부어올랐다. 가끔 열차 벽에 결로가 생기면 사람들은 그 물방울을 핥았다. 희박한 공기 속에 공포가 번졌지만, 그 안에는 강경한 탈출 전략도 있었다. 열차가 마른Marne강을 건너는 기회의 순간에 여러 명이 기차에서 뛰어내려 도망치려고 했다. 몇 명은 성공했고, 몇 명은 실패한 뒤 사살되었다.

1943년 12월 16일 오전 5시, 수감자들이 목적지에 도착한다. 마침내 문이 열리자, 기차의 솔기가 터져서 안에 있는 것이 쏟아져 나오듯 사람들의 몸이 열차 밖으로 쏟아진다. 곤봉과 소총 개머리판으로 자신들을 구타하는 군인들 앞에서 수감자들은 또다시 물을 달라고 애원한다. 이들은 셔츠와 신발을 빼앗긴다. 가슴팍에서 바람이 느껴지고, 발에서 얼룩덜룩하게 눈이 쌓인 땅이 느껴진다.

이들은 힘을 끌어모아 1킬로미터 떨어진 다음 목적지까지 걷기 시작한다. 개들은 가장 느린 사람을 공격하게끔 훈련되었고, 함께 걷는 군인들은 이따금 미친 듯이 폭력의 회오리를 일으킨다. 수감자들의 발에서 피가 흐른다.

저 멀리서 가운데 철문이 달린 긴 벽돌 건물이 보인다. 철문에 멋진 바우하우스 폰트로 만든 예스럽고 단순한 글귀가 달려 있다. 고통스러운 한 걸음 한 걸음을 옮길 때마다 그 글귀가 더 선명하게 보인다. 예뎀 다스 자이네.JEDEM DAS SEINE. 각자 자신의 방식대로.

이렇게 1943년 12월 16일 오전 6시경, 콩피에뉴에서 온 거의 1,000명에 달하는 수감자(마른강에서 뛰어내려 도망친 몇 명과, 퉁퉁 부은 다리와 배설물 흔적으로 가득한 열차 내에서 죽은 몇 명은 제외)가 한 명씩 그 철문을 통과해 부헨발트라는 새롭고 낯선 땅으로 들어간다. 각자 자신의 방식대로.

안으로 들어간 그들은 2만 명이 넘는 엄청난 인파를 지나친다. 이 인파는 회색과 파란색 줄무늬가 있는 죄수복이나 아무 무늬 없는 누더기를 걸친 채 힘겹게 차렷 자세를 유지하고 있다. 수감자들은 커다란 굴뚝이 달린, 앞으로 며칠이나 몇 주가 지나면 두려워하게 될 연한 색 벽돌 건물을 지나친다. 그다음 두 막사 사이에 빼곡히 서서 키 작은 건물에 들어갈 순서가 올 때까지 몇 시간을 기다린다. 건물(이를 털어내는 곳) 안에서 이들은 옷을 전부 벗고, 머리카락을 밀고, 소독약에 몸을 담갔다가 샤워기 밑으로 향한다. 그리고 벌거벗은 채로 지하 터널을 지나 또 다른 목적지로 향한다.

이제 수감자들은 수용소에 등록된다. 민머리와 맨몸의 당혹스러운 혼란 속에서 어떻게든 줄이 형성된다.

잠시 이 1,000명 중 세 사람에게 초점을 맞춰보자. 각자 자신의 방식대로.

첫 번째 인물은 젊고 잘생겼다. 스물다섯 살이며, 눈썹이 짙고 눈이 반짝거린다. 이 젊은 남성은 전쟁이 일어나기 전 그르노블에서 철학을 공부했지만 희곡과 시, 음악에도 심취했다. 1940년에 독일이 프랑스를 침공하자 그는 세속의 문제에 황급히 휩쓸려 들어갔고, 얼마 지나지 않아 불법 시위, 공산주의 활동, 반反독일 인쇄물 배포의 이유로 감옥을 들락거렸다. 모두가 빼앗긴 것, "꽃과 과일"에 관한 시를 쓰기도 했다. 1943년 9월, 그는 결국 콩피에뉴로 이송되었고, 지금은 이곳에서 줄을 서서 문서를 작성하고 있다.

25년 전, 눈썹이 진한 이 청년은 자크 르네 로랑Jacques René Laurent이라는 이름으로 불렸다. 이제 그는 새로운 이름을 얻었다. 이 이름은 작업 목록과 의무실 목록, 이송 목록 등 그가 언급된 모든 문서에 등장할 것이다. 그의 옷에 꿰매질 것이다. 아침과 저녁에, 그가 잘못된 곳에 있거나 너무 느리게 걸을 때, 규칙에 순종하지 않거나 독방에 보내질 때 그의 앞에서 빽 내질러질 것이다. 이 이름은 민머리로 누더기를 걸친 사람들의 낯선 바다에서 그의 이름이 될 것이다. 지금으로부터 두 달이 채 지내지 않아 그가 성홍열로 세상을 떠나는 날까지.

그는 38220이다.

다음.

두 번째 남자는 안경을 썼고 무척 말랐다. 눈은 초점을 잘 잡지 못한다. 방금 빡빡 민 머리에서 귀가 직각으로 튀어나왔다. 이 젊은 남성은 서른두 살이며, 전쟁이 일어나기 전에는 파리와 로마, 베이루트, 마슬락, 르 샹봉쉬르리뇽에 살며 수학했다. 그는 르 샹봉에서 급습당했을 때 창문을 넘어 숲으로 도망치는 대신 체포되는 쪽을 택했다. 어린 시절 그는 사랑스러운 곱슬머리와 깊은 눈을 가졌다. 청년이 되었을 때는 문명이 단 하나가 아니라 여러 개라고 믿게 되었고, 세상을 재건하는 데 일조하고자 했다. 지금 그는 벌거벗은 채로 줄을 서서 문서를 작성할 차례를 기다리고 있다. 곧 그의 차례가 돌아온다.

앞에 선 수용소 직원이 주황색 카드 한 장을 들고 있다. 그 카드에는 먼 옛날의 난해한 독일 활자가 쓰여 있는데, 꼭 박물관에 있는 독해 불가능한 성경 같다. 이 벌거벗은 청년의 소지품이 카드에 기록되어 보관된다. 코트 한 벌, 셔츠 두 벌, 고산지대용 조끼 한 벌, 바지 한 벌, 스웨터 두 벌, 내의 두 벌, 팬티 한 벌, 헝겊신 한 켤레, 넥타이 한 개, 스카프 한 개, 여행 가방 한 개. 직원이 그 옆에 무어라 더 휘갈긴다. 흰색 시계와 흰색 시곗줄 한 개.

청년이 주황색 카드에 서명한다. 다니엘 제프리 트로크메Daniel Geoffrey Trocmé. D는 언제나처럼 오른쪽으로 기울었고, T는 십자가처럼 세로획이 높이 튀어나왔다.

이제부터 그는 38221이 될 것이다.

다음.

세 번째 남성은 이제 막 스무 살이 되었다. 문서를 작성하고 나면 그는 38222라고 불리게 될 것이다. 그는 살아남아 이 이야기를 우리에게 들려줄 것이며, 나는 기적적으로 프랑스 방송에서 그의 이야기를 듣게 될 것이다. 농부의 집안에서 태어난 이 세 번째 남성 역시 전쟁이 발발하자 즉시 레지스탕스에 뛰어들었고, 스위스 국경 근처에 있는 두Doubs 지방의 숲에서 무기를 모아 지하조직에 배포했다. 독일 경찰이 자신을 뒤쫓고 있음을 알게 된 그는 알제리 해안으로 도망치려 했으나 스페인 국경에서 체포되었다.

콩피에뉴에서 출발한 그 운명적인 여행에서 그는 비좁은 열차에서 마른강으로 뛰어내리는 열두 번째 남자가 될 예정이었지만 여덟 번째 남자가 뛰어내리자마자 열차가 끼익 멈췄고, 그는 자유를 얻거나 죽을 기회를 놓쳤다. 이때부터 몇 달간 극한에 다다를 때까지 굶주리고 구타당하고 노동한 그는 "마치 친구를 부르듯" 그리스도를 투tu라 칭하고 "불쾌한" 언어를 쓰며 신께 자신을 제발 데려가라고 부르짖게 된다.

그러나 한때 에티엔 부케Étienne Bouquet라고 불렸던 이 남자 역시 지금은 줄을 서서 기다리고 있다. 눈앞의 광경을 목격하며, 이틀간 숨 막히는 열차 안에서 두려움에 휩싸인 뒤에 자갈과 눈 위를 걷는 것이 어떠한 것인지, 소독약에 몸을 담갔을 때의 화끈거리는 느낌과 추위 속에 벌거벗는 것이 어떠한 것인지, 더 나아가 한창때에 죽게 해달라고 애원하는 것이 어떠한 것인지를, 자기 기억 속에, 그리고 우연하게도 역사에, 자세히 기록하고 있다.

이 세 청년은 그들과 함께 이송된 거의 1,000명에 달하는 청년들과 마찬가지로 누더기와 다름없는 셔츠 한 장과 내의 한 장, 바지 한 벌, 재킷 한 벌, 챙 없는 모자 하나, 끈 없는 나막신 한 켤레를 배급받는다. 이 옷들은 눈에 띄는 파란색과 회색 줄무늬가 아니다. 이 수용소에서 줄무늬 죄수복은 작업반에 배정된 사람들만 입을 수 있다. 그러나 모든 셔츠와 바지의 뒷면에 빨간색으로 칠한 거대한 X 표시가 있다. 이들은 또한 자기 옷에 꿰맬 삼각형 모양 천을 배급받는다. 사람마다 천의 색이 다르고, 색마다 의미가 다르다. 빨간색은 정치범이며, 초록색은 범죄자, 검은색은 '반사회자', 분홍색은 동성애자, 보라색은 여호와의 증인, 노란색은 유대인이다.

한 줄로 선 이 세 명의 청년(이들은 각자 빨간색 삼각형을 손에 쥐고 딱딱한 새 신발을 신은 채 새 막사로 걸어갈 준비를 하고 있다)은 서로 시선을 마주칠지도 모른다. 대화를 나눌지도 모른다. 몇 시간이나 기다리는 동안 서로에게서 짙은 눈썹이나 튀어나온 귀, 어느 정도의 관대함이나 용기, 우아함을 발견할지도 모른다. 어쩌면 서로에게서 벌거벗은 몸과 퀭한 얼굴, 고통을 보는 가운데, 각자 자신의 방식대로, 문득 충만하고 인간적인 무언가를 느낄지도 모른다.

그렇지 않다면 어떻게 이 모든 것을 견딜 수 있을까?

부헨발트는 새 나치 정권에 저항하며 들고 일어설지 모를 사람들을 격리 감금하려는 목적에서 1937년에 독일의 도시 바이마르에서 북서쪽으로 8킬로미터 떨어진 숲속에 지어졌다. 현대적인 용어로 표현하면, 사실상 이곳은 편집증적인 정권이 세운 예방 구류의 요새였다. 이런 정권에서는 사상이나 정치 성향, 인종적 관련성, 소속 종교가 일반적이지 않다는 것이 그 사람에게서 사회를 보호해야 한다는 확실한 증거가 되었다. 이상적으로라면

이 수용소는 추방자들을 재교육하고 개조할 수 있었다. 자신의 불쾌한 특성을 버릴 수 있는 사람에 한해서는 말이다.

부헨발트에도 유대인 수감자가 있긴 했지만(특히 수정의 밤 이후에), 전쟁이 시작된 뒤 갈수록 광란으로 치달으면서 이곳은 정치범을 (당시에 무척 많이 필요했던) 노동자로 활용하는 데 점점 특화되었다. 유대인(혈통에서 발견되는 이들의 불쾌함은 버리기가 불가능했다)은 부헨발트에서 주기적으로 대량 학살되거나, 이들을 몰살하려는 목적으로 특별 설계된 폴란드의 수용소로 이송되었다.

1943년 12월의 어느 추운 아침에 다니엘이 (바로 앞의 자크와 바로 뒤의 에티엔과 함께) 부헨발트에 도착했을 무렵, 부헨발트의 수감자 수는 무려 3만 7,000명이었다. 대부분은 러시아와 폴란드, 프랑스, 독일, 체코슬로바키아에서 왔으며, 집시, 나치에 반대하는 독일인, 여호와의 증인, 상습범, 전쟁포로(미국인 포함)가 뒤섞여 있었다. 비교적 적은 수였지만 유대인도 있었는데, 문서에 오류가 있었거나 수용소에 필요한 직업 및 기술이 있기 때문이었다. 가톨릭신자와 정교회 신자, 무슬림이 있었고, 무슨 이유에서인지 노동하지 않는 사람들도 있었다. 부헨발트는 주로 남성을 수용하는 곳이었다. 1944년까지 이곳의 여성은 하인리히 힘러Heinrich Himmler의 주도로 1943년 봄에 만든 수용소 성매매업소의 노동자들뿐이었다. 이들은 인당 1~2라이히스마르크를 받고 하루에 손님 다섯 명을 상대해야 했다. 인종적으로 우월한 사람들이 이용할 수 있었던 이 성매매업소는 가끔 '재교육'의 일환으로 동성애자에게 강요되기도 했다.

부헨발트에는 대량 학살에 사용되는 가스실이 없었다. 그 기능은 주로 폴란드에 있는 수용소들로 이전되었다. 그러나 극심한 육체적 고통(그리고 뒤이은 죽음)은 여전히 존재했다. 전쟁이 지속되고 이송 조직이 계속 확장되면서, 부헨발트의 수감자 수는 날이 갈수록 기하급수적으로 증가했다. 이런 환경에서 수감자(그리고 역시 수감자였던 이들의 직속 감독관)들의 몸은 오물, 부족한 음식과 물, 극도의 과밀과 추위, 질병, 기생충 감염, 신체 폭력으로 점점 약해져갔다. 1942년 봄과 1944년 가을 사이에 부헨발트의 수감자 수는 8,400명에서 8만 4,000명으로 10배나 뛰었고, 그 결과 사망자 수도 증가했다. 1937년에서 1945년 사이에 총 24만 명에 달하는 인원이 부헨발트를 거쳐갔으며, 그중 5만 6,000명 이상이 사망했을 것으로 추정된다.

라 메종 드 로슈에서 온 클라우스 시몬 같은 수감자들이 수용소 소장의 가학적인 아내였던 일제 코흐라는 괴물 같은 존재와 마주쳐야 했던 곳이 바로 부헨발트였다. 이곳 수감자들은 특수한 고문을 당했는데, 예를 들어 '나무 매달기'라고 불린 고문은 수감자의 팔을 뒤로 모아 장대에 매다는 것이었다. 또한 수감자들은 특별 제작된 나무 장치로 두 다리가 묶인 채 공개적으로 채찍질을 당했다. 부헨발트의 감방 안에서는 비밀리에 긴 고문이 이어졌고, 정맥에 공기를 주입해 사람을 죽였다. 오로지 생체실험을 위한 막사도 있었는데, 이곳에서 수감자들은 발진티푸스와 디프테리아, 천연두, 황열병 연구에 사용되는 살아 있는 배양 접시가 되었고, 화상을 입은 뒤 '가스괴저균'에 전염되었으며, 동성애자들은 '재활'이라는 명목으로 장기 수술을 받았다. 살해당한 수많은 사람의 머리가 쪼그라든 채로 전시되었고, 이들의 표정은 울부짖는 작은 거죽으로 영원히 박제되었다.

이러한 고문들은 기괴함의 극단을 달렸고, 그 밖에도 부헨발트에서는 매일 매시간 야만적인 굶주림과 잔혹함, 정신적·감정적 모욕에 시달렸다. 이런 지속적인 조건 속에서 수용소의 모든 영혼은 수감자이건 간수이건 상관없이 다른 영혼이 자신의 가장 어두운 곳으로 내려가는 모습을 목격해야만 했다. 이들은 자기 몸과 마음이 쪼그라들며 변하는 모습을 지켜봐야 했고, 시간이 흐르면서 자신이 한때 확고부동한 신념으로 여겼던 것의 한계를 향해 영혼이 점점 가라앉을 가능성과 맞닥뜨려야 했다.

자크와 다니엘, 에티엔은 지난 48시간 동안 콩피에뉴에서 매우 먼 거리를 이동했다. 나무가 있고 식사 시간에 철학을 논했으며 고향에서 편지를 받을 수 있었던 콩피에뉴. 다니엘은 불과 몇 주 전에 기뻐하며 빛이 잘 드는 새 막사로 옮겼다는 소식을 전했다. 부헨발트에 도착하자마자 옷을 빼앗기고 머리를 깎이고 죄수 번호와 삼각형 천을 부여받은 세 청년은 누군가의 고통스러운 비명을 들었을까? 땅바닥에 쓰러져 오그라든 시체를 처음으로 목격했을까? 화장터의 높은 굴뚝에서 흘러나오는 낯선 냄새를 맡았을까?

다음 사실은 확신할 수 있다. 누더기 같은 옷을 입고 새 나막신 위에서 비틀거리던 세 사람은 수용소의 중심 막사에서 조금 떨어진 장소를 향해 언덕을 걸어 내려가라는 명령을 받았다. 곧 이들은 캄캄한 어둠 속에서 일렬로 늘어선 기다란 목조 막사를 발견했을 것이며, 세 사람은 그중 한 곳에 배정되었을 것이다. 누군가 문을 열었을 것이다. 그리고 이질로 인한 배설물 냄새가 그들의 얼굴을 강타했을 것이다.

안으로 들어간 세 사람은 원래 말 50마리를 사육했던 건물에 빽빽이 들어찬 1,000명에서 2,000명가량의 사람과 마주쳤을 것이다. 이 1,000여 명은 천장까지 삼사 층으로 쌓인 불결한 나무 침대에 정어리처럼 짓눌려 있었다.

이곳은 노동을 위해 몇 주 안에 다른 곳으로 보내질 부헨발트의 새 수감자들을 격리하는 리틀 캠프였다. 리틀 캠프는 1945년 4월 미군에 의해 해방된 뒤 홀로코스트의 참상을 그대로 담은 잊지 못할 최초의 이미지를 서구에 제공하게 된다. 찰칵, 엘리 위젤Elie Wiesel*이 침대 중 하나에서 밖을 내다보고 있고, 골반과 갈비뼈가 툭 튀어나온 해골 같은 남자가 그 옆에 서서 희미하게 웃고 있는 사진. 찰칵, 막대기 같은 다리를 펼치고 바닥에 앉은 한 남자가 양철 그릇을 들고 카메라를 똑바로 바라보고 있는, 그의 눈 속에 온 세계가 담긴 사진.

이제는 38221이 된 다니엘을 잠시 이곳에 두고 떠나려 한다. 안에서 어둠이 그를 기다리고 있는 리틀 캠프의 열린 문 앞에. 다니엘이 저 수많은 낯선 사람들 틈바구니에서 어디서 잠들 수 있을지 고민하기 시작하는 이때, 그를 악취 속에 남겨두고 떠나려 한다.

나는 이 순간 마침내 다니엘이 두 눈을 감았으리라 생각한다. 그는 사랑하는 사람들을 생각한다. 그리고 그들을 사무치게

---

* 홀로코스트 생존자이자 작가, 인권운동가로 1986년에 노벨평화상을 받았다.

그리워한다. 잠들기 전에 그는 아이들의 작고 다정한 얼굴들을 떠올린다. 자신이 적어도 몇 명은 위험에서 구할 수 있음을 알았던, 한때는 자신이 캄캄한 밤에서 보호해줄 수 있었던 아이들.

바로 이곳이 세상을 재건하려던 이들이 당도한 곳이다.

하나, 둘, 세 명의 아이들이 자동차를 향해 깡충깡충 뛰어간다.

쌀쌀한 르 샹봉의 4월이다. 점심시간이 끝났고, 아이들을 다시 학교에 데려다줘야 한다. 길을 건너기 전에 자말이 자신의 자그마한 손으로 내 손을 잡는다. 제자크가 껌을 바닥에 떨어뜨렸다가 주워서 쓱 닦고 자기 입속에 던져 넣는다. 그리고 내 다른 한쪽 손을 잡는다. 몇 달간 아흐마드는 걸어서 아이들을 학교에 데려다주고 다시 걸어서 집으로 돌아왔다. 언덕에서 거의 강까지 내려갔다가 다시 언덕을 오르는 일을 하루에 세 번씩 했다. 아이들이 아침에 등교했다가 점심시간에 집으로 돌아왔다가 오후에 다시 등교하기 때문이다. 추위 속에 언덕을 오르내리는 일은 아흐마드가 보기에 그리 남자다운 활동이 아니다.

그래서 지금 이곳에, 그가 오래전부터 돈을 모아 마련한 해결책이 있다. 340유로를 주고 구입해서 직접 수리하고 광을 낸 진한 자주색 중고차. 우리가 차 쪽으로 길을 건너는 동안 아흐마드는 구부정하게 서서 담배를 피우며 미소 짓고 있다.

아이들이 차 문을 열고 들어가 자리를 잡기 시작하고, 내가 자말의 안전벨트를 서툴게 더듬거린다. 내가 벨트를 매지 못하자 아흐마드가 와서 도와준다.

거울로 아이들을 바라본다. 하나, 둘, 세 명의 아이들은 전부 명랑해 보이는 겨울 모자를 쓰고 재잘대며 활짝 웃고 있다. 바하예프 가족이 이 차를 타는 것은 오늘이 처음이 아니지만, 나무에서 첫 꽃봉오리가 피어나고 있는 르 샹봉에서는 거의 처음이다. 자동차 보험 문제가 이제 막 해결되었다. 그래서 은행 일을 도우려고 오늘 내가 아흐마드를 찾아온 것이다. 아흐마드는 이 문제가 해결되면 생타그레브나 탕스까지, 어쩌면 이생조까지도 차를 타고 달릴 수 있으리라 생각한다. 문제가 해결되면 생테티엔에 가서 마침내 직접 할랄 고기를 살 수 있을 것이다. "신께 감사를."

아흐마드가 아무 문제가 없는지 확인하며 편하게 자리를 잡는다. 키가 너무 커서 의자를 약간 뒤로 빼야 한다. 그의 이런 행복한 모습을 본 적이 있었던가? 그가 내게 체첸에서는 아주 어린 나이부터 아이들을 운전석에 앉힌다고 말한다. 심지어 젖먹이 아기도 제 아빠의 무릎 위에서 보이지 않는 핸들을 붙잡는다. 부릉, 부릉, 부릉, 상상 속의 자동차는 오른쪽으로, 왼쪽으로, 다시 오른쪽으로 방향을 틀며 미래의 지평선으로 향하는 미래의 도로를 달린다. 산맥, 들판, 길가의 숲을 지나, 미래의 도시와 미래의 시장을 향해 달린다. 뒷좌석에는 오이가 가득 든 상자들이 있다. 가장 작고 못생긴 오이는 혼자 사는 늙은 할머니들에게 싸게 팔 것이다. 어쩌면 자동차는 가장 아끼는 딸에게 줄 선물인 피아노를 끈으로 동여매고 산길을 달릴지도 모른다. 아니면 다섯이나, 여섯, 일곱 명인 가족이 전부 작고 오래된 라다Lada*에 끼여 타서, 손에 닿을 듯 가까워 보이는 눈 쌓인 산봉우리를 지나, 처음으로 바다를 보러 갈지도 모른다. 부릉, 부릉, 부릉, 훗날 이 어린 남자아이에게 멀미라곤 전혀 없을 것이다.

아이들 하나, 둘, 세 명은 이제 뒷좌석에서 전부 안전벨트를 맸고, 우르릉거리며 차에 시동이 걸린다. 라디오에서 음악이 흘러나온다. 내 귀에는 평범한 동유럽 가요처럼 들린다. 이게 아니에요. 아흐마드가 내 쪽을 바라보고 이렇게 말하며 CD의 스위치를 탁 누른다. "애들이 원하는 건 이거예요…."

여덟 번의 빠른 심장박동이 두 차례 이어지며 노래가 시작되고, 아델의 포효하는 듯한 감미로운 목소리가 흘러나온다. 하나, 둘, 세 명의 아이들이 노래를 따라 부르기 시작한다. 아이들은 자신의 네 번째 언어로 쓰인 이 곡의 가사를 이해하지 못하지만, 모음을 전부 잘 발음하며 음정에 맞게 노래한다. 기쁨에 겨워 자동차의 리듬에 맞춰 다리를 앞으로 흔든다. 모두가 한목소리다.

우리는 심장박동에 맞춰 언덕 아래에 있는 마을 중심가까지 달리기 시작한다. 카페 드 벨레Café de Velay와 방크 드 크레디 아그리콜Banque de Crédit Agricole을 지나고, 피자집과 교회(서로 사랑하라) 옆을 쌩 지나, 학교 뒤쪽으로 향한다. 아이들은 이 초봄에

---

* 러시아의 소형차.

명랑해 보이는 작은 겨울 모자를 쓰고 노래를 부르고 또 부른다. 노랫소리가 점점 커질 때마다 아이들도 목소리를 높이고, 아직은 이해하기 힘든 단어들을 입 모양으로 따라 한다. 모든 음절이 거의 알맞은 자리에 있다.

> 우린 모든 걸 가질 수 있었어
> 롤링 인 더 딥….

우리는 언덕을 질주하며 마을을 한 바퀴 돈다. 아흐마드는 빠르게 달리고 있고, 두 손은 핸들 위에 안정적으로 놓여 있다. 이런 그의 모습을 보니 좋다. 지난 몇 달간 아흐마드의 얼굴이 매일매일 바뀌는 모습을 지켜봐왔다. 자신이 사랑하고 필요로 하는 공동체를 빼앗긴 그는 염려와 병으로 안색이 점점 창백해지고 있다. 마치 뿌리 없는 나무 같다. 그가 지역 주민들과 맺는 관계는 (주민들의 의도가 아무리 선하더라도) 그가 고향에서 맺던 관계에 비해 시시하고 얄팍하다는 사실을 알 수 있다. 친척이나 씨족 없이, 가족과 친지 없이 그가 어떻게 살 수 있단 말인가? 아내와 네 아이를 어떻게 지킬 수 있단 말인가? 어떻게 남자가 될 수 있단 말인가?

언젠가 미국에 돌아와 있을 때 아흐마드가 내게 문자 메시지를 보냈다.

> 남편분과 모든 가족분께 인사를 전합니다. 잘 지내시나요? …
> 아마 지금쯤 당신의 사람들과 가까이 있겠지요? 정말 오붓하고

평화롭겠지요. 우리는 가족이 너무 그립습니다. 특히 아이들이 잠든 밤에요. 그때가 되면 우리는 자리에 앉아 가족들을 그리워하고, 울면서 부모님을 다시는 못 보게 될까 봐 (그럴 수도 있을까요?) 시름에 잠깁니다. 우리는 간절히 기도합니다. 단 한 번만 부모님을 다시 만나게 해달라고요. 오 신이시여, 우리에게 영생의 낙원에 있는 정원을 주십시오. 저희 모두에게 만족하실 것입니다. 오 신이시여, 만일 우리의 눈물이 강처럼 흐른다면 용서하십시오. 그간 저희의 운명은 가혹했습니다.

하지만 우선 지금은 하나, 둘, 세 명의 아이들이 심장박동에 맞춰 행복해하고 있다. 아이들의 아빠 또한 행복하게 달리고 있다.

◇

시간이 흐르면서 내가 희망의 흔적을 샅샅이 찾아다니고 있었음을 깨닫는다. 더 정직하게 말하자면, 희망의 흔적을 너무 열심히 찾았기에 끔찍한 상황을 모른 척할 수 있었다.

몇 달간 떠나 있다가 다시 르 샹봉으로 돌아온 어느 날, 라리사(나와 함께 비욘세 노래를 부른 라푼젤)가 떠났다는 소식을 듣는다. 라리사와 남편은 프랑스 정부에 난민 지위를 거부당한 뒤 르 샹봉을 떠났다. 내가 라리사에게 마지막으로 작별 인사를 건넸을 때, 라리사가 나를 꼭 끌어안으며 "리우블리우 테비아liubliu tebia",

즉 사랑한다고 말했을 때, 나는 라리사에게 노란 병아리 그림이 있는 부엌 행주를 주었고 라리사는 내게 오로지 캅카스 지방에서만 선물할 배를 다 덮는 팬티를 주었다. 라리사에게 문자를 보내봤지만 전화번호가 바뀌었고, 바뀐 전화번호를 아무도 모르는 것 같다. 라리사와 남편이 르 퓌 근처로 떠났고, 우선 지금은 망명 신청자들이 임시로 머물며 다음 계획을 세우는 곳에서 그럭저럭 잘 지내고 있다는 불확실한 이야기를 전해 듣는다.

한편 르 상봉에서 나는 여러 가족과 갈수록 가까워지고, 그들은 고향에서 본 것과 겪은 것을 점점 더 많이 말해준다. 어느 날 다게스탄 여성인 아루비카가 폭력적이었던 아버지에 관해 길고 기이한 이야기를 들려준다. 아버지는 잔인하게 아루비카를 거부했고, 아루비카와 어머니를 버렸다. 아루비카는 숲속에서 살해된 사촌 이야기도 자세히 들려준다. 닦이지 않는 사촌의 피가 숲속의 수풀로 흘러들었고, 아루비카는 할머니가 그 광경을 보지 않도록 열심히 피를 닦았다. 나는 강간을 비롯해 아프리카 여성에게 가해지는 여러 폭력을 더 많이 알게 된다. 폭력적인 남편을 피해 이란에 두 아이를 남기고 도망친 한 아르메니아 여성을 통해 테헤란 거리에 목이 매달린 사람들을 목격하는 것이 어떤 것인지도 알게 된다.

내 주위에 있는 이 모든 고통을 어떻게 해야 할지 모르겠다. 이 모든 두려움을, 이 모든 희망을, 특정 아이들에게 점점 커지기 시작한 이 모든 아찔한 사랑을 어떻게 해야 할까. 나의 끔찍한 한계가 3차원으로 점점 확대되어 보이는 이 상황을 어떻게 해야 할지 모르겠다.

이 세상에서 선한 사람이 되는 방법을 내가 조금이라도 알긴 할까?

어느 날 아멜리에와 함께 버섯을 따러 간다. 아네스가 살해당한 뒤로는 숲속에 들어갈 때마다 약간 이상한 기분이 든다. 우리는 밝은 주황색의 꾀꼬리버섯, 보라색과 갈색을 띠는 꾀꼬리버섯과 그물 버섯을 발견한다. 나는 버섯이 가득 담긴 비닐봉지를 들고 혼자 발 두 리오Val du Rio에 있는 내 아파트로 돌아온다. 물을 끓여 감자를 삶는다. 부엌 천장에 달린 환한 조명을 빼면 집 안은 캄캄하다. 의자에 앉아 봉지를 열자 달콤한 흙냄새가 난다. 칼을 들고 봉지에서 버섯을 하나씩 꺼내 다듬으며 그날 아침 아루비카와 나눈 길고 고통스러운 대화를 생각한다. 숲속에서 들었던 총성을 생각한다. 아마 사냥꾼이 낸 소리겠지만, 누가 알겠는가. 머리 위를 시끄럽게 지나간 비행기들을 생각한다. 나무에 묶여 살해된 아네스를 생각한다.

비닐봉지 바닥에 깔린 버섯과 나무 부스러기 사이에서 나와 함께 숲에서 이곳까지 이동한 작은 거미 한 마리와 작은 자벌레 한 마리를 발견한다. 칼로 조심스럽게 두 마리를 밖으로 꺼내 불빛 아래 식탁에 올려놓는다. 이 자그마한 생명체들도 그물 버섯과 꾀꼬리버섯을 먹는다는 사실을 생각한다. 어느샌가 나는 울고 있다. 수풀에 피가 흘렀다는 아루비카의 이야기 때문에, 이 거미와 자벌레에게는 버섯 하나가 커다란 산이기 때문에, 내가 발견하지 못했더라면(우연이 아니었다면 내가 어떻게 발견했겠는가?) 이 자그마한 생명체들이 내 프라이팬 위에서 죽었을 것이기 때문에.

이곳 고원에는 희망이 있지만, 여기에는 대가가 있다. 사랑이 있지만, 역시 대가가 있다. 내게 그 빚을 조금이라도 갚을 힘이 있나? 내가 조금이라도 가치 있는 선물을 할 수 있나? 나는 아이를 낳지도 않았고, 부러진 팔이나 다친 마음을 고치지도 못하고, 직접 감자를 심을 줄도 모르고 심지어 운전도 할 줄 모른다. 나는 이 세상에 쓸모 있는 일을 단 한 가지도 하지 못한다. 나는 평화가 무엇인지 알아낼 수 있으리라 생각했으나 이제는 밤마다 산 자와 죽은 자의 얼굴이 떠올라 괴로워하는 한때의 인류학자다. 아이들이 내 우쿨렐레를 제멋대로 튕기거나 신나게 노래하며 길가를 달릴 때면 마음의 위안을 얻는다. 하지만… 어떻게 내가 유령보다 나은 존재일 수 있을까? 내가 무엇을 고칠 수 있을까?

로브잔과 함께 있던 어느 날, 전에 없던 일이 일어난다. 로브잔과 아기 술림과 나는 로브잔의 집에 앉아 함께 수다를 떨며 놀고 있고, 다른 아이들은 학교에, 아흐마드는 어딘가 다른 곳에 갔다. 어느 순간 로브잔이 자신은 몇 분간 할 일이 있다고 말한다. 그래도 괜찮을까요?

나마즈namaz를 할 시간이에요. 내가 기도하는 동안 텔레비전 보고 있을래요? 나는 무엇이든 로브잔이 좋을 대로 하겠다고 말한다. 방해하고 싶지 않아요. 로브잔은 내가 방해되지 않는다고 말한다.

로브잔이 자기 침실로 들어간다. "보고 싶으면 여기에 가족

사진이 좀 있어요." 로브잔이 이렇게 말하며 내게 자기 핸드폰을 건네준다. 체첸에 있는 눈썹이 진한 어머니 사진이 있다. 로브잔에게 "우리는 돈을 이용하고 사람을 사랑해야 해. 그런데 너무 많은 사람이 돈을 사랑하고 사람을 이용해"라고 말했던 언니 사진이 있다. 도망치기 전 마지막으로 체첸에 있는 가족을 찾았을 때의 아이들 사진이 있다. 그때 아흐마드와 자말의 사진이 나온다. 이때 이미 길 위를 떠돌고 있었을까? 아흐마드의 얼굴이 퉁퉁 부어 있고, 아이들은 빨간 눈 밑으로 다크서클이 깔렸다. 제자크는 여전히 멋지고 무시무시한 공주님 같다. 그러다 첫 재판 때문에 온 가족이 파리에 간 사진이 나온다. 뒤에서 열차 시간표가 주황색 글씨로 번쩍인다. 그리고 아이들 사진이 몇 장 더 있다. 놀고 있는 아이들, 기도하려고 옷을 갖춰 입는 아이들, 골반에 손을 올리고 춤추는 아이들, 일렬로 나란히 물구나무서기를 한 아이들.

로브잔이 개어둔 옷을 들고 다시 조용히 거실로 나온다. 그리고 조심스럽게 치마와 티셔츠 위에 갈색과 검은색이 섞인 긴 옷을 걸친다. 머리에 스카프를 두르고, 깨끗한 곳에 깔개를 깐다. 텔레비전이 계속 켜져 있는 가운데 로브잔이 신성한 키블라 qiblah* 쪽을 바라본다. 자말이 종종 종이 상자 안에 앉곤 하는 놀이 공간과 우연히 방향이 같다.

텔레비전에서는 일렉트릭 베이스기타 소리에 맞춰 형광 주황색 드럼스틱이 번쩍인다. 그러다 가사가 흘러나온다. "… 그게

---

* 이슬람에서 예배를 올릴 때 바라보는 방향.

네 방식이지, MTV에 나와서 기타를 치는 거…"

로브잔은 말이 없다. 우아하고 조심스럽게 절을 한 뒤 올라온다. 다시 절을 하고 입으로 신성한 단어를 읊조린다. 손바닥을 펼쳐 들고 고개를 든다. 또다시 기도하며 절한다.

나는 목격자다.

◇

사실 나는 계속 숨고 있다. 기도 중인 로브잔은 그렇지 않지만, 나는 숨고 있다. 내가 기억하는 가장 먼 옛날부터 늘 그래왔다.

그리고 내게 숨는다는 것은 이런 것이다.

◇

정확히 다니엘 트로크메가 태어난 해인 1912년, 사회과학에 혁명적인 사건이 발생했다. 소르본 대학에 몸담고 있던 유대인 사회학자 에밀 뒤르켐이 『종교 생활의 원초적 형태*Les Formes élémentaires de la vie religieuse*』를 출간했는데, 이 책은 (이파리가 무성한 곳에서 정령을 숭배하는 형태든, 벨벳을 깔고 교황을 따르는 형태든) 모든 종교를 사회 문제를 적극 해결하는 사회 제도로 이해할 토대를 마련했다. 모든 종교는 뒤르켐이 '성the sacred'이라 칭한 것, 즉 보이지 않는 다른 세계와 연결된 유무형의 대상에 초점을 둔다.

뒤르켐은 이 성스러운 것들이 고유한 방식과 맥락 속에서 삶을 바꿀 만한 힘, 일종의 거대하게 일렁이는 집단적 통일감과 소속감을 일으킬 수 있다고 보았고, 이러한 힘을 '열광effervescence'이라 칭했다.

이 책이 혁명적인 이유가 뭘까? 그 내용이 사실상 절도나 마찬가지였기 때문이다. 이 책에서 뒤르켐은 그간 근본적으로 과학 법칙에 부합하지 않는다고 여겨진 영역, 즉 정신적인 것을 낚아채서 과학으로 가져오는 데 성공했다.

극동과 인도, 또는 이슬람의 황금기에 번창한 풍부한 과학적 전통과 달리, 유럽의 과학은 역사 내내 그저 정신을 거부하기만 했다. 유럽에서 과학혁명의 여명이 밝아오던 17세기에 르네 데카르트는 『방법서설*Discourse on Method*』을 통해 탐구 영역을 물질계 안에서 신중하게 잘 선택하면 철저하고 질서 정연하고 지식이 축적되는 방식으로 대상을 연구할 수 있음을 보여주었다. 이 연구 방식을 적절하게 잘 활용하니 결국 물리법칙을 확인하는 성취를 이룰 수 있었다. 매우 크나큰 성취다. 이제 우리는 달로 날아가는 방법이나 빅뱅, 유전학, 진화, 또는 그 밖의 모든 장엄하고 장기적이며 경이로운 이해의 산물을 파악할 수 있다.

그러나 모든 과학 모델과 마찬가지로 이러한 정신과 몸의 이분법(약칭으로 이렇게 불렸다)은 자유로운 상상을 막는 방어벽을 만들어냈다. 별과 벌레와 몸과 대리석은 법칙을 찾아낼 수 있었으나, 정신과 마음, 감정, 사랑, 시의 세계에 과학적 방법을 적용하는 것은 감히 생각도 해서는 안 된다는 주장이 강력하게 제기되었고, 그 결과 모두가 그렇게 느끼게 되었다. 그런 것들은 절대 건드려서는 안 되는 영역이었다. 너무 고상했고, 자기만의 조건을 가진 온전하고 완벽하며 신비한 것이었다. 그러므로 그런 것들에 질문을 던지고 싶다면 (혹시 모르니까) 가수 상태trance에 빠지거나 신에게 물어야 했다. 그쪽으로 과학을 적용하려는 시도는 절대 해서는 안 됐다.

1912년에 뒤르켐(과 이러한 이분법 속의 균열로 씨름하던 다른 사람들)은 정신(여기서는 종교)을 훔쳐서 과학으로 가져갔다. 종교는 대리석이나 벌레, 시체나 별이 아니었다. 그러나 종교는 사회적인 것이었고 사회적인 역할을 수행했다. 그러므로 **짜잔,** 다른 사회적인 것과 마찬가지로 종교 역시 분석이 가능했다. 한 번에 한 행위씩.

이런 기념비적인 변화에 힘입어 종교는 사회적이고 분석 가능한 것이 되었다. 종교는 개인과 공동체가 희망을 걸 수 있는 형언 불가능한 공간과 물체, 존재를 제공하며, 삶의 명백한 경로에서 방향을 꺾을 힘을 일으킬 수 있다. 몸이 아파요! 낫게 해주세요! 아이를 낳을 수 없어요! 제게 아이를 주세요! 적이 문 앞에 있어요! 저를 보호해주세요! 다시는 부모님을 볼 수 없을 거예요! 부모님을 만나게 해주세요! 종교는 세상을 거꾸로 뒤집을 수 있다. 우리에게 희망을 준다. 종교는 우리가 영생을 살 것이며 죽은 뒤에 사랑하는 사람들을 다시 만날 수 있다고 약속한다. 눈에 보이지는 않지만 그것이 실재함을 알고 느낄 수 있는 것들, 거대하게 일렁이는 멋진 것들을 우리와 연결해준다. 그러나 뒤르켐의 생각과 주장이 혁명적이었던 이유는 이러한 정신과 몸의 이분법을 깨부쉈기 때문만이 아니다. 여기에는 권력의 문제도 있었다. 이 종교의 과학은 분석적 측면에서 모든 종교를 대등하게 만들었다. 그 자체로 전복적인 결과였다. 대놓고 말하자면, 이제 기독교는 가장 높고 진실하고 선한 종교가 될 수 없었다. 기독교가 1912년에 아무리 세상의 막대한 부분을 지배하고 있었더라도, 서구의 이념 질서에서 늘 꼭대기에 편안히 앉아 있었더라도 말이다. 이제 스스로를 유대인, 기독교인, 무슬림, 조로아스터교인, 불교인, 힌두교인, 바하이교인이라 칭하는 집단은 모두 성스러운 것과 교감하고 있었다. 이들은 모두 그 성스러운 것과 관련된 종교 생활을 통해 문제를 해결하고 있었다. 세상의 질서와 삶을 살아가는 법을, 혼란한 시기를 맞이하는 법과 재앙에서 살아남는 법을 알아내고 있었다. 이런 식으로 이들은 모두 대등하고 평등하고 똑같았다.

나는 러시아에서 현장 연구를 하던 중에 뒤르켐을 재발견했다. 어느 날 묘지에서 열리는 연례 봄 행사에 참여했는데, 모두가 세상을 떠난 부모님과 조부모님, 자녀, 조상들과 대화를 나누고 있었다. 아기가 태어났어요, 누구누구가 결혼했어요, 양배추가 자라질 않아요, 벌들이 죽고 있는데 이유를 모르겠어요. 사람들은 계속 술을 마시며 갈수록 취해갔고, 노래하고 울며 술을 더 많이 마셨다. 눈앞의 광경을 믿을 수 없었다. 뒤르켐이 말한 열광이다! 모든 것이 흐릿하게 사그라들고 눈물과 웃음이 똑같은 양으로 뒤섞이는 동안, 무척 고된 삶을 살아가는 이 외로운 사람들, 모든 종류의 제도적 보호에서 너무 멀리 떨어진 이 사람들이 자신에게 있는 모든 수단(언어와 술, 흙, 고인)을 동원해 더 고귀하고 거대한 것을 느끼려 한다는 것을 알 수 있었다. 고유의 성상과 주술사, 주문, 기도가 있는 이들의 종교는 손 닿는 곳에 있는 수단은 무엇이든 움켜쥐고 다 함께 더 높은 곳을 향해 손을 뻗음으로써 자기 삶을 바로잡고자 하는 행위로 이루어져 있었다. 그 안에는 존엄이 있다.

이곳 고원에서는 어떨까? 이곳의 성스러움은 조용하고 굳건해 보인다. 커다란 그림이나 색채나 언어를 동원한 의례는, 아마도 개중 가장 훌륭한 것 외에는 없다. 물체도 없다. 너무 거대해서 '개신교'라는 단어로는 다 담아낼 수 없다. 그보다는 "캄캄하고, 침묵 속에 물을 빨아올리는 100개의 뿌리가 얽힌 그물 같은" 릴케의 신에 더 가깝다.

뒤르켐의 작업은 작은 기적이었다. 그의 작업은 당시 세상에 막 등장하고 있던, 문명은 하나가 아니라 여러 개라는 생각(우리의 다니엘 트로크메에게도 막 떠오르기 시작했던 생각), 가장 성스러운 공간에서도, 어쩌면 가장 성스러운 공간에서 더욱더, 그 누구도 다른 사람보다 더 고귀하거나 열등하지 않다는 생각을 한층 강화했다.

이 기적에는 방법이 하나 있었다. 그저 연구할 것. 자세히 바라볼 것. 그러면 사람들이 눈에 보이지 않는 것들과 교감하는 방식, 자신에게 더 고귀하고 선하고 멋지고 영원한 것들과 교감하는 방식을 발견할 수 있다. 이러한 과학 속에서는 모두가 두 손을 들고 자신의 신과 만날 수 있다. 그리고 누구도 그 행위로 인해 모욕당하지 않는다.

뒤르켐이 처음 이 모든 것을 집필했을 때 세상은 질식 상태에서 그의 통찰을 갈구했다. 그건 지금도 마찬가지다. 그러나 뒤르켐의 통찰이 아무리 좋고 옳고 기적 같았어도, 나는 다음과 같은 이유로 숨기 시작했다. 나는 종교를 믿었고, 내 주위를 둘러싼 사회과학에서 그 사실은 말 그대로 터무니없었다.

내가 경험한 논리는 다음과 같다. 모든 성스러운 체계를 동등하게 만드는 혁명적 능력은 사실 그 무엇도 결코 성스럽지 않다는 데서 나온다. 즉, 이런 성스러운 것들을 연구할 수는 있지만 실제로 믿어서는 안 된다. 어떻게 그럴 수 있겠는가? 먼저, 자신이 연구하는 '토착민'은 허튼소리만 하고 오직 자신이 따르는 목사나 랍비나 이맘만이 옳다고 남몰래 생각한다면 잘못된 방향으로 나아가게 된다. 그래선 안 된다. 모든 성스러운 세계(본인이 속한 세계와 본인이 연구하는 세계)가 바로 떨쳐버릴 수 있는 각각의 형이상학적 명제들로 구성되어 있는 편이 낫다.

연구자는 모든 것을 잊고 성스러움 없는 삶을 사는 것이 좋다. 히말라야산맥에서 배운 복잡한 신화를 즐길 수도 있고, 인간의 정신이 신 들림 의례를 고안하고 방언을 할 수 있다는 사실에 경탄할 수도 있다. 어쩌면 일부 인류학자가 참여관찰 중에 보인 극단적인 행위처럼, 성년 의례에 참여했다가 자기 성기(있다면)에 문신을 받을 수도 있다. 그러나 이런 것들을 즐기는 것(제노파일 xenophile*이 되는 것)이 우리가 느낄 수 있는 최대치다. 진지한 연구자는 대상에 압도되지 않을 것이다. 버섯 위를 기어오르는 거미를 보고 밤에 혼자 눈물을 터뜨리지 않을 것이다. 다니엘과 이

---

* 외국인이나 외국 문화를 좋아하는 사람.

야기를 나누기 시작하면서 지금 그가 어디에 있든 내 목소리를 들을 수 있을까 궁금해하지 않을 것이다.

대학원을 다닌 다른 사람들은 어땠을지 모르지만, 유대인으로 태어나 바하이교인이 되었으며 뉴욕 로체스터의 지루한 동네에서 자란 나는 주변 사람 대부분에게 종교를 믿는다는 것이 곧 인식론적 불이익이 있다는 뜻임을 재빨리 간파했다. 내가 살던 퀘벡은 세속적이고 어지러울 만큼 애국심이 강하며 단호하게 신을 믿지 않는 곳이었다. 내가 파악하는 한 내 인류학 교수님 중 그 누구도 종교적 신념이 없었고, 친구 중에는 극히 소수만 종교가 있었다. 그들 대부분에게 종교는 부조리하고 터무니없는 과거 세계의 우스꽝스러운 유물이었다. 그리고 솔직히, 그렇게 생각한다고 누가 그들을 비난할 수 있겠는가?

그래서 나의 믿음을 드러내면서도 교묘하게 숨겼다. 사람들은 내 종교적 배경이 독특하다는 사실을 알았고(유대인은 이제 그리 특이하지 않았지만 바하이교인은 아직 특이했다), 종교인이 천국 같은 것을 믿는다며 친구들이 농담할 때 나도 따라서 웃었다. 하하 맞아, 그렇게 보면 진짜 어리석다. 사람들은 크게 호기심을 갖거나 신경 쓰지 않고 내 금식이나 금주에 익숙해졌고, 나는 매일 해가 뜨고 질 때 내가 기도를 올린다는 사실을 알리지 않았다. 동시에, 나는 모든 거대서사(사회적 지위와 인종, 젠더, 사상, 신앙에 관한, 내 신념이 아닌 이 사회를 지배하는 거대서사)를 내버리고 그 모든 것에서 자유로워지기를 즐겼다. 나중에 문화와 역사를 가르치는 수업을 맡았을 때, 트로츠키주의자였던 한 학생(낮에는 우체부로 일했다)조차 내가 마르크스주의자인지 아닌지 알아채지 못했다는 사실을 즐겼다. 글쎄, 나는 마르크스주의자였을까?

모든 종교는 사람들에게 형언할 수 없는 성스러운 것을 향해 두 팔을 뻗을 기회를 제공하는데, 그것들은 때로는 아름답고 때로는 끔찍하며 때로는 아름다운 동시에 끔찍하다. 모든 종교는 사람들에게 해방이나 구원, 초월적인 무언가를 희망할 기회를 준다. 나는 바하이교를 통해 모든 종교는 똑같이 성스러우며 똑같이 신의 빛이 깃들어 있다고 믿게 되었다. 또한 나는 모든 종교가 가장 깊은 의미에서는 전부 같음을 알고 "모든 종교와 인종을 진실한 마음으로 사랑하는 법"을 알아내야 한다고 배웠다. 그래서 누군가가 나무나 성상을 향해 기도할 때, 또는 교회나 카펫을 깐 조용한 방이나 통곡의 벽에서 신의 현존을 느낄 때, 그 기도들이 곧 그들의 신이 있는 곳에 가닿을 것임을 이해하게 되었다. 우리의 창조주는 우리를 사랑하시고, (우리 중 일부가 아니라) 우리 모두에게 관대하시며, 우리가 삶을 통해 그 사랑을 돌려주는 방법을 알아내길 바라시기 때문이다.

또한 나는 종교를 통해 신은 절대 알 수 없는 존재라는 생각을 내면화했다. 그 신조는 아주 어렸을 때부터 마음 깊은 곳에 자리 잡은 것 같다. 여섯 살 무렵에 크레용을 들고 신을 그렸는데, 그때 나의 신은 종이의 면적을 넘어서는 거대한 노란색 공 모양이었다. 신은 그저 빛이었다. 거대하고, 어디에도 담기지 않고, 크레용으로는 그릴 수 없을 만큼 밝은 빛. 부모님 중 한 분(유대인인 엄마였을 수도 있고 바하이교인인 아빠였을 수도 있다)이 내 그림을 보고 우리는 신을 그리지 않는다고 알려주었다. 그 뒤로 다시는 신을 그리지 않았다. 그러나 지금도 나는 머릿속에 그 그림을 담고 산다. 눈이 파랗고 금발인 저속한 인물은 물론이고 그 밖의 어떤 틀에도 갇히지 않는 빛의 폭발. 그 광대함은 슬프기보다 늘 짜릿하게 느껴졌고, 나의 신앙에서 과학과 종교는 둘 다 그 알 수 없는 눈부신 본질에 다가가고자 노력하는 수단이라고 가르쳤다는 사실과도 잘 맞았다. 즉, 나는 러시아의 농부들과 마찬가지로 내가 존재하는 이유를 알아내고자, 창조주의 사랑을 느끼고자(그런 사랑이 존재할까? 가장 캄캄한 곳에도?), 그리고 그 사랑을 돌려주고자 찾을 수 있는 수단은 무엇이든(성경이든 쿠란이든 베다든, 아인슈타인이든 휘트먼이든 베토벤이든, 거미든 독수리든 멧돼지든) 자유롭게 집어 들 수 있었다.

그러나 삶의 대부분에서 나는 진정으로 성스러운 것을 논할 언어를 결코 찾지 못했다. 오늘날까지도 '기도'나 '축복', '은총' 같은 단어를 소리 내어 말할 때면 내가 사기꾼인 것처럼, 신성한 언어를 제대로 발음할 줄 모르는 것처럼 느껴진다. 그래서 나는 대체로 침묵을 지키며 그 단어들을 주로 머릿속으로만 말한다.

사실 내 안에 그리 대단한 인식론적 변화는 없을지도 모른다. 어쩌면 나의 변화는 사회적 변화에 더 가까울지 모른다. 그러나 고원을 찾기 시작하면서, 이곳에서 인간 조건의 모든 차원처럼 느껴지는 것을 만나면서, 과학이 이 모든 아름다움과 이 모든 두려움과 이 모든 경이와 이 모든 파괴를 왜인지 실제보다 더 작고 납작하게 만드는 방법을 내게 보여준다는 생각을 떨쳐낼 수가 없다. 과학은 이 모든 것을 깔끔하게 눌러서 언어와 숫자를 부여하는 방법을 보여준다. 그리고 내 안에 구도자가 숨어서 살고 있음에도 나는 오랫동안 거대한 것을 작게 만드는 습관을 키워왔고, 종교를 분석적인 방식 안에, 작고 예쁜 상자 안에 넣어두었다. 릴케가 말한 잃어버릴 수 있는 돌처럼.

지금 이 모든 것에 관해 생각하면 할수록 다니엘이 리틀 캠프에서 겪은 고통을, 또는 그 전에 게오르게와 자크와 레오니다스와 헤르베르트와 하를레스가 아우슈비츠에서 겪은 고통을 더 많이 알게 된다. 내가 마리엘렌이나 뮈리엘이나 상드린이나 바하예프 가족이나 그 밖의 다른 사람들을 점점 사랑하게 될수록 성스러운 것이 더욱더 하나의 산처럼 보인다. 멀리서 처음 바라보면 산은 아름답고 분명하며, 왜인지 손에 닿을 듯 가까워 보인다. 그러나 그 방향으로 한 걸음씩 걸어갈수록 산은 점점 거대해지고 우리 자신은 점점 작아진다. 산기슭에 다다를 때쯤이면 산은 우리 위로 우뚝 솟아 있고, 산을 오르려 할 때쯤이면 산에서 불어온 바람이 우리의 귀 옆에서 울부짖기 시작한다. 그러다 우리는 갑자기 나막신을 신고 황당할 만큼 높은 산 위에 있다. 걸음걸음이 새로운 균열이다. 그리고 우리는 로프 맨 앞에 서서 얼어붙은 듯 멈춰 선다.

발밑의 균열에는 우리가 사랑하게 된 남자, 오래전에 떠나 지금은 부헨발트의 리틀 캠프에서 첫날밤을 보내고 있는 남자가 있다. 또는, 숲속의 나무에 묶여 살려달라고 애원하는 소녀가 있다. 또는, **하나, 둘, 세 명**의 어린아이와, 고향에서 너무 멀리 떨어져 밤마다 눈물을 흘리는 그들 부모의 얼굴이 있다.

한 걸음씩 더 가까워질 때마다 믿음은 점점 거대해진다. 믿음은 가늠할 수 없을 만큼 거대하고 위험하다.

. . .

로브잔이 기도를 끝낸다. 그리고 작은 카펫을 다시 만다. 나를 바라보며 미소 짓는다. 기도를 하고 나면 늘 기분이 좋아진다고 말한다. 깨끗해진 느낌이다. 이유가 뭐든 기도를 못 하면 느낌이 뭔가 이상하다.

“사람들이 깨닫지 못하는 게 뭐냐면요,” 로브잔이 마음을 편히 가라앉히는 목소리로 말한다. “신은 오직 한 분이라는 거예요. 피부 색깔이 어떤지, 어디 출신인지, 가난한지 부자인지는 중요하지 않아요. 신은 오직 한 분이에요.” 로브잔이 검지를 들고 나를 똑바로 응시한다. “그리고 아멘이라는 단어도 하나예요. 모든 언어에서 똑같아요.”

“그리고,” 로브잔이 뒤늦게 생각난 듯이 덧붙인다. “기도하는 데 필요한 건 딱 5분과 작고 깨끗한 공간이에요. 그 공간이 세상 사람들의 눈에 열등해 보여도, 그곳이 기차나 화장실이더라도 우리는 기도해요. 기도 전에 씻을 물을 못 찾으면 약간의 흙을 이용하면 되고요.” 로브잔이 흙을 한쪽 팔에, 그다음 다른 쪽 팔에 바르는 흉내를 낸다.

“기도하고 나면, 쓰인 대로 하고 나면 삶이 다르게 보여요. 어떤 사람이 웃고 미소 짓는다고 해서 그 사람한테 문제가 없는 건 아니에요. 그렇다면 어떤 선택을 내려야 할까요? 우리는 희망을 품어야 해요.”

로브잔이 다시 내 눈을 똑바로 응시한다. 알겠어요?

◇◇◇

내가 사회적 기억에 관해 배운 모든 중요한 내용은 부헨발트의 리틀 캠프에서 사라졌다.

에밀 뒤르켐은 그저 종교 연구에 혁명을 일으킨 것만이 아니었다. 그는 20세기 초의 수십 년간 뛰어난 신진 사회과학자 한 세대에 활기를 불어넣었고, 이들은 사회체와 그 안의 성스러움에 관한 뒤르켐의 통찰을 이용해 사회 사상의 구석구석을 깊이 들여다보았다.

뒤르켐의 학생 중 하나였던 모리스 알박스라는 또 다른 프랑스인은 결국 수십 년 뒤 풍성하고 다채로운 기억 연구의 장이 펼쳐질 토대를 마련했다. 1925년에 알박스는 이 분야의 기틀을 다진 저서 『기억의 사회적 틀*The Social Frameworks of Memory*』을 발표했다. 집단이 함께 기억한다는 것, 오늘날을 위해 함께 기억한다는 것은 사실 알박스의 통찰이었다. 이 모든 것에 교묘한 속임수가 있음을 발견한 사람이 바로 알박스였다. 그는 깃발을 흔들거나 지나간 영광의 순간을 담은 글을 암송할 때 우리가 마음을 한데 기울이는 이유는 지금 그래야 할 필요가 있거나 그러고 싶기 때문임을, 또는 다른 사람이 그래야 할 필요가 있거나 그러고 싶기 때문임을, 그들이 우리를 이용하고 싶기 때문임을(1925년에 이것은 정말 대단한 통찰이었다) 발견한 사람이었다. 이런 사회적 기억이 있으면 그들은 우리를 이용할 수 있다.

모든 민족주의 운동의 참여자와 마찬가지로 나치도 순수하고 우월한 민족이었던 위대한 독일의 영웅적 과거를 불러낼 때마다 집단 기억을 이용했다. 유대인이 인류를 타락시킨다고 주장할 때마다 나치는 집단 기억을 수단으로 삼아 대중에게 피에 굶주린 형태의 (뒤르켐이 말한) 열광을 불러일으켰다. "우리는 순수하다. 우리는 경계의 수호자다. 우리는 모든 오염물질의 파괴자다." 1877년에 태어난 알박스는 이런 열광 속에 민족주의 시대가 부상하는 현실과 집단적 이야기의 힘을 직접 목격했다. 그가 보기에 나치 독일은 그저 정신 나간 기억 게임의 가장 최신 버전일 뿐이었을 것이다.

뒤르켐과 그의 많은 제자와 달리 알박스는 유대인이 아니었다. 그러나 그는 유대인 여성과 결혼했다. 그 역시 프랑스에서 아내의 체포에 항의하다가 부헨발트로 보내졌다. 그 역시 머리를 밀고 소독약에 몸을 담갔으며, 77161이라는 숫자와 빨간 삼각형을 받았다. 그 역시 끈 없는 나막신을 받고 리틀 캠프로 보내졌으며, 목조 막사의 문을 처음 열고 질병과 인간의 살이 썩어가는 지독한 냄새에 강타당했다.

대학원에서 알박스의 작업을 처음 읽을 때(그의 거대한 메시지를 내면화하면서 오만하게도 그 안의 사소한 결점을 찾아내려 했을 때) 이 글을 쓴 사람이 언젠가 부헨발트의 의무실에서 붕대를 갈고 있었으리라고는, 그때 또 다른 수감자였던 보리스 타슬리츠키Boris Taslitzky라는 이름의 예술가가 연필의 선만으로 「부헨발트 수용소에서 사망하기 며칠 전 치료를 받는 알박스 교수」라는 제목의 기다란 초상화를 그렸으리라고는 상상도 못 했음을 고백한다. 그러나 뒤르켐의 혁명적 파도가 일으킨 잔물결이었던 알박스는 실제로 그곳에서 그저 안경을 쓰고 벌거벗은, 가슴팍이 안으로 푹 파이고 어깨가 굽은 허약한 노인일 뿐이었다.

모든 사람에게 평등한 수준의 존엄을 제공하고 민족주의적 집착이 인류에게 미치는 명백한 위험을 보여준 그의 사상이 부헨발트로의 이송과 질병, 쇠약, 죽음의 큰 원인이었다는 것 역시 나는 알지 못했다.

그리고 다니엘이 1944년 새해를 살고 있던 바로 그곳에서 그가 사망했다는 사실도 알지 못했다.

과학이나 성스러운 것을 담을 수 있는 깔끔한 상자는 존재하지 않는다. 그런 것은 한 번도 존재한 적 없었다. 그럴 수 있다는 생각은 착각이다.

◇

부헨발트에 공식 입소한 다니엘은 잠잠해졌다. 물랭이나 콩피에뉴에서 보낸 편지들은 과거의 것이 되었다. 철조망 안에서 옛 친구나 학생이나 동료를 만났다는 소식도, 다른 수감자들 앞에서 중동의 삶을 주제로 강연했다는 이야기도 더 이상 없었다. 부모님이 보내준 음식이 정말 맛있고 딱이었다는 의견도, 본인과 이름이 같은 조카 다니엘 트로크메의 탄생을 기뻐하는 반응도 더 이상 없었다. 이제는 읽은 책을 두고 토론을 벌이지 못했다. 공부에서 손을 놓았다는 사실을 소리 내어 걱정하지도 못했다. 겨우 1년 반 전에 결혼할지 말지 고민했던 이름 없는 여성(아름다운 상자)에 관한 언급도 전혀 없었다. 더 이상 작은 귀뚜라미들의 안부를 묻지 못했고, "모두를 위해 행동하라!"라고 쓰인 학교 배지를 만들 돈을 아이들이 받았는지를 두고 안달하지도 못했다. 어둡거나 밝은 방 안에 있는 다니엘, 밤이나 낮의 다니엘, 아이들 문제로 고심하고, 아이들을 간절히 그리워하고, 멀리 떨어진 이 수용소 안에서 자신이 무엇을 할 수 있을지 알아내려 애쓰는 다니엘의 이미지는 더 이상 없었다.

편지에 담겼던 그 모든 수다와 그 모든 질문, 그 모든 선명한 이미지가 전부 사라진다. 부헨발트에 남은 다니엘의 모습은 대개 실루엣뿐이며, 그 또한 상상에 맡겨야 한다. 빡빡 민 머리, 두 개의 귀, 약간 뒤틀린 금속 테 안경. 땅바닥에 앉아 턱에 닿은 무릎을 양팔로 끌어안은 인물. 그 인물 옆으로 한 명, 열 명, 백 명, 천 명의 각기 다른 깡마른 인물이 지나간다. 각자 자신의 방식대로.

리틀 캠프의 전염병에서 거의 4주 동안 살아남은 다니엘은 노역에 적합하다는 판정을 받았다. 그래서 1944년 1월 12일, 그는 도라Dora에 있는 부헨발트의 보조 수용소로 보내졌다. 도라는 V-2 로켓(1944년 중반부터 런던을 비롯한 여러 도시를 공포에 몰아넣은 흑백 탄도미사일)을 생산하는 곳이었다. 이런 방대한 규모로 로켓을 생산하려면 무임금 노동력이 엄청나게 많이 필요했고, 수감자들이 그런 노동력의 주요 공급원이 되었다. 총 6만여 명의 수감자가 도라 보조 수용소를 거쳐간 것으로 전해진다. 다니엘 역시 그중 한 명이었다.

그리고 그곳에서 그를 목격한 사람이 있었다. 두 증인의 이야기가 오늘날까지 남아 있다.

첫 번째 증인은 필리프 캄베세데스Philippe Cambessédès라는 젊은 청년이었다. 캄베세데스의 아버지는 리옹의 의사였고, 이 가족은 전쟁 당시 고원에 있는 한 주택에 머무르고 있었다. 캄베세데스의 형제자매는 세베놀 스쿨의 학생이었고, 용감했던 필리프의 누이 카트린Catherine은 레지스탕스에 적극 가담했다. 필리프는 도라에서 다니엘을 목격했고, 전쟁에서 살아남은 뒤 그곳에서 자신이 본 다니엘의 모습을 트로크메 가족에게 들려주었다. 그는 다니엘에게 서기 업무가 주어졌으며, 그가 "대단히 친절"했다고 말했다. 또한 다니엘의 발이나 다리에 고름 같은 것이 생겼고, 노동 불가능한 수감자들이 머무는 쇼농Schonung에 이따금 들어가 있었다고 했다. 나중에 필리프는 다니엘을 한 번 더 목격했다고 덧붙였다. 다니엘은 제대로 걷지 못했지만 아직 크게 고통스러워하거나 쇠약해지지는 않았다. 언젠가 필리프는 르 샹봉에서 소포를 받고 안에 든 것을 다니엘과 나누어 가졌다. "우리는 르 샹봉 이야기를 했습니다. 무척 즐거웠습니다." 필리프가 말했다.

잔혹한 도라에서의 삶은 도라의 상위 수용소인 부헨발트의 잔혹성을 그대로 빼닮은 것이었다. 수감자들은 주로 빛도 없고 공기도 갑갑한 지하에 살며 위험하고 불안정한 조건 속에서 V-2 폭탄을 만들었다. 이들은 녹초가 될 때까지 일했고, 그로 인해 종종 목숨을 잃었다. 다른 수용소와 마찬가지로 노동은 가장 낮은 수준의 관리 감독을 받았고, 감독관은 주로 상습범이었던 다른 수감자들이었다. 카포kapo라는 이름으로 불린 이들은 강제 수용 체제 안에서 수년에 이르는 긴 시간을 살아왔기에 무자비한 사디스트가 될 수 있었다. 회복실인 쇼농(다니엘이 이따금 노역을 빠지고 입원했던 곳)은 지하 노동과 카포에게서 벗어날 수 있는 일종의 피난처처럼 보였을 것이다. 그러나 어떤 증언에 따르면 전혀 달랐다. 미셸 플릭스Michel Fliecx라는 이름의 한 수감자는 쇼농에서의 경험을 이렇게 회상했다. "그들은 내 옷을 벗기고 나를 시세라이Scheisserei 방으로 보냈다." 시세라이는 똥이라는 뜻이며, 그 방은 이질 병동이었다. "나를 가장 먼저 맞이한 것은 코를 찌르는 악취였다. 방 안으로 몇 걸음 걸어 들어갔다. 사방에 있는 지독하게 더러운 짚 매트리스에 해골들이 누워 있었고, 그 위로 더러운 잿빛 피부가 늘어져 있었다. … 다음 날… 나 또한 그곳의 환자들을 쓰러뜨린 무기력에 빠져들었다."

의무실에 드나들면서, 쇼농에 드나들면서, 다니엘은 죽어가는 사람들에게 둘러싸였다. 걸어 다니는 해골에 둘러싸였다. 그러나 그 와중에도 옛 친구와 함께 르 샹봉을 떠올릴 수 있는 하루가 있었다. 소포를 나누어 가질 수 있었다. 대단히 친절할 수 있었다. 즐거운 말을 들을 수 있었고, 또 직접 말할 수 있었다.

이야기가 하나 더 있다.

1944년 1월의 어느 날, 20021이라고 불리던 한 젊은 남성이 도라에서 끝없이 이어지는 점호를 받으며 서 있었다. 전쟁이 끝난 뒤 이 청년은 카포의 살인적인 명령 아래 살던 도라에서의 삶을 전기로 남겼다. 그의 카포는 초록색 삼각형을 받은 게오르크 핑켄젤러Georg Finkenzeller라는 이름의 범죄자였는데, 다른 수감자의 설명에 따르면 머리가 작고 눈이 텅 비었으며 곤봉을 든 짐승 같은 사람이었다(아마 그 역시 이 세상에 처음 태어날 때는 소중하고 온전한 존재였을 것이다). 그러나 이 청년이 험악한 목소리로 자기 숫자인 20021이 불리길 기다리며 서 있던 1944년 1월의 어느 날, 평소와 다른 일이 벌어졌다.

"저기요," 그는 누군가 이렇게 말하는 소리를 들었다. "도미니크 고센Dominique Gaussen 맞죠?"

20021은 자신의 어머니와 아버지가 붙여준 이름을 듣고 큰 충격을 받았고, 눈앞에 서 있는 다니엘 트로크메를 알아보고 다시 한번 큰 충격을 받았다. 두 사람은 에콜 드 로슈의 깔끔한 방과 벨벳이 깔린 거실에서 함께 자란 사이였다.

도미니크 역시 필리프처럼 전쟁이 끝난 뒤 그날 자신이 목격한 다니엘의 모습을 그의 가족에게 전해주었다. 다니엘의 형 미셸은 그 이야기를 이렇게 회상했다.

> 두 사람은 긴 대화를 나누었다. 도미니크는 수많은 프랑스인이 유대인을 고발했다고 말했다. 자신을 체포한 경찰에게서 들은 내용이었다. 다니는 모두가 그런 것은 아니며, 유대인을 보호한 프랑스인도 여럿 있다고 설명했다.

그때 다니엘은 건강 상태가 비교적 양호했다. 한 달 뒤, 도미니크는 다시 다니엘을 목격했다.

미셸은 이렇게 말했다.

"놀라운 변화였다[고 도미니크가 말했다]. 다니는 그동안 레비아revier(병동)에 가 있었다. 두세 명이 다니를 부축하고 있었고, 그들은 다니가 도미니크와 대화를 나누는 동안 [수용소 직원에게] 끌려갔다. 병동은 그곳에서 약 500미터 떨어져 있었다. 다니는 혼자 병동까지 걸어가지 못했다. 다니와 도미니크는 몇 마디 말을 나누었다. 대화는 짧았다. 다니는 몇 가지 말로 도미니크를 격려했다. '다니엘은 무심했어요'라고, 도미니크가 내게 말했다. 나는 그게 정확히 무슨 뜻인지 물었다.

'지적 능력이 쇠퇴했다는 뜻인가요?'

'아뇨, 전혀요. 다니엘은 건강이 극도로 약해진 많은 동료와 똑같은 상태였어요.'

'체념이었나요?'

'아뇨. 그 이상이었어요. 다니엘에게 그 상태는 죽음과 마찬가지였어요.'"

부헨발트에 도착한 다니엘은 수용소의 주 광장에 나무 한 그루가 서 있다는 사실을 알아차렸을지도 모른다. 다른 나무들은 수용소 건물을 지을 때 다 밀어버렸지만 이 나무만은 아니었다. 당시 부헨발트를 찍은 사진 속에서 이 나무(이파리 하나 없는 황량한 겨울나무)는 땅에서 수용소 건물보다 더 높이 솟아오르다 세 개의 큰 가지로 뻗어 나가는데, 그 모습이 마치 위협 앞에서 두 손을 든 사람 같다. 울부짖는 사람, 죽음을 앞둔 사람 같다. 이렇게 끔찍하게 생겼는데도 이 나무가 개간에서 살아남은 이유는 거의 170년 전에 괴테가 이 나무에 시를 한 편 남겼기 때문이었다. 강제수용소를 짓는 나치에게도 괴테의 시는 성스러운 것이었다. 이

시의 제목은 「방랑자의 밤 노래Wanderer's Nightsong」였다.

하늘에서 온 그대
모든 고통과 슬픔을 달래주는구나,
두 배로 비참한 마음을
두 배의 원기로 채워주네,
나는 싸움에 지쳤노라!
이 고통과 욕망은 왜 존재한단 말인가?
내려오는 평화여
내게 오라, 내 이 가슴에 들어오라!

마음이 두 배로 비참할지라도, 우리는 지켜봐야만 한다. 갈수록 싸움에 지쳐가는, 점점 말라가는, 점점 얇고 가벼워지는 다니엘의 모습을. 우리는 그 얼굴을 마주해야만 한다. 귀가 커다랗고 금속 테 안경을 쓴 민머리 남자의, 그 단순하디 단순한 선조차 사라져가는 얼굴을.

또 뭘 해야 할까? 기도?

자동차를 타러 가는 길에 제자크는 내가 여행에서 돌아오면서 선물한 작은 파란색 동전 지갑을 계속 떨어뜨린다. 제자크가 지갑을 떨어뜨리자 아흐마드가 주워서 건네준다. 제자크가 지갑을 다시 떨어뜨리고 내가 주워서 건네준다. 또 떨어뜨린다. 길옆에 있는 작은 풀밭에서 제자크가 물망초를 찾아내고, 그 꽃을 따서 내게 달려와 손에 쥐여준다.

마침내 여름이고, 하나, 둘, 세 명의 아이들이 다시 우르르 빨간색 차에 올라탄다. 아흐마드가 천천히 자말의 카 시트를 설치한다. 자말은 벌써 전면 벨트를 채우는 법을 안다. 우리는 아이들의 여름 활동을 알아보러 시내로 나갈 예정이다. 파리자와 제자크, 자말은 그간 집에서 긴 시간을 보냈고, 집에만 둘 수 없을 만큼 에너지가 넘친다. 자말은 플라스틱 장난감 자동차를 타고 부엌에서 거실을 거쳐 자기 방까지 왔다 갔다 내달린다. 파리자는 자말이 소리를 지를 때까지 자말의 팔을 꺾는다. 긴 머리칼이 부스스하게 헝클어진 제자크(멋지고 무시무시한 공주)는 심통 난 얼굴로 공책에 그림을 그린다. 이제는 밖으로 나갈 때이고(오늘 CADA의 다른 어린이들은 전부 강가로 나갔다), 아흐마드는 레크리에이션 부서에 가서 아이들을 캠프에 등록할 방법을 알아내야 한다. 나는 그 옆에서 통역을 할 예정이다.

우리는 빨간색 차를 타고 언덕 아래로 내려간다. 갑자기 아흐마드가 길가에 차를 댄다. 제자크가 울고 있다. 왜 그래? 제자크가 손가락으로 창문을 가리킨다. 아흐마드가 차 문을 열고 내려서 뒷좌석으로 간다. 창문에 거미 한 마리가 붙은 것 같다. 제자크가 겁에 질렸다. 아흐마드가 먼지떨이로 제자크 옆의 창문을 쓸고, 차 전체를 쓸고, 제자크를 바라보며 "봐, 이제 거미 없지!" 라고 말한다. 그리고 제자크 옆의 창문을 닫고 다시 운전석으로 돌아온다.

아흐마드가 자리에 앉아 안전벨트를 매자 제자크가 다시 꺅 소리를 지른다. 또 한 마리 있어요! 거미가 창문 아래에서 기어오르고 있어요! 제자크가 창문을 가리키며 울고 또 운다. 아흐마드가 다시 차에서 내려 뒤쪽으로 간 뒤 손으로 창문 위를 쓸어낸다. 그리고 검지로 눈에 보이지 않는 거미들을 꾹꾹 눌러 잡는다. 봤지? 이제 안전해!

하나, 둘, 세 명의 아이들이 다시 뒷좌석에 끼여 탄 뒤 차가 출발한다. 그러나 제자크는 아직 울고 있다. 창밖을 쳐다보면서 "엄마… 엄마…." 하고 애처롭게 울먹인다. 파리자와 자말이 제자크를 보며 웃는다.

우리는 루트 드 생타그레브를 따라 다리 쪽으로 달린다. 아흐마드는 빨간색 자동차로 모두를 추월하며 쌩 달리다 잘 아는 도로답게 물 흐르듯 가뿐히 모퉁이를 돈다. "우리 애들은 겁이 많아요." 아흐마드가 내게 말한다. "제자크는 거미를 무서워해요." 아흐마드가 다시 「롤링 인 더 딥Rolling in the Deep」을 튼다. 제자크를 위로하려는 것 같다.

다시 심장박동이 흘러나오고, 아델이 노래한다. "우린 모든 걸 가질 수 있었어! 롤링 인 더 딥."

나는 뒤를 돌아 제자크를 바라본다.

아이들 1번 2번은 노래를 따라 부르기 시작하지만, 3번은 아니다. 3번은 창밖을 바라본다. 옆모습으로 여전히 눈물이 흘러내리는 것이 보인다. 뒤로 손을 뻗어 박자에 맞춰 제자크의 무릎을 톡톡 두드린다. "내 마음속에서 불꽃이 타올라."

그리고 지금 이 모습이 그대로 정지한다. 우리는 빨간색 차를 타고 르 샹봉을 통과해 달리고 있다. 1번 2번은 노래를 부르며 입 모양으로 외국어 가사를 따라 한다. 발로 박자를 맞추고 있지만 웃고 있지는 않다.

3번은 거미와 혹시 모를 다른 공포의 대상이 사는 자기만의 연약한 적막 속에서 창밖을 내다보고 있다.

다니엘. 도와줘요. 어떻게 해야 하죠?

사랑스러운 제자크에게.

네 기분을 낫게 해줄, 너에게 들려주고 싶은 이야기가 있어. 하지만 아직은 그 이야기를 들려줄 때가 아닌 것 같아. 우선은 이 이야기로 네 기분이 좋아졌으면 좋겠다.

이건 한 거미에 관한 이야기야.

옛날 옛날에 아주 선하고 아주 친절한 남자가 있었어. 그 남자는 많은 사람이 전쟁을 열망하는 사막 도시에 살았어. 전해지는 말에 따르면 그 남자는 아주 잘생겼고, 네 엄마처럼 눈동자가 검고 눈썹이 진했대. 그리고 그 남자는 언제나 상냥한 목소리로 말을 했대.

어느 날 가브리엘이라는 이름의 위대한 천사가 그 남자를 찾아와 너는 평범한 사람이 아니라고 말했어. 천사는 그 남자가 평화와 정의와 선량함에 관해 사람들에게 멋지고 놀라운 가르침을 줄 운명이라고 했어. 남자는 겁에 질렸지만 신께서 그 천사를 보내셨고 반드시 천사의 말을 따라야 한다는 것을 알았어.

지금쯤이면 모두가 이 남자의 메시지를 두 팔 벌려 환영했을 거라고 생각하겠지만, 실제로 그런 사람은 몇 명뿐이었어. 다른 사람들은 그 남자와 그의 추종자들을 증오하기 시작했고, 전부 죽여버리겠다고 굳게 마음먹었어. 상황이 최악으로 치닫자 (이제는 특별한 스승이 된) 그 남자는 모두가 새로운 살 곳을 찾아 떠나야 한다고 판단했어. 몇 년 전에 네 엄마와 아빠가 너희 모두와 함께 체첸에 있는 집을 떠났던 것처럼 말이야.

먼저 그 남자의 추종자들이 도망쳤어. 남자는 추종자들이 모두 안전하게 도시를 빠져나간 뒤에야 마지막 친구와 함께 사막으로 도망쳤어. 적들이 뒤를 바짝 따라오고 있었어. 두 사람은 숨을 장소를 찾아야 했어. 하지만 어디에 숨을 수 있지?

마침내 산 옆에서 두 사람은 동굴 하나를 발견했어. 그리고 그 안으로 뛰어 들어갔어.

들킬 게 뻔했어! 적들은 두 사람의 발자국을 찾아낼 테니까! 두 사람은 동굴에 갇힌 거야!

그런데 그때 기적 같은 일이 벌어졌어. 그 소란이 벌어지는 가운데 작은 거미 한 마리가 동굴 입구 오른쪽에 앉아 있었어. 그리고 그 작은 거미가 거미줄을 치기 시작했어. 어찌나 빠른 속도로 집을 잘 지었던지, 곧 동굴 입구 전체가 거미줄로 뒤덮였어.

그 거미줄은 눈에 잘 보이지도 않았어. 그저 달빛에 살짝 반짝이기만 했지.

적들은 말을 타고 동굴 입구까지 전속력으로 달렸어. 그리고 그 안으로 달려 들어가려는데, 누군가가 온전한 거미줄을 발견한 거야. 그 사람이 말했어. "그 누구도 이런 거미줄 안으로는 들어갈 수 없어! 다른 곳을 찾아보자!" 그렇게 그들은 거미와 남자, 그의 친구, 동굴 입구에 둥지를 튼 두 마리 비둘기를 남겨두고 말을 타고 떠났어.

그 작은 거미는 그 집을 짓는 것이 자신의 일이고 운명임을 어떻게 알았을까? 그걸 어떻게 알 수 있었을까?

글쎄, 거미는 몰랐어! 그런데도 빠르고 꾸준하게 열심히 집을 지었어. 반짝이는 거미줄이 딱 알맞은 크기로 완성될 때까지 쉬지 않고 일했어. 집을 짓는 동안은 전혀 몰랐지만, 그 거미는 위대한 스승의 생명을 구한 거미가 될 터였어. 그 스승은 장차 수백 년간 위로자이자 친구로 알려질 마호메트였고.

그런 작은 생명체에게는 크나큰 영광이었지.

그 거미가 지은 집은 종이보다 얇고 속눈썹보다 부드러웠지만 적을 막아낼 수 있었어. 제자크, 이제 그 작은 거미와 거미집에서 선량함을 발견할 수 있겠지? 가능할 때마다 그 거미의 수많은 자식과 손주와 증손주를 지켜줄 수 있겠지?

이제 무서워하지 않으려고 노력할 거지?

14장 마샬라

"그게 누구든, 지금 이 순간 드루의 어딘가에 있는 사람은
우리 중 한 명입니다. 그를 위해 드루와 제앙,
그레퐁산의 성모께 기도합시다."
—로제 프리종로슈, 『로프 맨 앞에서』

폴란드에서 보낸 첫날 밤이었던 어젯밤, 대기는 시끄럽고 전기가 흘렀다. 바르샤바의 인적 드문 중심가에 있는 초고층 호텔 방에서 천둥 때문에 잠에서 깼고, 그 뒤로는 자다 깨기를 반복하며 잠을 설쳤다. 기차에 탄 오늘 아침, 나는 남쪽과 동쪽을 향해 달리며 중심을 잡으려고 애쓰고 있고, 폴란드 시골에 떠 있는 6월의 하늘은 선선하지만 침울하다.

나는 두 젊은 여성과 함께 객실에 있다. 내 앞에 앉은 여성(지금 우리는 무릎을 붙이고 있다)이 내 자리에 앉고는 비키려 하지 않는다. 내가 객실로 걸어 들어왔을 때 그 여자가 이미 내 자리에 앉아 있었다. 나는 물음표를 담은 미소를 보내며 내 기차표를 가리킨 다음(분명히 오크노okno, 즉 창문이라 쓰여 있다) 내 자리를 가리켰다. 날카로운 파란 눈동자와 숱 많은 진갈색 앞머리를 가진

그 여자는 나와 내 기차표, 물음표를 담은 내 미소를 힐끗 쳐다보더니 이마를 찡그리고 손사래를 치며 나를 일축했다. "그건 상관없어요." 오크노 기차표는 그리 쉽게 구할 수 있는 것이 아니었다. 기차역에 생긴 터무니없이 긴 두 줄 뒤에 서서 한참을 기다려야 했고, 중년 여성 몇 명이 손사래를 치며 연이어 나를 밀어냈다. 니에 니에 니에nie nie nie, 노노노.

마침내 기차에 탑승한 지금, 저 젊은 여성이 내 자리에 앉아 있다. 주근깨가 많은 새하얀 두 팔로 가슴 앞에 팔짱을 꼈고, 입가에 짜증이 묻어 있다. 여자가 차가운 얼굴로 나의 창밖을 바라본다. 녹음이 우거진 들판과 전봇대, 버려진 건물, 여름의 정원, 여기저기 피어난 개양귀비. 이 모든 것이 여자를 향해 달려가며 인사를 건넨다. 내게서는 뒷걸음치며 멀어진다.

내 중심은 어디에 있을까?

나는 이렇게 쓸 수 있는 언어가 하나도 없는 상태로 여행하는 데 익숙하지 않다. 이상하게도 벌거벗겨진 느낌, 숨을 곳이 하나도 없는 느낌이다. 폴란드에 오기 전에 이 나라를 잘 아는 친구들이 내게 몇 가지 중요한 조언을 해주었다. 먼저 친구들은 사람들 앞에서 러시아어를 쓰지 말라고 했다. 사람들이 알아들을 것이 아무리 확실하더라도 말이다. 러시아어와 폴란드어는 모두 슬라브어파이며, 수백 년간 나타나고 사라지기를 반복한 적개심을 어떻게든 **획** 없앨 수만 있다면, 분명 서로 이해할 수 있는 공통분모가 있다. 폴란드어 예덴 빌레트 도 루블리나Jeden bilet do Lublina는 러시아어인 오딘 빌레트 도 루블리나Odin bilet do Lublina와 무척 비슷하다. 둘 다 루블린행 기차표 한 장이라는 뜻이다. 그러나 안 된다. 러시아어는 쓸 수 없다. 예덴 대신 오딘을 쓰는 위험을 감수해선 안 된다. 웃는 얼굴로 검지를 들고 한 장을 달라고 부탁하고 있을 때라도. 폴란드와 러시아가 공유하는 과거에는 분노와 고통이 너무 많이 실려 있다. 그러니 기차역에서, 찻집에서, 미술관에서 러시아어를 쓰면 안 된다. 니에 니에 니에와 함께 영어 창구 앞에서 30분을 기다리는 편이 낫다. 서로 말을 알아들을 수 있을 때조차 서로를 이해하지 못하는 척하는 편이 낫다.

두 번째 조언은 더욱 중요했다. 친구들은 '폴란드 강제수용소'라는 말을 입에 올려서는 안 된다고 했다. 그건 거의 용서할 수 없는 실수였다. 아우슈비츠비르케나우, 베우제츠Bełżcu, 헤움노Chełmno, 마이다네크, 소비보르Sobibór, 트레블링카. 전부 나치 점령 폴란드에 있던 강제수용소였다. 어쨌거나 수백만 명의 폴란드인 역시 강제수용소에서 자행된 범죄를 비롯해 나치가 벌인 침략과 살인의 피해자였다.

이 두 가지 조언에서 내가 얻은 교훈은 이거였다. 폴란드는 나치 독일도, 소련도 아니었다. 폴란드는 두 끔찍한 정권의 소용돌이에 동시에 휘말려 대단히 비극적인 한 세기를 살았다.

그러나 그 시기에 폴란드와 폴란드 국민이 아무 죄도 저지르지 않았다고 주장하는 사람은 가장 극단적인 애국주의자뿐일 것이다. 폭풍의 눈 안에서 무고하게 살기란 쉽지 않다. 취약한 사람들이 집단학살을 당한 길고 깊은 역사가 있을 때는 더더욱 그렇다.

다시 파란 눈의 여자를 바라본다. 중학교 때 봤던 못된 여자애들처럼 눈 주변에 검은 아이라이너를 얇게 칠한 것이 보인다.

저 여자는 이번이 나의 첫 폴란드 여행임을, 폴란드는 나의 엄마 쪽 가족 대부분이 버리고 떠난 고향임을 모를 것이다. 나의 고조부인 헨리 허조그Henry Herzog가 반짝거리는 실크 중절모를 썼다는 것, 내 이름이 고조부의 딸 메이May에게서 왔다는 것, 고조부의 손자(이자 나의 육촌)인 에디 허조그Eddie Herzog가 재즈 클라리넷 연주자 지미 도시Jimmy Dorsey를 위해 음악을 편곡했고, 히트곡 「사랑은Love is」을 작곡했음을 모를 것이다. 여자는 헨리 허조그가 크라쿠프를 제때 잘 떠났음을 모를 것이다.

이 여자는(여자가 꺼낸 책에 메모가 쓰여 있고 노란 형광펜이 칠해진 것이 보인다) 그 니에 니에 니에 니에가 내게는 조롱처럼 들린다는 사실을 모를 것이다. 지금 내가 얀 그로스Jan Gross의 책 『공포*Fear*』를 읽고 있으며, 이 책이 제2차 세계대전이 끝난 뒤 몇 년간 키엘체Kielce에서 벌어진 폴란드의 잔혹한 유대인 학살을 다룬다는 사실을 모를 것이다. 내가 창가 자리에 앉으려고 외국인 티를 내며 쩨쩨하게 구는 게 아니라, 다니엘 때문에 루블린으로 갔다가 다시 마이다네크로 이동하려고 이 사람 앞에 앉아 있다는 걸 모를 것이다. 바로 이 기차에 올라타서 들판의 풀밭과 나무와 붉은 양귀비가 지나가는 모습을 바라보는 것이 내게 어떤 의미인지 모를 것이다.

기차는 비스와Wisła강 동쪽에 있는 도시 뎅블린Dęblin에서 멈춘다. 노란 페인트가 벗겨지고 있는, 건물 3층 높이의 머리가 큰 급수탑이 여행 가방을 들고 기차를 기다리는 사람들 위로 어렴풋이 모습을 드러낸다. 70년 전, 수천 명의 사람이 바로 이 역에서, 바로 이 급수탑 아래에서 이송되어 목숨을 잃었다. 그들 역시, 바라건대 생존에 필요한 물건이 가득 든 여행 가방을 들고 있었다. 한 젊은 남성이 우리 칸으로 들어온다. 그 남자는 나와 무릎을 맞대고 있는 파란 눈의 여자를 바라보고 미소 지으며 좁은 공간에 자기 가방을 조심조심 밀어 넣는다. 여자가 남자를 올려다보고 부드럽고 아름다운 말투로 "프로셰Proszę"라고 말한다. 천만에요. 남자가 자리에 앉는다. 기차가 다시 움직이려고 용을 쓴다. 노란 급수탑에 달린 높은 창문에 서 있던 두 남자가 고개를 돌려 우리의 출발을 바라본다. 기차가 속도를 내자 두 남자의 모습이 점점 작아진다. 그리고 영원히 사라진다.

우리는 앞으로 간다. 나는 뒤로 간다. 남쪽으로 간다.

우리 할아버지 셸던 시스킨드Sheldon Siskind는 담배 냄새가 났고 피부가 꼭 가죽 같았다. 할아버지는 「아가씨와 건달들Guys and Dolls」에 나오는 단역 배우처럼 무릎을 치며 방 전체가 쩌렁쩌렁 울리게 웃었다. 내게 포커 치는 법과 멋지게 카드 섞는 법을 가르쳐주었고, 나를 아가씨라고 불렀다. 고등학교 교육까지만 받았지만 랍비에게 질문해가며 러시아에 관한 내 두꺼운 저서를 빠짐없이 읽었다. 결혼식이나 부엌에서 음악을 크게 틀어놓고 할아버지와 춤을 출 때마다 왜인지 나는 할아버지의 물 흐르는 듯한 편안함에 이끌려 이상하게 우아해지곤 했다.

내 앞에 앉은 이 파란 눈의 여자는 모를 것이다. 나를 감싸던 할아버지의 팔이 그리워 오늘 내 마음이 저릿하게 아프다는 것을.

어둠의 중심을 향해 뒤로 달려가는 지금, 내가 그 어느 때보다 유대인의 기분이라는 것을.

◇

이제는 30482가 된 에두아르 갈랑Eduard Galland은 독일에서 폴란드로 이동하는 내내 울었다. 31278이었던 앙드레 로제리André Rogerie가 목격자였다.

키가 크고 깡마른 갈랑은 1944년 2월 5일 수감자 1,000명에게 도라 터널 입구에 모이라는 명령이 떨어졌을 때부터 울기 시작했다. 그는 열이 너무 많이 나서 부축 없이는 서 있을 수조차 없었다. 그래서 그날 밤 땅에 눈이 덮이는 동안, 분류된 1,000명이 코트 한 벌과 스웨터 한 벌, 셔츠 한 벌, 조끼 한 벌을 빼고 모든 것을 빼앗기는 동안 그는 울었다. 다음 날 이미 더러워진 눈 속에서 그 1,000명(모두가 병자였고, 모두가 브레 로크 위멘vraies loques humaines, 즉 진정한 인간 넝마였다)이 새 기차에 올라탄 후 그들 뒤로 문이 잠겼을 때도 그는 울었다. 뼈밖에 안 남은 그의 다리가 이질에 걸린 다른 동료들의 다리와 뒤엉킨 목조 열차 안에서도 울었다. 밤이 찾아와 희미한 마지막 빛이 역한 어둠 속에 그들을 남기고 떠났을 때도 울었다. 갈랑은 열차 벽 옆에 있던 친구 앙드레의 자리를 빼앗고 싶었던 한 잔인한 남자가 앙드레를 가격하고 또 가격하는 동안 콤 윈 앙팡comme un enfant, 어린애처럼 울었다. 그리고 캄캄한 하늘 아래서 열차가 멈췄다가 다시 출발했다가 다시 멈추는 동안에도 울었다.

어쩌면 갈랑은 뎅블린에 있는 이 노란 급수탑 아래에서도 울고 있었을지 모른다. 1942년에 이 지역에 거주하는 유대인 수천 명이 트레블링카로 강제 이송되었고, 1943년에 다시 수천 명이 소비보르로 이송되었다.

다니엘 트로크메가 갈랑과 같은 칸에 타고 있었는지, 다니엘도 갈랑의 울음소리를 들었는지는 모르지만, 다니엘은 확실히 그 기차를 타고 동쪽으로, 다시 남쪽으로 이동했다. 실제 노동자를 수용할 공간을 더 마련하고자 아프고 죽어가는 사람들을 없애려는 목적에서 1944년 초에 도라에서 루블린으로 세 번의 이송이 계획되었고, 이번은 그중 두 번째였다. 다니엘도 눈물을 흘렸는지는 알 수 없지만 그가 두 손에 얼굴을 묻고 훌쩍훌쩍 울었을 것 같지는 않다. 하지만 우리가 알 방법은 없다.

내가 탄 기차는 이 유령으로 가득한 길 위에서 여전히 흔들리며 남쪽으로 달리고 있다. 창밖으로 가지가 뒤틀린 적송이 역방향으로 빠르게 지나간다. 구름이 낀다. 너무 많은 얼굴, 너무 많은 손. 급수탑 아래의 너무 많은 눈물.

솔직히 말하면 내 신앙은 두려움을 통해 처음 내 삶에 들어왔다. 밤에 대한 두려움. 어둠에 대한 두려움. 꿈에 대한 두려움. 나는 언니가 잠들고 한참이 지날 때까지 어둠 속에서 눈을 말똥말똥 뜨고 침대에 누워 있던 그런 아이였다. 그렇게 어느 정도 기다렸다가 우리의 작은 방 문을 끼익 열고 복도로 나가서 계단으로 향했다. 그러면 볼에서 벽 모서리의 차가움이 느껴졌고, 나는 잠시 기다렸다가 마침내 큰 소리로 "잠이 안 와"라고 말하곤 했다.

그렇게 아래층의 부모님이 내 말을 들을 때까지 점점 더 큰 목소리로 말했다. 악몽이 무서웠던 나는 충격적일 만큼 강렬하게 악몽을 느꼈다. 그리고 삶과 캄캄한 구석의 어둠 사이를 맴도는 무언가를 목격할까 봐 무서웠는데, 그 경계가 얼마나 얇을지 아무도 몰랐기 때문이다. 유령이 무서웠다.

내가 밤을, 그 고요한 어둠을 올려다보며 신(노란색 크레용으로 그린 무한한 폭발)에게 악몽을 꾸지 않게 해달라고 부탁할 때 신앙은 찾아왔다. 제발, 제발요! 그렇게 처음으로 나의 첫 바하이 기도를 배웠다. "오 하느님! 저를 안내해주세요! 저를 보호해주세요! 제 마음의 등불을 밝혀주시고, 저를 환히 빛나는 별로 만들어주세요. 당신은 위대하고 강한 분입니다." 매일 밤 나는 이 기도를 읊조렸고, 때로는 그러면서 울기도 했다. 그러나 여전히 악몽은 찾아왔다. 하늘이 우르릉대고 땅이 흔들렸으며 괴물들이 옷장 서랍에서 기어 나왔다. 그럴 때면 나는 작은 몸으로 혼자 일어나 신을 비난했다. "전부 하느님 잘못이에요!"

나는 (전혀 신학적이지 않은 이유로) 늘 우주의 끔찍한 심판을 받을 것 같은 느낌에 시달렸다. 그냥 그런 아이였다. 매일 밤 나는 도움을 요청했고, 안도하기를 바랐다. 그리고 계속 기도했다. 드물었지만 이따금 꿈에 빛나는 아름다움이 등장했던 것이 기억난다. 그 꿈들은 갑작스레 흘러들었다. 고요한 호수, 평화로운 숲, 자애로운 미소. 그러나 여전히 나는 밤마다 두려움에 휩싸였고, 기도했고, 더더욱 두려워했다.

그러니 솔직히 말하자면, 내 신앙은 최소한 어느 정도는 도마뱀 같은 모습으로 탄생했다. 원시적이었고, 안절부절못했다.

하느님, 제발요. 괴물들을 데려가주세요.

하지만 이런 종류의 신앙은, 두려움의 산물인 신앙은 세상에서 무엇을 할 수 있을까?

글쎄. 내 생각에 그 이상 발전하지 않는다 해도 많은 것을 할 수 있다. 그런 기도(이 세상에 존재하는 대부분의 종교 전통에서 발견되는 기도)는 아마 이런 모습일 것이다. 오 하느님, 학교에서 제게 못되게 구는 여자애들로부터 저를 지켜주세요. 버스 뒷좌석에 앉은 술 취한 남자들로부터 저를 지켜주세요. 악몽으로부터 저를 지켜주세요. 나쁜 성적으로부터, 제가 내린 나쁜 결정의 결과로부터 저를 지켜주세요. 오 하느님, 나치로부터, 약탈자로부터, 부헨발트의 암캐로부터 저를 지켜주세요. 오 하느님, 질병과 아픔으로부터, 고통으로부터 저를 지켜주세요. 제발 그걸 없애주세요. 치워주세요.

그리고 만약 우리가 그 루블린행 기차에 타고 있다면, 마침내 힘겹게 그 노란 급수탑을 지나 여정의 마지막 구간에 접어든다면, 그리고 이미 진정한 인간 넝마가 된 38221번의 다니엘과, 벽 쪽 자리 때문에 짐승 같은 놈에게 구타당한 31278번의 앙드레와, 쉼 없이 눈물을 흘리는 30482번의 어린 갈랑과 함께 있다면…. 아마 우리의 기도는 이런 모습일 것이다. 하느님, 도와주세요. 제 고통을 덜어주세요. 저를 여기서 꺼내주세요. 작은 귀뚜라미들의 소식을 담은 편지를 제게 보내주세요. 저를 집으로 보내주세요.

그렇다면 신이 어떻게 그 기도를 다정하고 자애롭게 듣지 않을 수 있겠는가?

그러나 내 신앙의 바탕이 어느 정도 두려움에 있다면, 그리고 그 이상 커지지 않는다면, 그것은 곧 내 신앙이 오로지 자신의 영역, 타인에게는 공감하지 않을지도 모르는 나 자신의 영역에 머문다는 뜻이다. 그렇다면 내 신앙은 그 안에 갇혀 오로지 나의 괴물, 나의 위험에서 나를 지키고 싶은 욕구로만 추동될 것이다.

이런 종류의 신앙은 철저히 따져보는 시선을 잘 배겨내지 못한다.

신앙이 내 자신의 영역에 머무른다면 도마뱀의 충동과 무엇이 그리 다르다고 할 수 있을까? 당신의 고통보다 내 고통을 먼저 덜어야 한다는 생각. 나의 가족(또는 나의 씨족, 나의 사람들, 나의 국가)의 고통이 당신의 고통보다 더 중요하다는 생각. 나의 경전이 당신의 경전보다 더 신성하다는 생각. 나의 천국이 더 드높고, 나의 영생이 더 눈부시다는 생각과 무엇이 그리 다를까?

이렇게 자신 안에 갇힌 신앙에 대해, 인류학자는 이렇게 물을 수 있다. 누가 누구와 무엇을 하는가? 그 대답은 이렇다. 신은 당신과 당신의 사람들을 냉대하고 나와 나의 사람들을 지켜주신다. 신은 당신을 지옥에 떨어뜨리고 나를 천국에 보내신다. 이러한 대답에 인류학자는 이렇게 반응할 것이다. 우와, 정말 옹졸한 신앙이네.

지금 나는 기차에 앉아 어둠의 중심을 향해 달려가고 있다. 도마뱀 같은 신앙 안에서는 내 앞에 앉은 파란 눈의 여자(내게 아주 사소한 불편만을 끼친, 어쩌면 그리 좋지 않은 하루를 보내고 있을지도 모를 여자)를 빤히 쳐다보는 것이 정당하다고 느낄 수 있고, 저 여자는 잔인하고 나는 친절하다고 판단할 수 있다. 더 차가운 시선으로 여자를 바라보고, 얼굴을 잔뜩 찌푸리고, 콧방귀를 뀌며 자기 연민에 빠질 수 있다. 그러면 아브라카다브라, **짠,** 저 여자의 사람들, 저 여자의 동포, 저 여자의 조상은 잔인하다고 결론 내릴 수 있다. 뎅블린, 예드바브네Jedwabne, 키엘체. 그리고 나의 사람들(호탕하게 웃고 물 흐르듯 폭스트롯을 추던 셸던 시스킨드와 「사랑은」이라는 히트곡을 쓴 에디 '듀크' 허조그)은 다정하고 소중하고 정의롭다고 결론 내릴 수 있다. 두려움은 무척 강력한 것이기는 하지만, 너무나도 빠르게 완고한 자기 집단 중심주의로 변질될 수 있다. 조심하지 않으면, 처음에는 밤에 눈물을 흘리며 문을 끼익 열고 방에서 나오는 머리가 지저분한 아이처럼 순진하고 불쌍했던 것이, 사실상 만악의 근원으로 변할 수 있다.

기차가 푸와비Puławy라는 마을을 빠르게 지나간다. 1939년 12월 28일, 이곳 푸와비에서 유대인 2,500명이 영하 30도의 날씨에 경찰에게 둘러싸여 마을 밖으로 행진해야 했다. 걷지 못하는 이들(주로 노인과 아이들)은 유대교 회당에 갇혀 얼어 죽었다.

그러나 오늘은 선로 너머의 숲속에 뒤틀린 적송과 자작나무가 보인다. 선로와 나무 사이에 철조망이 걸려 있다. 먹구름이 밀려들었다 사라졌다 다시 밀려든다.

나는 유령이 무섭다. 하지만 유령을 찾고 있는 게 아니라면, 나는 지금 뭘 하고 있는 걸까?

열차가 도라에서 루블린으로 향하는 마지막 구간을 느릿느릿 달리는 동안, 벽 옆자리를 내놓으라며 앙드레를 때린 남자의 유령도 기도를 하고 있을지 모른다. 그도 한때는 어린아이였다. 그 또한 평온한 삶을 살고 싶었다. 그 또한 몸이 아프고 배가 주렸고, 구원과 사랑을 간절히 바랐을지 모른다. 열차 안에서 안전한 자리를 찾고 싶었을지 모른다.

내가 마지막으로 정당하게 손이나 주먹을 치켜들었던 때가 언제였더라? 나는 그 잔인한 남자와 뭐가 다르지?

어쩌면 다르지 않을지도 모른다.

열차가 멈춘다. 부슬부슬 비가 내리기 시작한다. 루블린이다.

전 세계는 아니더라도 전 대륙에서 특정 종류의 인간을 제거하기란 기술적으로 어려운 문제였다. '최종 해결책'이라는 어구가 주는 정적인 느낌과 달리 그것은 전쟁과 점령의 급박한 상황에 따라 계속 발전해야 했다. 예의를 타고난 사람들의 의지를 서서히 꺾어 살인에 순응하게 만들어야 했고, 그 모든 삶을 전부 멸절해야 했다. 전염병이 돌기 전에 시체 한 구, 백 구, 천 구, 만구, 십만 구, 백만 구, 천만 구를 처리해야 했다. 종이뿐만 아니라 잿빛 살점과 흰색 뼈로도 남은 방대한 증거를 감춰야 했다. 전쟁이 시작된 이후 수많은 임시 해결책이 시도되었다. 무질서한 길거리 폭력, 체포해서 감옥이나 게토에 가두기, 즉결 집단 처형, 가스 설비를 갖춘 기동 학살부대, 집단 굶기기, 강제수용소에 위치한 살인 시설. 최종 해결책이 명시적으로 작성된 1942년 1월 무렵에는 대량 학살 작업 대부분이 독일에서 점령지(특히 폴란드)로 넘어갔고, 점령지에 특수 살인 시설이 세워졌다. 절멸 수용소라고도 불리는 이런 살인 시설에서는 산업적인 규모로 순식간에 사람을 죽일 수 있었다. 그 유명한 가스실 사용을 통해 죽어가는 사람들의 마지막 울부짖음을 직접 마주해야 하는 감독관의 수가 줄었고, 시체들은 빠르게 재로 변해 바람을 타고 흩어졌다.

다니엘이 부모님께 "세상을 재건하는 데 이바지"하고 싶다고 편지를 썼던 1942년 9월, 마이다네크, 즉 루블린 강제수용소가 폴란드에 있는 몇 없는 살인 시설 중 하나로써 가동되기 시작했고, 소수의 폴란드 살인 시설에서 총 270만 명의 유대인이 목숨을 잃었다. 그러나 1943년 11월(연합군이 북아프리카에 상륙하고 1년이 지났을 때이자 소련이 스탈린그라드전투에서 독일을 이기고 10개월이 지났을 때), 독일의 상황이 점점 절박해지면서 최종 해결책의 전략이 다시 한번 변했다. 바르샤바와 비아위스토크Białystok, 빌나에 위치한 게토에서 무력 저항이 발생했고, 트레블링카와 소비보르에서 수감자들이 반란을 일으켰다. 루블린 수용소는 전략적 변화가 일으킨 이러한 파문을 감지했고, 마이다네크와 근처에 있는 두 보조 수용소에 강제 노동자로 남아 있던 유대인 수감자들을 즉결 처형하기로 결정했다. 이렇게 1943년 11월 3월, 각기 다른 세 장소에서 4만 2,000명의 유대인이 발가벗겨진 채 군인들과 짖어대는 개들에 떠밀려 특별히 파놓은 도랑 위로 끌려갔고, 확성기로 요란한 음악이 흘러나오는 동안 총에 맞아 아래에 있는 무덤으로 켜켜이 굴러떨어졌다. 이 대량 학살의 암호명은 에른테페스트Erntefest, 즉 추수 축제였다.

역사가들은 통틀어서 최소 24만 명의 남성과 여성, 어린이가 마이다네크를 거쳤으며, 8만 명에서 11만 명이 그곳에서 목숨을 잃었을 것으로 추산한다.

다니엘이 도착했을 무렵 사실상 마이다네크에는 유대인이 한 명도 남아 있지 않았고, 가스실(아우슈비츠와 달리 이곳의 가스실은 시야에서 가려지지 않았다)도 더 이상 가동되지 않았다. 이제 마이다네크에는 두 가지 주요 기능이 남아 있었다. 첫째로 마이다네크는 독일 전역과 독일 점령지에서 온 수감자들에게서 소지품을 빼앗아 보관하는 역할을 계속했다. 둘째로 마이다네크는 모든 강제수용소의 아픈 수감자들이 찾아와 머무는 곳이었다. 다니엘과 앙드레, 에두아르를 비롯해 1944년 2월 9일에 이곳에 도착한 1,000여 명의 일은 더 이상 폭탄을 제조하거나, 사무실에서 문서를 작성하거나, 길이나 도랑을 만들거나, 시체를 땅에 묻는 것이 아니었다. 아파서 쓸모없어진 이들이 해야 할 일은 이제 단 하나, 죽는 것뿐이었다.

대규모 전쟁에서 점점 패색이 짙어지고 있었고, 쪼그라든 시체가 날이 갈수록 쌓이고 있었으며, 전염병이 퍼지고 있었다. 살인자들은 한 명씩 미쳐가고 있었고, 전 국가의 부와 자원이 거의 깡그리 동원되고 있었다. 이 와중에 독일이 뼈만 남은 수감자들을 전부 열차에 태워, 3일간 이동하며 울고, 울부짖고, 굶주리고, 좋은 자리를 차지하려고 서로를 때리게 하다니, 정말 이상하지 않은가? 그 목적은 고작 이들이 새로운 장소에 도착해 더 많은 서류를 작성하고 새로운 지옥에 떨어지는 것, 그리고 그곳에서 죽는 것이었다. 도대체 이 모든 노력의 가치는 어디에 있었던 것일까? 네모난 칸들에 깔끔하게 체크 표시를 하기 위해서?

다니엘은 죽지 않고 루블린에 도착했다. 그가 이 긴 여정에서 어떻게 살아남았는지는 알 수 없다. 어쩌면 몇 달간 고원의 거리와 숲길을 오르내리느라 심장이 튼튼해졌는지도 모른다. 어쩌면 그 고산지대의 공기가 너무 깨끗해서 왜인지 그의 몸이 건강해졌는지도 모른다. 어쨌든 그는 살아서 독일을, 그리고 폴란드를 목격했다. 살아서 그 기차를 타고 3일간 동쪽으로, 그리고 남쪽으로 덜커덩덜커덩 달렸다. 그리고 멈췄다.

31278번이었던 앙드레 로제리는 1년 뒤 자신들이 그 공업도시에 도착하던 날이 혹독할 만큼 춥고 잔인했다고 말했다. 이들은 다시 한번 가축용 화차에서 끌려 나와 고함을 지르는 군인들 앞에 섰고, 루블린 중심가에서 수용소까지 행군해야 했다. 로제리는 “사람들이 수학처럼 규칙적으로 한 명씩 땅바닥에 쓰러지며 대열이 점점 줄었고, 시체들이 길가에 흩어졌다. 왼쪽에서 불어온 거센 바람에 몸이 꽁꽁 얼어붙었다. 이 죽음의 장면에 더해, 나치 친위대 군인들이 총을 쏘고 채찍질을 하고 발로 차며 사람들을 죽였다. 나도 부츠 신은 발로 세게 발길질을 당해서, 눈으로 가득 찬 너무 큰 나막신 위에서 몸이 휘청였다”라고 회상했다.

이들은 2킬로미터를 행군한 뒤 새로운 수용소에 도착했다. 수용소는 전기 철조망으로 둘러싸여 있었고, 감시탑과 이상할 만큼 네모나고 높은 굴뚝이 있었으며, 그 굴뚝에서 검은 연기가 흘러나오고 있었다. 이들은 또다시 차가운 소독약에 들어가야 했고 (로제리는 간신히 허리까지만 담그는 데 성공했다고 말했다) 뜨거운 물에 씻겼다. 그리고 벌거벗은 채 썩어가는 목조 막사로 보내졌는데, 그곳은 3층 침대가 줄줄이 늘어서 있었고 나무판자 사이로 물기가 스며들었다.

"공기 중에 배설물 냄새가 가득했다." 로제리는 기록했다. "불은 없었다."

마이다네크에 이들이 할 일은 없었다. "우리는 그저 죽으려고 이곳에 왔다." 더 이상 아침에 괴로워하며 줄을 서지 않아도 되었다. 무거운 짐을 여기저기로 나르지 않아도 되었다. 이제는 그 누구도 카포에게 두들겨 맞지 않았다. 질병의 썩은 내가 풍기고, 늘 그랬듯 음식 통제권이나 물을 비롯한 편의 시설로 향하는 통로의 통제권을 두고 위계질서가 생기는 와중에, 창백하게 죽어가는 사람들 사이에서 살아남을 수만 있다면, 그저 매일 살아가기만 하면 되었다. 매일 아침 쌓여가는 시체들 사이에서 살아가기만 하면 되었다. 더 이상 화장실을 사용하지 못하는 수감자에게서 오물을 닦아주려고 천 쪼가리를 찾아다니는 삶. 폴란드인 수감자의 음식 냄새가 콧구멍을 가득 채우는 삶. 전쟁이 끝난 뒤 어머니에게 소식이 갈 수 있도록 서로 주소를 교환하는 삶. 죽어가는 이의 마지막 순간에 "마리아여"라고 읊조리고, 다시 옆자리에서 잘 뼈만 남은 또다른 인물을 만나는 삶. 화장장에서 불길이 끊임없이 타오르고, 차가운 땅바닥으로 재가 늘 비처럼 내리는 삶.

내게는 이것이 바로 카뮈가 묘사한 삶처럼 보인다. 쥐들이 만들어낸 삶, 페스트가 창궐해 역병에 시달리는 삶. 화장장의 불길에서 나온 "동쪽에서 불어오는 희미한 악취"는 이 새로운 체제의 향수였다. 이곳은 오늘날까지도 우리가 상상할 수 있는 가장 끔찍한 지옥이자 가장 암울한 악몽 중에서도 최악의 악몽이었으며, 이들은 가장 누추한 유령 군단이었다. 그때는 눈을 감지 않아도 그 유령들을 볼 수 있었다. 그건 지금도 마찬가지다.

◇

오늘 루블린은 흐리다. 기차역에서 밖으로 나오니 안개처럼 비가 흩날린다. 사방에서 차들이 질주한다. 춥고, 여기저기를 돌아보아도 나를 마이다네크로 데려다줄 23번 버스가 보이지 않는다. 마이다네크 국립박물관에서 아카이브 관리자를 만나기로 했기 때문에 시간을 꼭 지켜야 한다. 나는 심호흡을 하고 기차역 앞의 붐비는 도로 건너편에 있는 승강장에서 택시를 잡아보기로 한다. 러시아에서는 택시 잡기(히치하이킹에 더 가깝다)가 특수한 종류의 난제다.

줄 맨 앞에 선 택시의 창문을 향해 몸을 수그린다. 도 마이다네크Do Majdaneka? 마이다네크 가나요? 운전사는 젊은 여성이다. 여성이 웃으며 영어로 예스라 말한다. 택시비는 16에서 18즈워티로, 상당히 괜찮은 가격이다. 좋아요! 나는 차 문을 열고 안으로 들어가 숨을 내쉰다. 운전사는 매우 아름답다. 금발을 머리 위로 굵게 땋아 올렸고 동그란 무늬가 있는 7부 길이의 검은 망사 스타킹을 신었으며 미소가 환하다. 그가 내게 자기 이름이 아니아Ania라고 알려준다.

기민하고 쾌활한 아니아는 폴란드 짐 자무시Jim Jarmusch 영화에 나올 것 같은 어번 카우보이 스타일의 천사다. 스스로 생활을 꾸려나갈 수 있는 사람 같다.

아니아가 구불구불한 거리를 달리는 동안 창문 밖을 바라본다. 이곳은 러시아가 아니다. 하지만 경치가 동유럽, 특히 상트페테르부르크의 일부 지역과 비슷하다. 지난 세기와 이번 세기 초에 지어진 녹슨 빛깔의 노란색과 빨간색 건물들이 낮고 구불구불한 길가에 늘어서 있다.

"박물관이 먼가요?" 내가 영어로 묻는다.

"아, 아니요! 3킬로미터 거리예요!" 어번 카우보이 천사가 말한다.

"아! 그럼 걸어갈 수도 있었겠네요!"

"하. 아뇨, 걸어가면 안 돼요. 너무 위험해요."

"왜요? 사람들이 운전을 험하게 하나요?"

"아뇨." 아니아가 말한다. "여기 사람들 때문에요. 많이 가난하거든요." 그리고 곧 무너질 듯한 가게를 가리킨다. 수년간 빗속에 화학물질이 섞여 내린 탓에 페인트가 번져 있다. "술도 많이 마시고요." 아니아가 러시아 사람처럼 검지를 목에 대고 긋는 동작을 취한다. "끊임없이 마셔요. 아마 안전하지 않을 거예요."
"낮에도요?" 내가 묻는다.

"네. 낮에도요."

아니아가 재빨리 중심가를 빠져나온다. 우리는 아니아가 어떤 공부를 하는지, 어떤 다양한 승객이 타는지 이야기한다. 여성 택시 운전자로 사는 것이 어떤지 이야기한다. 무섭지는 않아요? "뭐, 호신용 스프레이가 있으니까요." 아니아가 문 옆에 있는 스프레이를 보여준다. "비명을 지를 수도 있고요." 그가 웃는다. "그래도 밤에는 일 안 해요. 절대로요."

곧 우리는 공업도시를 벗어나고, 안개비를 맞아 더욱 반짝이는 푸르른 들판이 눈앞에 나타난다. 아니아가 속도를 늦추다가 철조망과 밝은 빨간색 글자로 만들어진 표지판 앞에 멈춘다. 'MUZEUM MAJDANEK LUBLIN'. 아니아가 내게 명함을 주면서 시내로 돌아올 때 자기한테 전화하라고 한다. 버스보다 나을 거예요.

표지판의 빨간 글자를 바라보면서 눈물을 겨우 참는다. 아니아가 떠나지 않았으면 좋겠다. 그러나 이내 나는 수용소의 입구를 지나 안내소로(안내소 바깥에 장미 덤불이 심겨 있다), 다시 아카이브로 걸어 들어간다. 아카이브에서 얼굴이 온화한 로베르트 쿠바워크Robert Kuwałek라는 이름의 연구원이 이 수용소의 역사와 '추수 축제', 수감자들이 받은 소포에 관해 설명해준다. 몸이 매우 아팠던 다니엘은 아마 화장장 옆에 있는 5번 블록에서 지냈을 거라고 한다. 로베르트의 책상에는 빛바랜 색인 카드와 메모를 써놓은 포스트잇이 흩어져 있다. 로베르트가 내 방문에 착실히 대비해준 것이 감동적이다. 그는 수십만 명의 수감자 중 한 명일 뿐인 다니엘의 정보를 최대한 많이 모아두었다.

이제 막 떠나려는데 다른 연구원이 물건 두 개를 들고 로베르트의 사무실로 들어온다. 그리고 그것들이 다니엘의 물건이라고 말한다. 두 손에 장갑을 끼고 있다. 연구원이 하얀 책상 위에 문서 두 개를 조심스레 올려놓는다. 하나는 사회보장 카드처럼 보인다. 찰칵. 내가 사진을 찍는다. 다른 하나는 매우 작고 흐릿한 글씨로 쓴 엽서 같다. 육안으로는 읽을 수 없다. 찰칵. 다시 사진을 찍는다. 찰칵. 추가로 한 장을 더 찍는다.

아카이브에서 나와 수용소 경내로 향하면서 마음을 단단히 다잡는다. 나는 거의 혼자다. 혼자일 필요가 있다.

마침내 비가 내린다. 외투에 달린 모자로 머리를 가린다.

◇

당신을 따라 이곳까지 오게 될 줄은 몰랐어요, 다니엘. 처음 고원으로 떠날 때는 그럴 생각이 없었다. 그런데 지금 난 이곳에 있다. 짙은 먹구름 아래, 철조망이 경내를 둘러싼 넓은 들판 앞에, 한쪽으로는 도시가, 다른 한쪽으로는 숲이 있는 이곳에. 비를 맞고 있는 풀밭은 화사한 초록빛이고, 드문드문 건초가 크림색 원반 모양으로 묶여 있다. 저 멀리 건물들(목조 막사와 감시탑, 화장장)이 있고, 찻잔 받침처럼 생긴 기념비로 향하는 긴 통로가 있다.

걷는 것 말고 달리 무얼 할 수 있을까? 걷고, 까마귀 소리를 듣는 것 말고는. 까마귀들은 전선이나 탑이나 들판 위에 앉아 깍깍 울며 풀밭의 벌레를 쪼아 먹는다.

다니엘, 저예요. 당신을 찾아 건물 사이를 헤매고 있어요. 겁이 나요.

독일군은 1944년 4월 중순에 이 수용소에서 철수했다. 자신들이 저지른 범죄를 숨길 시간도 없이 떠났다. 그래서 건물들(가스실과 막사, 화장장)은 그 어떤 절멸 수용소보다 잘 보존되어 있다. 이 건물들의 존재는 홀로코스트가 실제로 존재했음을 보여주는 가장 강력한 초기 증거였다. 홀로코스트를 부정하는 자들과의 전쟁에서 우리는 아직 승리를 거두지 못했다.

비와 잔디, 건초, 까마귀. 젖은 나무의 축축한 냄새.

수용소 책임자들을 보여주는 전시가 있는 첫 번째 건물에는 전쟁이 끝난 뒤 재판받은 남녀의 사진이 있다. 나치 친위대의 분대장이었던 에리히 무스펠트Erich Muhsfeldt(수감자 80명의 뒤통수에 총을 쏜 뒤 그들의 시신을 화장터로 보냈던 자)는 눈썹이 뾰족하고 눈동자가 연한 푸른색으로 만화 속 악마처럼 생겼다. 원래 가축 도살장에서 일하다가 절멸 수용소에서 가스실로 보낼 사람을 선정하는 일을 맡았던 고위 감독관 엘자 에리히Elsa Ehrich는 급식실 아주머니처럼 생겼다. 또 다른 건물로 들어서자 수감자들의 사진과 그들이 남긴 물건들이 있다. 내 눈앞에 눈알이 파인 인형이 보인다.

비와 잔디, 날아가는 까마귀들. 한 사제가 다른 둘과 이탈리아어로 대화하며 경내를 걸어간다.

또 다른 건물인 길고 어두운 막사에 들어간다. 벽 양쪽과 그 사이의 길고 높은 선반에 신발들이 무더기로 줄줄이 쌓여 있다. 수천 켤레의 신발이 빽빽하게 들어찼다. 무거운 보행용 신발, 밑창이 뜯어진 얇은 신발. 여성화. 부츠. 한때는 새하얬던 우아한 샌들. 신발 냄새가 나는 신발. 썩어가는 신발. 유리 안에 전시된 신발들이 천장까지 쌓여 있다. 이 길고 캄캄한 방을 한 바퀴 돌아보는 동안 뒤통수가 점점 무겁게 짓눌린다.

이곳을 떠다닐 수도 아닐 수도 있는 수많은 유령 사이에서 홀로 생각한다. 종달새야, 내게 할 말이 없니?

다니엘. 저예요. 지금 어디에 있나요?

이제 비가 세차게 쏟아진다. 나는 가스실로 향한다. 천장이 매우 낮다. 머릿속에서 밖으로 나가려고 천장을 긁는 손가락들이 보인다. 이곳에 오래 머물 수가 없다.

잔디. 비. 음울하고 세찬 비. 까마귀 한 마리가 전봇대 위에 내려앉는다. 강한 바람이 한차례 불자 다시 날아간다.

이제는 하늘을 향해 난 네모난 굴뚝의 기능을 오해할 수가 없다. 화장장으로 걸어 들어가 길게 늘어선 소각로를 바라본다. 빨간 벽돌에 검은 철제문이 달려 있다. 생각을 명료하게 정리하려고 애쓰며 그 앞에서 시간을 보낸다. 그러나 아무 소용이 없다.

모퉁이를 도니 눈앞에 또 다른 방이 보인다. 비 오는 날의 흐릿한 빛만이 작은 창문으로 스며들어 와 방 안을 비춘다. 방 안에 커다란 테이블이 하나 있다. 아랫부분은 콘크리트이고 상판은 철제다. 이곳은 시신(얼마나 많은 시신?)이 누였던 곳, 몸에 마지막 남은 체액이 옆으로, 바닥으로 흘러내렸던 곳이다. 시신을 불타는 용광로 안으로 옮기기 전에 금붙이나 다른 소지품을 뒤졌던 곳이다.

다니엘은 1944년 4월 4일까지 생존했다. 아직 서른세 살이 안 됐을 때였다. 마이다네크의 의무실 기록에는 그가 새벽 4시 40분에 죽었다고 쓰여 있다. 사인: 결핵과 장염.

아마 다니엘의 시신도 이 테이블 위에 놓였을 것이다.

다니엘의 납빛 피부를 생각한다. 불 속으로 들어가는 그를 생각한다. 굴뚝 밖으로 날아가는 그의 재를, 하늘을 향해, 지붕 위로, 들판으로, 땅으로, 건초로, 새들에게로, 영영 날아가는 그의 재를 생각한다.

이게 당신이 남긴 거예요, 다니엘. 곱슬머리와 커다란 귀를 가진 소년, "울지 말아요, 다니가 여기 있잖아요"라고 말했던 소년. 자신을 구하고자 창문을 통해 숲으로 도망치지 않은 남자, 트럭과 버스, 자동차에 몸을 웅크리고 앉아 감옥으로 향했던 남자, 굶주리고, 아프고, 머리를 빡빡 민 남자. 작은 귀뚜라미들의 소식을 갈구했던 남자. 결국 납빛으로 죽어간, 그러다 세상을 떠난 남자.

화장장에서 나온다. 눈물 때문에 앞이 거의 보이지 않는다.

다니엘. 당신을 위해 돌 하나를 찾고 싶어요. 그리고 그 돌을 놓을 신성한 장소를 찾고 싶어요.

처음엔 당신을 따라 여기까지 올 생각이 없었어요. 원래 이 이야기는 고원과 그곳의 깨끗한 공기에 관한 것이 될 예정이었어요. 그 끔찍하고 잔혹했던 시기에 고원이 어떻게 평범한 세상을 놀라게 했는지, 정규분포 그래프의 무지개 끝에서 어떻게 합리적 선택이라는 법칙을 깨부쉈는지를 보여주려고 했어요. 들판과 난롯가, 학교에서 생명력을 얻은 사회적 유대(누가 누구와 무엇을 하는가?), 즉 어떻게 선해질 수 있는가, 또는 어떻게 조금이라도 더 나아질 수 있는가를 가르쳐줄 유대를 이야기하려 했어요. 향긋한 풀 냄새가 나고, 열린 선율이 들려야 했어요. 고원의 사람들에 관한 이야기여야 했어요.

그런데 저는 지금 여기서 당신을 위한 돌을, 그 돌을 올려놓을 장소를 찾고 있네요. 하지만 돌도, 장소도 찾을 수가 없어요.

신성한 말들을 떠올린다. "추위가 없었다면 어떻게 당신 말씀의 온기가 세상에 퍼지겠습니까? … 재앙이 없었다면 어떻게 당신 인내의 태양이 빛날 수 있겠습니까?”

빗속에서 벤치 하나를 발견한다. 작은 새 한 마리가 그 위의 전선에 내려앉는다. 기도를 올린다. 새가 달콤하고 긴 음을 노래한다. 그리고 날아간다.

좀 더 그 자리에 앉아 있는다. 아까 본 사제가 다시 옆을 지나간다. 나는 마침내 다시 도로로 향한다.

가방 안을 뒤져 아니아의 명함을 찾는다. 손에 카메라가 닿는다. 그 안에 작은 글씨로 쓴 엽서가 들어 있다.

이 생각이 머리를 떠나지 않는다. 나는 무언가를 하지 않은 채 내버려두고 있다.

카롤린의 집은 르 샹봉 중심가에서 숲길로 4킬로미터 떨어진 레 타바스라는 작은 마을에 돌처럼 단단하게 서 있다. 마이다네크에 다녀온 뒤로 카롤린과 그의 남편 이브, 두 사람의 아이들과 함께 이 집에 2주째 머물고 있다. 고원에서 내가 다른 집의 투숙객이 된 것은 이번이 처음이다. 나는 주로 CADA 가족들과 시간을 보내고 그렇지 않을 때는 내 생각의 소용돌이와 홀로 남을 시간이 필요하기 때문에 나쁜 손님이 될지 모른다는 걱정에 자기 집에 와서 지내라는 친절한 제안들을 늘 아쉽게 거절하곤 했다. 그러나 레 타바스에 있는 이 집이 크고 견고하다는 것을 알았고

(이곳은 원래 학교였다), 폴란드에 다녀온 뒤로 쭉 슬픔에서 헤어나지 못하고 있어서 곁에 있을 사람이 필요했다. 그래서 카롤린이 낮에 다른 곳에 가 있어도 되고 필요한 만큼 혼자 생각에 잠겨도 된다고 말하며 다시 한번 나를 초대했을 때 나는 무척 감사히 그 제안을 받아들였다.

환한 웃음과 긴 갈색 머리, 동물 소리와 사람들을 흉내 내는 능력에, 활짝 열린 너른 마음으로 사람들을 이끄는 능력까지 겸비한 카롤린은 이곳에서 널리 사랑받는다. 카롤린은 내 진짜 친구가 되었다. 수년이 흐르면서 다니엘이 내게 어떤 의미가 되었는지, CADA의 가족이나 지금 이곳에서 밤하늘에 쏟아지는 별들이 내게 어떤 의미인지를 카롤린에게는 말할 수 있다.

그리고 카롤린의 모든 가족 구성원과 마찬가지로 카롤린도 노래를 즐겨 부른다는 사실이 우리 우정의 특별한 점이다. 카롤린은 자크 브렐Jacques Brel의 「암스테르담 항구에서Dans le Port d'Amsterdam」로 휘몰아치는 솔로 공연을 펼칠 수 있고, 극적인 공연에 잘 어울리는 에디트 피아프Édith Piaf의 「밀로르Milord」를 부르며 목에 두른 보이지 않는 스카프(당신 어깨 위의 비단 스카프)를 던질 수 있다. 가끔은 아름답고 까무잡잡하고 쾌활한 카롤린의 대가족(의사인 형제, 간호사인 형제, 성직자인 형제, 먼 곳에 사는 자매, 그들의 아내와 남편과 아이들)이 다 함께 먼 곳으로 여행을 떠나 식사를 하고 노래를 부른다. 그럴 때면 그들의 거대하고 화려한 가모장은 가장 아늑한 의자에 앉아 두 눈을 감고 무릎 위에 두 손을 포갠 채 그들의 노래를 듣는다. 선율, 화음, 또 다른 화음. 찬송가.

이곳의 밤은 무척 조용하다. 오직 새와 벌레와 이따금 들리는 개 짖는 소리만이 침묵을 방해한다. 그리고 이 가족은 지친 내 마음의 큰 위안이다. 여름의 폭풍이 밀려올 때도(산속에서 폭풍이 치면 비가 마구 쏟아지고 번개가 번쩍이고 천둥이 아우성치고 집 안 조명이 가물가물 깜박인다) 이곳에서 나는 안전하고 다시 명료해진다.

카롤린은 내가 일을 할 수 있도록 자기 집에서 샛길과 숲길을 지나 곧장 CADA 주택으로 걸어가는 법을 알려주었다. 혼자서도 몇 번 가보았는데, 길을 잃지 않아서 정말 다행이었다. 르 샹봉 중심가에서 많이 멀어지면 핸드폰이 터지지 않으니 분명 숲에서도 안 터질 것이기 때문이다. 그러나 바하예프 가족과 시간을 보내고 난 지금, 나는 다른 길로 가볼까 생각 중이다. 카롤린의 집 바로 밑의 골짜기를 지나는 철로가 있는데, 그 철로를 따라가면 르 샹봉에서 레 타바스까지 갈 수 있다. 여름에는 옛날식 관광 열차가 운행하기 때문에 열차 시간표를 확인해야 한다. 숲속 높은 곳에(메종 드 로슈와 그리 멀지 않은 곳에) 선로가 다리를 건너는 곳이 몇 군데 있다는 것도 안다. 그곳에 갇히고 싶지는 않다.

그래도. 그 위에서 보이는 전망을 봐야 할 것 같다.

◇

오늘은 라마단 첫날, 아흐마드는 담배를 피울 수 없어서 이미 미치기 직전이다. 그래도 그는 내가 여태껏 본 모습 중 가장 행복하다. 음식이 가득한 봉지를 바리바리 들고 막 레스토 뒤 쾨르에서 돌아온 참이다. 오늘은 심지어 할랄 고기도 조금 얻을 수 있었고, 지금은 그 고기의 분홍빛과 보랏빛을, 그 안에 낀 하얀 지방을 마치 노래하듯 찬양하는 중이다.

어린 자말은 거의 자기 몸만 한 식료품 봉지를 들고 헉헉대며 부엌으로 들어간다. 첫째와 둘째가 주위를 깡충깡충 뛰어다닌다. 아기 술림은 누나들 쪽을 보고 까르르 웃는다.

마샬라, 아흐마드가 이렇게 말하는 소리가 들린다. 마샬라. 내가 무슨 뜻이냐고 묻는다.

“마샬라, 고맙다는 뜻이에요. 멋진 일이라는 뜻이요.”

마샬라는 말 그대로 ‘신의 뜻’이라는 뜻이다. 그러나 그 단어 안에는 일종의 기쁨도 들어 있는 것 같다. 거대한 우주적 감사랄까. 아흐마드가 지금처럼 웃는 모습을 한 번도 본 적이 없다는 것을 깨닫는다. 그의 갈증을 고려하면(“금식하는 동안에는 술도 마시면 안 돼요!”) 더욱 대단한 성취다.

로브잔이 고기와 맑은 육수, 감자가 든 수프를 내어준다. 지금은 스카프로 머리를 가리지 않았고 코가 꽉 막혔다. 로브잔도 술림을 임신하고 출산한 뒤 처음으로 금식 중이다. 로브잔이 내게 체첸어로 “금식 중이에요”라고 말하는 법을 가르쳐준다. 사 마르카 두Sa markha du. 하하, 내가 그 음절들을 제대로 발음하려고 애쓰는 동안 아이들이 웃음을 터뜨린다.

오후가 서서히 지나가는 동안, 머릿속으로 그 단어의 의미를 제대로 이해해보려 한다. 마샬라, 먹을 수 있는 분홍빛과 보랏빛의 고기가 있다. 마샬라, 아흐마드가 망명 신청을 담당할 변호사를 고용했다. 마샬라, 이 가족의 자동차는 가격이 겨우 350유로였다. 그래서 아흐마드는 이제 자신에게 하나의 비유가 된 그 이야기를 내게 또 한번 들려준다. 이 차의 원래 주인이었던 여성은 더 이상 차가 필요하지 않았다. 주차장 자리를 차지하며 돈만 들었기 때문이었다. 그 여성은 아흐마드가 자신이 가진 20유로 지폐를 전부 세는 모습을 보고 있다가 마지막 한 장을 그에게 돌려주었다. 아, 마샬라. 마샬라, 이 차에, 고기에, 아흐마드가 이 신성한 기간에 모스크에 갈 방법을 알아볼 수 있게 도와준 새로운 친구까지.

마샬라, 아흐마드의 얼굴이 잿빛에서 분홍빛으로 변하는 것을 볼 수 있다.

시간이 많이 흘렀음을 깨닫는다. 오늘 아침 카롤린과 이브에게 저녁 식사 전에 돌아오겠다고 했다. 창밖 저 멀리서 천둥소리가 들린다. 화창하지만 어제 산등성이를 들이받은 폭풍이 다시 돌아올 조짐을 보인다. 아흐마드가 차로 레 타바스까지 태워줄 수 있다고 말하지만(비가 올지도 몰라요) 사실 나는 걷고 싶다. 45분밖에 안 걸린다. 선로가 내 생각대로 지름길이라면 더 금방 갈지도 모른다. 게다가 언제 또 기회가 있을지 모른다.

내가 떠날 준비를 하자 자말이 의자에 놓여 있던 내 가방을 자기 어깨에 둘러메고 또다시 말한다. “가지 마요.” 나는 또다시 자말의 갈색 눈동자와 세모 모양 턱을 내려다본다. 마샬라. 나는 집에서 나와 길을 나선다.

열차가 막 지나갔다. 열차의 기적 소리가 점점 멀어진다. 그러니 이제는 더 이상 위험하지 않다. 나는 걷기 시작한다. 먼저 길을 따라 걷다가 선로 위로 올라가서, 마을 중심가 근처의 선로를 따라 이어진 집들을 지난다. 길이 점차 숲으로 바뀌기 시작한다.

레 그리용과 라 메종 드 로슈를 아우르며 드넓게 펼쳐진 이 숲은 독일군이 습격했을 때 아이들이 버섯을 찾던 곳, 레지스탕스 전사들이 밤에 이끼와 나무뿌리 위에서 잠들었던 곳이다. 이 숲은 다니엘이 '아름다운 상자'를 떠나기로 한 결정에 관해 생각하거나 작은 귀뚜라미들의 삶 속의 작은 순간들을 머릿속에서 재생하며 걸었던 곳이다. 이 숲은 요즘 아멜리에와 내가 버섯을 찾아다니는 곳, 체첸 사람들이 체렘샤를 간절히 그리워하는 곳이다. 그리고 이 숲은 아네스가 나무에 묶여서 살해당한 곳이다.

폴란드가 상처처럼 느껴졌다. 이 숲처럼 신성한 장소를 걷는 것이 그 상처를 치유해줄지도 모른다. 그러나 나는 잘 모르겠다.

◇

마이다네크는 근대 민족주의 시대의 기이한 산물 중에서도 가장 기이하다. 그러나 지금도 우리는 마이다네크를 만든 비뚤어진 사고방식에서 완전히 벗어나지 않았다. 그 많은 기회와 수많은 영적·종교적·철학적 지침에서 얻은 그 많은 도덕적 도구가 있었음에도 우리는 배운 것이 없다. 우리가 인간이기 이전에 다른 무엇(국가, 인종, 종교, 젠더)이라고 생각하는 도덕적 해이를 여전히 인식조차 못 하는 듯하다. 인류가 모두 하나라는 것이 절대 진리임을 마음 가장 깊은 곳에서 반드시 이해해야 하는 시기에도 우리는 마치 그 사실을 이해하지 못하는 것처럼 행동한다.

올여름에 이스탄불에서 몇 주를 보냈다. 찰스가 이스탄불에 일이 있었고, 나도 이스탄불에서 폴란드로, 다시 프랑스로 편하게 이동할 수 있었다. 올여름 이스탄불에서는 엄청나게 큰(그리고 때로는 위험한) 반정부 시위가 벌어졌다. 내가 그곳에 가 있는 동안 정부는 주기적으로 시위대에게 최루 가스를 뿌렸다. 한번은 나도 얼굴 전체에 가스를 맞은 적이 있다. 매일 밤 9시, 도심의 거리에서 냄비와 팬을 댕그랑 두드리는 소리와 사람들이 함성을 지르는 소리가 들렸다. 자동차들이 경적을 울렸고 깃발들이 나부꼈다. 구시가지의 더 고상한 동네에서는 땅거미가 내릴 무렵이면 피나무와 초승달 아래에서 포크로 유리잔을, 또는 나이프로 접시를 팅팅팅 두드리는 소리가 났다. 바깥에서 들리는 댕그랑 소리에 맞춰 팅팅팅. 고상한 사람들은 그 소리가 만들어내는 화음에 미소 지었다.

나도 이러한 들뜬 열광을 느껴본 적이 있다. 소련의 운명을 알 수 없는 상태에서 탱크들이 발포 명령을 기다리던 1991년, 25만 명이 쏟아져 나온 상트페테르부르크의 궁전 광장에서. 2005년 키이우의 혹독하게 춥던 거리에서. 저 멀리 캅카스의 카바르디안에서. 심지어 생장바티스트의 날에 내가 우스꽝스러운 지그 춤곡을 추었던 퀘벡에서도. 넬슨 만델라가 길었던 수감 생활을 끝내고 몬트리올을 찾아왔을 때도 그랬다. 그때 나는 들뜬 군중 속에서 수천 명의 다른 사람들과 함께 주먹을 들었다. 내가 내 주먹을 바라보다가 높이 치켜든 것이 기억난다.

올여름, 이스탄불에서는 도처에 있는 모두가 정의롭고 악에 분노한다. 그들은 서로에게 최루 가스를 쏘고 돌을 던진다. 그 독이 서서히 공기 중에 퍼지고, 개와 고양이와 새가 누런 소음 속에 미동도 없이 누워 있다.

우리는 아침에 일어나 제일 먼저 무엇이 될까? 이스탄불에서. 키이우에서. 바그다드의 거리와 카이로의 거리에서. 파리에서.

또는 러시아 북캅카스 출신이었던 젊은 두 형제가 어느 날 아침 잠에서 깨어나 자신들이 체첸인이라고 결정했다는 이유로 무고한 세 사람을 죽이고 364명에게 부상을 입힌 보스턴 거리에서.

우리는 마치 정체성 슈퍼마켓을 돌아다니며 가장 잘 익은 과일을 찾아 여기저기를 쿡쿡 찔러보는 사람처럼 군다. 나는 아르메니아인이야. 유대인이야. 바하이교도야. 나는 발레리나의 손녀고, 카드 게임에 능한 사람의 손녀야. 여성이고, 인류학자고, 가수야. 나는 쇠퇴하는 도시에서 자랐어. 나는 좌파야.

그 모든 것이 아무리 고상하게 느껴지더라도, 목표가 아무리 고귀하고 그 과일이 아무리 달콤해 보이더라도, 주먹을 치켜들고 유리잔을 팅팅 치고 냄비와 팬을 댕그랑거리는 것은 아무 소용이 없다. 다 똑같은 거친 짐승이다.

"우리는 사람을 알 뿐입니다." 누군가는 부헨발트의 암캐가 되거나 이웃을 헛간에 몰아넣고 산 채로 불태우던 홀로코스트 때 고원 주민들은 말했다. "유대인은 모릅니다. 사람을 알 뿐입니다." 고원에서 그들은 아침에 잠에서 깨어나 이렇게 말했다.

그게 그렇게 어려운가?

가슴이 아프다. 왜? 오로지 사람을 알 뿐이었던 다니엘은 죽었다. 그리고 그를 위해 돌을 올려둘 곳이 없다….

◇

선로를 따라 걷고 있다. 마을을 뒤로하고, 자동차 소리와 대화 소리를 뒤로하고 걷고 생각한다.

사색에 잠겨 숲속으로 걸어 들어가는데, 비 한 방울이 나를 놀라게 한다. 얼굴에 비가 떨어진다. 구름(몇 분 전만 해도 저 멀리에 있었다)이 나를 따라왔을 것이다. 나는 계속 걸음을 옮긴다.

똑. 똑. 똑-똑-똑. 비가 점점 많이 내린다.

왼쪽으로는 위에 소나무가 자라고 이끼가 낀 암벽이 있다. 오른쪽으로는 한참 아래로 아직 생타그레브 도로가 보인다. 철로의 자갈들이 내 얇은 면 스니커즈의 밑창에 박혀서 밟지 않으려고 최선을 다한다.

아래를 내려다보니 (다니엘이 콩피에뉴에서 작은 귀뚜라미들에게 보낸 편지에 묘사한) 자그마한 전나무 묘목들이 두 철로의 틈에 끼어 있는 것이 보인다. 다니엘은 그 작은 나무들이 그들이 이룬 어린 가족처럼 연약하다고 말했다. “부러지지 않도록 우리가 모두 매일매일 여러 차례 보살펴야만 한단다.”

똑. 똑. 똑. 똑. 소용돌이치는 바람에 얼굴에 붙어 있던 머리카락이 위로 흩날린다.

조금 더 빠른 속도로, 계속 뾰족한 돌을 밟지 않으려 애쓰며 걷고 또 걷는다. 그러나 하늘이 점점 어두워지는 것이 느껴진다. 뒤를 돌아본다. 뒤에 있는 구름이 거의 검푸른색이다. 내가 바보다. 이런 일이 일어날 줄 알았어야 했는데. 길이 점점 높아지며 도로에서 멀어질수록 나도 모르게 걷는 속도가 빨라진다. 숲을 가로지르는 게 아니라면 이제는 밑으로 내려갈 방법이 없다. 숲은 크고 작은 나무와 관목, 검은딸기나무가 빽빽하게 뒤얽혀 있다.

오른쪽 저 아래로 라 메종 드 로슈가 보인다. 검은 옷을 입은 남자가 문 바로 앞에 우아한 자세로 서 있는 것을 겨우 분간할 수 있다.

구름이 우르릉거리는 소리가 더 크고 가까워졌다. 걸음을 더욱 재촉한다.

조금 더 강하게, 조금 더 빠르게, 그러다 본격적으로 도착한다. 억수같이 쏟아지는 비. 아래에서 위로 부는 돌풍. 그 뒤를 잇는 또렷한 천둥소리. 빛이 선을 그리며 진회색 하늘을 가른다. 하늘이 갈라지고, 나는 움찔하며 턱이 배에 닿을 듯 몸을 움츠린다. 하늘이 다시 갈라진다. 몸이 뒤틀리며 앞으로 홱 튀어 나간다. 번개. 번개! 나의 크나큰 현실적 두려움 중 하나. 번개가 번쩍 치고, 속이 덜컹 내려앉는다. 이제 나는 다시 캠프에서 한밤의 숲을 기어오르는 소녀가 된다. 그 꿈속에서 요동치는 땅과 하늘 아래에 있는 모든 것을 책임져야 했던 소녀.

내가 어렸을 때 로체스터의 놀이터에 있는 철제 거북이 밑에 숨은 어린 소녀를 죽인 것도 번개였다. 『로프 맨 앞에서』의 주인공인 피에르의 아버지를 드루산의 꼭대기에서 쓰러뜨린 것도, 바르샤바의 하늘과 캅카스에서 보낸 나의 첫 번째 밤을 밝힌 것도 번개였다. 그 모든 문명의 베일에도 불구하고, 번개는 나를 다시 몇 번이고 겁먹은 도마뱀으로 만든다.

나는 선로의 널빤지 사이를 점점 빠르고 격하게 뛰어넘기 시작한다. 자갈이 밑창을 뚫고 들어온다. 그러다 달리기 시작한다. 달리고 또 달린다.

소음 사이로 생각이 밀려든다. 전기에는 법칙이 있어! 전기는 이곳처럼 높고 탁 트인 선로를 찾아낸다. 선로의 금속과 널빤지 사이에, 나무들 속에 혼자 누워 있는 내 모습이 떠오른다. 미동도 없고, 법칙도 없다.

나는 달리다가 울기 시작한다. 그리고 하늘에 대고 말한다. 아직 죽고 싶지 않아요. 제발요. 아직 준비가 안 됐어요.

선로 위에 죽어 있는 내 모습이 또다시 떠오른다. 내가 죽었다는 걸 알게 된 찰스의 얼굴이 떠오른다. 폭풍에서 살아남은 내 모습이, 오늘 내가 얼마나 겁에 질렸었는지 까먹은 내 모습이 떠오른다.

죽고 싶지 않다.

그동안 내가 스스로 했던 그 어떤 말보다 더 진실하게 느껴진다. 죽고 싶지 않다.

신께 용서를 청한다.

만약 살아남는다면, 오늘 어떤 기분이었는지를 잊지 않게 해달라고 청한다.

그때, 마치 그 응답인 것처럼 굉음이 들리면서 눈이 멀 듯 새하얀 빛이 내 바로 오른쪽에 꽂힌다. 나는 로프 맨 앞에 매달려 있는 힘을 다해 비명을 지르고, 과거의 어린 소녀처럼 호흡이 다할 때까지, 폐가 터질 때까지, 높은 곳에서 홀로 비명을 지른다. 이 신성한 숲에서, 이 신성한 선로에서 오로지 나 혼자다. 마이다네크에서 찍은 사진이 마음속에 남아 있는 채로…. 그리고 그 순간, 노란색 크레용으로 칠한 무한한 크기의 눈부신 신의 이미지가 떠오른다.

세차게 쏟아져 내리는 빗속에서 트럭들이 쌩쌩 달리는 저 밑의 도로로 가려면 가파르고 가파른 경사를 내려가야 한다. 이제 나는 선로 밖으로 뛰쳐나와 아래로, 아래로 내려간다. 작은 나무와 가지와 뿌리를 붙잡아 몸을 지탱하며 엉덩이로 미끄러져 내려간다. 성긴 흙에서 나무뿌리가 끊어지는 소리가 들리고, 나는 또 다른 뿌리를 잡고 계속 아래로 곤두박질친다. 그렇게 아래로, 아래로 내려가다가 마침내 단단한 지면에 도착한다.

땅에 발을 딛고 선다. 몸이 덜덜 떨린다. 이제 안전하다. 어느 정도는…. 내 위치를 파악해야 한다.

카롤린과 이브의 집 방향으로 길을 따라 걷기 시작한다. 생타그레브 도로를 따라가면 아직 최소 30분은 더 가야 한다. 핸드폰을 눌러본다. 배터리가 없다. 비가 여전히 대각선으로 억수같이 쏟아지지만 나는 몸을 덜덜 떨며 비를 의식하지 못한다. 트럭 한 대가 너무 가까이 지나간다.

왼쪽으로 산기슭에 이상하게 숨어 있는 집 한 채가 보인다. 그 안에서 무언가가 움직이는 것이 보인다. 머리카락을 높게 하나로 묶은 금발 여성이 커다란 창문 밖으로 몸을 내밀고 있다. 그 사람이 내게 이쪽으로 오라고 말한다. 나는 비와 땀으로 흠뻑 젖었다. 그 여성에게 핸드폰이 작동하지 않는다고, 제네Genest 숲 너머에 있는 친구 집에서 머물고 있다고 말한다. 여성의 검고 커다란 개도 창문 밖으로 몸을 내민다. 그리고 내 쪽으로 코를 킁킁대더니 볼 양쪽으로 으르렁대기 시작한다. 여성의 남편은 팔에 문신이 있다. 남편은 말을 하지도, 나를 쳐다보지도 않는다. 캉 멤Quand même. 여자가 말한다. "어쨌든 제가 전화하는 동안 안에 들어와 있어요. 비 맞으면서 서 있지 말고요."

두 손이 아직도 떨린다. 조그마한 앞마당을 지나 두 사람의 작은 집 안으로 들어간다. 한 선반에 작은 아메리카 원주민 조각상 기념품이 가득하다. 십여 개 정도 되는 조각상이 전부 똑같은 갈색과 적갈색이다. 나는 미국에서 왔지만 아메리카 원주민이 사는 곳은 한 번도 가본 적이 없다고 말한다. 여자가 남편이 이 조각상들을 좋아한다고 말한다. 남편 취향의 장식이다.

내가 이브에게 전화를 걸 수 있도록 여자가 자기 핸드폰을 건네준다. 전화를 받은 이브가 곧바로 이곳으로 오겠다고 말한다.

여자에게 번개가 얼마나 가까이 떨어졌고 내가 어떻게 비명을 지르며 산 밑으로 미끄러져 내려왔는지 이야기한다. 여자가 자기도 바깥에 있었다고, 자기도 겁이 나서 집 안으로 달려 들어왔다고 말한다.

산 쪽으로는 집이 어둡고, 도로 쪽으로 열어둔 창문으로만 빛이 들어온다는 사실을 알아차린다. 이제 얌전해진 개가 내 발밑에 엎드려 있는 것을 알아차린다.

여자가 말한다. "이제 우리 집에서 미국인을 맞이한 적이 있다고 말할 수 있겠네요." 여자의 얼굴이 온화하다.

이브가 도착한다. 여자와 남편에게 감사를 전한다. 이브에게 감사를 전한다. 그리고 신에게 감사한다. 마샬라. 무엇보다 살고 싶다는 내 기도, 기억하고 싶다는 내 기도에 응답해주신 것에.

그리고 내가 말할 줄도 몰랐던 기도, 열린 문을 보내달라는 기도에 응답해주신 것에.

◇

밤에도 여전히 번개가 하늘을 가른다. 번개가 남긴 선이, 저 멀리 산등성이를 따라 대기를 통과한 전광이 보인다. 하지만 카롤린과 이브의 집은 돌집이라서, 집으로 걸어 들어가는 바로 그 순간부터 산뜻하고 깨끗한 느낌이 든다.

이곳이 전쟁 때 학교 건물로 쓰였다는 사실을 얼마 전에 알았다. 난민 어린이들이 이곳에서 몸을 피했다. 어쩌면 교사가 현재 부엌이 있는 곳(카롤린이 지금 손가락을 핥으며 요리를 하는 곳, 카롤린의 올케인 나탈리가 언젠가 내게 캉캉춤을 보여줬던 곳)에 서서 수학이나 역사를 가르쳤을지도 모른다. 아이들이 높은 곳의 저 창문을 통해 위쪽 도로를, 숲을 내다보며 폴란드나 다른 지역에 있는 가족들을 생각했을지도 모른다. 이따금 아이들이 현재 내 침실이 있는 위층에서 잠들었을지도 모른다. 아이들도 나처럼 그곳에서 꿈을 꾸었을지도 모른다. 아이들의 흔적이 약간 남아 있을

지도 모른다.

어쩌면 아이들의 유령은 다른 유령만큼 무섭지 않을지도 모른다.

상드린과 레미가 아이들을 데리고 저녁을 먹으러 왔다. 우리는 모두 함께 기다란 나무 식탁에 앉아 아름다운 음식을 먹는다. 검은 고양이인 빌과 불이 여기저기의 모퉁이에서 무심하게 몸을 말고 있다. 카롤린이 내게 노래를, 「도나 도나Dona Dona」를 또 불러달라고 청하고, 나는 지난번에 카롤린의 온 가족과 함께 그 노래를 불렀던 것, 사람들이 아름다운 화음을 층층이 쌓았던 것을 떠올린다. 그래서 나는 「도나 도나」를, 이번에는 아주 큰 목소리로 부른다. "바람이 웃네, 온 힘을 다해 웃네…." 카롤린도 함께 노래한다.

이제 나는 누워서 잠을 청한다. 마샬라, 나는 이 집에 있다. 밖에서 한밤중까지 천둥 번개가 치고 또 쳐도, 나는 이곳에, 이 돌집에 있다.

70년 전, 다니엘은 마이다네크에 두 가지를 남겼다.

하나는 양파 껍질처럼 얇은 사회보장 카드로, 그의 이름 'TROCMÉ DANIEL'과 번호 '1264950284'가 쓰여 있으며, '사회보험 서비스 지역–툴루즈'라고 도장이 찍혀 있다.

두 번째는 엽서다. 엽서는 이제 빛바랜 누런 색이다. 종이가 삭았고, 가장자리가 찢어졌다. 엽서에는 사진이나 그림이 하나도 없고 그저 카르트 포스탈carte postale, 즉 엽서라고만 찍혀 있다. 앞면에 보내는 사람과 받는 사람이 있고, 뒷면에 흐릿한 파란색 글자로 빼곡히 편지가 적혀 있다. 바스피레네 마슬락 에콜 드 로슈에 있는 D. 트로크메에게. 북쪽의 베르뇌유쉬르아브르 에콜 드 로슈에 있는 이브 트로크메가.

변색된 선이 엽서 한가운데를 지나는 것으로 보아 오랜 기간 엽서를 접어서 보관한 것이 분명하다. 아마 주머니에 넣어두었을 것이다. 잘 보관하려고.

날짜를 보니 이 편지는 다니엘이 고원으로 와서 레 그리용의 운영을 도와달라는 앙드레 트로크메의 제안을 수용할지 말지 고민하던 때에 쓰였다. 바르셀로나에서 직업을 구하는 데는 실패했지만, 파리로 가서 박사학위를 받거나(부모님이 가장 선호하던 선택지) 아직 "점령되지 않은" 비시 프랑스에 위치한 에콜 드 로슈의 두 번째 캠퍼스에서 계속 학생들을 가르칠 수도 있었다.

이 편지는 엄마가 아들에게 보낸 것이다. 그리고 아들은 1942년 늦여름에 편지를 받은 바로 그 순간부터 17개월 후 세상을 떠날 때까지 그 편지를 보관했다.

편지는 이렇게 시작한다.

사랑하는 아들, 우리는 곧 어디서 너를 볼 수 있을까?

다음엔 무엇을 할 거니? 어머니는 아들에게 이렇게 묻고 있다.

당분간은 단순하단다. 너는 학생들이 시험을 치를 수 있도록 열심히 준비시키고 있고, 그 말은 곧 너의 걱정들을 잊을 수 있다는 뜻이지. 프랑수아를 만나서 우린 무척 기뻤단다. 그리고 이제는 네가 선택을 내려야 해.

네가 스스로 선택해야만 한단다. 엄마가 아들에게 말한다. **모든 걸 따져봐야 해.**

필요하다면 아버지가 돈을 대주시리라는 걸 알 거다. 프랑수아가 다른 것들과 함께 전부 얘기해줬겠지. 볼로드 씨가 떠났고, 그분이 현재 당면한 문제들을 네게 알려주실 거야. 하지만 학생들은 이제 더 이상 로비에서 잠들지 않아. 로비도 평소의 모습을 되찾았어. 고층에 학생 세 명이 지낼 방을 마련했단다. … 셋 다 아주 우수한 학생이야.

북쪽 베르뇌유에 있는 학교는 혼란한 상태지만 서서히 평소의 모습을 되찾고 있다. 부모님은 잘 지내고 계신다. 편지의 내용은 다니엘의 형제자매 이야기로 넘어간다.

행복하게도 미셸은 다시 우리와 함께 지내고 있단다. 마리안느는 3일 뒤에 돌아올 거야. … 수지는 오늘 들라퐁텐에서 기흉 환자 35명을 치료했어.

작디작은 파란색 손글씨 안에 그분이 있다. 수지 트로크메.

내 증조할아버지의 엄격했던 삶의 말년에 다정함을 불어넣은 분. 나의 유대인 어머니가 중서부의 시댁 식구들 사이에서 환영받는다고 느끼게 해준 분. 멀리서 아픈 환자들의 폐에 공기를 주입하는 수지. 종이 위에 이름이 적혀서 주머니 어딘가에 들어 있던 수지.

> 우리는 너를 통해 가족들에게 뭔가를 보내기로 했어. … 500〔프랑〕을 보내고 싶었어. 이미 보냈던가? 기억이 안 나는구나. 우리에게 바로 알려주렴. 로슈의 친구들이 보낸 거라고 하면 돼.

글씨가 점점 흐릿해진다. 도움을 받으면서도 다 읽을 수가 없다. 한 명 한 명이 누구를 말하는 것인지 파악이 안 된다. 하지만 거의 끝부분에 있는 이 문장은 눈에 들어온다.

> 사랑하는 아들, 네 머리와 마음에 여전히 어떤 걱정들이 있니….

편지 마지막에는 키스 마크가 있다. 그리고 카드 한구석에 더욱 작은 글씨로 추신이 달려 있다. "스웨터와 양말을 거의 다 떴단다."

이 엽서는 1942년 9월 5일에 쓰였다. 다니엘은 며칠을 들여 이 모든 내용을 숙고하고, 선택을 내렸다. 그리고 9월 11일, 결심이 가득 담긴 답장을 보냈다. 이제 주사위가 던져졌고, 르 샹봉이 자신에게는 하나의 모험이자 거의 종교적인 부름이며, 세상을 재건하는 데 일조하고 싶다고. 그리고 스스로 부끄러운 사람이 되고 싶지 않다고.

이제 나는 깨닫는다. 주머니 안에 접혀서, 다니엘이 세상을 떠날 때까지 17개월간 다니엘과 함께한 것은 대답이 아니었다. 어쨌든 다니엘의 아름다운 응답은 한참 전에 바람에 실려 날아갔다. 고원과 작은 귀뚜라미들, 긴 산책, 체포, 물랭 감옥, 콩피에뉴, 부헨발트, 마이다네크를 거치는 내내 다니엘과 함께 남은 것은 질문이었다. "사랑하는 아들", "이제는 네가 선택을 내려야 해"라는 말과 함께 애정과 신뢰를 담아서 쓴 질문이었다. 어쩌면 이 질문은 소각로 앞에 있던 철제 테이블까지 내내 그와 함께였을지도 모른다.

사랑하는 아들, 이제는 네가 선택을 내려야 해. 우리는 곧 어디서 너를 볼 수 있을까?

여덟 살 무렵, 어둠 속에서 무언가를 보았다.

한밤중이었다. 나는 언니와 함께 쓰던 작은 방에서 잠들어 있었다. 그러나 잠을 자던 것은 기억이 안 난다(기억이 날 리가 없다). 기억나는 것은 이것뿐이다.

무언가가 격렬하게 밀려드는 느낌에 나는 단번에 두 눈을 부릅뜨고 침대에서 벌떡 일어나 앉았다. 그리고 언니 침대 발치의 어둠 속에서 한 인물을 보았다. 젊은 남자였다. 그는 말랐지만 다부졌고, 무릎을 굽히고 앉아 두 팔로 무릎을 감싸고 있었다. 그는 나를 똑바로 바라보았다. 깊은 생각에 잠긴 것 같았다. 그때 순식간에 그가 사라졌다. 흔적도 없이 사라졌다.

이 여정이 시작되었을 때부터 그 남자와 똑같은 자세로 앉은 다니엘이 머릿속에 거듭 떠오른다. 아이들이 잠들어 있는 동안 레 그리용의 복도에 앉아 있는 다니엘이 보인다. "게슈타포가 급습할까 봐 걱정했던 것일까요?" 트럭이나 기차에, 또는 급수탑 아래나 막사에 앉아 있는 다니엘이 보인다. 사색에 잠겨 생각하고 또 생각하는 다니엘이 보인다. 나를 바라보는 다니엘이 보인다.

이따금 남몰래 그에게 말을 걸 때도 자리에 앉아 있는 다니엘이 보인다.

사랑하는 다니엘. 나는 곧 어디서 당신을 볼 수 있을까요?

15장 나무의 열매

다니엘아, 가거라.
이 말씀은 마지막이 올 때까지
은밀하게 간직되고 감추어질 것이다.
—다니엘서 12:9

바버라 고모는 그 편지들을 내게 보내기 전에 분홍색 리본으로 싸서 작고 귀여운 나비 모양 매듭으로 묶었다. 놀라지는 않았다. 고모는 세심하고 별난 취향을 가진 예술가다. 편지들은 절대 그 상태 그대로 도착하지 않았을 것이다.

며칠 전 바버라 고모가 전화를 걸어와 도로시 할머니의 유품 사이에서 우연히 편지 뭉치를 발견했다고 했다. 할머니가 돌아가시고 몇 년이 흘렀지만 (알려지지 않은 기억이 가득한) 할머니의 유품은 아직 정리 중이었다. 고모는 편지 중 일부가 수지 트로크메와 관련이 있을지도 모른다고 생각했다. 그래서 오늘, 손글씨로 꼼꼼하게 주소를 적은 소포가 도착했다. 나는 마치 기적처럼 분홍색 리본으로 묶인 작은 편지 뭉치를 바라보고 있다.

매듭을 푼다.

편지 봉투에서 할머니 댁의 달콤하고 쿰쿰한 냄새가 난다. 눈을 감고 그 냄새를 깊이 들이마시며 고든 할아버지의 서글픈 유화와 도로시 할머니의 서정적인 수채화, 바버라 고모의 아프리카 가면과 마미 와타Mami Wata* 인형이 가득 들어찬 할머니 댁을 떠올린다. 고든 할아버지가 비행기 사고로 돌아가신 지 수십 년이 지났지만, 할아버지가 지은 이 집은 여전히 예술과 빛으로 가득 차 있었고, 그 빛은 저 아래 세인트조지프강까지 이어진 숲을 향해 난 기다란 창으로 쏟아져 들어왔다. 그 빛 속에서 할머니의 러그 위에 앉아 색종이를 오리고, 봉제 인형을 바느질하고, 그림을 그리고 또 그리고, 마을을 이룰 만큼 많은 빨래집게 인형의 옷을 입히고, 오래된 발레복으로 언니와 패션쇼를 하던 것이 기억난다. 우리는 밖으로 나가 나무를 기어올랐고, 두꺼운 나무줄기로 그네를 타다 뛰어내린 다음 다시 돌아왔다. 뛰어내리고, 또 돌아왔다.

할머니 댁(그리고 할머니의 우아한 가난)은 달콤한 쿰쿰함과 아름다움의 냄새가 났다. 그리고 지금 수지의 편지에서도 똑같은 냄새가 난다.

편지를 하나하나 살펴본다. 대다수 편지의 발신인 주소가 몽펠리에다. 1973년에 증조할아버지가 돌아가시고 수지가 원가족 대부분이 남아 있던 프랑스로 돌아간 뒤에 쓰인 것들일 테다.

최근 몇 달간 수지에 관해 몇 가지를 알게 되었다. 수지

---

* 아프리카 서부와 중부, 남부 지역에서 숭배하는 물의 여신.

는 전쟁이 끝나고 겨우 2년 뒤인 1947년에 처음으로 미국에 왔다. 수지의 가족에게 비극이 연이어 다다다다 발생한 뒤였다. 1943~1944년 겨울, 수지의 오빠 프랑수아가 공장에서 막 터지려는 폭탄을 본능적으로 붙잡았다가 두 손을 잃었다. 봄에는 수지가 사랑하던 다니엘이 마이다네크에서 세상을 떠났다. 그해 늦여름에는 연합군의 베르뇌유쉬르아브르 폭격 때 어머니 이브 트로크메가 파편에 머리를 맞아 목숨을 잃었다. 그로부터 몇 달 뒤에는 아버지 앙리가 미국 지프차에 치여 숨졌다. 이 모든 상실이 기억 속에서 생생하던, 그리고 분명 전쟁 당시 직접 치료한 수많은 결핵 환자들의 몸과 얼굴이 생생한 이미지로 남아 있었을 1947년에, 프랑스 정부에서 미국 전역의 병원을 방문할 연구원 자리를 제안받은 수지는 그 기회를 붙잡았다. 수지가 역시 결핵을 연구하는 의학 연구원이었던 내 증조할아버지를 처음 만난 것이 바로 이 미국 방문 때였다. 증조할아버지는 수지의 아버지처럼 엄격하고 빳빳했으며 안경을 썼다. 그리고 수지의 아버지처럼 이름이 헨리Henry였다.

이렇게 1947년에 바다를 건너는 여정을 시작해 다니엘이 살아 있었다면 35살 생일을 맞이했을 날에 뉴욕에 도착한 뒤, 수지는 어떻게 해서인지(누가 알겠는가) 나에게도 중요한 사람이 되었다.

내 앞에 놓인 편지 봉투들에는 순서가 없다. 도로시 할머니의 손글씨가 쓰인 두꺼운 봉투에 손을 뻗는다. "아버지의 두 번째 결혼식." 그 안에는 흑백과 빛바랜 세피아 색의 작은 스냅사진들이 있다. 가족사진이다. 얇은 넥타이를 하고 손깍지를 꼈으며 수지 옆에서 평소답지 않게 환하게 웃는 헨리 증조할아버지가 있다. 수지는 한쪽 팔로 까까머리를 한 어린아이를 안고 있고, 아이는 소파 깊숙이 기대앉아 씨익 웃고 있다. 다른 사진에서 수지와 헨리는 우리 할아버지의 그림(세잔풍의 납작한 평면으로 표현한 성모 마리아와 어린아이) 앞에 서 있다. 또 다른 사진에 까까머리 소년이 다시 등장하는데, 이번에는 품에 기타를 안고 있다. 수지는 두 손으로 기타의 목을 조심스레 붙들고 있다.

매끈한 얼굴과 동그란 코, 턱의 모양, 숱 많은 짙은 색 머리카락을 보니 수지가 다니엘을 닮았다는 걸 이제 알겠다.

여러 사진의 수많은 얼굴 속에 잘생긴 얼굴이 하나 있다. 도로시 할머니의 형제인 버드 할아버지다. 할아버지는 나비넥타이를 매고 미소 짓고 있다. 도로시 할머니는 이 사진을 찍고 얼마 지나지 않아 또 한 번의 비행기 사고로 버드 할아버지를 잃었다. 벤턴하버 지역의 신문 「팔라듐Palladium」은 할머니의 두 번의 상실을 1965년 10월 25일의 머리기사로 실었다. "세인트 조지프의 교사(미시건 세인트 조지프에 살던 도로시 할머니를 가리킨다), 또다시 항공기 참사에 휘말리다."

버드 할아버지의 눈동자가 그렇게 진하고 깊은 줄 몰랐다. 우리 할아버지처럼 버드 할아버지도 인생의 전성기인 40대에 돌아가신 줄도 몰랐다. 남편과 형제를 잃은 도로시 할머니의 머리카락은 사진 속에서 새하얗고, 눈썹은 여전히 진하다. 사진을 더 자세히 들여다본다. 할머니는 엉덩이와 팔을 움직이는 모습이 우아하고, 보조개가 쏙 들어가는 아름다운 미소를 짓는다. 하지만 검은 안경테 뒤의 두 눈은 다른 곳에 가 있다.

부모와 형제를 잃은 수지는 이제 내가 아는 그 집에 앉아 헨리의 손을 붙잡고 결혼식 케이크를 자르고 있다. 두 사람 옆에 있는 테이블 위에서 한쪽으로 기울어진 키 큰 촛불들이 환히 타오르고 있다. 고국에서 피난 온 수지는 예술로 가득찬, 솔직히 말하면 흐릿한 슬픔이 너무 많은 이 낯설고 새로운 곳에서 웬일로 헨리를 구슬려 코스튬 파티를 연다. 헨리는 밀짚모자를 비뚜름하게 쓴 모리스 슈발리에Maurice Chevalier이고, 수지는 머리를 땋아 정수리에 두르고 한 손에는 책을 든 채 활짝 웃고 있는 펨 드 레트르femme de lettres, 시몬 드 보부아르다.

수지는 벨벳이 깔린 에콜 드 로슈의 응접실에서 찍은 가족사진(오른쪽 끝에서 턱까지 오는 단발머리를 하고 두 손을 모아 얌전하게 앉은 수지와, 왼쪽 끝에 서서 카메라를 똑바로 바라보는 남동생 다니엘, 그리고 그 사이의 아홉 명)에서 얼마나 멀리 온 것일까? 그곳에서부터 우리 할머니의 집까지는 얼마나 많은 세상이 있었을까? 두 눈 뒤의 촛불을 켤지 말지 결정해야 하는 순간이 얼마나 많았을까?

다른 편지들을 살펴보기 전에 마지막 사진 한 장이 눈에 들어온다. 헨리가 어린 소녀 두 명과 함께 소파에 앉은 사진으로, 앞머리를 내린 소녀는 헨리의 오른쪽에, 양 갈래를 한 소녀는 헨리의 왼쪽에 앉아 있다. 나와 우리 언니다. 나는 두 손을 맞잡고 손가락을 배배 꼬고 있다. 카메라를 똑바로 바라보며 미소 짓고 있다.

수지 할머니는 질문으로 모든 편지에 생기를 불어넣었다. 아이들과 친구들과 먼 친척들의 이름을 전부 기억했다. 건강과 학업에 관해 물었고, 끊임없이 격려를 보냈다. 수지 할머니는 바버라 고모가 마지막 후보에 들었던 스미스소니언에서의 일자리를, 리즈 고모의 음악과 예술 활동과 갓 태어난 사랑스러운 아기를 알았다. 도로시 할머니가 크리스마스카드를 직접 만들어 보낸 것에 감사를 전했다. "식탁에 둘러앉아 작고 명랑한 파란 천사들을 올려다보는 사랑스러운 여섯 아이들이 아주 마음에 들어." 수지 할머니는 자신이 하는 연구에 관해, 국제 엠네스티와 함께 하는 작업에 관해 썼다. 프랑스 지도와 트로크메 가문의 족보를 그렸다. 용돈을 보냈다. 오래 기다려온 비가 내린 뒤, 자신이 사는 도시에 마침내 철쭉이 만개했다는 소식을 전했다.

수지 할머니는 언제나 프랑스에 있는 작은 집으로 사람들을 초대했다. 도로시 할머니와 바버라 고모를 초대하고 또 초대했다.

그렇다. 수지 할머니가 구체적으로 나를 초대했다는 사실 역시, 후대를 위해 이 편지들에 기록되어 있었다. "도로시에게," 수지 할머니는 도로시 할머니에게 썼다. "네가 8월에 보낸 여러 흥미로운 소식이 담긴 생일 카드를 잘 받았단다. 나는 곧바로, 정확히는 8월 18일에 네가 알려준 주소로 오스트리아의 코페키 씨 댁에 있는 매기에게 편지를 썼어. 매기가 다시 미국으로 돌아가기 전에 우리 집에 들를 수 있기를 바라면서 말이야. 하지만 시간이 너무 촉박했거나 주소가 잘못되었는지, 답장은 오지 않았어."

아니, 내가 답장을 보내지 않은 것이었다. 편지를 받았지만 답장하지 않았다. 무심하게 멍하니 있다가 답장할 기회를 날려버렸다.

수지 할머니는 고3이었던 언니 로라가 시칠리아로 교환학생을 갔을 때도 언니에게 편지를 보냈다. 그리고 크게 기뻐하며 도로시 할머니에게 두 사람이 언어와 문화와 온갖 다른 것들에 대해 신나게 편지를 주고받기 시작했다고 전했다. 애정을 주고받을 단 한 번의 기회를 얻은 수지 할머니가 그 사랑을 넘쳐흐를 만큼 되돌려주는 모습이 보인다. 할머니는 언니에게 키스를, 자신의 사랑을 보냈을 것이다. 몇 년 뒤 로라가 이스라엘에 살 때 할머니는 편지에 이렇게 썼다. "지도에서 하이파를 찾아봤어. 그런데 바하이교인이 무엇을 믿는지 아는 바가 별로 없구나. 바하이교는 유대교에 가깝니, 아니면 기독교에 가깝니? 아니면 유대교의 한 종파인 거니? 로라의 엄마인 플로렌스가 유대인인 것은 기억한단다. 그게 플로렌스와 다나, 두 사람의 아이들에게 중요한 일이니? 내 질문에 전부 대답하지 않아도 좋아. 내가 질문을 너무 많이 한 것 같구나…."

아니에요, 할머니. 생각나는 질문은 전부 다 해주세요. 그게 뭐든지요. 제발 계속 물어주세요. 제발요.

수지 할머니는 그렇게 했다.

> 9월 1일. … 다시 몬트리올로 돌아간 조카와 조카며느리에게 편지를 썼어. 내 의붓 증손녀(매기는 내 의붓 증손녀야!)가 몬트리올에 있는 맥길 대학교에서 공부하고 있다고 말이야. 안타깝게도 매기의 맥길 대학교 주소나 매기 부모 주소(아직 뉴욕 로체스터 솔즈베리가 74번지에 사는지 잘 모르겠어. 어쨌든 우편번호도 모르고)를 전달하진 못했어. 그래서 조카에게 네 주소를 주고 네가 편지를 매기한테 보내줄 수 있다고 했어. 이건 조카 부부 주소

야….

수지 할머니는 내내 나를 가족으로 여겼다. 나는 전혀 몰랐다.

솔즈베리가 74번지의 녹색 장모 러그와 삐걱거리던 계단, 누가 거실에 있는 난방 환기구를 지배할 것이냐를 두고 남동생 마이클과 내가 발로 싸우던 모습을 떠올린다. 정전기와 재미없게 흐린 잿빛 하늘, 어색하고 흐리멍덩한 10대 때 우리의 얼굴을 떠올린다. 우리에게 주어지는 사랑에 무감각한 모습을 떠올린다.

이따금 우리 삶에는 무언가가 분홍색 리본으로 포장되어 찾아오고, 우리는 그 리본을 알아본다. 그러나 때로는 알아보지 못하기도 한다.

그러다 이따금 (이 세상은 수많은 언어로 자기 목적을 이야기하므로) 우리는 누군가의 가족이 된다. 그리고 자격 없는 우리에게, 다시 분홍색 리본이 찾아온다.

1983년 12월 16일, 몽펠리에

도로시에게…

네가 필립 할리의 책 『무고한 피가 흐르지 않도록』에 관해 들었다는 이야기가 흥미로웠단다. 맞아, 앙드레 트로크메(1901~1970)는 나와 가까운 친척이었어. 우리 아버지의 사촌이었지만 아버지보다 28살이 어렸지. … 앙드레와 아내는 유대인이 안전하게 머물다가 스위스로 도망칠 수 있는 보호소를 만들었어. 프랑스 중앙 산악지대에 있는, 앙드레가 목사로 있었던 르 샹봉쉬르리뇽이라는 마을 전체가 유대인을 숨겨주는 위험한 일에 동참했어. 앙드레가 1942년에 내 남동생 다니엘(겨우 두 살 터울이었어)에게 도움을 요청했고, 다니엘은 온 마음을 다해 앙드레를 돕다가 1943년에 고발당해서 게슈타포에 체포되었어. 그리고 독일에서 여러 수용소를 전전하다가 폴란드 마이다네크에서 죽었지(1944년 4월 2일). … 앙드레와 다니엘 둘 다 이스라엘에서 '열방 의인'으로 인정되었어….

그 특별한 행사의 증인으로서 오빠 미셸이 프랑수아와 함께 이스라엘에 가서 다니엘의 이름으로 감사장과 은으로 된 훈장을 받았어(1977).

그리고 더욱 상징적으로 예루살렘 근처에 있는 언덕에 다니엘을 기리는 묘목(카루비예=로커스트 나무)을 심었어. 그 나무는 다니엘의 이름과 함께 '열방 의인의 숲'의 일부가 되었지. … 미셸이 자기 손으로 직접 그 나무를 심었어.

도로시 할머니는 수지 할머니와 알고 지낸 지 거의 20년이 지난 뒤에야 마침내 다니엘의 이야기를 알게 되었다. 그러나 나는 알지 못했다.

분홍 리본 하나. 분홍 리본 두 개. 분홍 리본 세 개….

손가락을 배배 꼬고서 카메라를 향해 미소 짓는 한 소녀. 머리가 길고 지저분한, 어둠을 두려워하는 한 소녀. 흐리멍덩하고 이기적인 10대의 얼굴을 가진 한 소녀.

눈 덮인 열차를 타고 꽁꽁 언 길은 어둠 속으로 덜컹덜컹 달려가는, 전문적인 이방인인 한 여성. 과학자로 훈련받은, 거대하고 근본적인 무언가를 놓치고 있는 한 여성.

혼자서 다니엘의 이야기를 알게 된 한 여성. 삶의 여러 장면에서 웅크린 채 자신을 바라보는 그의 그림자를 떠올리는 한 여성.

그리고, 마침내 번개가 쳤을 때 선로 위에서 비명을 지르는 한 여성. 마샬라. 로브잔이 바닷속을 힘겹게 걷는 꿈을 꾸는, 자말의 자그마한 얼굴에서 한 번도 태어나지 않은 자기 아이의 얼굴을 보는 한 여성.

그리고, 눈물을 흘리며 편지 뭉치를 바라보는 한 여성. 너그러움이 흘러넘치는 편지들을 읽으며, 정전기가 이는 녹색 장모 카펫의 이미지와 할머니 댁의 슬프고 눈부신 빛을 떠올리며 우는, 아름다움이 짓밟히는 위험한 세상에서 선한 사람이 되는 방법을 여전히 알지 못해 우는, 그럴 자격이 없는데도 왜인지 계속 기회가 찾아오고 긴 삶이 이어져서 우는, 자신이 알지도 못하는 사이 누군가의 가족으로 인정받아서 우는 한 여성.

이 여성은 1988년 5월에 쓰인 또 다른 편지에 손을 뻗는다. 도로시 할머니에게 수지 할머니의 사망 소식을 전하는 편지다. 수지 할머니는 사망 소식과 함께 전할 말로 다음 구절을 골랐다. "네 이웃을 너 자신처럼 사랑하라."

수지 할머니는 토라와 성경, 쿠란에 나오는, 이제 르 샹봉쉬르리뇽의 교회에 새겨진 이 신성한 구절, 사랑하라는 신의 계율과 함께 작별 인사를 건넨다. 서로 사랑하라. 네 이웃을 사랑하라. 사랑하라….

수지의 오빠 샤를은 도로시 할머니에게 자신의 서툰 영어를 사과하며 이렇게 전한다. "수지는 우리에게 정말로… 소중한 형제였습니다. 수지는 맑고 진실한 정신과 다정하고 단호한 마음을 가진 사람이었습니다. 르 샹봉에서 가엾은 아이들을 보호하다가 마이다네크에서 세상을 떠난 우리의 형제 다니엘처럼요([수지는] 다니엘을 본받고 싶어 했습니다)…."

리본 하나, 리본 두 개, 리본 세 개. 네 개.

이제 매듭을 다 풀었다.

◇

나가서 나무를 찾아야 한다.

고원의 난민 어린이였던 폴리나는 1932년에 자신이 태어나기 전에 아버지 페이넬Fejnel이 맨발로 폴란드에서 도망쳤다고 설명한다. 브뤼셀에 도착했을 무렵에는 발바닥에 가죽 같은 굳은살이 박였다. 폴리나의 어머니인 리브카Riwka는 페이넬을 보고 첫눈에 지독한 사랑에 빠졌다. 두 사람은 결혼했다. 페이넬은 폴리나가 어린 소녀였을 때 폴리나에게 이디시어로 노래를 불러주었다. 폴리나는 그 옆에서 그림을 그렸다.

폴리나가 제2차 세계대전에서 살아남을 수 있었던 것은 어머니가 리브잘트에서 당근과 우유, 체리를 훔쳐다 주었기 때문이었고, 폴리나가 전기 철조망을 피하는 법을 알 만큼 똑똑하고 제때 기차에서 뛰어내리는 법을 알 만큼 용감했기 때문이었다. 폴리나가 전쟁에서 살아남은 것은 아주 특별했던 순간에 한 간수가 폴리나에게 빵을 주었기 때문이었고, 한 부부가 폴리나를 돌보다가 체포되어 수용소로 이송되었기 때문이었다. 폴리나가 살아남은 것은 (이 세상이 철조망에 내걸린 시체로 가득할 때 모든 열 살 난 소녀가 가장 먼저 하려고 할 행동과 달리) 폴리나가 고분고분 자기 부모와 헤어져 홀로 고원에 갔기 때문이었다. 그곳에서 폴리나는 낮에 공부하고 배우고 산처럼 쌓인 눈 속에서 놀 수 있었고, 특별한 때에는 다른 친구들과 숲에 들어가서 초막절을 지낼 수 있었다. 폴리나는 전쟁에서 살아남았지만 아우슈비츠에서 두 부모를 잃었고, 사랑하는 자매와 갑작스레 헤어져 팔레스타인으로 향하는 배에 타야 했다.

그리고 팔레스타인에 도착한 폴리나는 철조망으로 둘러싸인 텐트 안에서 살아야 한다는 사실에 큰 충격을 받았다.

폴리나를 위해 사고실험을 하나 해보자.

공 모양의 지구는 역시 공 모양인 태양 주위를 돈다. 지구에는 축(검은 막대) 하나가 박혀 있다. 이 축은 일자로 곧게 서 있다. 지구는 그 축을 중심으로 자전하고, 수학처럼 정확하고 꼿꼿하게 태양 주위를 공전한다. 칙칙폭폭. 요하네스 케플러Johannes Kepler가 그 궤도의 호를 그려주었기 때문에 나는 지구가 돌기로 선택한 그 경로를 안다…. 그리고 **짠,** 내 눈에도 저기 그 궤도가 보인다.

하지만 과학 모델로서의 은유가 전부 그렇듯, 이것은 사실이 아니다.

그 그림에 생명을 불어넣는다.

이제 태양은 새하얀 불덩어리다. 너무 밝고 뜨거워서 머릿속에서조차 똑바로 쳐다볼 수 없다. 그저 머릿속에 남겨두기 위해서라도 일종의 파생물을 생각해내야 한다. 그래서 우리는 노랗고 환한 것을 떠올린다. 지금으로선 그걸로 충분하다.

그렇다면 축은? 축은 더 이상 곧게 뻗은 일직선이 아니다. 과학이 말해주듯(영광스러운 과학이여!) 이 축은 23.5도 기울었다.

그게 어떻다고?

이제 지구는 태양 주위를 다르게 공전한다. 지구는 기울어졌다. 그래서 공전의 일부 기간에는 지구의 윗부분이 태양과 더 가깝고, 일부 기간에는 아랫부분이 태양과 더 가깝다.

그러므로, 태양이 새하얀 불덩어리이기 때문에, 축이 곧게 뻗지 않고 기울어졌기 때문에, 현재 지구가 1년이라는 호의 단위와 리듬에 따라 태양의 빛과 온기를 받아들이는 것이다. 이제 지구에는 더운 시기와 추운 시기가 있고, 눈이 내리는 시기와 비가 오는 시기가 있다. 녹음이 우거지고 바람이 부는 시기가 있고, 건조하고 잠잠한 시기가 있다. 이제 지구에는 계절이 있다.

이 사실 때문에 현재 지구에는 파란색과 초록색, 갈색, 소용돌이치는 흰색이 있다. 축이 기울어졌기 때문에 계절이 생기고 삶이 생기고 변화가 생긴다. 모든 산과 모든 바다, 모든 "땅 밑을 기어다니는 것들"이 생기를 얻는다.

이 기울어짐, 이 영광스러운 기울어짐이 바로 삶이다. 끊임없이 돌고 도는 계절이다. 눈과 향유와 그 사이에 있는 모든 것이다. 쩍쩍 갈라진 죽은 것들의 땅에서 태어난 삶이다.

부족한 곳에서 풍요로운 곳으로, 전쟁이 일어나는 곳에서 평화로운 곳으로의 이동을 통해서만 태어날 수 있는 삶이다.

지구는 23.5도 기울어졌고, 살아 있는 것들은 이동하고, 변화하고, 좋은 것을 찾아 나선다. 그렇게 우리는 기울어짐과 계절에 감사하고, 전쟁을 피해 평화로 나아갈 수 있어 감사한다. 그렇게 우리는 이동한다.

우리는 발이 거죽처럼 변할 때까지 이동한다. 당근과 우유, 체리를 구하려고 이동한다. 고원으로 올라갔다가 다시 내려온다. 소각로를 피하려고, 약속된 땅을 찾으려고 이동한다.

그리고 이따금, 우리는 그렇게 하다가 텐트 안에 갇힌다. 철조망이 사방을 둘러싼 텐트에.

폴리나가 지중해의 그 극동 해안에 도착해 텐트에 살며 철조망을 살피고 있을 때, 폴리나의 이야기는 끝난 것이 아니었다. 그 끔찍한 전쟁이 끝난 후 팔레스타인은 한창 복잡한 난민 위기를 겪고 있었다. 1920년에서 1948년 사이에 유대인 10만 명이 분쟁 지역에 도착했다. 대부분이 오래된 화물선에 숨어서 이동했고, 그러다 적발되면 영국 해군이 운영하는 임시 수용소에 강제 수용되었다. 폴리나도 그 위기에 동참했다. 그러나 이번에는 갇혀 있을 수 없었다. 어느 날 저녁 폴리나는 철조망 아래로 몰래 기어 나와서 하이파에 있는 카르멜산 꼭대기까지 올라갔다. 그곳(가나안, 에레츠 이스라엘, 유대, 예후드 메디나타, 시리아,

팔레스타인 등 여러 이름으로 알려진 땅)에서 폴리나는 도시 전체를 내려다보았고, 폴리나의 머리 위에는 하늘이, 저 너머에는 바다가 있었다. 훗날 폴리나는 이렇게 말했다. “아마 아시겠지만, 이스라엘의 하늘은 훨씬 낮고, 별들은 훨씬 가까워요.” 그 산에서 이사야는 이렇게 외쳤다. “사막이 기뻐하며 장미처럼 피어날 것이다. 무성하게 꽃피어 즐거워하며 노래할 것이다.” 폴리나는 한숨을 쉬었다. 하아. 그리고 말했다. “그렇게 되면 정말 굉장할 거예요.”

축을 불어서 기울어지게 한 그 숨결이 얼마나 강력했을지 생각한다. 축을 기울여 흙 밑을 기어다니는 다채롭고 경이로운 것들에 지구를 내어준 그 숨결이 얼마나 강력했을지 생각한다.

이스라엘에서 보내는 첫째 날, 하이파에 있는 단 가든스Dan Gardens 호텔의 접수원 덕분에 프런트 데스크에 있는 그의 의자에 앉아 피자를 배달시켰다. 이스라엘에서 보내는 둘째 날, 바하이 사원들은 고요하고 장미 향기로 가득했다. 셋째 날, 워싱턴에서 알게 된 아비노암Avinoam과 함께 케이블카를 타고 카르멜산 꼭대기까지 올랐고, 그곳에서 나는 폴리나처럼 머리 위의 하늘과 저 너머의 바다를 보았다. 높은 산 위에서 움푹 파인 만灣의 바로 위쪽을 가리키며 물었다. “저기가 아코Akko예요?” 그러자 아비노암이 말했다. “아뇨, 저기는 레바논이에요. 그리고 저기는,” 그가 조금 더 위쪽의 내륙에 있는 언덕을 가리켰다. "시리아예요. 이제 알겠죠?"

이스라엘에서 보내는 넷째 날, 해가 지기 전 바하올라 성지의 정원에서 후투티(시바 여왕이 솔로몬에게 보낸 사랑의 전령) 한 마리가 올리브나무 가지에 앉아 주황색과 검은색과 흰색이 뒤섞이도록 날개를 퍼덕이는 모습을 보았다.

그리고 다섯째 날, 나는 예루살렘에 있었다.

내가 아는 한 다니엘 트로크메는 1930년대에 예루살렘에 온 적이 없다. 그러나 그는 예루살렘 가까이에 있었다. 너무 가까워서, 카르멜산으로 올라가는 케이블카 안에서 그가 있었던 곳을 손으로 가리킬 수도 있다. 다니엘은 젖과 꿀이 흐르는 땅인 레반트*에, 성서와 쿠란 속에서 전쟁이 벌어진 땅에 왔다. 수많은 문명과 언어가 만나는 지점이 된 메마르고 외딴 도시에, 강력한 숨결이 지구의 축을 23.5도 기울인 뒤 하나, 둘, 셋, 네 개의 거대한 세계 종교가 탄생한 땅에 왔다. 다니엘의 논쟁과 꿈이 부모님을 실망시킨 그곳은 베이루트였다. 전 세계의 보석 중 하나였다가 단 몇십 년 만에 내전의 어둠 속으로 미끄러져버린, 그러다 또다시 전쟁이 발발해 시민들이 지구 곳곳으로 흩어지며 수많은 난민이 발생한 베이루트였다. 그리고 오늘날 (세상이 기울어졌으므로) 주로 사막 언덕 너머의 시리아에서 수십만 명의 난민을 받아들이고 있는 베이루트였다.

---

* 팔레스타인과 이스라엘, 요르단, 레바논, 시리아 등이 위치한 지역.

다니엘은 베이루트에서 예루살렘으로 온 적이 없었다. 적어도 나는 그랬다는 정보를 찾을 수 없다. 그러나 1976년 3월 18일, 다니엘 트로크메는 이스라엘 야드 바셈에 있는 홀로코스트 순교자 및 영웅 추모관에서 열방 의인 중 한 명으로 선정되었다. 다니엘이 레 그리옹과 라 메종 드 로슈에서 보인 노력을 수년간 철저히 조사한 끝에 내린 결정이었다. 그 과정에서 온갖 종류의 경찰 기록과 강제수용소 기록뿐만 아니라 난민 학생들의 목록, 다니엘의 노력을 목격한 증인들의 편지, 다니엘과 함께 체포되고 이송된 청년들의 편지를 전부 수집해야 했다. 그 문서 중에 레 그리옹의 오르시 씨가 보낸 너무나도 감동적인 편지가 있었다. "다니엘을 알았던 모두가 그를 사랑했고, 다니엘의 아름다운 영혼은 그와 만난 모든 사람의 가슴 속에 영원히 남을 것입니다. 다니엘은 사람들에게 사랑을 베푸는 삶을 살았고, 그들의 행복을 위해 자기 삶을 희생했습니다."

수년간의 조사 끝에 야드 바셈은 다니엘이 실제로 자기 목숨을 걸고 유대인을 구했다는 결론을 내렸다. 그렇게 다니엘의 이름은 비바레리뇽 고원에서 농부와 교사, 상인, 목사로 살았던 50명 이상의 이름과 함께 그 특별한 생명책에 기록되기로 했다. 그 자리를 위해 1977년 봄 미셸 트로크메와 프랑수아 트로크메, 두 사람의 아내인 엘렌과 일데가르드가 예루살렘으로 떠날 준비를 했다. 그곳에서 그들은 자기 종교의 과거를 간직한 그 신성한 도시와 교감했고, 직접 나무 한 그루를 심었다.

◇

수천 년 전부터 상인, 건축업자, 예언자, 순례자 등등이 예루살렘을 찾아와 숱한 교감을 나누었다. 오늘날에도 마찬가지다. 으슥하고 유쾌한 올드 시티Old City의 골목에도 교감이 있다. 원한다면 우리는 이곳에서 쪼글쪼글한 셀로판 창이 달린 상자에 포장된 플라스틱 가시관이나, 온갖 종류의 묵주, 종교에서 영감을 얻은 다양한 장신구를 구매할 수 있다. 재잘재잘 지저귀는 앵무새와 대화를 나눌 수도 있고, 소의 염통과 비장으로 속을 채운 피타나 오렌지주스를 먹으러 작은 가게에 몸을 비집고 들어갈 수도 있다. 예수 그리스도가 너무도 겸허히 십자가에 매달려 죽음을 맞이했다고 알려진 곳에 세워진 예루살렘 성묘 교회에서는 성스러운 문턱에 조금이라도 더 가까이 다가가려는 각기 다른 여섯 종파의 신도들이 우리를 밀치며 성을 낼 수도 있다. 유대인 지구에서는 구레나룻과 수염을 길게 기르고 검은 옷을 입은 청년들이 지나가는 동안 올리브 나무 아래 잠시 멈춰서 교감할 수 있다. 그 너머 아랍 지구에서는 나무 막대기로 피자 박스를 두드리고 고함을 치며 캄캄한 뒷골목을 왔다 갔다 하는 한 무리의 소년들을 구경할 수도 있고, 나이 든 할아버지가 자기 앞에 서서 자신을 올려다보는 어린 소년을 위해 종이비행기를 접어주는 모습을 구경할 수도 있다.

우리는 교감하며 통곡의 벽 앞을 지나갈 수 있고, 바위의 돔Dome of the Rock과 알아크사Al-Aqsa 모스크 옆을 지나갈 수도 있다. 이곳은 아브라함이 이삭 또는 이스마엘을 제물로 바치려고 한 곳이자 제1성전이 세워졌던 곳, 지성소가 있는 곳, 마호메트가 천상의 말인 부라크에 올라타 천사 가브리엘과 함께 밤의 여정을 떠난 뒤 모세를 비롯한 과거의 모든 선지자를 만난 곳이며, 오늘날에는 옷을 제대로 갖춰 입지 않은 관광객이 나타났을 때 팔레스타인 경찰이 "반바지 반바지 반바지!"라고 외치는 곳이다.

그리고 지금, 이 예언자와 순례자와 상인과 건축업자들의 땅에서, 난민이 밀려들고 고아와 과부가 밀려드는 이곳에서, 나 역시 교감하고 있다. 그렇게 나는 올드 시티의 구불구불한 길을 걷고 또 걸으며 십자가의 길(과 가시 면류관의 유령)을 지난다. **이 사람을 보라!** 다니엘의 형제들이 1977년에 묵었던 노트르담 드 시온 순례자의 집을 지난다. 몇 년 전에 폭격을 당한, 내 사촌 샴마이가 다닌 유대인 학교를 지난다. 길을 잃고 헤매는 러시아 단체 관광객을 지나고, 쾌활한 아프리카 가톨릭교도 무리를 지난다. 갈등의 시기에 어떤 사람들이 다른 어떤 사람들에게 돌을 던진 것으로 알려진 게이트들을 지난다. 그리고 게이트에서 나와, 내 호텔로 향하는 길에서 교감한다. 이 언덕 위 도시의 뿌리에 달라붙은 불타는 듯 샛노란 금작화를 지나, 밤의 별들 아래에서 홀로 캄캄한 거리를 걸어, 새들이 밤새도록 긴 노래를 부르는, 심지어 청년들이 아래 주차장에서 싸움을 벌이는 와중에도 끊임없이 지저귀는 호텔 방으로 향한다.

나는 전쟁에서 살아남아 이곳을 찾아온, 파도처럼 밀려드는 슬픔과 함께 이곳을 찾아온 수십만 명의 생각과 교감하고 있다. 이스라엘을 사랑했으며 이곳에 왔을 때 주머니에 늘 작은 가죽 수첩을 넣고 다녔던 나의 할아버지 셸던과 교감하고, 유대인으로 산다는 것이 무엇을 의미하고 무엇을 의미하지 않는지와 교감한다.

이 고아와 과부와 건방진 군인들의 땅에서, 이 요란하고 아름다운 불협화음 속에서, 나는 교감하고 있다. 철조망으로 둘러싸인 이 약속의 땅에서, 너무 많은 팔을 치켜들고 너무 많은 목소리를 높인 이곳에서, 새하얗고 뜨거운 하나의 태양 아래서, 나는 교감하고 있다.

그리고 생각한다. 이 장소는 우리가 추구하는 방향과 우리의 계획에서 모든 약점을 찾아낼 것이다. 자신이 유대인이라고, 기독교인, 무슬림, 바하이교도, 과학자, 민족주의자라고 생각한다면, 그리고 자기 생각이 옳다고 믿는다면, 이스라엘은 우리와 우리의 방향성과 우리의 계획을 시험대에 올릴 것이다.

3일간 도시를 배회한 뒤 통곡의 벽으로 향한다. 손가락으로 돌의 감촉을 느끼고, 볼로 돌의 감촉을 느낀다. 내 옆에 서 있는, 머리에 스카프를 두른 여성이 울고 있다. 어쩌면 한때 내 조상 중 한 명이 서 있었을지도 모를(누가 알겠는가) 이 벽에 나도 기도를 올린다. 현악기인 솔터리와 하프의 차분한 선율에 맞춰 다윗 왕이 "내 영혼이 너무 오랫동안 평화를 싫어하는 자와 함께 살아왔구나. 나는 평화를 사랑한다. 그러나 내가 평화를 말할 때 그들은 전쟁을 추구한다"라고 노래한 곳이 이곳이었다.

언덕 위의 이 도시는 기도로 가득한 돌과 갈망 위에 세워졌다. 어떤 기도는 어둠이 무서워서, 또는 이 삶에서 자잘한 보물을 얻고 싶어서 올리는 것이고, 어떤 기도는 더 고결한 것을 추구한다. 그러나 순수한 마음으로 올리는 기도는 머지않아 전부 그 신성한 도착지에 다다를 것이라 확신한다.

야드 바셈의 프런트 데스크에서 머리가 새하얗게 센 한 노인과 이야기를 나눈다. 그 노인은 먼지 쌓인 낡은 책을 들여다보고 내게 1754번을 받아 적으라고 말한다. 그리고 무거운 눈꺼풀로 나를 올려다본다. 1754는 다니엘의 나무 번호다. 노인은 내게 종이 한 장을 건네주며 그곳으로 가는 길이 그려진 지도라고 말한다.

예루살렘 서쪽에 있는 야드 바셈은 아름다운 알레포 소나무 숲을 옆에 끼고 있다. 이곳에서는 세례 요한이 탄생했다는 아인 카렘Ein Kerem이라는 고대 마을과 헤르츨Herzl 언덕이 내려다보인다. 오늘은 태양이 타는 듯 뜨겁고, 길옆의 돌들이 옅은 노란색으로 달궈졌다. 도서관 옆 야외에는 검은색 자동 소총이 모닥불처럼 쌓인 채 군인들이 홀로코스트 수업을 마치고 나오길 기다리고 있다. 노인이 내게 준 지도를 들여다본다. 이곳은 도서관이고, 이곳은 서점이다. 이곳은 긴 삼각형 모양의 박물관이다. 나는 키 작고 뒤틀린 나무들이 늘어선 길을 따라 걷는다. 이곳은 의인의 길이고, 이곳은 의인의 동산이다. 이것들은 사람들과 그들의 신념을 기리는 기념비와 조각상이다.

오른쪽으로 기억의 전당을 지난다. 다니엘을 기리는 의식이 치러진 곳, 다니엘의 형제인 미셸과 프랑수아가 은으로 된 훈장을 받은 곳이다. 훈장에는 이런 글이 새겨져 있었다. **누구든 한 생명을 구한 사람은 우주 전체를 구한 것이다.**

계속 걷는다. 그때 의인의 동산에서 내 지도에 표시된 흰색

돌이 보인다. 전쟁 당시 고원에 살았던 주민 모두에게 헌정된 기념비다. 이 기념비에는 이사야서 60장 21절이 프랑스어로 적혀 있다. **그들은 모두 의롭다. 모두가 너희의 사람들이다.**

고원에 처음 도착해 이 의로운 사람들의 자녀와 손주와 증손주를 만나기 시작했을 때부터 얼마나 먼 길을 왔는지 생각한다. 그때 이후로 나는 더 이상 과거를 묻지 않고 내 눈으로 직접 살피는 법을 배웠다. 사람들이 처음으로 나를 문턱 너머 자기 집으로 초대했다. 처음으로 난민 가족들을 만났다. 라리사가 내게 사랑한다고 말하며 작별의 포옹을 건넸고, 로브잔과 아이들이 마치 늘 그랬다는 듯 말없이 자신들의 식탁에 나의 자리를 마련해 주었다. 세베놀 스쿨의 학생들이 내 질문에 대답하기 전에 내게 「당신이 내 머릿속에 있어요You Go to My Head」를 불러달라고 했다. 아네스가 나무에 묶여 살해당했고, 상드린이 벽난로에 담뱃재를 털며 자신의 비결을 알려주었다. 사람이 아니라, 상황이 마땅하게 흘러가리라는 것을 믿어야 한다고.

그들과 멀리 떨어져 있는 지금, 내가 얼마나 슬픈지를 생각한다. 나의 작은 목표는 그곳에 있으므로. 그곳에서 나는 살아 있으므로.

"카루비에는 상록수이며 남유럽과 아시아, 아프리카에서 자란다"라고, 프랑수아는 집으로 돌아와서 썼다. 그는 캐럽 나무나 로커스트 나무라는 이름으로도 불리는 카루비에가 높이 12미터까지 자란다고 언급한 뒤 다음과 같은 사소한 정보를 덧붙였다. "이 나무의 열매는 꼬투리로 열리는데, 동물 사료로 사용할 수 있다(복음서에서 탕자는 배가 고파서 돼지가 먹는 캐럽 열매라도 먹으려 했다. 그러나 주는 사람이 한 명도 없었다).”

걷고 또 걸으며 수많은 명판에 새겨진 수많은 이름을 본다. 각각의 이름이 한 명의 사람이고, 각각의 사람이 하나의 우주다. 마침내 야드 바셈 경내의 끝자락에서, 나치와 싸운 유대인 군인들과 게릴라 대원을 기리는 기념비 바로 뒤에서, 그곳을 찾아낸 것 같다. 1977년에 찍은 사진 속에서 이 구역은 거의 황량하다. 그러나 이제는 키 작은 푸릇푸릇한 나무 수백 그루가 황토에서 서로 적절한 거리를 두고 서 있다.

저기다. 1754.

37년이 지났지만 나무는 키가 아직 6미터 정도다. 나무껍질에 은빛과 검은빛이 돌며, 굵은 가지가 몇 개 있고, 더 얇은 가지에 연녹색 이파리들이 쌍으로 기다랗게 나 있다. 나무는 가파른 경사면 근처에 묵묵히 서 있다. 나무 아래로 한낮의 햇빛이 부드럽게 일렁인다. 바닥에 있는 검은색 명판에는 이렇게만 쓰여 있다. **다니엘 트로크메, 프랑스.**

나뭇잎 사이로 꼬부라진 꼬투리 몇 개가 보인다. 돼지와 탕자를 위한 음식.

형제들은 다니엘을 위해 이 카루비에를 심었다. 그리고 이 나무는 그들의 바람대로 잘 자랐다. 형제들은 다니엘의 정치관과 연애 생활, 영생할 영혼을 염려했으나, 그들은 다니엘을 사랑했다. 다니엘의 마음이 너그럽고 순수하다는 것을 알았다.

그들의 남동생은 젊은 시절에 똑바른 길에서 기울어졌다. 어쩌면 그 기울기가 정확히 23.5도였을지도 모른다. 그러나 그 방탕하게 기울어진 길 위에서 사랑과 두려움 중 하나를 택해야 했을 때 다니엘은 사랑을 선택했다. 그 사랑은 감옥으로 이어졌고, 굶주림으로 이어졌고, 반쯤 벌거벗고 맨발로 눈 속을 걸어야 했던 곳으로 이어졌고, 불타는 소각로로 이어졌다.

타는 듯한 열기 속에서 다니엘의 나무를 향해 다가간다. 나무는 아인 카렘으로 이어지는 가파른 경사면에서 몇 미터 떨어져 있다. 나무 밑에 서니 그늘이 해를 막아준다. 은빛이 도는 나무껍질을 만져본다. 나뭇가지에 머리를 기댄다. 두 눈을 감는다.

어깨에서 힘이 빠지고, 날숨과 함께 긴장이 풀리는 것이 느껴진다.

다니엘, 내가 여기까지 왔어요. 난 당신에게서 무엇을 바라는 것일까요?

들리는 것은 아름답게 지저귀는 새소리뿐이다. 자동차 경적이 이따금 한두 번 들려온다. 그리고 새소리. 다시 새소리. 또다시 새소리.

재와 나무는 다르다. 뼈와 영혼은 다르다.

마침내 황토색 돌 하나를 발견한다. 두 가지가 만나는 곳에 그 돌을 올려놓는다.

텔아비브에서 프랑크푸르트로 향하는 비행기 안에서 나는 잠에 빠져든다.

눈을 뜨니 옆 사람이 나를 빤히 쳐다보고 있다. 약간 당황스럽다. 자신을 가비Gaby라고 소개한 이 남자는 이륙한 뒤 내가 귀를 뚫으려고 애쓰는 모습(한 손으로는 코를, 다른 손으로는 한쪽 귀를 막은 자세로 얼굴을 일그러뜨리는, 어렸을 때 수술받은 이후 배워야만 했던 보기 싫은 의식)을 본 뒤부터 내게 말을 걸고 싶어 했다. "그렇게 하는 게 아니에요." 가비는 왠인지 쾌활한 동시에 근엄한 말투로 말했다. 일종의 귀 뚫기 전문가인 것 같다. 그는 이스라엘 해군으로 복무하며 물속 잠수함에서 오랜 시간 살았을 때 귀 뚫는 법을 익혔다.

"봐요." 가비가 내게 말한다. "지금 귀를 뚫을 건데, 아마 티도 안 날 거예요." 그는 손을 쓰지 않는다. 솔직히 말해서, 이 기술을 보여줄 때 그는 약간 이상해 보인다. 기저귀에 볼일을 볼락 말락 하는 아기 같다. 그래도 어쨌든 대단하긴 하다.

나는 가비와 대화하는 것이 좋다. 그는 두 눈이 활기차게 이글거리고, 키파kippah*를 민머리에 기적적으로 얹어놓았으며, 동그란 배가 넉넉하게 튀어나왔다("아내가 요리를 아주 잘해요"). 그리고 자기 가족이 1940년에 예멘에서 이스라엘로 이주했다고, 자기는 원래 댄서였다고("그냥 취미가 아니었다니까요!") 말한다. 그는 식사를 시작하기 전에 자신이 주문한 코셔 기내식이 정말 코셔인지 확인하려고 안경을 끼고 라벨과 인증 마크를 소리 내어 읽는다. 그의 'r' 발음이 목구멍 깊숙한 곳에서 울린다.

가비는 자기 이름(가브리엘Gavri'el, Gabriel)을 자랑스러워한

* 유대인 남성이 쓰는 동그랗고 납작한 모자.

다. 현재의 아내에게 처음 구애를 시작할 때 이 이름을 장점으로 내세웠다고 한다. "이렇게 말했어요. '나랑 살면 천사와 뱃사람을 동시에 얻는 거야!'" 이 이름은 천사 가브리엘(예언자 다니엘에게 종말의 시기를 알려준 천사이자, 마호메트와 함께 천상의 말 부라크를 타고 예루살렘으로 간 천사)에게서 따온 것이다. '천사'라는 뜻의 히브리어는 말아크mal'ach다. 그러나 전직 해군이었던 우리의 가비는 뱃사람이기도 한데, 뱃사람이라는 뜻의 히브리어 역시 말라크malach다. 두 음절 사이에 있는 성문 폐쇄음을 제외하면 두 단어는 똑같다. 가비의 아내가 땡잡았다고 생각하는 모습이 그려진다. 게다가 가비는 춤도 잘 춘다! 그저 취미가 아니다!

실제로 나는 가비와 즐겁게 대화를 나눈다. 그래도 비행기에서 자다가 깼을 때 누군가가 나를 빤히 쳐다보고 있는 것은 약간 이상하긴 하다.

가비가 이스라엘에 왜 왔냐고 물어본다. 나는 다니엘뿐만 아니라 프랑스에 있는 난민에 관해 설명한다. 일부러 아흐마드와 로브잔과 하나, 둘, 셋, 네 명의 아이들에 관해서도 이야기한다. 가비가 내가 유대인인지, 어머니가 유대인인지, 남편이 유대인인지 묻는다. 히브리어를 할 줄 알아요? 그가 자기 가슴에 자기 손을 올려놓는다. 내가 질문에 대답하자 그가 말한다. "이 세상은 너무 커요." 그리고 손가락 하나를 들어 세상의 작은 일부를 표현하며 덧붙인다. "그리고 유대인은 너무 적어요." 그가 말한다. "유대인이 다른 인종과 결혼하면 마음이 아파요."

"하지만 어떻게 제가 그런 결혼에 감사해하지 않을 수 있겠어요?" 그에 대한 대답으로 내가 묻는다.

이번에는 가비가 사해에 관한 농담 하나를 들려준다.

몸이 아픈 남자가 의사를 찾아갔더니 의사가 사해로 여행을 갈 것을 권한다. 사해에서 사람들은 아름다워지고 병이 낫기를 바라며 오래된 해저에 깔린 검은 진흙을 온몸에 바르고 햇볕을 쬔다.

"사해에 가면 병이 나을 수 있는 겁니까?" 남자가 의사에게 묻는다.

"아니요," 의사가 말한다. "하지만 적어도 곧 가게 될 장소가 어떤 곳인지는 알게 되겠지요!"

하. 진흙과 뼈와 흙 속에 묻힐 나의 미래. 이제 나는 문화에 진짜인 것이 하나라도 있는지 잘 모르겠다. 혈통도, 친족도, 일가친지로 엮이는 것의 의미도 마찬가지다. 하지만 내 뼈가 영원히 스파 치료를 받는다는 농담에, 지구상에서 지표면이 가장 낮은 곳의 검디검은 진흙이 내 미래의 집이라는 농담에 웃을 수 있을 만큼은 나도 유대인인가 보다.

우리는 이제 프랑크푸르트에 거의 도착했다. 기내의 압력이 높아져서 다시 귀를 뚫어야 한다. 그때 가비가 마치 급한 일이라는 듯이 토라에는 모세5경이라는 책 다섯 권이 있다고 말한다. 그리고 그중 세 번째 책이 '나의 법도'라는 이름으로 불린다고 말한다. "아주 중요한 책이에요." 그는 이 책 끝부분에서 끔찍한 시대의 모습을 볼 수 있다고 한다.

아, 그 얘기인가.

가비가 한 손가락을 들고 나를 바라본다. "홀로코스트가 일어난 이유가 유대인이 토라에 나온 그 법도를 따르지 않아서라고 말하는 사람들이 있어요. 그런 끔찍한 것들이 법도를 지키지 않은 결과라고요." 그가 말을 멈췄다가 덧붙인다. "그 책을 읽고 무슨 생각이 드는지 저한테 써서 알려줘요."

나는 그를 바라보며 잠시 가만히 있다가 말한다. "저한테 큰일이 났다는 뜻 같은데요." 그리고 그를 보며 웃는다.

가비도 나를 바라보며 웃는다. 그리고 내 쪽으로 손가락을 흔들며 말한다. "아주 똑똑하네요."

내가 말한다. "괜찮아요, 큰일이 났다는 느낌은 익숙하니까요."

어렸을 때 엄마에게 거짓말을 한 적이 있다. 엄마가 나한테 욕실 세면대에 올라갔느냐고 물었고, 당연히 올라갔지만 나는 아니라고 했다. 난 언제나 높은 곳에 기어올랐다. 나중에 내가 들판에 있는 꿈을 꿨다. 꿈속에서 땅과 하늘이 흔들리기 시작했고, 내가 알지는 못하지만 알아들을 수 있는 언어로 말하는 목소리가 들렸다. 그 목소리는 내게 노아의 방주가 내 잘못이라고 말했다. 나는 무슨 뜻인지 이해하지 못했다. 아마 일요 히브리어 학교에서 노아에 관한 이야기를 들었거나, 치과에 있던 『어린이를 위한 그림 성경』에서 뭔가를 봤을지도 모른다. 그래도 나는 내 다리에서, 배에서, 뼈에서 그 비난을 느꼈다. 그것은 내 잘못이었고, 받아들여야 했다. 누가 알겠는가. 어떤 면에서는, 어쩌면 우주적 관점에서는 실제로 그것이 내 잘못이었고, 지금도 내 잘못일지 모른다. 나는 분명히 죄를 저질렀고, 그 죄가 가장 암울한 형태로 변해 세상을 무너뜨린다. 이기심, 부주의, 오만, 허영, 의도적 무지, 이런저런 이유로 이따금씩 쳐드는 주먹.

그래서 지금 뱃사람이자 천사인 가비는 홀로코스트가 나 때문이라고 말하고 있다. 인간의 마음속에서 곪게 놔둔 분열과 증오의 충동 때문이 아니고, 어느 날 아침에 잠에서 깨어나 자신이 맨 먼저 인간이 아닌 다른 무엇이라고 생각하고 싶은 욕구 때문이 아니고, 모세의 법도에 따라 살지 않는 유대인들 때문이다. 나 때문이다. 베이컨을 사랑했던, 세상을 떠났을 때 랍비가 "자상한 사람"이라고 말했던 나의 할아버지 셸던 때문이다.

뭐, 가비와 언쟁하지는 않을 것이다. 나는 그가 좋다. 어쨌거나, 그는 신께서 자기 말을 기특해하리라 믿는 게 분명하다.

하지만 나는 안다.

내가 갈구하는 신은 태양의 창조자이고, 땅 밑을 기어다니는 것들을 움직이게 하는 빛이다. 내가 갈구하는 신은 온화하고, 아름답고, 공정하다. 그 신은 유일성 그 자체다.

나는 내가 흙탕물 속에, 뼈 사이에 산다는 것을 안다. 가비는 뱃사람이자 천사다. 나는 기어다니는 미물이다. 만약 선택한다면 나는 평생을 두려움과 타락 속에 살 수 있다. 그러나 내 마음은 그보다 더 많은 것을 갈구한다. 내 마음은 더 많은 것을 안다. 그리고 나는 그것을 선택한다.

나는 답을 알아요. 그리고 당신도 알아요, 가비. 당신의 책이 가장 진실한 장소에서 당신에게 답을 말해줄 거예요. 기독교인과 무슬림과 힌두교인과 불교도와 조로아스터교인과 바하이교인의 책들처럼요…. 책은 없지만 아는 사람, 확실히 **아는** 사람, 두 손을 들고 **아는** 사람들의 마음과 영혼처럼요.

내가 보기엔 당신도 알고 있어요, 가비.

자말의 작은 얼굴을 봐요.

홀로 르 샹봉에 도착한다. 어둠 속에서 버스가 삐걱거리며 생테티엔에서 출발하는 노선을 따라 올라가다, 마침내 생타그레브 도로가 거의 선로와 만나는 지점에서 멈춘다. 나는 운전사에게 감사를 전하며 짐(내 여행 가방과 우쿨렐레)을 챙기고, 버스는 다시 덜컹거리며 출발한다.

달콤한 밤공기가 코를 톡 쏜다. 가로등이 머리 위에서 홀로 동그란 주황색 불빛을 드리운다. 조금 뒤 마리엘렌이 차를 타고 온다. 참으로 평온한 얼굴이다. 마리엘렌이 나를 태우고 언덕 아래로 내려간다. 교회를 지나(서로 사랑하라) 강을 건너고 모퉁이를 돌아 발 두 리오의 숲 옆에 있는 내 아파트에 도착한다. 마리엘렌은 늘 내게 똑같은 아파트를 내어준다. 이케아 가구로 꾸민 산뜻하고 단정한 공간이다. 마리엘렌과 시어머니인 뮈리엘이 내일 아침 먹을 것을 준비해주었다. 차와 직접 만든 잼과 바삭하게 구운 달콤한 빵이다. 나는 짐을 내려놓고 작은 아파트의 조명을 켠 뒤 시간을 들여 소나무 향을 충분히 들이마신다.

이번에 찾은 프랑스는 전과 다르다. 몇 달 전 자신이 예멘 알카에다의 일원이라고 주장한 자들이 주간지 「샤를리 에브도Charlie Hebdo」의 파리 사무실에서 총기를 난사하기 시작했다. 그간 「샤를리 에브도」의 만화가들은 선지자 마호메트의 이미지(누군가의 마음은 역겹게, 누군가의 마음은 분노하게 만든 이미지)를 게재해왔다. 열일곱 명이 목숨을 잃었다. 그 뒤로 며칠간 프랑스 전역에서 수백만 명이 시위에 나섰다. 주 쉬 샤를리.Je suis Charlie. 내가 샤를리다. 주먹을 치켜들었다. 학살이 발생한 뒤 일주일간, 전국에서 무슬림 여러 명이 공격을 받았다. 이제는 어디에나 경찰이 있다. 거리에서, 시장에서, 기차역에서 경찰들은 총알을 장전한 총을 품에 안고 발레처럼 우아하게 열을 지어 행진한다. 당장이라도 폭발할 듯한 분노와 침울한 의심이 공기 중에 감돈다. 지난주에 지하철역에서 음침하게 곁눈질을 하며 내 옆을 지나간 남자는 이 세상을 향해 낮은 목소리로 한 단어를 내뱉었다. 소바지.sauvage. 미개한 놈들.

프랑스 바깥에서도 더 큰 세계 질서가 금이 가고 부서지는 것을 감지하지 않을 수 없다. 터키와 중동의 내전과 폭동, 탄압. 아프가니스탄과 이라크에서 끊임없이 번지는 전쟁 지역. 러시아 국경에서 갈수록 악화하는 충돌. 그리고 자연 세계의 무시무시한 자기주장 속에서 허리케인과 지진, 한때는 정복되었던 질병이 다시 급증하고 있다. 유럽과 미국 전역에서 민족주의와 포퓰리즘이 위험하게 뒤섞인 형태로 꿈틀거리는 것을 느낄 수 있다. 여러 지역이 준경제로 굴러가는 준국가로 쪼개지고, 전사 집단이 전사 국가로 변신하는 과정이 계속되면서, 너무나도 많은 곳의 사람들이 친구에서 상대편으로, 모습을 바꾸는 적으로 변하고 있다.

지구가 기울어졌고 세상이 또다시 평화로운 장소에서 전쟁이 벌어지는 장소로 바뀌고 있기에, 남성과 여성, 가족, 마을, 수천수만 명의 사람이 또다시 탈출에 나서고 있다.

무엇보다도 수백만 명이 고국에서 밀려나 그곳이 어디든 자신을 받아주는 곳으로 향하고 있는 시리아에 시선이 쏠린다. 레바논에서만 1백만 명이 넘는 시리아 난민이 어떻게든 살아나가고 있다. 사람들은 머지않아 이 중심점이 무너질 것이고, 이 지역의 난민들이 대규모로 유럽 국경을 향해 밀려들 것이라 말한다. 해일이다. 게다가 북아프리카에서도 가슴 아픈 위기가 발생 중이다. 수많은 사람이 아프리카 대륙에서 탈출하고자 조악한 고무보트를 타고 지중해를 건너고 있다. 짧은 거리지만, 바다는 여전히 거칠고 방대하다. 지금껏 수천 명이 견고한 새 땅을 밟을 수 있다는 희망을 품고 바다에 빠져 죽었다.

안간힘을 다하면 경보가 울리는 소리를 들을 수 있다. 하늘을 밝히는 위험의 신호를 볼 수 있다. "조심하라! 지금이, 바로 지금이 끔찍한 시대다!"

화창한 3월의 어느 날, 르 샹봉의 CADA 안뜰에 있는 벤치에 앉아 있다. 지난번에 왔다 간 이후로 CADA 공동체의 구성원이 또 한번 바뀌었다. 내가 알던 가족 중 일부는 망명이 허용되어 다른 곳으로 이사했다. 일부는 망명이 거부되어 프랑스 영토를 떠나라는 공문을 받았다. 이들은 눈물을 흘리며 짐을 싸고 작별 인사를 건넨다. 라리사도, 아루비카도, 로시네의 가족도 떠났다. 자동 소총을 품에 안고 공공장소를 돌아다니는 경찰들은 언제라도 이들 가족을 체포해 어디일지 알 수 없는 곳으로 강제 추방할 수 있다.

그러나 적어도 당분간, CADA에 있는 이 가족들은 안전하다. CADA 안뜰의 벤치에 앉아 있는 지금, 기울어진 온 세계가 내 앞을 지나가는 것 같다. 라리사가 살던 아파트에서 현재 작은 가족과 함께 사는, 코소보에서 온 얼굴이 온화한 남자. 아내가 아직 고향의 내전에 갇혀 있는, 예멘에서 온 엔지니어. 부모님은 두 분 다 돌아가셨고 고향에 있는 누이는 에볼라에 걸릴지 모른다고 말하며 입술을 꽉 다무는, 시에라리온에서 온 키 큰 젊은 남성. 그리고 새로운 체첸이, 동그랗고 뽀얀 얼굴에 검은 스카프를 두른 젊은 여성의 모습으로 내 앞을 지나간다.

그 여성은 두 손으로 작은 갈색 새 한 마리를 쥐고 있다. 몸집은 참새처럼 작고, 두 눈은 마치 매 같다. 봐요, 여자가 말한다. 새가 떨어져 있던 도로에 그냥 두고 왔으면 아마 죽었을 거예요.

안개가 자욱한 어느 일요일 아침, 마침내 나는 르 샹봉에 있는 개신교 교회에 예배를 드리러 간다. 에메부 레 죙 레 조트르. 서로 사랑하라. 오늘 아침 뮈리엘이 에스테르도 예배에 올 거라고 문자를 보내왔는데, 그동안 내내 에스테르를 다시 만나고 싶었다. 교회 내부는 소박하고 간소하다. 목사가 전쟁 당시 앙드레 트로크메가 서 있던 바로 그 연단 위에서 사랑과 청렴함에 관해, 자만에서 스스로를 놓아주는 일에 관해 이야기한다. 목사의 목소리가 노래처럼 울려 퍼지고, 목사가 팔을 들어 올릴 때마다 독서대에 달린 작은 불빛이 뒷벽에 날개 같은 거대한 그림자를 드리운다.

그동안 CADA와 특별한 관련이 없는 고원의 주민들이 시리아에서 온 가족들을 보호하고 있다는 소문을 들었다. 이들은 지중해를 건너는 위험한 여정을 거쳐 프랑스에 도착한 뒤 현재 임시로 생테티엔에 있는 교회 지하실에서 지내는 아프리카 난민들에게 머물 곳을 찾아주고 있기도 하다. 내가 딴 데 주의를 돌린 사이, 기울어진 바깥세상에 맞춰 고원에서 새로운 보호 활동의 막이 열리고 있었다.

생각할 거리가 무척이나 많고, 날씨가 흐릿하고 축축해도 봄날의 공기가 무척이나 달콤하다. 그러나 요즘 나는 다시 악몽을 꾸고 있다. 머릿속과 마음을 정리하는 데 어느 정도 도움이 될지도 모른다는 생각에 다시 선로를 따라 긴 산책을 나서기로 한다. 뇌우가 내린 뒤로는 처음 가보는 것이다. 선로와 자갈을 따라 다시 한번 더 높고 깊숙한 숲속으로 향하고, 모퉁이를 한 번, 또 한 번 돈다.

라 메종 드 로슈가 내려다보이는 지점에 다다랐을 때 걸음을 멈춘다. 선로 위에 앉는다. 오늘은 기차에 치일 위험이 없다. 짖어대는 개들도 없다. 번개도 없다. 서두를 필요가 없다. 있는 것은 부드럽게 내려앉은 은회색 안개와 저 아래 보이는 돌집뿐이다. 한 청년이 일했던 곳, 탕아였던 그가 한순간에 하나, 둘, 셋, 또는 그 이상의 목숨을 구했던 곳, 그리고 그 목숨을 구함으로써 우주를 구했던 곳.

다니엘의 사망 소식이 마침내 고원에 전해진 뒤 푸아브르 목사가 다니엘에게 바친 추도 연설을 얼마 전에 읽을 수 있었다. 그는 이렇게 썼다. "다니엘은 선한 사람이었습니다. 제 눈에는 과도해 보일 만큼 너무나도 선한 사람이었습니다. 제가 보기에 그 점은 크나큰 흠이었습니다. 이론 분석 훈련을 받은 과학자였던 그가, 타당한 주장을 제시하고 경솔한 추측이나 해석을 피하는 데 능숙했던 그가, 추상에서 현실로, 과학에서 삶으로 넘어오는 순간 철통같은 낙관을 드러냈기 때문입니다. 그러한 낙관 때문에 그는 타인에게서 악의를 발견하지 못했을 뿐만 아니라 의심조차 하지 못했고, 이런 사람은 분명 사탄이 빛의 천사로 위장해서 보낸 특사의 정체를 알아차리지 못했을 것입니다."

그게 무슨 뜻이든 간에, 다니엘은 과도하게 선했다. 그렇다. 그는 삶이 끼어들 때까지 합리적인 사람(과학자!)이었으나, 비합리적인 낙관주의에 빠져 더 이상 악의를 발견하지 못했다.

하지만 다니엘, 난 당신의 말을 듣고 싶어요.

당신은 어떤 주장을 할 건가요?

특정 연구 분야에서 질문의 답을 알고 싶다면 먼저 그 분야에서 중요한 것이 무엇인지를, 즉 질문의 구성 요소가 무엇인지를 알아야 한다. 그러므로 물리학에서 답은 중요한 요소의 범위를 어떻게 정하느냐에 달려 있다. 예를 들면 질량과 속도, 힘, 방향, 시간 같은 것들. 물리학에서는 이렇게 질문할 수 있다. 이 구슬은 이 내리막을 얼마나 빠른 속도로 굴러 내려갈까? 내가 엠파이어스테이트빌딩 꼭대기에서 이 구슬을 떨어뜨리면 무엇이 얼마만큼 파괴될까? 이 구슬이 태양 주위를 공전한다면 어떤 경로를 취할까? 만약 이 구슬이 빛의 속도에 가깝게 이동한다면 그 길이는 어떻게 보일까? 물리학이 경이로운 이유는 사실 어느 정도는 물리학의 호기심이 매우 제한적이기 때문이다. 범위를 좁히고 제한함으로써, 어떤 질문이 중요한지를 매우 정확하게 파악함으로써, 물리학과 수학은 공통의 언어로 통합된다. 그러므로 물리학에서의 답은 '38킬로미터'나 '23.5도', 혹은 사물 간의 관계에 관한 일종의 진실을 우아한 암호로 드러내는 하나의 방정식이다. 에너지는 질량 곱하기 빛의 속도의 제곱. 그렇게 폭탄이 터진다.

생물학에서의 답은 다르다. 생물학은 물리학보다 더 많은 것을 신경 쓴다. 생물학은 성장과 죽음과 변화를 신경 쓴다. 이미 질량과 속도, 방향, 회전 같은 것보다 훨씬 거대한 개념이다. 생물학에서 변수와 공식을 만들어낼 수 있을까? 확률과 잘 통합되는 것이라면 가능하다. 우리는 이렇게 물을 수 있다. 불가사리 군집은 규모가 얼마나 커질 것인가? 이 불가사리들은 이곳에서 얼마나 오래 살 것인가? 어떠한 종은 얼마나 빨리 진화할 수 있는가? 신중하게 구성한다면 생물학에서의 답 역시 구체적인 단위가 붙은 공식처럼 보일 수 있다. 예를 들어 우리는 지구온난화가 해양 생태계나 북극곰 무리를 파괴할 때까지 x년이 남았다고 말할 수 있다. 그러나 생물학에서의 답(생물학은 물리학보다 질문이 훨씬 거대하고 방대하다)은 살아 있는 것들에 대한 자세한 설명과 폭넓은 관심처럼 보일 수도 있고, 이러한 답은 제한된 변수 안에 밀어 넣을 수 없다.

신경 쓰는 것이 많을수록(질문에서 중요하게 생각하는 요인이 많을수록) 우아하고 깔끔한 방정식을 답으로 제시하기가 더 어려워진다. 그것이 가능한 척할 때(또는 많은 경제학과 정치학에서 그렇듯 잘못 좁힌 변수로 방정식을 만들 때) 과학은 우리를 배신한다. 과학은 스스로 주장하듯이 이 세상의 권력과 부의 흥망성쇠를 확실하게 예측할 수 없다. 그런 종류의 오만에는 반드시 결과가 따른다.

사회문화인류학도 이따금 방정식을 답으로 내놓긴 하지만, 보통은 모든 종류의 질문과 상상할 수 있는 모든 변수에 당당히 문을 활짝 열어둔다. 우리는 무엇을 생각하고 느낄까? 무엇에 몰두하고, 무엇을 꿈꿀까? 무엇을 위해 싸우고, 어디에서 부를 창출하고 시의 영감을 얻을까? 인류학에서의 답은 방정식이 아닌 다른 장소로 향한다. 예를 들면 패턴과 관계를 인식하고, 특정 맥락에서 관련성이 어떻게 작동하는지를 강조한다. 그리고 방정식에 밀어 넣을 수 있는 것들은 바람 속으로 날려 보낸다.

그렇다면 진짜 답은 무엇일까?

인간의 모든 변수를, 인간에게 중요한 모든 것을 정의할 수 있다 해도, 다섯 가지 변수만으로 이루어진 체제조차 복잡하다는 사실은 수학 천재가 아니어도 안다. 그렇다면 변수가 20개인 체제는 어떨까? 변수가 50개라면?

내가 하고 싶은 말은, 아무리 별이 복잡하고 기적적이라 해도, 나 같은 변변찮은 인류학자조차 알 수 있다는 것이다. 성장하고, 움직이고, 약간의 감각 능력을 지닌 불가사리가, 수학적인 측면에서 별보다 훨씬 더 복잡하고 기적적이라는 것을.

그러므로 자기만의 질문과 규칙을 지니고서, 태양 아래 두 손을 치켜들고서, 기울어진 세상을 헤매는 인간은, 사실상 불가사리보다 무한히 더 복잡하고 기적적이다.

누군가가 당신이나 당신이 속한 집단으로 과학을 한다면…. 당신은 어떤 다섯 개, 스무 개, 쉰 개의 변수를 중요한 것으로 꼽을 것인가? 신앙이 중요하다고 할 것인가? 아니면 친족과 씨족과 국가가 중요한가? 사회적 위치가 중요한가? 어떤 변수를 제외할 것인가? 꿈은 중요한가? 할머니 댁의 냄새는? 기차 안에서 웅크리고 굶주린 경험은? 정의롭게 주먹을 치켜든 경험은 중요한가?

정답은 무엇인가?

◇

다니엘은 작은 귀뚜라미들을 사랑했다. 동료 수감자들을 사랑했다. 미치도록 사랑했고, 과도하게 사랑했다. 고원의 주민들은 밤에 문 두드리는 소리가 났을 때 문 뒤에 누가, 또는 무엇이 있을지 알지 못했음에도 사랑하는 마음으로 문을 열어주었다. 상드린은 학생들을 사랑했다. 비록 그 사랑이 언젠가 한 학생이 입학해 다른 학생을 죽일 수 있다는 뜻일지라도.

사랑은 북극성이다. 사랑은 열 개, 백 개, 헤아릴 수 없을 만큼 많은 변수를 품고, 사랑의 실천에 관한 일종의 전문 지식이 생겨날 때까지 한 번, 두 번, 세 번, 백 번, 천 번 해석되기를 가만히 기다리고 있다. 마틴 루서 킹 주니어가 "예수님께서는 장난을 치신 것이 아닙니다"라고 말한 사랑은, 아직 발견되지 않은 변수들을 품은 북극성이다. 그러나 사랑은 반드시 추구해야 하는 것, 시도해야 하는 것, 매 순간 실천해야 하는 것이다. 사랑이 습관이 될 수 있도록, 어느 정도 품성의 날줄과 씨줄이 되어서 언젠가 바람이 불고 경보가 울릴 때 그 품성이 올바른 행동을 할 수 있도록.

모든 종교가 우리에게 네 이웃을 사랑하라고 말한다. 이방인을 사랑하라고 말한다. "진실한 마음으로" 서로를 사랑하라고 말한다. 내가 아는 모든 종교는 그러한 지침으로 우리를 인도한다.

예수는 이렇게 물었다. "가시나무에서 어떻게 포도를 따며, 엉겅퀴에서 어떻게 무화과를 따겠느냐?" 누가 진정으로 사랑하는 삶을 사는가? "너희는 그 열매로 그들을 알아야 한다." 우리가 봐야 하는 것은 그들의 가족이나 국가, 종교, 철학, 인종, 직업이 아니다. 그들의 색깔, 계급, 지능, 혈통도 아니고, 심지어 자신이 옳다는 그들의 맹렬한 자기 확신도 아니다. 오로지 그들의 열매다.

이 삶의 어느 순간에든 우리는 두려워하거나 사랑할 수 있다. 포도나 가시나무를 모을 수도 있고, 사막을 헤맬 때를 대비해 캐럽 열매를 모을 수도 있다. 고통과 탈출, 고난, 익사, 철조망, 총이 있는 이 넓고 거대한 세상에서, 사랑은 하나의 길잡이별이다. 그러나 사랑은 암호이자, 변수가 가득 들어찬 미스터리이기도 하다.

우리는 이성적인 세상의 체계적인 논리에서 시작해 답을 구하고 또 구한다. 그리고 능력이 있다면, 우리에게 주어진 근사한 신체 기관과 분석적 사고를 이용한다. 그러나 답을 구하는 그 과정의 어딘가에서… 우리의 마음이 폴짝 뛰어오른다. 그리고 우리는 사랑을 한다. 진심으로 사랑을 한다. 자신의 작음과 한계, 두려움을 잊게 하는 그런 사랑이다. 그런 날에 우리는 달라진다. 아아, 그리고 우리는 진정한 삶을 경험한다. 조약돌과 뼈, 재와 씨앗과 나무를 넘어서는 우리가 남긴 것들(그 사랑하는 행위의 내용물)은 영원히 변치 않는다.

그러한 삶에서는 순간순간이 질문이다. 순간순간과 작디작은 모든 것이 생생하고 짜릿하며, 우리가 풀고 또 풀어야 할 변수로 가득 찬 미스터리다.

뮈리엘이 아무 이유 없이 선물로 야생 팬지꽃 세 송이를 준다. 그리고 자신은 다니엘이 지금 우리와 함께 있음을 안다고(뮈리엘은 그렇다고 확신한다) 말한다. 한 마리 새 같은 나의 이웃은 지금 나와 함께 계단에 앉아 내 다리를 토닥이며 영혼을 이야기하고, 헤어지기 전에 그 어느 때보다 힘 있게 내 볼에 키스한다. 로브잔이 **하나, 둘, 세 명**의 아이들과 함께 식탁에 내 자리를 마련해준다. 마치 그 자리가 늘 나의 자리였던 것처럼. 잠잠했던 아이들이 각자 다른 노래를 흥얼거리기 시작한다.

누가 누구와 무엇을 하는가?

신성한 인간은 없는 듯 보인다. 어쨌거나 땅에 묶여 있는 우리는 신성하지 않다. 특정 철학이나 생각, 종교를 지녔다고 신성한 인간인 것이 아니다. 오로지 인간만이 존재하며, 그 인간이 사랑함으로써 신성해질 뿐이다.

그리고 신성한 장소도 없다. 그 어떤 국가도, 마을도, 사막도, 섬도, 심지어 고원도, 그 자체로, 그 경계만으로 신성하지 않다. 오로지 장소만이 존재하며, 그 안에 사랑의 행위가 모여 신성해질 뿐이다. 그럴 때 사막은 한 송이 장미처럼 피어난다.

그것이 바로 과학이다.

뮈리엘이 준 팬지 세 송이를 집어 든다. 뮈리엘이 키스한 볼을 손으로 만져본다. 두 눈을 감고, 드루산의 뾰족한 두 봉우리 사이에서 외줄을 타는 내 모습을 상상한다.

그동안 나는 너무 많은 두려움을 안고 살았다. 그 두려움을 그냥 내려놓는다는 것은 어떤 의미일까?

머릿속에서 다시 책을 펼친다. 병원에 입원해 두려움에 휩싸여 있던 그날 밤, 우리 선생님이 주신 책이다. 내가 너무나도 소중하게 여기게 된 책, 『어린 왕자』다.

◇

앙투안 드 생텍쥐페리는 다니엘이 세상을 떠나고 겨우 3개월이 지난 1944년 7월에, 아마도 론 계곡 위에서 비행기 사고로 목숨을 잃었다. 전쟁이 발발하기 전에 수년간 우편 비행사로 일하며 수백만 개의 별들 아래 홀로 유럽과 남아메리카, 아프리카의 산맥과 평원, 사막 위를 기쁘게 날아다닌 사람의 마지막 비행이었다.

그 사고는 생텍쥐페리의 첫 사고가 아니었다. 언젠가 생텍쥐페리와 그의 파트너는 사하라사막 위에서 최고 속도 기록을 깨려다 사고를 당한 적이 있다. 두 사람은 그 충격에서 살아남았지만 거대한 모래 언덕이 끝없이 펼쳐진 황량한 사막에 고립되었고, 식량은 아주 조금밖에 없었다. 먼저 오렌지와 포도, 크래커 같은 식량이 바닥났다. 그다음 물이 바닥났다. 두 사람은 선명한 신기루를 보기 시작했다. 그리고 더는 침을 뱉을 수 없었다. 밤은 이가 딱딱 부딪칠 만큼 혹독하게 추웠다. 수 마일을 터덜터덜 걸으며 몇 번의 낮과 밤이 지나자 두 사람은 쓰러지기 일보 직전이었다. 목구멍이 막히고 있었다. 금방이라도 죽을 수 있었다.

『어린 왕자』는 이 이야기가 끝나는 곳에서 시작된다. 비행기 사고가 발생한 뒤, 사막에 홀로 남겨진 비행사 앞에 한 인물이 나타난다. 현실에서 그 인물은 커다란 터번을 두른 베두인족이었다. 그 사람은 두 사람의 어깨에 자기 손을 올렸다. 그에게는 물이 있었다. 두 사람은 땅 위에 놓인 대야에 얼굴을 담그고 소처럼 물을 들이켰다.

생텍쥐페리는 이 일화에 관해 다음과 같이 말했다.

우리의 목숨을 구해준 리비아의 베두인족이여, 당신은 내 기억 속에 영원히 살겠지만, 나는 당신의 얼굴을 다시 떠올릴 수 없을 것입니다. 당신은 인간이며, 당신의 얼굴은 내 머릿속에서 인간의 화신으로 떠오릅니다. 우리의 사랑하는 동료인 당신은 우리가 누구인지 모르는데도 우리를 알아보는 데 실패하지 않았지요. 이번에는 제가 모든 인류의 얼굴에서 당신을 알아볼 것입니다. … 나의 모든 친구와 나의 모든 적이 당신의 모습으로 내게 다가왔습니다. 내가 보기에 그때 당신은 나를 구해준 것이 아니었습니다. 그보다는 당신이 나를 용서하고 있는 것 같았습니다. 그리고 이제는 이 세상에 나의 적이 남지 않았다는 기분이 들었습니다.

이곳은 녹음이 우거진 땅, 우리가 마음으로 제대로 볼 수 있는 땅이다.

고원의 가을이다. 나는 숲 가까이에 있는 작은 아파트로 돌아왔다. 핸드폰이 울린다.

평온한 얼굴과 아름다운 손을 가진 마리엘렌이다. 어떻게 지내세요? 내가 묻는다. 마리엘렌이 말한다. 그게 사실은요, 오늘 좀 재미있는 날이네요.

마리엘렌과 남편은 얼마 전까지 몇 달간 한 아프리카인 가족(엄마와 아빠, 두 아이)과 함께 살고 있었다. 이 가족이 프랑스어를 모르고 영어만 조금 할 줄 알기에 내가 약간 통역을 해주었다. 미소 지을 때 벌어진 앞니가 보이는, 환한 초록색과 노란색 옷을 입는 가족의 어머니는 고무보트를 타고 지중해를 넘어왔을 때 임신한 상태였다. 아버지는 아프리카 무역로를 오가며 했던 일 이야기, 넘실대는 사막에서 별을 읽으며 수천 마일을 안내할 수 있는 아랍인 이야기, 가족의 여정에서 진짜 위험했던 것은 바다 그 자체였다는 이야기를 해주었다. 우리는 음식이 나오기 전에 모두 식탁에 둘러앉아 손을 맞잡았다. 아이들은 즐거워하며 마리엘렌이 만든 케이크를 먹은 다음 불을 환하게 밝힌 거실에서 놀았다.

이 아프리카인 가족은 몇 달간 마리엘렌의 가족과 함께 살았다. 이들은 고원에서 무척 잘 지냈다. 마리엘렌은 이들이 얼마나 잘 지내고 있는지 설명하며 이따금 내게 사진을 보내왔다. 내가 고원을 떠나 있는 동안 방대한 양의 서류 작업이 완료되었고, 현재 이 가족은 프랑스에서 제대로 된 법적 신분을 얻을 수 있기를 바라며 공식적으로 다른 곳에 살고 있다.

지금 전화기 너머에서 마리엘렌은 자신의 재미있는 하루에 관해 말하고 있다. 생테티엔에 있는 한 교회가 이러한 아프리카인 가족들이 머물 수 있는 임시 보호소로 지하실을 사용하고 있었는데, 보호소 운영을 중단하라는 당국의 명령을 받았다. 그 말은 곧 올해 첫서리가 내린 오늘 밤 이 아프리카인 가족들이 추운 바깥으로 쫓겨나야 한다는 뜻이었다. 무슨 일이든 해야 했다. 마리엘렌을 비롯한 자원봉사자들은 생테티엔에 가서 머물 곳이 필요한 사람이 있는지 알아보기로 했다.

제가 도울 일이 있을까요?

이렇게 해서 지금 나는 이 캄캄한 밤에 작은 자동차의 뒷좌석에 앉아 마리엘렌과 남편, 두 사람의 아들과 함께 생테티엔의 거리를 천천히 헤매며 프랑스어를 전혀 못 하는 것으로 보이는 클래런스Clarence라는 이름의 남자를 찾고 있다. 클래런스의 친구들이 알려준 방향과 핸드폰 앱의 도움을 받아 우리는 최선을 다해 그를 찾는 중이다. 거리는 좁고, 밤이라 텅 비었다. 핸드폰이 끈질기게 말을 듣지 않고 우리를 안내해줄 별도 없는 상황에서, 우리는 계속 캄캄하고 외딴곳으로 나아간다.

이름을 빼면 우리는 클래런스에 관해 아는 것이 없다.

마리엘렌이 오늘 아침 혹시 필요할 경우를 대비해 집에 방 하나를 준비해두었다. 그리고 때가 되면 통역을 해달라고 내게 부탁했다. 마리엘렌은 손님이 지켜야 할 몇 가지 규칙이 있다고 말한다. 집에서 담배를 피우면 안 되고 현관에서 신발을 벗어야 하는 것 등이다. 방에는 옷장이 있고, 바로 옆에 혼자 쓸 수 있는 화장실이 있다. 마리엘렌은 내가 남아서 같이 저녁을 먹으면 도움이 될 거라고 말한다. 이방인은 당장 배가 고프지 않을 수 있음을 경험을 통해 알고 있지만 말이다.

우리는 클래런스를 찾아 생테티엔의 거리를 돌고 또 돈다. 마침내 저 멀리서 작은 캐리어를 끌고 배낭을 멘 남자가 보인다. 가까이 다가가니 그가 폴더폰의 작은 불빛에 의지해 이 도시를 홀로 걷는 것이 보인다.

우리는 그에게 다가간다. 그리고 멈춘다.

차 문이 열리고, 너무나도 피곤하고 슬픈 얼굴이 보인다.

클래런스가 뒷좌석의 내 옆자리에 앉는다. 그가 두 눈을 감는다.

조용한 목소리가 마리엘렌에게, 너무나도 슬픈 얼굴에게, 내게 말한다. 사랑하는 당신, 내가 곧 어디서 당신을 볼 수 있을까요?

그 질문, 그리고 그 대답과 함께, 우리는 어둠이 휘감은 밤 속으로 다시 고요히 나아간다. 바깥쪽으로, 그리고 위쪽으로, 위쪽으로.

더 높은 곳으로.

감사의 말

제가 이 책을 집필하면서 신세를 진 모든 분의 펜 초상화를 그리고 그분들이 주신 선물의 경이로운 흔적을 담고 싶지만, 그럴 수가 없네요. 적어도 지금은요.

그러나 몇 분의 이름은 반드시 언급해야 합니다. 저의 긴 여정에서, 제게 여러분이 정말로 필요했기 때문입니다.

다음 분들께 감사드립니다.

다이앤 아푸마도, 헨리 오빈, 필립 바너드, 빅토리아 바넷, 베로니크 벨린, 제라르 볼롱, 리브카 브로트, 케이트 브라운, 신디 버클리, 알린 샤스타니에, 안마리 샤스타니에, 안 샤조필리베르, 론 콜먼, 다르시 쿠르토, 조엘린 데커, 기리 디아망, 켈리 도, 아다 에메트, 베키 에르벨딩, 시린 에르샤디, 헬렌 팔러, 데이비드 핀켈, 샤론 피셔, 페기 프랭크스턴, 니다 겔라지스 요한손, 코리 구트슈타트, 호프 해리슨, 크리스타 헤그버그, 칼린 킹, 캐서린 크립케, 파니 키리아키데스, 스티브 라거펠트, 미르타 로페스, 소바이다 마아니이웡, 요해나 메릿 우, 마갈리 미카엘리, 로저 몽텔, 알리 나크자바니, 시라즈 네렌버그, 엘리엇 니담 오르비에토, 안 니바트, 다니엘 올지아티트로크메, 마를라이나 팔메리, 바버라 팩슨, 다나 팩슨, 프랜 칼리시-팩슨, 엘리자베스 팩슨, 플로렌스 팩슨, 척 리트먼, 루치안 퍼킨스와 사라 탕기, 캐시 파워스, 밥 로즌펠드와 데비 로즌펠드, 클레어 소비네, 독 스캔틀린과 츄츄 스캔틀린(그리고 임페리얼 팜스 오케스트라의 전 멤버, 특히 슈거, 목시, 지지, 벨브라이트), 샤로나 슈스터, 마크 시스킨드와 폴라 시스킨드, 빈센트 슬래트, 사브리나 타버니스, 니콜레트 반데어린든, 악셀 반데어린든과 사랑하는 고 재클린 반데어린든, 테릴 왓슨, 다이애나 웰스, 조르지나 윌슨과 켄 윌슨, 캐럴린 윌슨, 수피안 제무호프.

그리고 세상을 떠난 다음 분들께 감사드립니다.

알리-아크바르 푸루탄, 피루즈 카젬자데, 피터 칸 박사, 랍비 앨런 러빈, 마거릿 렌지에, 도로시 팩슨과 고든 팩슨, 세실 시스킨드와 셸던 시스킨드, 수잔 트로크메-스위니, 그리고, 다니엘 트로크메.

또한 (미국 홀로코스트 기념관의 고등 홀로코스트 연구를 위한 잭과 조지프, 모턴 맨덜 센터의) 유대인 저항 연구를 위한 마일스 러먼 센터에서 펠로십을 받을 수 있었던 것에 깊이 감사드립니다. 중요한 자료를 제공해주었을 뿐만 아니라 저를 연구자 공동체의 일원으로 받아들여주었고, 모두가 넘쳐흐르는 너그러움으로 제 삶과 작업을 풍성하게 해주었습니다. 마일스 러먼 센터는 연구자가 기대할 수 있는 가장 박식하고 열정적이고 창의적이고 관대한 사서와 아카이브 관리자의 본거지입니다. 저를 따뜻하게 맞아주신 조지워싱턴 대학교의 국제 정세 엘리엇 스쿨에도 감사드립니다. 특히 책임자인 호프 해리슨 박사와 헨리 헤일 박사는 제가 처음 연구로 복귀했을 때 착지할 수 있는 장소를 제공해주었습니다. 종교와 평화, 세계 정세를 위한 버클리 센터의 당시 책임자였던 톰 반코프 박사 또한 조지타운 대학교에서 제게 또 다른 제도적 기반을 마련해주셨습니다. 모두에게 감사드립니다.

이 책의 핵심이 된 아이디어를 처음 정리할 수 있었던 「이온Aeon」 매거진과 「윌슨 쿼털리The Wilson Quarterly」에도 큰 빚을 졌습니다.

저의 대배심인 워싱턴 D.C.의 가족들에게 감사를 전합니다. 제게 응원이 가장 필요했던 그 긴 시간 동안 여러분이 제 영혼에 얼마나 생기를 불어넣어주었는지 모르실 것입니다.

눈부신 능력과 에너지로 이 책을 제작해준 리버헤드북스에 감사드립니다. 특히 편집자 베키 살레탄과 홍보 담당자 애슐리 가드너, 내지 디자이너 어맨다 듀이, 표지 디자이너 로런 피터스콜래르, 교열 담당자 뮈리엘 요르겐센에게 감사드립니다.

제게 모범이 되어주신, 고원에서 만난 모든 분께 감사를 전합니다. 직접 겪은 끔찍하고 놀라운 이야기를 세상에 나눠주신 제2차 세계대전의 모든 난민분들께 감사를 전합니다. 저를 본인의 삶으로 초대해준 오늘날의 모든 망명 신청자 가족에게 감사드립니다. 사생활과 안전을 보호하기 위해 이분들의 아름다운 이름을 생략할 수밖에 없었습니다.

이 책은 여러분 모두에게 보내는 러브레터이며, 저의 불완전한 정신과 마음으로 최선을 다해 여러분의 이야기를 존중하고자 애썼음을 알아주시면 좋겠습니다.

마지막으로, 다음 세 분이 없었다면 저는 이 이야기를 들려드릴 수 없었을 것입니다.

저의 에이전트이자 눈부실 만큼 경이로운 롭 맥퀼킨, 당신은 열정과 격려, 시, 현명한 조언으로 가득한 너른 마음이며, 가장 고된 시기의 저의 양식과 물이었습니다. 감사드립니다.

리버헤드북스의 편집자 베키 살레탄, 예리한 눈과 펜, 귀, 마음을 이 작업에 쏟아주셨습니다. 당신이 없었다면 이 책은 이만큼 깊이 있고 진실하지 못했을 것입니다. 감사드립니다.

나의 배필, 찰스 킹. 모든 것을 지켜보고, 모든 것을 듣고, 귀 기울여준 사람. 나를 도와주고 구원해준 사람. 내가 가장 필요로 할 때 내게 신성한 말을 건네줄 줄 알았던 사람. 수억 개의 별들 사이의 나의 한 송이 장미. 감사드립니다.

출처에 관하여

이 책은 비바레리뇽 고원으로 떠난 저의 여정과, 인류학자로서 그곳에서 보낸 시간에 주로 기반한 관찰과 해석의 결과물입니다. 저는 그곳에서 듣고, 대화하고, 함께 일하고, 주민들의 일상적 업무에 동행했습니다. 고원의 주민(수 세대에 걸쳐 고원에 살아온 주민과 최근 고원에 살기 시작한 주민)들은 점차 제게 소중한 존재가 되었고, 보답하기는커녕 온전히 묘사할 수조차 없을 만큼 커다란 정신과 영혼의 선물을 제게 주셨습니다.

이 책에 실린 역사적 정보의 경우 제가 언급한 이야기와 증언은 여러 신문과 편지, 혹은 (대개 디지털이나 온라인 포맷인) 공개 열람이 가능한 아카이브 및 컬렉션, 또는 아래 언급한 공개 컬렉션에 기록된 증거에서 가져왔습니다. 다른 방향을 암시하는 증거 문서를 찾은 경우에 특정 사건에 관한 저의 해석이 일부 역사가와 다를 수 있습니다.

다니엘 트로크메의 편지는 여러 공개된 출처에서 발췌하였으나, 스워스모어 대학의 피스 컬렉션에 속한 앙드레 트로크메와 마그다 트로크메의 문서에서 편지 원본을 참고하기도 했습니다. 다니엘과 앙드레, 마그다 트로크메, 그 밖에 고원의 다른 핵심 인물들이 열방 의인으로 선정되는 과정에서 수집된 목격자 증언은 예루살렘의 야드 바셈에 보관되어 있습니다. 고원에 머문 적이 있는 여러 홀로코스트 생존자의 이야기는 주로 USC 쇼아 재단의 비주얼 히스토리 아카이브에 있는 영상 증언과 미국 홀로코스트 기념관의 구술사 컬렉션에서 실시한 인터뷰에서 가져왔습니다.

그 밖의 주요 정보의 보고로는 미국 홀로코스트 기념관 아카이브(국제 심인 서비스 아카이브), 라 몽테뉴 역사 학회Société d'Histoire de la Montagne, 강제 추방의 기억을 위한 재단Fondation pour la Mémoire de la Déportation, 야드 바셈 프랑스 위원회, 쇼아 기념관Mémorial de la Shoah, 나치 시기 익명의 의인과 박해받은 자들The Anonymes, Justes et Persécutés Durant la Période Nazie dans les Communes de France, ajpn.org, 프랑스 국립 아카이브, 국방 역사 서비스Service Historique de la Défense가 있습니다.

아버지 프랑수아가 비공개로 출판한 가족의 회고록을 보여준, 다니엘과 이름이 같은 그의 조카, 다니엘 올지아티 트로크메에게 특별히 감사드립니다. 그분 덕분에 아름다운 가족사진을 직접 보고, 다니엘의 의인 훈장을 직접 만져보고, 3일간 그분의 놀라운 존재를 만끽할 수 있었습니다. 제라르 볼롱은 비바레리뇽 고원에 관한 본인의 심오한 이해를 나누어주었고, 저 혼자서는 다다르지 못했을 더욱 깊이 있는 결론으로 저를 이끌어주었습니다. 고원의 중요 인사인 피에르 소바주와 파트리크 앙리가 작업 초기에 여러 인물과 자료를 친절히 연결해주었습니다. 저 이전의 많은 이들처럼 저 또한 넬리 트로크메(앙드레와 마그다의 딸)에게 감사드립니다. 알게 되어 큰 영광인 비범한 인물들의 삶의 기억을 보존하는 데 큰 역할을 해주었습니다.

비바레리뇽 고원 및 르 샹봉쉬르리뇽 마을의 전시 역사와 프랑스 홀로코스트의 역사를 밝히는 과정에서 구체적인 정보를 얻을 수 있었던, 그리고 원본 자료와 그 밖의 정보를 재출간해준 역사가와 아카이브 관리자, 그 밖의 여러 전문가의 연구와 저술에 큰 신세를 졌습니다. 제게 특히 중요했던 작업들은 다음과 같습니다. Amir D. Aczel, *The Artist and the Mathematician*; Serge Bernard, *Traces légendaires, mémoires et construction identitaire: Étude socio-historique d'une "presqu'île" cévenole en Haute-Loire*; Serge Bernard et al., eds., *Les résistances sur le Plateau Vivarais-Lignon, 1938–1945*; Philip Boegner, *"Ici, on a aimé les juifs"*; Pierre Bolle, ed., *Le Plateau Vivarais-Lignon: Accueil et résistance 1939–1944*; Gérard Bollon, *Les villages sur la montagne: Entre Ardèche et Haute-Loire, le plateau, terre d'accueil et de refuge*; Roger Debiève, *Mémoires meurtries, mémoire trahie: Le Chambon-sur-Lignon*; Father Patrick Desbois, *The Holocaust by Bullets: A Priest's Journey to Uncover the Truth Behind the Murder of 1.5 Million Jews*; Deborah Durland DeSaix and Karen Gray Ruelle, *Hidden on the Mountain: Stories of Children Sheltered from the Nazis in Le Chambon*; Jean Durand, *Les contes de la Burle*; Nathalie Duval, *L'École des Roches*; Annick Flaud and Gérard Bollon, *Paroles de réfugiés, paroles de justes*; Eva Fogelman, *Conscience and Courage: Rescuers of the Jews During the Holocaust*; Gedenkstätte Buchenwald, ed. (compiled by Harry Stein), *Buchenwald Concentration Camp 1937–1945: A Guide to the*

Permanent Historical Exhibition; Martin Gilbert, *The Righteous: The Unsung Heroes of the Holocaust and Atlas of the Holocaust*; Peter Grose, *A Good Place to Hide: How One French Community Saved Thousands of Lives During World War II*; Jan T. Gross, *Neighbors: The Destruction of the Jewish Community in Jedwabne, Poland* 그리고 *Fear: Anti-Semitism in Poland after Auschwitz: An Essay in Historical Interpretation*; Philip Hallie, *Lest Innocent Blood Be Shed: The Story of the Village of Le Chambon and How Goodness Happened There*; Patrick Henry, *We Only Know Men: The Rescue of Jews in France During the Holocaust*; Beate Husser et al., *Frontstalag 122, Compiègne-Royallieu: Un camp d'internement allemand dans l'Oise, 1941–1944*; Philippe Joutard et al., eds., *Cévennes: Terre de refuge 1940–1944*; Vjeran Katunarić, "On Relevance of the Peace Culture Concept in the Study of Ethnic Relations on Local Levels"(미발표 논문); Serge Klarsfeld, *La Shoah en France*; François Lecomte, *Jamais je n'aurai quatorze ans*; Jacques Lusseyran, *And There Was Light*; Michael R. Marrus and Robert O. Paxton, *Vichy France and the Jews*; Geoffrey P. Megargee, ed., *United States Holocaust Memorial Museum Encyclopedia of Camps and Ghettos, 1933–1945*; Pearl Oliner et al, eds., *Embracing the Other: Philosophical, Psychological, and Historical Perspectives on Altruism*; Samuel P. Oliner and Pearl M. Oliner, *The Altruistic Personality: Rescuers of Jews in Nazi Europe*; Charles Rist, *Une saison gâtée: Journal de la guerre et de l'occupation 1939–1945*; Pierre Sauvage, "Weapons of the Spirit"(영화);

André Sellier, *A History of the Dora Camp: The Untold Story of the Nazi Slave Labor Camp That Secretly Manufactured V-2 Rockets*; Tracy Strong, Jr., *The Better Part of a Century*; Alice Resch Synnestvedt, *Over the Highest Mountains: A Memoir of Unexpected Heroism in France During World War II*; Nechama Tec, *When Light Pierced the Darkness*; Olivier Todd, *Albert Camus: A Life*; André Trocmé, *Jesus and the Nonviolent Revolution*; Richard P. Unsworth, *A Portrait of Pacifists: Le Chambon, the Holocaust, and the Lives of André and Magda Trocmé*; Christine van der Zanden, "The Plateau of Hospitality: Life on the Plateau Vivarais-Lignon"(학위 논문); Maria Wiśnioch, *Majdanek: A Guide to the Historical Buildings*; Susan Zuccotti, *The Holocaust, the French, and the Jews*; 그 밖에 알베르 카뮈와 앙투안 드 생텍쥐페리, R. 프리종로슈, 프리모 레비Primo Levi의 저술이 이 책을 집필하는 내내 제게 영감과 큰 충격을 주었습니다.

이 책은 탐색의 기록이기도 합니다. 제 신앙은 평생 독립적으로 진실을 탐색하는 구도자의 길로 저를 이끕니다. 이 세상의 사람들, 이 세상의 개인들, 그들의 고국, 그들 신앙의 신성한 텍스트와 성스러운 창시자에게 사랑과 존경을 표하는 것은 줄곧 저의 목표였습니다. 14장에서 언급한 "신성한 말"은 바하올라의 『불의 서책*The Fire Tablet*』에서 인용한 것입니다. 15장에서 인용한 "기어다니는 것들"은 『압둘 바하 선집*Selections from the Writings of 'Abdu'l-Bahá*』에서 인용한 것입니다.

비바레리뇽 고원

선함의 뿌리를 찾아서

1판 1쇄 펴냄 2023년 12월 29일

지은이 매기 팩슨
옮긴이 김하현
발행인 김병준
편집 김해슬
디자인 권성민
마케팅 김유정 · 차현지 · 최은규 · 이수빈
발행처 생각의힘

등록 2011. 10. 27. 제406-2011-000127호
주소 서울시 마포구 독막로6길 11, 우대빌딩 2, 3층
전화 02-6925-4183(편집), 02-6925-4188(영업)
팩스 02-6925-4182
전자우편 tpbook1@tpbook.co.kr
홈페이지 www.tpbook.co.kr

ISBN 979-11-93166-24-6 (03300)